10/2   49,80

Inhaltsverzeichnis

Warum und wozu Reviergestaltung? 7

Alles geht den Bach hinunter 7

Lebensraum Feld: Tristesse und Tod 11

Landwirtschaft im Wandel 11

Habitatqualität: Die Vielfalt bringts 13

Also sind die Bauern an allem schuld? 18

Finanzielle Anreize für weniger Chemie und Produktion 18 – Ohne Bewirtschaftung keine typischen Feldbewohner 18

Die wichtigsten landwirtschaftlichen Nutzpflanzen 23

Zwischenfruchtanbau – Gnade für die Landschaft 27

Was will der Bauer durch Zwischenfruchtanbau erreichen? 28 – Welche Anforderungen stellt der Jäger an den Zwischenfruchtanbau? 28 – Integrierte Randstreifen als Kompromiß 29 – Kleeuntersaat im Getreide 30 – Zwischenstaaten in Weinbergen 31 – Untersaat im Mais als Zwischenfrucht 32

Flächenstillegung – Kurieren an Symptomen 36

Feuchtwangen: Naturschutz und Jagd 36 – Die EG tut so, als würde sie erwachen 37 – Was machen mit den Brachflächen? 38 – Neue Hoffnung MEKA-Programm 40

Wildäcker: Im Feld meist sinnvoll 41

Ein paar klassische Wildackerpflanzen 41 – Wildäcker gezielt für den Fasan 45 – Welche Pflanzen für den Fasanenwildacker? 47 – Wildkrautstreifen gezielt für Rebhühner 49 – Wildäcker im Feld gezielt für Rehwild 49

Raine und Ödflächen sind lebenswichtig 51

Brombeerstreifen als Fluchtburgen 52 – Arme Kleinstandorte sind gefragt 53 – Wegränder und -mittelstreifen 54 – Gemeindewege unterm Pflug 55

Alte Hecken braucht das Land 58

Ertragssteigerung für die Landwirtschaft 59 – Heckenform und ökologischer Wert 62 – Welcher Heckentyp? 64 – Was beanspruchen oder akzeptieren unsere Gehölze? 67 – Alte Hecken verpflanzen 68 – Ganz einfach: die Benjes-Hecke 68 – Alte Tradition: Geflochtene Hecken 70 – Platz findet sich überall 70 – Pflanzung und Schutz 71

Feldgehölze – letzter Trost im Feld 72

Der Aufbau eines Feldgehölzes 72 – Wo können Feldgehölze entstehen und wo nicht? 73 – Welche Strauch- und Baumgesellschaften für welchen Standort? 74 – Viele Arten sind auf Feldgehölze angewiesen 76 – Pflegeeingriffe erhalten die Vielfalt 77

Sträucher: Wer kennt sie noch? 79

Streuobstwiesen für Steinkauz und Rebhuhn 89

Hat das Streuobst noch eine Chance? 90 – Welche Sorten und woher beziehen? 91 – Pflege ist auch nochtwendig 91 – Wildobst aus Trester 91 – Für Streuobstwiesen gibt es Zuschüsse 94 – Kopfweiden als bescheidener Ersatz 94

Aufgelassene Weinberge als Trockenlebensräume 96

Aus Kleingärten werden Sekundärbiotope 97

Hohlwege: Relaisstationen in der Agrarlandschaft 99

Trockenrasen: Produkte extensiver Landwirtschaft 101

Fettwiese statt Trespe und Silberdistel 102 – Der Wald frißt die Trockenbiotope 103 – Lösegelder für das Überleben... 103 – Wer braucht den Trockenrasen? 103 – Wie groß muß er sein? 104 – Kann man auch neue Trockenrasen schaffen? 105 – Landschaftspflege mit Schafen 108

Kiesgruben: Umweltzerstörung oder Chance für die Natur? 108

Alles laufen lassen statt Protest? 110 – Was kann daraus werden? 110 – Gestaltungsbereich Wasser 113 – Gestaltungsbereich Land 113 – Nichts bleibt wie es ist 114

Lebensraum Wasser 115

Renaturierung von Fließgewässern 121

Was ändert sich mit der Bachverbauung? 122 – Worauf es ankommt 123 – Pilotprojekt Kammbach 124 – Die technischen Probleme 125 – Pflanzung ja oder nein? 125 – Landschaftsarchitektur vom lieben Gott 127 – Bachpatenschaften in Rheinland-Pfalz 128 – Wo gibt es Geld für Uferstreifen? 129

Gräben als Lebensräume gestalten 131
Landschaft für den Storch 133 – Woher das Land nehmen? 133 – Wer garantiert für die Erhaltung? 134 – Musterbeispiel Wannenbach 134

Neue Stillgewässer in die Landschaft 136
Sie sind selten geworden 136 – Wir wollen einen Teich schaffen 137 – Auf die Form kommt es an 139 – Brutwände für Eisvögel sind Mangelware 142 – Aufgelassene Fischteiche umwandeln 143 – Zuschüsse für naturnahe Stillgewässer 144 – Tümpel kann man sprengen 145

Typische Feuchtgebietsflora 145

Große Schilfflächen brauchen Kanäle 147

Feuchtwiesen für Storch und Brachvogel 149
Was sind eigentlich Feuchtwiesen? 149 – Für wen überhaupt Feuchtwiesen? 151 – Auf was kommt es an? 152 – Naturschutz: Prothese mit Mängeln 154 – Ohne Technik kein Naturschutz... 155

Unsere Moore trocknen aus 158
Wie entsteht ein Moor? 159 – So verschwindet das Moor wieder 160 – Und wie sind die Hochmoore zu retten? 160

Lebensraum Wald 163

Wald, nichts als eine Ansammlung von Bäumen? 163
Der Wald hat viele Gesichter 164 – Nichts ist mehr »Natur«, aber vieles knüpft an sie an 168

Auf der Roten Liste: Niederwald und Haselhuhn 169

Habitatmanagement für das Haselhuhn 173

Naturnahe Waldränder oder Fichtenmauern? 176
Welche Funktionen hat der Waldrand? 178 – Wie soll der Waldrand aussehen? 178 – Woher die Flächen nehmen? 181 – Säge statt Spaten 182

Bäume, die meist im Wald wachsen 185

Forstliche Maßnahmen als Naturschutz 196
Weite Pflanzverbände für Reh und Schmetterling 197 – Forst wurde umweltverträglich 198 – Und wenn der Kahlschlag sich nicht vermeiden läßt... 198 – Die Axt bringt Licht und Bodengrün 201 – Oder: die Axt bleibt draußen! 202 – Wegebau als Artenschutzprogramm? 203 – Feuerschutzschneisen 205 – Schneisen sind Ersatz-Kahlschläge 206

Dauergrünland für Schalenwild und Landschaftsbild 207
Wieviel Äsung produziert der Wald? 208 – Zugängliches Dauergrünland 209 – Wildfutterwiese: Masse statt Klasse 215

Wildäcker im Wald oder Wildschäden im Feld? 216
Wildäcker sollen größer sein als Dauergrünland 217 – Wildgetreide: Chance auch für Wildkräuter – Gemenge auch für Herbst und Winter 217 – Mehrjährige Wildäcker sind gefragt 219 – Kleinflächen mit geringem Pflegeaufwand 219

Verbißgehölze – teurer Schmarren? 220
Verbißgehölze sind pflegeaufwendig 221 – Natürliche Verbißgehölze entstehen aus Patronensaat 222

Flurbereinigung als letzte Rettung 223

Es gibt mehr Flurbereinigungsverfahren 223 – Der Verfahrensablauf 225 – Worauf kommt es an? 226 – Wer bezahlt den Kram? 228 – Waldflurbereinigung, was ist das? 229

Die Standortfaktoren 230

Die Luft 232 – Emissionen und Immissionen 232 – Das Licht 233 – Die Wärme 233 – Faktor Wasser 234 – Der Boden 234 – Mineralböden 234 – Organische Böden 235 – Die Bodenarten 235 – Was ist ein Bodenprofil? 236 – Der pH-Wert 236 – Die Gründigkeit der Böden 236 – Grundnährstoffe der Pflanze 237

Umgang mit Pflanzen 239

Etwas über die Vermehrung von Pflanzen 239 – Warum betreiben die Jäger keine Pflanzgärten? 239 – Gehölzsamen haben Keimhemmungen 240 – Worauf kommt es bei jeder Saat an? 241 – Steckhölzer und Stecklinge 241 – Pflanzung von Gehölzen 242 – Wasser ist wichtig 245 – Mulchen stoppt die Vergrasung 245

Anhang 246

Auszüge aus dem Nachbarrecht 246
Literatur 249
Stichwortverzeichnis 251

Warum und wozu Reviergestaltung?

Alles geht den Bach hinunter

Vor einem Vierteljahrhundert erschien im BLV Verlag das Buch »Reviergestaltung«. Es war ein für seine Zeit ungeheuer progressives Werk, dessen Autor kein Geringerer war als HUBERT WEINZIERL. Der passionierte Jäger und heutige BUND-Vorsitzende WEINZIERL hatte nicht ins Blaue hineingeschwafelt, sondern offerierte in seinem Buch Gedanken, welche er zuvor bereits in seinem Revier Buschletten bei Ingoldstadt weitgehend verwirklicht hatte. Mehr noch, er stellte Buschletten dem Landesjagdverband Bayern als Lehrrevier zur Verfügung.

Und heute, ein Vierteljahrhundert später? Viel von dem, was WEINZIERL damals aus Überzeugung empfahl, wurde von der Zeit korrigiert. Wer darf noch ungescholten den Anbau von Sachalinknöterich, Robinie und anderen Fremdlingen oder die Entenbruthütte im Feuchtgebiet proklamieren? Wer darf noch die Dringlichkeit von Elstern- und Krähenregulation beschwören oder behaupten, durch »heftige künstliche Fütterung« ließen sich Schäl- und Verbißschäden »um fast die Hälfte verringern«? Aber WEINZIERLS Kerngedanken haben an Gültigkeit nichts verloren. Und sein in düsteren Farben gemaltes Zukunftsbild, das er in diesem Buch gemalt hat? Nichts war übertrieben; im Gegenteil, es hat sich ja alles viel schneller und schlimmer entwickelt als von ihm befürchtet.

Warum dann jetzt noch einmal das gleiche Thema? Wozu seitenlange Traktate als Bauanleitung für Hecken und Tümpel, über die sich vielleicht in wenigen Jahren schweigender Beton ergießt?

Allein in den alten Bundesländern wurden in den vergangenen 25 Jahren rund 1,4 Millionen Hektar Land zubetoniert: Das entspricht der Mindestgröße von über 18 000 Eigenjagdrevieren! Nichts, aber auch gar nichts deutet darauf hin, daß diese für unser Volk tödliche Entwicklung in absehbarer Zeit zum Stillstand kommen könnte.

Im Gegenteil. Die Mehrheit der Politiker denkt offensichtlich nur in Vierjahresrhythmen: von Wahl zu Wahl. Es ging primär nie um Luft zum Atmen, Raum für unsere Kinder oder Stille für unser Ich. In einer letztlich menschenverachtenden Ignoranz wird ausschließlich Wachstum gepredigt: Produktion möglichst vieler Kinder zur Sicherung unserer Renten, zur Steigerung des »Bruttosozialproduktes« und zum Ruhm unserer Rasse – »Hilfe, wir Deutsche sterben aus!«, »Freie Fahrt für freie Psychopathen!«

Unsere Großstädte haben längst keine eigenen Trinkwasserreserven mehr. Sie beziehen das überlebenswichtige Naß aus weit entfernten Räumen: München aus dem Alpenraum, Hamburg aus der Heide und Frankfurt trocknet den Vogelsberg aus. *Nach uns die Sintflut!*

Die Absenkung des Grundwasserspiegels wird in vielen Gebieten beschleunigt von der Landwirtschaft, die ihre Überschußproduktion durch sommerlange Beregnung erhöht.

Schwefeldioxid, Stickoxide, Dioxin und giftiges Ozon in unseren Lungen und ein von Flourkohlenwasserstoffen verursachter Abbau der schützenden Ozonschicht hoch über unseren Köpfen, steigender Krebs- und Infarkttod – das ist die Gegenwart.

Wir haben eine Entwicklung in Schwung gebracht, die so schnell nicht mehr zum Stillstand kommen kann, auch nicht, wenn wir bereit und in der Lage wären, spontan auszusteigen!

Es heißt längst nicht mehr »*Nach uns die Sintflut*«, es heißt: »Wir *in* der Sintflut«!

Und da kommt einer und rät dazu, noch ein paar Wasserlöcher zu buddeln und etliche Hecken zu pflanzen.

Ist das im Grunde nicht eine Persiflage auf das Leben, nichts als Zynismus?

Zugegeben: Die Frage nach dem jeweils Machbaren knüpft sich immer an die nach Dauer und Sinnhaftigkeit. Warum ein Feldgehölz pflanzen, wenn es in spätestens 20 Jahren von Wohnsilos überwachsen wird? Warum buchtenreiche Gräben voll wilder Iris und Froschlöffel, wenn das Wasser in ihnen zum Himmel stinkt? Warum Rehe totschießen, wenn der Wald auch ohne sie verreckt? Warum für Brachstreifen kämpfen, wenn den Rebhühnern ohnehin nicht mehr zu helfen ist.

Gegenfrage: Wenn dem so ist, und vieles deutet

darauf hin, warum dann nicht gleich einen Strick nehmen, persönlich und endgültig aussteigen: wenigstens nicht weiter schuldig werden?

Antwort: Weil *freiwillige* Passivität und Schweigen kein geringeres Verbrechen darstellen als der aktive Wahnsinn der Regierenden in ihrer Selbstüberschätzung!

Laßt uns halt so tun, als seien Übervölkerung, Luftverschmutzung, Nitrat im sinkenden Grundwasserspiegel und der Agro-Krieg gegen die Natur nichts als aufgeblähte Wolken eines reinigenden Gewitters. Laßt uns halt so tun, als würden Tümpel für die Ewigkeit geschoben und Hecken in den Himmel wachsen.

Gewiß, als gelernter Pessimist hat man seine handvoll verborgener Hoffnungen und Illusionen ziemlich abgebaut. Es wäre aber unehrlich, verbohrt und fatal dazu, geständen man nicht ein, daß sich in den Köpfen der Mitteleuropäer in den letzten zehn Jahren, hinsichtlich Umweltbewußtsein und -sensibilität mehr bewegt hat als in Jahrhunderten zuvor! Sogar die Politiker *reden* jetzt schon vom Umweltschutz. Dabei konnte, wer sich vor zwei Jahrzehnten für biologischen Landbau einsetzte, Angst vorm Waldsterben oder ähnliche »Symptome« zeigte, ziemlich sicher sein, als »Linker« und, wenns übler gemeint war, als »Grüner« abgestempelt zu werden. Aussagen, die heute selbst einem Umweltminister locker über die Lippen rutschen, weckten vor zwei Jahrzehnten noch die Verfassungshüter!

Umweltperestrojka!

Wir sind dabei, globale Zusammenhänge nicht nur zu entdecken, sondern sie zu akzeptieren und zu respektieren. Wir Jäger tun uns da sicher nicht leicht. Schließlich waren es ja Wissenschaftler oder zumindest Fachleute, die jahrzehntelang unser heute als falsch erkanntes Handeln dirigierten. Herrliche Feuchtwiesen sollten zur Leberegelbekämpfung entwässert werden. Grenzertragsböden – die schönsten Trockenrasen – galt es aufzuforsten oder in »Niederwildremisen« umzuwandeln. Wildäcker wurden peinlich unkrautfrei gehalten. Statt Schlehen galt es Fasanenspiräe und Fichte (als Windschutz) in Gehölz und Hecke zu bringen. Wildwiesen wurden mit Stickstoff vollgepumpt, und überall war das Geschwätz von den wertlosen Sauerwiesen zu lesen.

Nestbeschmutzung?

Absolut nicht!

Mehr als die Jägerei hat die Forstpartie vernichtet! Tausende kleiner Waldwiesen voller Trollblumen, Knabenkräuter und Enziane wurden gnadenlos zugefichtet – und wenn die ganze Schose im nächsten Sturm wieder umfiel.

Schau' unsere Waldränder an, diese jeder Vernunft hohnlachenden Mauern, gebaut zum Spaß für den nächsten Sturm.

Schau' halt nach den letzten noch stehenden Leichen alter, im Tausend chemisch geringelter Bergwaldbuchen, deren Jugend heute so schmerzlich vermißt wird.

Lies' halt nach, in den Fachzeitschriften: von der drohenden »Vereschung« und vom maschinengerechten Fichtenanbau.

Dann waren und sind am Ende die *nichtjagenden* Naturschützer die einzigen wirklichen Weisen?

Absolut nicht!

War es nicht ein hochrangiger Naturschutzfunktionär, der uns eintrichterte, wir bräuchten *mehr* Wild, auch wenn dies zu Lasten der Artenvielfalt ginge, der an uns appellierte, statt mehr Rehe zu schießen lieber zu füttern und Äsungsflächen anzulegen. War für ihn nicht die Notwendigkeit intensiver Rabenvogelregulation unverzichtbar?

Und der Vogelschutz, hatte der von Anfang an so gedacht wie heute?

Weiß Gott nicht!

Auch er predigte lange den Schutz der »nützlichen« Arten, forderte vom Jäger ungeniert und laut die Vernichtung der »grausamen Mörder« wie Habicht und Sperber.

Begleichung alter Rechnungen, dümmliches Beschwören längst überwundener Irrungen?

Nein, absolut nicht, nur die Erinnerung daran, daß wir alle Kinder unserer Zeit sind, und daß unser sich in den Grundfragen des Lebens über Jahrtausende nur ganz langsam verändertes Weltbild und -verständnis einer radikalen Korrektur bedurfte. Der eine vermochte sie schneller, der andere langsamer zu vollziehen, und wer sie nicht schafft, »den bestraft das Leben«! Immerhin hat man ja auch selbst länger »guten Glauben« gepflegt als dienlich und richtig war.

Wer weiß, welche Zusammenhänge uns die Zukunft offenbart, wieviel wir irgendwann korrigieren müssen? Wer sagt, welche Kapriolen Land- und Forstwirtschaft in den vor uns liegenden Jahren noch schlagen werden, was alles wieder einmal »ganz anders« sein wird?

Denkbar, daß die nächste Generation auch über Aussagen dieses Buches mißbilligend den Kopf schüttelt.

Zunehmen wird die Polarisierung in der Landschaft: Auf der einen Seite immer größere, maschinengerechtere Agrarflächen, und auf der anderen Seite immer mehr »Biotope«. Letztere haben nur bescheidenen Wert, wenn sie nicht ausreichend vernetzt sind – und wenn sie nicht gepflegt werden.

Im Moment fehlt es insgesamt nicht am Flächenangebot, wohl aber an der Bereitschaft zur dauerhaften Flächenpflege. So mag künftig gar nicht so sehr die *Schaffung* von Biotopen Sorge bereiten, sondern die Kosten für deren »Instandhaltung«. Gemeinden und Landschaftspflegeverbände stoßen schon heute bei der Vergabe von Pflegemaßnahmen an Landwirte an finanzielle Grenzen.

Fast überall dort, wo die Flurbereinigung abgezogen ist, hängen für mindestens ein Jahrzehnt die Zäune in der Landschaft herum, mit denen Neuanpflanzungen vor dem Wild geschützt werden mußten, aber äußerst selten findet sich ein »amtlich anerkannter«, geschweige denn ein »geprüfter« Naturschützer bereit, Ordnung zu schaffen.

Erhaltung wertvoller Landschaftselemente, der Schutz vor Umwandlung in *Wirtschaftsflächen* oder vor Sukzession hat ohnehin Vorrang vor der – ansonsten durchaus wichtigen – Renaturierung. Rein optisch ist es zwar relativ einfach, neue »Biotope« zu schaffen, aber diese benötigen meist lange, bis sie dieselbe Artenvielfalt aufweisen wie gewachsene Biotope derselben Art. Der Durchschnittsmensch sieht bevorzugt die größeren Tierarten und bei den Pflanzen die durch Blüte und Wuchs auffälligen. Was kleiner ist als der Schmetterling oder ein bescheidenes Kräuterdasein führt, wird nicht gesehen.

Unsere Betrachtungsweise stellt immer noch die Endglieder in den Mittelpunkt, genaugenommen jene Arten, auf die das Ökosystem am ehesten verzichten könnte, die am leichtesten ersetzbar sind – notfalls durch den Menschen.

Was wir bräuchten, wäre für jede Gemarkung eine gesicherte Inventur aller erhaltenswerten Flächen und entsprechende Pflegekonzepte – vom naturnahen Waldrand bis zum Wiesengraben. Biotopkartierung ist notwendig, und wir sollten sie nicht nur *gemeinsam* durchführen, sondern auch *gemeinsam* über Entwicklung und Pflege nachdenken.

Nichts – fast nichts – ist bisher in dieser Richtung geschehen. Nicht einmal von den großen Naturschutzverbänden war auf Anfrage zu erfahren, wieviel Flächen sie selbst angekauft haben. Die Bundesorganisation konnte nicht in Erfahrung bringen, was die Landesorganisationen besitzen oder verwalten; Landesorganisationen verwiesen auf fehlende Meldungen von den Kreisverbänden...

Bei den Jägern ist es nicht viel besser. Einige Landesjagdverbände antworten auf Anfrage nicht einmal. Zwar habe ich gute Chancen zu erfahren, wie schwer die Gehörne der in den letzten fünf Jahren prämierten Rehböcke waren, wer sie wo und wann erlegt hat und welche Medaille für ihre Liquidation vergeben wurde. Aber frag' doch einmal einen »Hegeringleiter«, wieviel Kilometer Hecken in seinem »Amtsbezirk« zu finden sind, wieviel schützenswerte Trockenrasen es gibt und wo noch eine aufgelassene Sandgrube ungenutzt herumliegt... Allenfalls werden die konventionellen Wildäcker erfaßt, mehr auch nicht. Kaum einer von uns Jägern kann auch nur annähernd sagen, welche Vogelarten in seinem Revier brüten oder auch nur vorkommen. Beim Vogelschutz erfahre ich vielleicht die Zahl der brütenden Habichtpaare, wenn auch meist mit starker Untertreibung.

Dabei steht jeder Naturschützer – auch jener mit dem Gewehr – fast täglich vor Flächen, die nach Pflege schreien oder sich zu einer Renaturierung anbieten, ohne zu wissen, wem welche Fläche gehört, an wen er sich wenden kann. Die meisten Landwirte wären froh, hätten sie mit zeitaufwendiger Pflege von Böschungen und Wegrainen nichts mehr zu tun. Manche Hecke würde genehmigt, bestünde für die Bauern die Gewißheit, daß sich Jäger und Naturschützer nicht nur um deren Pflanzung kümmern, sondern auch um den später erforderlich werdenden Rückschnitt.

Woher nehmen wir eigentlich das Recht, ständig zu jammern und auf andere zu zeigen, wenn wir selbst die Hände in den Taschen halten?

Wo immer die Sprache auf das Thema Reviergestaltung kommt, tönt es laut: »*Unsere* Bauern geben keinen Quadratmeter Land ab.« Wer sich vom krassen Gegenteil überzeugen will, muß nur in den Zug sitzen und ins Blaue fahren. Auf den ersten 50 Kilometern Eisenbahnfahrt werden aus dem Abteilfenster schon mehr Möglichkeiten notwendiger oder möglicher Reviergestaltung sichtbar, als wir zeitlich verwirklichen können: Gräben, Böschungen, Wegspitzen, Deponien, Abbaugruben...

Mehr als alle anderen Naturschützer hätten die

Jäger die Möglichkeit gehabt, Böschungen, Feld- und Grabenraine oder Deponien zu gestalten, denn sie erhöhen damit gleichzeitig das »Betriebskapital« der Jagdgenossenschaften, also der Verpächter. Zwar sind Pflege und Unterhaltung der Lebensgrundlagen des Wildes im Bundesjagdgesetz festgeschrieben, Auswirkungen auf die Praxis hat das kaum!

Hier eine Alibi-Hecke entlang des asphaltierten Weges, ein paar Entenbruthäuser auf dem Dorfteich und zu allem Unfug auch noch die üblichen Aussetzaktionen lebender Zielscheiben – das alles hat weder mit *Hege* im jagdlichen Sinne, geschweige denn mit *Reviergestaltung* auch nur irgend etwas zu tun.

Und was soll das Buch ändern?

Es soll anregen, soll die Augen öffnen für die Vielzahl bedrohter Landschaftselemente, und Möglichkeiten für ihren Schutz zeigen. Es soll dazu beitragen, daß aus gutgemeinten Aktionen mehr wird als Selbstberuhigung und Landschaftskosmetik. Es will Erfahrungswerte sammeln und komprimiert anbieten, die sich der Leser sonst mühsam zusammensuchen müßte. Es will dem, der sich als Naturschützer versteht, Argumente liefern gegenüber Behörden und Politikern. Und es will unseren Entscheidungsträgern vertretbare Lösungsansätze vorstellen.

Eine Unmenge Behörden wird heute ständig oder gelegentlich mit Aufgaben konfrontiert, die direkt oder indirekt den Schutz der Natur betreffen. Fast überall ist guter Wille zu finden – aber ebensoviel Unsicherheit. Ob Straßenbaubehörde, Wasserwirtschaftsämter, Landwirtschaftsämter, Flurbereinigung, Forstverwaltung oder Stadtplanung – alle entscheiden ständig über den Verbrauch an Landschaft, über ihren Schutz und über Renaturierungsmaßnahmen.

Von allen angesprochenen Zielgruppen haben die Förster sicher den größten Handlungsspielraum in Sachen Naturschutz. Kein anderer »Greenworker« kann so kostengünstig (um nicht zu sagen billig) großflächig Naturschutz betreiben. Aber verglichen mit den Möglichkeiten, ist bisher verdammt wenig geschehen!

Außerhalb des Waldes ist es die – vielgescholtene – Flurbereinigung. Sie versetzt, wenn es sein muß – wörtlich zu nehmen – Berge (siehe Kaiserstuhl), und sie installiert völlig neue Naturlandschaften (siehe Fränkische Seenplatte).

Nicht zu vergessen die Wasserbauer: Wer hätte vor zwei Jahrzehnten zu denken gewagt, daß heute ganze Flußabschnitte, ja Flußlandschaften wieder renaturiert würden?!

Dieser allgegenwärtige Bewußtseinswandel – die Entdeckung von Mutter Erde direkt vor der Haustür, das Begreifen ihrer Verletzlichkeit – das war Motiv genug für dieses Buch.

Mag sein, daß die Hecke, der Tümpel oder die Wacholderheide nicht mehr ist als ein angeschimmeltes Gnadenbrot für unsere Seele. Sie ganz verhungern zu lassen wäre schlimmer.

Gießwald im Allgäu   Der Verfasser

Lebensraum Feld: Tristesse und Tod

Landwirtschaft im Wandel

Ackerbau läßt sich in Europa bis etwa 400 nach Christus zurückverfolgen. Nach der Völkerwanderung wurden die Menschen seßhaft und begannen mit dem Anbau von Wildgetreide. Genau genommen wird es umgekehrt gewesen sein: Sie begannen mit dem Getreideanbau und blieben seßhaft, so lange ein Acker Frucht trug. Das währte höchstens ein paar wenige Jahre, dann machte sich fehlende Fruchtfolge negativ bemerkbar, und der Acker wurde aufgegeben, seine Besitzer zogen ein Stück weiter, rodeten aufs neue. Im nächsten Schritt wurden wohl die aufgegebenen Äcker als Weide genutzt. Mit zunehmender Landnahme und Bevölkerung stieß man immer schneller an die Grenzen fremder Sippen. Ungehinderte Suche nach immer neuen Ackerflächen war nicht mehr möglich, die notwendigen wurden konzentriert.

So entstand die alte *Dreifelderwirtschaft*. Zwei Jahre nacheinander wurde Getreide angebaut, im dritten Jahr lag der Acker brach und wurde abgeweidet (damit gleichzeitig gedüngt). Die Unterteilung der Wirtschaftsflächen in Sommer- und Wintergetreide und Brache hielt sich durch viele Jahrhunderte hindurch.

Im 18. Jahrhundert wurde die Brache mehr und mehr durch den Anbau von Rotklee ersetzt. Gerade 200 Jahre sind es her, daß die Kartoffel bei uns eingeführt wurde, und erst ab 1805 eroberte die Futterrübe, später auch die Zuckerrübe, die Brachflächen. Die Erkenntnis, daß der Boden unter den Rüben *relativ* unkrautfrei blieb, machte die *Hackfrüchte* schließlich zu »klassischen« Vorfrüchten für Getreide.

Als schließlich auch noch die stickstoffbindende Eigenschaft der Leguminosen erkannt wurde, JUSTUS V. LIEBIG quasi den Mineraldünger erfand, war die Tür für eine immer intensivere Landwirtschaft offen.

Um die Fruchtfolge kam man trotzdem nicht herum. Landschaftsabhängig wurden verschiedene Fruchtwechselmodelle entwickelt, z. B.:

Was heißt hier Lebensraum...?

Herbizide und Pestizide sind für die freilebende Tierwelt grundsätzlich ungefährlich – aber wer sagt ihr das...?

Raps → Winterweizen → Wintergerste
Zuckerrüben → Weizen → Sommergerste
Körnermais → Weizen → Sommergerste

Bis vor wenigen Jahrzehnten war Fruchtfolge auch kein Problem. Die Landwirte erzeugten zunächst für die Selbstversorgung, für die menschliche und tierische Ernährung auf dem Hof; nur Überschüsse wurden verkauft. Das machte den Anbau einer Vielzahl von Arten auf jedem Betrieb notwendig. Heute haben sich nahezu alle Betriebe auf wenige Arten konzentriert. Meist erzeugt der einzelne Betrieb nur wenige Produkte, überwiegend für den Verkauf. Was für den persönlichen Verbrauch notwendig ist, wird angekauft: Bauern im *Grünlandgebiet* kaufen ihre Speisekartoffeln bei der Genossenschaft oder im Supermarkt. Schweineerzeuger kaufen ihre Milch, Eier, Äpfel usw. Es gibt Gemarkungen, in denen bis zu 80 % der Fläche nur noch mit Mais bebaut wird.

Wohin die Reise geht, wird immer deutlicher. Seit Anbeginn war es die Politik der EG, alle kleinen und mittleren Betriebe von der Bildfläche verschwinden zu lassen. Überleben sollte nicht der *Bauer*, sondern der *industrielle Agrobetrieb*. Gefragt war nicht Lebensraum, sondern maschinengerechte Produktionsfläche. In den letzten Jahren sprießten in allen Bundesländern Förderprogramme zur Landschaftspflege und landwirtschaftlichen Extensivierung. Sie sind – so gut und wichtig sie momentan auch sein mögen – im Grunde nichts als Augenwischerei und Wahlgeschenke. Der Bauer soll mit der Religion des »Wachsen oder Weichens« noch auf seinem Sterbebett versöhnt werden. Er erhält ein paar Almosen, weil ja ohnehin klar ist, daß er es nicht mehr lange macht. Er wird hier und dort umfunktioniert zum Landschaftspfleger – zum Hilfsarbeiter ohne festes Arbeitsverhältnis. Und er ist gerade recht als Prügelknabe, mit dem man ablenken kann von jenen, die an der Misere schuld sind, die ihm den ökonomischen und uns allen den ökologischen Strick drehen.

Inzwischen investieren Bund und Länder massiv in »nachwachsende Rohstoffe«. Biosprit heißt das Zauberwort. Längst tuckern die ersten Traktoren und Autos mit Sprit aus Rapsöl und anderen Pflanzen durch die Gegend. Nur so richtig rentabel ist das Ganze bisher noch nicht. Es kann doch kein Naturschützer und kein Jäger so blauäugig und naiv sein, zu glauben, die Flächenstillegung sei eine Dauereinrichtung. Wenn Biosprit erst einmal wirtschaftlich ist*, blüht kein Mohn mehr auf Dauerbrachen...

Der *Bauer* in unserem Verständnis wird dadurch nicht wiederkommen. Im Gegenteil. Die jetzt schon lebensfeindlich großen Parzellen werden noch größer, die Erntemaschinen schwerer und schneller. Der Naturschützer oder Jäger wird sich immer weniger mit dem Bauern aus dem Dorf auseinanderzusetzen haben, eher mit der Niederlassung vom Großkonzern. Kein Bauer muß die »Kirche mehr im Dorf lassen«. Was heißt schon Dorf? Das Vorhandensein von ein paar ehemaligen Höfen?

* Während ich diesen Satz in die Maschine tippe, meldet die Tagesschau, daß die Freiburger Taxis ab sofort mit Biodiesel fahren, der Liter zu 1,30 Mark...

Düngung, Beregnung (mit weiterer Grundwasserabsenkung) und massiver Chemieeinsatz, das alles vielfach von der Volksmehrheit subventioniert und letztlich nur zur Steigerung der zu vernichtenden Überproduktion zur Verödung der Landschaft, zur Vernichtung elementarster Lebensgrundlagen und zur Verschuldung und Liquidierung der Landwirte!

Alles Hirngespinste eines Berufspessimisten? In Oberösterreich ist Biodiesel – erzeugt aus Raps auf heimischer Scholle – bereits seit Frühjahr 1991 auf dem Markt. Die Lagerhausgenossenschaften bieten ihn ihren Bauern an, nicht teurer als normalen Diesel. Lediglich eine geringfügige Umrüstung der Dieselmotoren ist notwendig. Die aber wurde vom Land Oberösterreich mit 500 Schilling subventioniert.

Unsere Politiker haben den Bauern 40 Jahre lang das Gespenst von Enteignung und LPG an die Wand gemalt, und sie haben (über die Parteigrenzen hinweg) gleichzeitig eine Politik betrieben, die zu gar nichts anderem führen konnte – zu Enteignung durch die Banken und zu »Einmann-LPGs« der Großagrarier. Such doch den Bauer, dem sein Grund noch wirklich gehört, der nicht verschuldet ist! Die meisten Bauern sind längst verschuldet, verpfändet, weil sie den ihnen von unserer Agrarpolitik aufgezwungenen Rationalisierungswettlauf nicht mehr durchhalten konnten. Je höher die Schuldenlast auf dem Hof, um so mehr ist an seinem Sterben zu verdienen. Von dem, was einmal Millionen wert war, bleibt dem Bauer oftmals nicht viel mehr als ein Einfamilienhaus und gelegentlich nicht einmal das.

Und die neuen Großbetriebe, was unterscheidet die von den ehemaligen östlichen LPGs? Daß sie rationeller arbeiten, und daß sie jene, denen früher das Land gehörte, nicht einmal mehr als Knechte brauchen!

Aber zurück zum Thema: **Wer Flächen für die Natur sichern will, muß sie aufkaufen, und er muß das jetzt tun, jetzt, wo Land angeboten wird. Alles andere ist Träumerei!**

Es ist trotzdem kein Widerspruch, wenn dieses Buch Anleitungen gibt, für die Pflege und Verwendung von Stillegungsflächen, wenn es die Möglichkeit von Flächenpachtung und Grunddienstbarkeiten erwähnt. Nie in den letzten 40 Jahren war es so leicht, Flächen aus der landwirtschaftlichen Produktion zu nehmen wie gegenwärtig, und wir sollten diese – vorübergehende – Möglichkeiten voll und ganz nutzen.

Das Ziel, möglichst große Flächen »ins Eigentum der Natur« zu überführen, sie durch Ankauf dauerhaft für diese zu sichern, muß trotzdem das oberste Anliegen jeden Bürgers sein, dessen Kinder nach der Jahrtausendwende noch in Mitteleuropa leben wollen!

Habitatqualität: Die Vielfalt bringts

Heute werden rund 60% der Bundesrepublik überwiegend intensiv landwirtschaftlich genutzt, nur halb soviel ist Wald. Das »Feld« ist folglich flächenmäßig der größte Lebensraum für wildlebende Pflanzen und Tiere. Welche Qualität dieser Lebensraum aufweisen kann, wird schnell deutlich, wenn wir uns die Intensität der Bewirtschaftung vor Augen halten.

Rationalisierung in der Landwirtschaft bedeutet das Ende für viele Tier- und Pflanzenarten.

Anfang Juli 1960: *Kleine Parzellen, dadurch hohe Grenzlinienlänge.*
Große Vielfalt angebauter Kulturpflanzen.
Hoher Anteil an Dauergrünland.
Brachflächen und Altgrasbestände.
Weit geringerer Dünger-, Herbizid- und Pestizideinsatz.
Durch kleine (schmale) Parzellen mehr »Lichtbereiche« im Getreide.
Begünstigung von Wildkräutern und Insekten.

Mitte September 1960: *Langsamer Erntegang, bedingt durch Fruchtvielfalt, kleine Parzellen und geringe Technisierung.*
Stoppel bleibt stehen, in ihr wachsen Wildkräuter, kein entscheidender Nahrungsengpaß im Herbst.
Deckung und Nahrung im Winter.

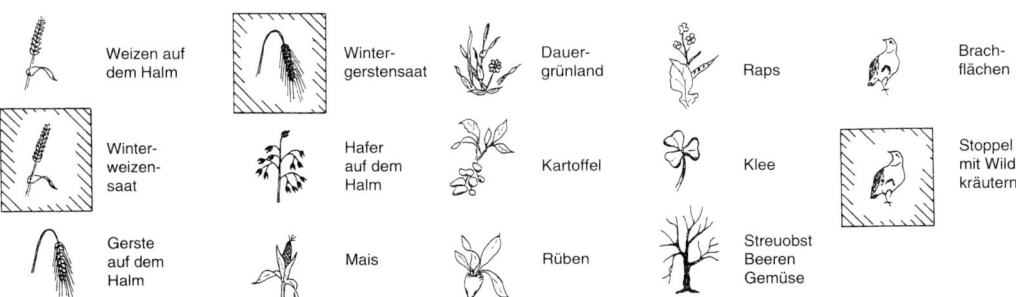

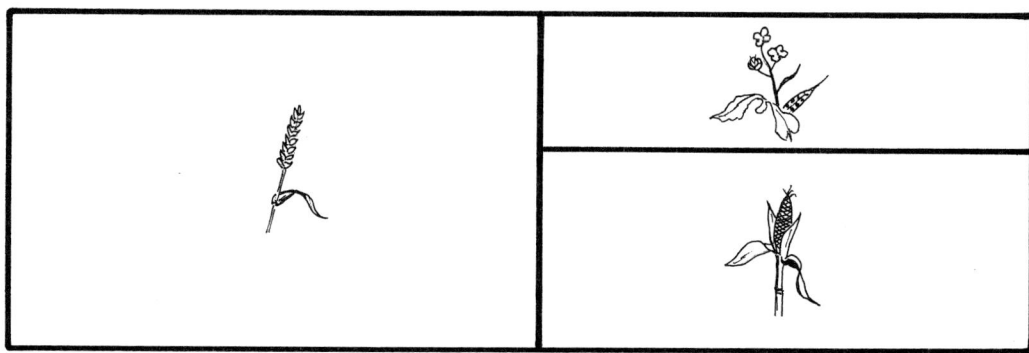

Mitte Juli heute: *Grenzlinien fast halbiert.*
Niederwildnahrung auf Bruchteile geschrumpft, da höchstens die »Lichtbereiche« (bis zu 3 m tiefe Randzonen) Kräuter- und Insektennahrung bieten.

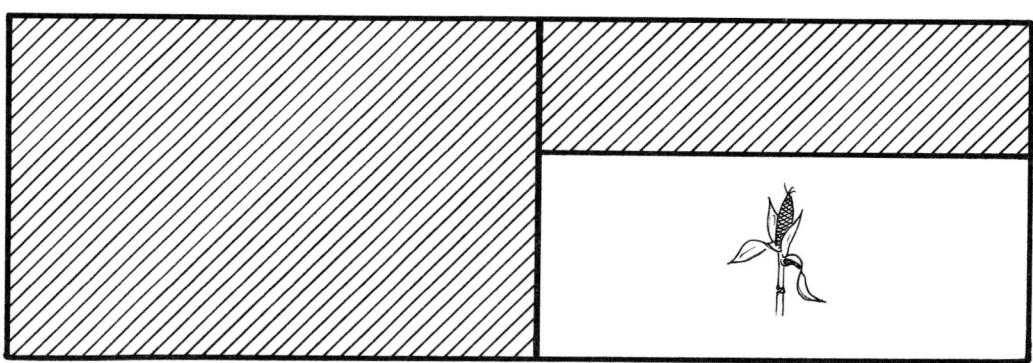

Mitte August heute: *Rasanter Ernteablauf auf großer Fläche, innerhalb weniger Tage sind ganze Landschaften ohne Deckung und Nahrung für Tiere.*
Umbruch sofort nach der Ernte, keine Stoppel, keine Brache.
Im günstigsten Falle Einsaat von Gründüngung, die vor Wintereinbruch untergepflügt wird.

 Mais   Raps   Weizen auf dem Halm

In den alten Bundesländern kommen auf 100 Hektar landwirtschaftliche Fläche 518 Einwohner; in den USA sind es 57 und in der ehemaligen Sowjetunion gar nur 46. Noch deutlicher wird das beim Handelsdüngerverbrauch. Während in Deutschland vor dem letzten Weltkrieg lediglich 23,6 kg Reinstickstoff/ha ausgebracht wurden, waren es 1989 bereits über 129 kg. Waren vor dem Krieg noch 3 852 000 Menschen voll in der Landwirtschaft beschäftigt (1950 waren es sogar etwas mehr), sank ihre Zahl bis 1989 auf ganze 740 000. Die Weizenerträge haben sich in der alten Bundesrepublik von 1950 bis heute mehr als verdoppelt und in den letzten 100 Jahren sogar verfünffacht! Während 1949 ein Landwirt Nahrung für 10 Menschen produzierte, ernährt er heute 67!

Angebaut wird zunächst nicht, was vor Ort wirklich gebraucht wird, sondern was sich *rentiert*. Das hatte unter anderem den immer größer werdenden Verlust von Dauergrünland zur Folge: Wiesen wurden und werden in Ackerland verwandelt; Mais ist profitabler als Gras! Gerade der Verlust an Dauergrünland wirkte sich negativ auf zahlreiche Vogelarten (Wiesenbrüter) aus, aber auch auf den Feldhasen.

Das Feld ist zur rationalen Produktionsanlage geworden: Maschine und Chemie statt Mensch und Liebe!

Die durchschnittliche Parzellengröße hat sich seit dem Kriege vervielfacht, die Grenzlinienlänge ist dabei zwangsweise ebenso drastisch, ja dramatisch gesunken. Davon waren in erster Linie die Rebhühner betroffen. Für sie sind kleine, grenzlinienreiche Felder von entscheidender Bedeutung, weil sie ihr Gelege immer nur im Feldrandbereich anlegen, nie in der Mitte großer Schläge. Diese Randbereiche sind (auch ohne Insektizideinsatz) wesentlich insektenreicher als die inneren Ackerbereiche; ein ganz wichtiges Kriterium bei der Kükenaufzucht. Küken benötigen dringend die Sonne, bei gleichzeitigem Schutz vor Beutegreifern. Diese Bedingungen werden ebenfalls nur am Feldrand erfüllt. *»Drei Tage regnerisches Wetter und Temperaturen unter 18°C unmittelbar nach dem Schlupf eines Rebhuhngeleges führen dazu, daß alle Küken durch eine derartige Witterungssituation umkommen«*, schreibt SPITTLER [1991].

Steigende Parzellengröße *alleine* wird aber von vielen Tierarten noch verkraftet. So gab es vor dem letzten Krieg in Mittel- und Ostdeutschland auch schon relativ große Parzellen und trotzdem überdurchschnittlich viele Hasen. Die Großparzellen blieben aber zumindest teilweise über Winter als Stoppel liegen, in der zahlreiche Wildkräuter wuchsen.

SPITTLER charakterisiert die Situation im NIEDERSÄCHSISCHEN JÄGER Heft 19/91 so:

»Der Grund dafür, daß der Hase bei zunehmender Feldgröße immer mehr zurückgeht, liegt daran, daß Feldflächen, die mit Sommergetreide oder Hackfrüchten bestellt werden, mehr oder weniger lange Zeit als Sturzacker vorliegen. Sturzäcker bieten dem Hasen zwar ausreichend Deckung, aber keine Äsung. Sind die Sturzackerflä-

Nur die Randbereiche und Lichtschächte der Getreideäcker sind für Wildkräuter, Insekten und Niederwild interessant.

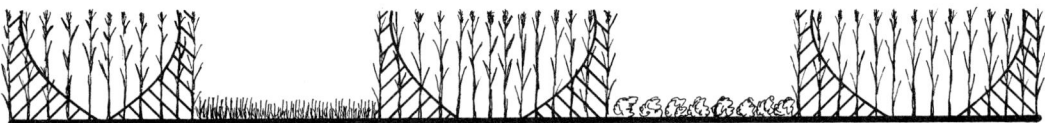

Je schmäler die einzelnen Äcker (ca. 8 m breit), um so höher ist der Anteil an Rand- und Lichtfläche.

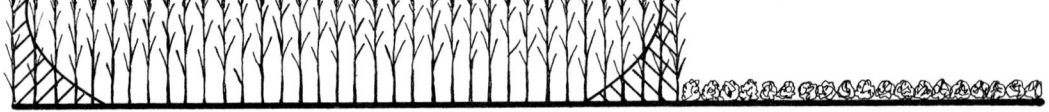

Bei breiten Parzellen ist der insbesondere für Wildkräuter, Insekten und Niederwild wichtige Bereich prozentual sehr gering. Bis zu 98% der Fläche können als Nahrungsbasis tot sein.

chen größer als der normale Aktionsbereich des Hasen, der sich auf etwa einen Quadratkilometer beläuft, kommt es zwangsläufig zu ›hasenleeren‹ Bereichen; diese werden immer größer, je mehr die Größe der Einzelfeldschläge über den Aktionsradius des Hasen hinausgeht.«

Es war also erst das Zusammentreffen von mindestens *zwei* Negativfaktoren – große Parzellen und Sturzacker –, das diese Wildart (und zahlreiche Feldvögel) hart traf.

Zur gestiegenen Parzellengröße und wachsenden Fruchtarmut kam die Hektik. Noch vor zwei Jahrzehnten dauerte hier im Voralpenland die Heuernte – bei gutem Wetter! – rund drei Wochen. Inzwischen genügen eine Woche! in dieser Woche verändert sich die Landschaft radikal, und es entstehen mitten in der Vegetationszeit *Nahrungsengpässe*. Viel drastischer wirkt sich diese maschinenbedingte Hektik in Getreideanbaugebieten aus. Riesenhafte Erntemaschinen machen das Feld in wenigen Tagen zur deckungs- und nahrungslosen Steppe. Weder Goldammer noch Rebhuhn finden ausreichend Nahrung. Zwar wurde früher dieselbe Fläche abgeerntet, aber Schritt für Schritt. Bis der letzte Halm gemäht wurde, hatte sich die zuerst gemähte Stoppel längst begrünt, standen auf ihr eventuell sogar mehr Wildkräuter als vor der Mahd.

Durch diese Entwicklung werden ganze Landschaftsteile für die Mehrzahl standörtlicher Tierarten unbewohnbar. Beispiel Alpenvorland: 1991 begannen die Bauern schon am 22. April mit dem Grasschnitt (Ende Mai schneite es in derselben Höhenlage noch!). Das Mähgut war kaum 10 cm hoch, bis zu einem Drittel betrug der Ernteverlust, der Rest wurde künstlich getrocknet – keine Nahrung, keine Setzplätze mehr für Rehe und Hasen. Gemähte Wiesen werden sofort gegüllt – keine Brutplätze mehr für Brachvogel und Kiebitz. Es folgte die Silagemahd, anschließend Gülle – inzwischen ist alles, was in Wiesen brütet, tot. Um Pfingsten herum folgt die Heuernte, dann der zweite Schnitt von den zuerst gemähten Flächen, und so geht es weiter bis September. Der rasante Wechsel von Schnitt-Gülle-Schnitt läßt viele Kräuterarten nicht mehr ausreifen; sie versamen sich nicht mehr und verschwinden aus der Wiese. Alle auf diese Arten als Wirtspflanzen angewiesenen Insekten »gehen vor die Hunde« und mit ihnen alle auf diese Insekten angewiesenen Vogelarten. Ist das letzte Gras – oft schon überreift – abrasiert

So sah es einmal aus: Rüben, Kartoffel, Mais und Halmfrucht kleinparzellig nebeneinander und zwischen allem hatten noch Hecken und Tümpel Platz.

und mit hohem Energieaufwand (bezuschußt) künstlich getrocknet, kommt noch das Vieh auf die Flächen und mehrfach Gülle. Gülleverordnung hin oder her, auch bei Schnee und Frost kommt die braune Brühe raus, der weit überhöhte Viehbestand macht dies unvermeidbar. Gülle läuft regelmäßig in die Gräben. Die Polizei schaut zu und schweigt, ihr fehlt der politische Rückhalt! Was soll hier außer ein paar Feldmäusen noch leben?

Inzwischen erobert auch noch der Mais das Grünland. Er ist weitgehend selbstverträglich, Fruchtfolge ist nicht notwendig. Unter ihm wächst fast nichts mehr. Erosion hin oder her, die Mehrzahl der Bauern hat ohnehin keine Nachfolger mehr.

Rationalisierung bis in die Almregionen hinauf. Die sömmernden Rinder sind um ein Drittel schwerer geworden, mit allen negativen Folgen für die almtypische Pflanzengesellschaften und die Böden selbst. Wege zu den Almen (sicher unumgänglich) führten teilweise schon zum Einsatz von Planierraupen auf den Almflächen. Almanger werden inzwischen mit Mineraldünger intensiviert, Enziane, Mehlprimel und zahlreiche andere Arten kämpfen ums Überleben. Drainagen tun ein Übriges.

Aber was wäre ohne den Wegebau, ohne die Arbeitserleichterung, ohne die Rationalisierung und Intensivierung? Die meisten Almen würden eingehen, bewalden; Enzian und Mehlprimel, Knabenkraut und Trollblume würden ebenfalls verschwinden!

Also sind die Bauern an allem schuld?

Zwar nimmt – neben dem Rest aller Bundesbürger – auch die Landwirtschaft für sich in Anspruch, die einzigen tatsächlichen Naturschützer zu sein, der »Rat von Sachverständigen für Umweltfragen« kommt aber in seinem Sondergutachten »Umweltprobleme der Landwirtschaft« schon 1985 zu folgender Bewertung, der von der Landwirtschaft direkt oder indirekt verursachten Umweltbelastungen:

1. Beeinträchtigung und Beseitigung naturbetonter Biotope und Landschaftsbestandteile – Hauptursache des starken Rückgangs wildlebender Tier- und Pflanzenarten;
2. zunehmende Gefährdung des Grundwassers durch Eintrag von Nitrat und Pflanzenschutzmitteln;
3. Belastung der Ackerböden durch: Verschlechterung der Bodenstruktur, Unterbodenverdichtungen aufgrund intensiver Bodenbearbeitung mit schweren Maschinen und häufiges Befahren; Wegfall tiefwurzelnder Pflanzen durch enge Fruchtfolgen; regional erhebliche Verstärkung der Bodenerosion aufgrund ausgedehnten Anbaus spät deckender Früchte, z. B. Mais oder Rüben; Pflanzenschutzmitteleinsatz;
4. Belastung von Oberflächengewässern durch Bodenabschwemmung und Nährstoffeintrag;
5. Beeinträchtigung der Nahrungsqualität durch Schadstoffrückstände.

Ungeachtet aller Appelle, Empfehlungen und politisch-opportunen Geschwafels, geht die »Aufrüstung« in der Landwirtschaft mit erhöhter Geschwindigkeit weiter. Diese Feststellung soll keine Anklage der Landwirte sein, sie sind in ihren Entscheidungen längst nicht mehr frei, sondern eher Sklaven der Industrie und der Banken, eingepreßt in einen Kreislauf ständiger Rationalisierung und technischer Aufrüstung, bei dem sie in jedem Fall auf der Strecke bleiben – früher oder später.

Jeder Versuch, aus diesem Kreislauf auszubrechen, wurde von den politisch Verantwortlichen in Bund und Ländern jahrzehntelang zu unterbinden versucht. Verantwortungsbewußte Landwirte, die sich in alternativen Anbaumethoden versuchten, wurden schlicht als linksideologische Spinner abqualifiziert – Industrie und Banken rieben sich die Hände.

In den letzten Jahren trat ein sichtbarer Wandel ein. Alternativer Landbau wurde »hoffähig«, und es lebt sich nicht ganz schlecht davon. Der AID Pressedienst des Bundesministeriums für Ernährung, Landwirtschaft und Forsten ermittelte für 1990/91 bei den ökologisch wirtschaftenden Betrieben einen durchschnittlichen Gewinn von 46 430 Mark je Unternehmen, bei den konventionellen Betrieben jedoch nur 42 680 Mark.

In Bayern werden gegenwärtig Betriebe, die auf ökologischen Landbau umstellen, für die Dauer der ersten fünf Jahre mit einem Beitrag von 500,– DM pro Hektar Ackerland und 350,– DM pro Hektar Grünland gefördert.

Finanzielle Anreize für weniger Chemie und Produktion

Die alten Bundesländer fördern in unterschiedlichem Maße die Umstellung von Landwirtschaftsbetrieben auf ökologischen Anbau oder teilweise Extensivierung. Am populärsten sind die »Ackerrandstreifenprogramme«, deren Ziel es ist, wenigstens im Randbereich der Äcker den Einsatz von Chemie zu verhindern. Im Gegensatz zum Flächenstillegungsprogramm zielen sie auf Flächen, die auch weiterhin bewirtschaftet werden sollen. Anfängliche Bedenken der Landwirte, vor einer auf andere Flächen übergreifenden Verunkrautung, erwiesen sich als unbegründet. 1991 gab es allein in Nordrhein-Westfalen 2500 Kilometer ungespritzte Ackerrandstreifen. Das entspricht einer Fläche von 1000 Hektar. Eine Übersicht bietet Tabelle Seite 20.

Ohne Bewirtschaftung keine typischen Feldbewohner

Heute wird zu Recht der teilweise dramatische Rückgang fast aller in der Agrarlandschaft wildlebenden Pflanzen- und Tierarten als Folge intensiver Landwirtschaft beklagt. Allerdings: das ist nur die halbe Wahrheit. Vergessen wird die Tatsache, daß die noch vor wenigen Jahrzehnten massenhaft vorkommenden Ammern, Lerchen, Hasen und Rebhühner nichts anderes waren als Kulturfolger einer »intensiver« (intensiver gegenüber der Zeit vor 1800) gewordenen Landwirtschaft, genau wie die Wachteln oder Brachvögel. Erst die intensivere Landwirtschaft schaffte offene, diesen Arten zusagende Räume. In weiter zurückliegenden Zeiten mit geringer Bevölkerungsdichte, weitverbreiteter

Weide in devastierten, hainartigen Wäldern und extensivster Landwirtschaft, gab es für »Steppenbewohner« relativ wenig wirklich *optimale* Räume. Der Hase fühlte sich weder im geschlossenen Wald noch im staunassen Sumpf- oder Überschwemmungsgelände wohl. Erst die Landwirtschaft mit ihren Trockenlegungen und geordneten Dreifelder- oder extensiven Grünlandwirtschaft schaffte ihm großflächig zusagende Lebensräume. Nicht anders verhält es sich mit den Rebhühnern. Selbst der Brachvogel findet sein Optimum auf *extensiv* landwirtschaftlich genutzten Flächen – auf der wegen ihrer Nässe nur einmal jährlich gemähten Wiese. Aber eben auf der Wiese, auf *Wirtschaftsland*, frei von Busch und Baum!

Und heute? Der Bogen ist einfach überspannt. Die Wiese hat kaum noch Ruhe und der Acker schon gar nicht mehr. Die Vielfalt an *Kulturpflanzen* ging verloren und erst recht die bunte Mischung.

Ein gutes Beispiel für diese Entwicklung ist das *Emsland*. In diesem riesigen Moorgebiet gab es denkbar wenig *feldbewohnendes* Niederwild, bis in den 50er Jahren begonnen wurde (aus heutiger Sicht landwirtschaftlicher Überproduktion ein Wahnsinn und Verbrechen), den in Jahrzehntausenden gewachsenen Torf abzubauen und die Moore in Agrarflächen umzuwandeln. Heute gibt es dort – dank Landwirtschaft – Niederwild. Zwar nicht mehr sehr viel, weil die Landwirtschaft inzwischen zur Agrarindustrie geworden ist, aber immerhin mehr als früher – »in der guten alten Zeit« – in den nassen Mooren. Zahlreiche andere Arten sind durch diese »Kultivierungen« allerdings verschwunden. Doch bei ihnen handelte es sich nicht um *Feldbewohner*.

Die Nachkriegsjahrzehnte waren bei Naturschützern und Jägern geprägt von einer »Rezeptinflation«. Die Jäger klammerten sich an die angeblich alles entscheidende »Raubzeugbekämpfung«, ein einleuchtendes Rezept, jedenfalls für jeden, der bereit ist, beide Augen gläubig zu schließen. Heute hat bei einem wachsenden Teil der Jäger ein Bewußtseinswandel, zumindest ein Prozeß des Nachdenkens eingesetzt. Es sind die Jagdverbände, die sich ans alte, so unendlich bequeme Allheilrezept »Fallenjagd« klammern. Auch wenn die meisten Funktionäre sie noch nie wirklich ausgeübt haben, ja vielfach nicht einmal wissen, von was sie genau reden! Allerdings, die nächsten Jahre werden Wandel

So schnell verändert sich das Artenspektrum einer Wiese, wenn nicht mehr gemäht wird. Innerhalb von zwei Jahren ging die Zahl der Arten im Zaun drastisch zurück.

bringen. In einer TV-Sendung des Südwestfunkes im Dezember 1991 ging ein Landesjagdverband schon deutlich auf Distanz zu einem Teil jener Fanggeräte, die er in seinen Fallenjagd-Lehrgängen zuvor wie danach wärmstens empfahl. Man hat zumindest schon begriffen, was sich nicht mehr – öffentlich – verkaufen läßt.

Immerhin, im Frühjahr 1991 stellte eine renomierte Jagdorganisation für ein Niederwildrevier in Baden (1600 ha) einen jungen, im neuzeitlichen Biotopmanagement erfahrenen Berufsjäger ein. Sein Dienstvertrag wurde zunächst auf ein Jahr befristet. Die Voraussetzung für eine Verlängerung: Mindestens 600 Stück Raubwild pro Jahr umbringen! Das nennt sich in der Funktionärssprache dann: »den Überhang abschöpfen« oder »ökosystemgerechte Jagd«. Kann es den Auftraggebern wirklich verborgen geblieben sein, daß solche Strecken, ja schon Bruchteile davon, nur bei bewußter und permanenter Gesetzesübertretung möglich sind?

Und der Naturschutz, war der im Besitz der »reinen Wahrheit«? Doch wohl auch nicht so ganz. Auch er hatte relativ einfache Rezepte in seinen Schubladen: Hecken für die Rebhühner, Nistkästen für Höhlenbrüter und in der »politischen Sukzession« Jagdverbote. Erst nach und nach ging man daran, z.B. die Lebensraumansprüche der Hühner etwas genauer zu untersuchen. Daß Pflanzaktionen trotzdem sinnvoll und wichtig waren (wenn auch nicht so sehr für die Rebhühner), sei ja nicht bestritten.

Noch vor zwei Jahrzehnten empfahlen Naturschützer den Anbau von Pappeln an Gewässern und sangen Loblieder auf die Robinie und Riesenknöterich – jede Zeit hat ihren Geist. Alles in allem kurierten Naturschützer und Jäger viel zu viel an Symptomen herum, anstatt Ursachen zu beseitigen.

Auch mir selbst fehlte es nicht an Rezepten zur Rettung der Artenvielfalt; schließlich war ich Berufsjäger und Freizeitjäger bin ich immer noch, mit gutem Gewissen und aus Überzeugung. Aber zeichnen sich die Ursachen für den Artenschwund (nicht nur in der Agrarlandschaft) nicht als viel, viel komplexer, verknüpfter ab als wir je hätten zu denken gewagt?

Sicher: Wenn wir wieder kleinbäuerliche Betriebe hätten, den 100 PS-Traktor gegen Pferdegespanne tauschen würden, käme vermutlich einiges zurück. Daß damit der alte, in der Erinnerung liebe Zustand dessen, was wir heute ein ökologisches Gleichgewicht nennen, wieder hergestellt würde, das mag ich trotzdem bezweifeln.

Erst langsam denken wir Naturschützer und Jäger uns in »Mikrobereiche« hinein. Was wir nicht sahen, interessierte uns auch wenig; ja, wir wußten gar nichts davon. Welchen Einfluß sollte auch ein Mikroorganismus auf das Überleben von Rebhühnern haben – die fressen ja Körner...

BARTH [1987] beziffert die jährliche Aussterberate für die Bundesrepublik mit 80 bis 90 Arten; nicht eine einzige davon sieht oder bemerkt der »ganz normale« Mensch!

Wir müssen uns damit abfinden, daß die Nahrungskette des Neuntöters weit, weit vor dem Laufkäfer beginnt, und die des Rebhuhnes weiß Gott nicht erst bei der Gelben Wegameise.

Wer Rebhuhn, Feldlerche und Neuntöter retten will, braucht die Landwirtschaft, wenn auch eine sanftere.

Zahlreiche, heute immer seltener werdende, Ackerwildkräuter stellen sich auf brachgelegten Ackerflächen spontan ein; sie verschwinden aber auch wieder fast ebenso schnell, wenn aus der *vorübergehenden* Brache eine *Dauer*brache wird. MESSLINGER [1988] ermittelte bei quantitativen Untersuchungen der Flora im Rahmen des »Rebhuhnprogrammes Artenreiche Flur Feuchtwangen« geförderte Ackerbrachen. Dabei stellte er fest, daß nur bei 25% der auf

Tabelle 1: Bundesländer, die den Verzicht auf Herbizid, Pestizid

Land	Name
Bundesgebiet (inkl. neue Bundesländer)	Extensivierungsprogramm
Bayern	Kulturlandschaftsprogramm Teil A
Bayern	Acker-, Wiesen- und Uferrandstreifenprogramm
Baden-Württemberg	Programm für extensive Ackernutzung
Hessen	Programm zur Förderung ökologisch wertvoller Pflanzengesellschaften in Wirtschaftsgrünland und Ackerbau
Rheinland-Pfalz	Ackerrandstreifenprogramm
Saarland	Ackerrandstreifenprogramm
Saarland	Biologischer Landbau
Nordrhein-Westfalen	Ackerrandstreifenprogramm
Niedersachsen	Ackerrandstreifenprogramm
Schleswig-Holstein	Ackerrandstreifenprogramm (auch für schmale Felder)

Handelsdünger im Bereich von Acker- und/oder Wiesenrandstreifen oder auf ganzer Fläche fördern [Aus »Natur« 1/91]

Ziele und Voraussetzungen	Höhe der Förderung	Zuständige Behörde
Verringerung der Produktion um 20% in 5 Jahren. Der Landwirt muß nachweisen, daß er auf gleichbleibender Fläche 20% weniger produziert. Er muß entweder den Rückgang der Erträge belegen oder nachweisen, daß er mit einer extensiven Produktionsweise arbeitet, die zu geringeren Ernten führt. Keine chemischen Pflanzenschutzmittel, Klärschlamm und zugekaufter Wirtschaftsdünger	300 bis 425 DM/ha im Jahr bei Getreide, wenn auf ökologischen Anbau umgestellt wird; bei Zuckerrüben 300 DM/ha pro Jahr; bei Obst- und Weinbau 1416 DM/ha im Jahr; bei der Umstellung von Gerste oder Weizen auf Dinkel 300 DM/ha pro Jahr; 153 DM pro Großvieheinheit (GVE) bei Umstellung auf extensive Rinderhaltung	Landwirtschaftsämter
Extensive Grünlandnutzung; Weidehaltung von Schafen und Ziegen; extensiver Ackerbau	Maximal 12 000 DM/Jahr pro Betrieb	Landwirtschaftsämter
Einmalige Mahd bei Wiesenrandstreifen; keine Düngemittel und Pestizide	7 bis 10 Pfennig pro m² und Jahr	Landratsämter
Keine Pestizidie; Einschränkung der Düngung; schonende Bodenbearbeitung; Aussaat von Wildkräutern	450 bis 1200 DM/ha im Jahr, je nach Bedeutung der Fläche bei der Aussaat von Wildkräutern auf den Randstreifen. Vertragsdauer 5 Jahre	Landwirtschaftsämter
Extensive Bewirtschaftung von Wiesen; Anlegen von Schonstreifen für Wildkräuter	Für Acker- oder Uferschonstreifen 9 bis 13 Pfennig pro m² und Jahr	Amt für Landwirtschaft und Landesentwicklung (ALL)
Anbau bestimmter Feldfrüchte; keine Wildkräuterbekämpfung; kein Düngen und Kalken	12,5 Pfennig pro m² und Jahr	Landwirtschaftliche Beratungsstellen oder Kreisverwaltung
Keine Pestizide; keine Gülle; kein mineralischer Stickstoff	11 Pfennig pro m² und Jahr	Landwirtschaftliche Beratungsstellen in Saarbrücken
Umstellung auf alternative Wirtschaftsweise sowie die Mitgliedschaft in einer von der Internationalen Vereinigung Biologischer Landbaubewegungen anerkannten Organisation	10 000 DM gestaffelt auf 3 Jahre für Familienbetriebe, für Alleinstehende 7000 DM	Landwirtschaftliche Beratungsstellen in Saarbrücken
Keine Herbizide; keine Düngung und Kalkung von Sandböden	7,5 Pfennig pro m² und Jahr	Untere Landschaftsbehörde
Keine Pestizide; keine Kalkung und Düngung auf Sandböden	7 bis 10 Pfennig pro m² und Jahr	Ämter für Agrarordnung
Keine Herbizide; keine mechanische Wildkräuterbekämpfung (Vertrag für 4 Jahre)	7 Pfennig pro m² und Jahr Sockelbetrag plus 1 Pfennig pro Bodenpunkt	Schleswig-Holsteinische Landesgesellschaft

Das ist noch »Lebensraum« im besten Sinne des Wortes: Viele kleine, in sich verschachtelte Räume, in der bewirtschaftetes Land mit Brachland wechselt und die unterschiedlichsten Fruchtarten – von der Schwarzen Johannisbeere bis zum Senf – angebaut werden; keine großen Schläge, dafür fast nur Randbereiche und Grenzlinien. Nur – wer ist noch bereit, zu solch mühsamer Bewirtschaftung?

Erst die Landwirtschaft schuf in Mitteleuropa großflächig optimale Lebensräume für den Feldhasen. Auf das richtige Maß kommt es eben an.

Trostlose Maiseinöde, die auch durch Untersaaten nicht mehr zum Lebensraum wird.

Brachflächen gefundenen Pflanzenarten um »klassische« Ackerwildkräuter handelt. Die weitaus meisten vorgefundenen Arten bevorzugen völlig andere Lebensräume. Sie verschwinden nach kurzer Zeit wieder aus der Brache, und sie haben sich auch nur eingefunden, weil durch die der Brache vorangegangene Bewirtschaftung gute Startbedingungen für Pioniere geschaffen wurde. In den Folgejahren (bei Dauerbrachen) können sie jedoch gegen die standorttypischen Arten nicht bestehen.

Das eben ist auch wieder der Unterschied zu den intensiv bewirtschafteten Ackerflächen ohne Ruheperiode. Dort waren nämlich 63% der vorgefundenen Arten typische Ackerwildkräuter, Pionierarten fanden sich grundsätzlich wenige. Es ist folglich sowohl die Bewirtschaftung als auch die vorübergehende Stillegung erforderlich, um einem Höchstmaß an Kräutern (und in der Folge auch Insekten) das Überleben zu sichern.

Einmal angenommen, eine wohlmeinende Regierung würde Mittelfranken unter Naturschutz stellen und alle Bauern ins Altersheim schicken: das wäre auch das Ende der Rebhühner. MESSLINGER [1988] schreibt: »*Hierzu ist zu bemerken, daß nicht zu intensiv genutzte Äcker für typische Feldbewohner unverzichtbare Lebensräume darstellen . . .*«

Die wichtigsten landwirtschaftlichen Nutzpflanzen

Wer draußen mitplanen will, muß zumindest die wichtigsten Nutzpflanzen und ein Minimum über deren Ansprüche und Besonderheiten wissen. Das betrifft vor allem die Jäger, die ja zusätzlich in den meisten Feldrevieren noch mit Wildschäden konfrontiert werden, die erkannt, geschätzt und beglichen werden müssen.
Die wichtigste Gruppe bilden die Getreidearten; sie gehören mit dem Mais zur großen Familie der Gräser *(Gramineae).* Gerste und Weizen wurden bereits in der Steinzeit bei uns angebaut. Die einstigen *Wildformen* kommen freilich nur noch als »Ackerunkräuter« vor. Heute werden leistungsfähige Kultursorten angebaut.

Wintergetreide
Wintergerste *(Hordeum vulgare)* wird in erster Linie zu Futterzwecken angebaut, da sich Gerstenmehl schlecht verbäckt und die meisten Wintergerstesorten nicht braufähig sind. Sie wird als erste Getreideart geerntet, meist ab Mitte Juli.
Standortansprüche: Wintergerste kommt mit nahezu allen Bodenarten zurecht, verlangt aber als ausgesprochener Flachwurzler eine gute Nährstoffversorgung. Ausgenommen sind stark verdichtete oder staunasse Böden.
Saatzeit: Um den 10. September; Wintergerste, die zu spät gesät wird, friert gerne aus.
Saattiefe: 1 bis 3 cm.
Reihenabstand: 15 bis 18 cm.
Saatgutbedarf: 110 bis 200 kg/ha.

Winterweizen *(Triticum aestivum)* bleibt entweder als Futtermittel beim Erzeuger (ca. 40%) oder kommt als Backweizen in die Mühlen. Weizen wird i. d. R. mit Halmverkürzer behandelt, um seine Standfestigkeit zu erhöhen. Auf dem Wildacker im Niederwildrevier kommt er nur in der Mischung mit anderen Arten vor.
Standortansprüche: Er mag kalkhaltige, mittlere bis schwere Böden mit guter Wasser- und Nährstoffversorgung. Leichte, trockene Sandböden und Moorböden sind ungeeignet. Winterweizen gedeiht in Lagen bis über 800 m und verkraftet bis −20°C.
Äsungswert: Für Schalenwild-Wildäcker eignet sich der anspruchslose **Dinkel** *(Triticum spelta),* eine alte Weizenform (s. Seite 41), wesentlich besser.
Saatzeit: Ab 20. Oktober, keimt noch bei 3 bis 4°C.
Saattiefe: 2 bis 4 cm.
Reihenabstand: 15 bis 18 cm.
Saatgutbedarf: 140 bis 230 kg/ha.

Gerste ist an ihren langen Grannen leicht zu erkennen.

Winterroggen *(Secale cereale)* ist unsere einzige Getreideart mit Fremdbefruchtung. Er wird hauptsächlich als Backroggen, teilweise auch Futterroggen angebaut. Er hat ein sehr starkes Wurzelwerk, das wenig Bodenansprüche stellt und kommt selbst mit versauerten Standorten zurecht, neigt aber auf schweren Böden zur Lagerfrucht.
Standortansprüche: Roggen hat ein stärkeres Wurzelwerk als Weizen und stellt daher auch keine so hohen Ansprüche. Er nimmt zudem mit leichten Sand- oder mit Moorböden vorlieb, akzeptiert saure Böden und Lagen bis 1400 m mit rauherem Klima. Sein Anbau beginnt meistens dort, wo Weizen nicht mehr gedeiht.
Äsungswert: Roggen ist selbstverträglich und läßt sich gut mit Leguminosen mischen. Daher ist er auch für den Wildacker bestens geeignet, wird im Winter gerne von den Rehen geäst und

bildet frühzeitige Brutdeckung für Fasanen. Allerdings eignet sich der **Waldstaudenroggen** für Wildäcker im Wald oder in Gebirgslagen wesentlich besser (s. Seite 42).
Saatzeit: Letztes Septemberdrittel; keimt zwar noch bei 1 bis 2 °C, muß sich aber vor dem Winter noch gut bestocken, um nicht auszufrieren.
Saattiefe: 1 bis 2 cm.
Reihenabstand: 15 bis 18 cm.
Saatgutbedarf: 90 bis 160 kg/ha.

Sommergetreide
Sommergerste *(Hordeum vulgare)* hat die kürzeste Vegetationszeit und wird daher zuerst gemäht. Sie wird entweder als Brau- oder als Futtergerste verwendet.
Standortansprüche: Trockene Sandböden oder feuchte und tonige Böden sind für Braugerste ungeeignet.
Saatzeit: März, Saatbett soll trocken sein.
Saattiefe: 1 bis 3 cm.
Reihenabstand: 15 bis 18 cm.
Saatgutbedarf: 120 bis 200 kg/ha.

Sommerweizen *(Triticum aestivum)* dient in erster Linie als Backweizen, erhebt dieselben Standortansprüche wie der Winterweizen. Er muß relativ früh im Jahr gesät werden, und wird meist dann angebaut, wenn die späte Räumung der Vorfrucht den Anbau von Winterweizen nicht mehr zuläßt.
Saatzeit: Februar bis März, Boden darf bei der Saat nicht schmieren.
Saattiefe: 2 bis 4 cm.
Reihenabstand: 15 bis 18 cm.
Saatgutbedarf: 150 bis 270 kg/ha.

Weizen erfordert von allen Getreidearten die besten Böden.

Hafer blüht und fruchtet in Rispen und ist damit nicht zu verwechseln.

Hafer *(Avena sativa)* wird seit der Bronzezeit angebaut, mag feuchtes Klima, stellt ansonsten wenig Ansprüche und wächst bis in Lagen um die 1500 m. Da er jede Vorfrucht akzeptiert, gilt er als *Gesundungsfrucht*, ist aber wenig selbstverträglich.
Standortansprüche: Hafer hat von allen Getreidearten das ausgeprägteste Wurzelsystem und besiedelt fast alle Standorte, auch rauhe Lagen, sofern sie nicht ausgesprochen trocken sind.
Saatzeit: März, für Wildackerzwecke jedoch bis in den Mai hinein.
Äsungswert: Hafer gilt als Pionierpflanze und hat große Bedeutung auf dem Wildacker. Das Rotwild äst bereits die Blätter, alle Schalenwildarten, der Dachs, gelegentlich der Waschbär nehmen die Rispen des Hafers, vor allem in der Milchreife. Wildenten, Tauben und zahlreiche andere Vögel fallen zur Reifezeit in die Felder ein, besonders gerne in Lagerfrucht.
Saattiefe: 2 bis 4 cm, auf Wildäcker und bei ausreichender Feuchtigkeit genügt leichtes Einrechen/Eineggen.
Reihenabstand: 15 bis 18 cm bei Drillsaat, auf Wildäckern Breitsaat.
Saatgutbedarf: 100 bis 150 kg/ha.

Mais *(Zea mays)* kommt mit den meisten Böden zurecht, vorausgesetzt, sie sind nicht zu kalt und schlecht durchlüftet. Er wird als *Körner*mais für

Mühlen und als betriebseigenes Futtermittel angebaut, als *Silo*mais zur Silagebereitung und als *Grün*mais zur direkten Verfütterung. Jeder Maissorte ist eine sogenannte FAO-Zahl zugeordnet (FAO = Food and Agricultural Organisation). Mit ihr wird die Reifegruppe bezeichnet. FAO 150–190 = früh, 200–240 = mittelfrüh, 250–290 = mittelspät und 300–340 = spät. Je ungünstiger die Lage, umso niedriger muß die FAO-Zahl sein.
Standortansprüche: Wenig anspruchsvoll, sofern nicht staunaß; liebt Wärme, gedeiht aber noch in Lagen bis 800 m.
Äsungswert: Unmittelbar nach der Saat und im frühen Keimstadium werden die Maiskörner – wenn sie nicht vergällt wurden – von Fasanen, Krähen und Eichelhäher herausgezogen. Etwa bis zum Vierblattstadium werden die jungen Blätter hin und wieder von Hasen, Kaninchen und Rehen verbissen. Reifende Kolben ziehen hauptsächlich Schwarzwild, gelegentlich Rotwild an. Reife Kolben werden vom Schalenwild, Dachs, Waschbär, Fasanen, Enten, Krähen, Eichelhäher u. a. angenommen (Mais auf dem Wildacker s. Seite 47).
Saatzeit: Ende April bis Anfang Mai, frostempfindlich, keimt erst ab 8 °C.
Saattiefe: 4 bis 6 cm.
Reihenabstand: 60 bis 80 cm.
Saatgutbedarf: 15 bis 35 kg/ha bei Einzelkornsaat.

Hackfrüchte
Kartoffeln *(Solanum tuberosum)* werden zu 40 % als Futtermittel angebaut. Der Speisekartoffelanteil liegt leicht darunter. Zunehmend wandern Kartoffel in die Veredlungsindustrie, Brennereien und in die Stärkefabrikation. Sie mögen leichte bis mittlere, warme Böden. Zu einem gewissen Grad sind sie selbstverträglich und gelten als Vorfrucht für Wintergetreide. Saatkartoffel werden meist mit Licht vorgekeimt und durch Begasung gebeizt.
Schwarzwild bricht, Rotwild schlägt zunächst die Saatkartoffeln heraus, später die reifenden Kartoffeln. Schwarzwild ist allerdings wählerisch, und nimmt nicht alle Sorten in gleichem Maße an.
Standortansprüche: Kommt mit leichtesten Sandböden wie mit sauren Moorböden zurecht, sofern nicht staunaß.
Pflanzzeit: Mitte April bis Anfang Mai, keimt erst bei 8 °C und erfriert bei leichten Frösten.
Pflanztiefe: 5 bis 6 cm, muß nach dem Austreiben gehäufelt werden.
Reihenabstand: 60 bis 75 cm, Abstand in der Reihe 33 bis 40 cm.
Pflanzgutbedarf: 26 bis 29 dt/ha (ovale Sorten) und 22 bis 25 dt/ha (runde Sorten).

Topinambur *(Helianthus tuberosus)* und **Sonnenblumen** *(Helianthus annuus)* siehe »Wildackerpflanzen« Seite 44.

Zuckerrüben *(Beta vulgaris var.)* werden fast ausschließlich für die Zuckergewinnung angebaut. Sie stellen hohe Ansprüche an Klima und Boden: tiefgründig, hoher Humusgehalt, gute Wasserführung. Fruchtfolge ist wegen der Rübennematoden zwingend. Gute Vorfrüchte sind in dieser Hinsicht Mais und Roggen, die verseuchte Böden sanieren, nachfolgend wird meist Winterweizen angebaut.
Standortansprüche: Rüben mögen tiefgründige, mittelschwere bis schwere Böden mit ausreichendem Kalkgehalt und guter Wasserversorgung in Lagen bis maximal 600 m.
Äsungswert: Die Köpfe werden gelegentlich von Hase, Kaninchen und Schalenwild angenagt, die Blätter verbissen.
Saatzeit: Mitte März bis Mitte April, nicht später, da die Rüben bis zur vegetativen Reife bis 220 Tage brauchen. Der Anbau auf Wildäckern lohnt sich nicht.
Saattiefe: 2 bis 3 cm.
Reihenabstand: 50 cm, Abstand in der Reihe 20 bis 30 cm.
Saatgutbedarf: 12 bis 15 kg/ha bei Normalsaat, 9 bis 12 kg/ha bei pilliertem Saatgut.

Unter dem Blätterdach der Rüben und den noch nicht totgespritzten, dazwischenstehenden Unkräutern lebten früher die Rebhühner und zogen ihre Jungen auf.

Futterrüben *(Beta vulgaris)* verlieren durch den steigenden Maisanbau immer mehr an Anbaufläche. Ihre Bodenansprüche sind nicht ganz so hoch wie die der Zuckerrübe.
Wildschäden wie bei Zuckerrüben.
Saatzeit: Mitte März bis Mitte April.
Saattiefe: 2 bis 4 cm, gelegentlich Pflanzung bis Anfang Juni.
Reihenabstand: 40 bis 50 cm, Abstand in der Reihe 25 bis 30 cm.
Saatgutbedarf: 20 bis 35 kg/ha bei Knäulsaat, 9 bis 14 kg/ha bei Einzelkornsaat.

Stoppelrüben *(Beta vulgaris)* siehe Seite 28.

Markstammkohl *(Brassica oleracea)*, **Furchenkohl** *(Brassica oleracea)*, **Raps** *(Brassica napus)*, **Rübsen** *(Brassica rapa* ssp. *oleifera)* und **Ölrettich** *(Raphanus sativus* var. *oleiferus)* siehe ›Wildackerpflanzen‹ Seite 43.

Senf *(Sinapis arvensis)* siehe ›Zwischenfrüchte‹ Seite 28.

Hülsenfrüchte
Felderbsen *(Pisum arvense)*, **Ackerbohnen** *(Vicia faba major)* und **Sojabohnen** *(Clycine soja)* siehe ›Wildackerpflanzen‹ Seite 48.

Pflanzen für den Feldfutterbau

Rotklee *(Trifolium pratens)* wurde schon von den Römern angebaut. Er bevorzugt mittlere bis schwere Böden mit guter Humusversorgung (leichte und saure Böden meidet er) und mag kühle, feuchte Sommer, aber weder Kälte noch lange Schneelagen. Der Landwirt läßt den Rotklee nicht länger wie drei Jahre stehen und bricht dann die Fläche um; es muß eine Anbaupause von 5 bis 6 Jahren eingehalten werden. Ungünstig ist der Anbau nach Hülsenfrüchten oder anderen Kleearten.

Weißklee *(Trifolium repens)* ist wesentlich anspruchsloser, liefert aber weniger Masse. Er kommt mit fast allen Böden zurecht, eignet sich gut als Untersaat, wird daher auch fast nur in der Mischung gesät und ist frostsicher. Weißklee hat ein besonders verzweigtes Wurzelwerk und bildet Kriechtriebe, von denen Lücken schnell geschlossen werden. Diese Eigenschaften empfehlen ihn für Wildwiesen, -äcker, zur Begrünung von Erdwegen und Böschungen.

Schwedenklee *(Trifolium hybridum)* verkraftet fast alle Böden, ausgenommen sehr trockene. Gegen Nässe und Kälte ist er unempfindlich, aber wie der Weißklee nur in Mischungen üblich. Sein Vorteil vor allem gegenüber Rotklee, ist der, daß er länger vital bleibt und, absolut frosthart, sich auch für Hochlagen eignet. Er muß immer in Mischungen angebaut werden, um nicht ins Lager zu fallen.

Inkarnatklee *(Trifolium incarnatum)* kommt mit schweren Böden nicht zurecht. Er übersteht »normale« Winter nicht, ist daher nur einjährig, jedoch relativ selbstverträglich. Bedeutung hat er eigentlich nur als Mischungspartner.

Alexandrinerklee *(Trifolium alexandrinum)* kam erst in den 50er Jahren zu uns, liebt kalkreiche, leichte bis mittlere Böden, wächst sehr schnell, versagt aber bei Trockenheit und ist ebenfalls nicht winterhart.

Perserklee *(Trifolium persicum)* tauchte sogar erst in den 60er Jahren hier auf und hat ähnliche Standortansprüche und Verwendungsmöglichkeiten wie der Alexandrinerklee. Er wächst ebenfalls schnell und ist nicht winterhart.

Luzerne *(Medicago sativa)* mag warme, kalkreiche und eher trockene Böden, verträgt weder Säure noch Nässe. Sie liefert hohe Massenerträge und wird vom wiederkäuenden Schalenwild überaus gerne genommen. Zwar ist sie mehrjährig, wird aber von den Landwirten i. d. R. nur über zwei Hauptnutzungsjahre gehalten und erst nach etwa sechs Jahren auf derselben Fläche erneut angebaut. Bei extensivem Wildackeranbau hält sie ohne weiteres 5 bis 6 Jahre durch. Für Untersaaten ist sie nicht so gut geeignet wie die Kleearten. Dafür aber bilden schmale Luzernestreifen entlang von Gräben usw. eine gerne von Fasanen und Rebhühnern angenommene Brutdeckung.
Standortansprüche: Die Luzerne mag tiefgründige, leichte bis mittelschwere Böden, liebt Kalk, nimmt (bei Ertragseinbußen) selbst mit Sand- und Kiesböden vorlieb. Warm muß es sein, und das Wasser darf nicht höher als maximal 1,5 m unter der Oberfläche stehen. Mit ihren bis zu 8 m langen Wurzeln holt sie sich die notwendige Feuchtigkeit aus der Tiefe.
Bodenbearbeitung: Saatbeet muß feinkrümelig sein und geeignet für Blanksaat.

Tabelle 2: Die wichtigsten Kleearten im Überblick

Kleeart	Saatmenge	Preis	Saatart/Saatzeit/Saatbeet
Rotklee	18–20 kg/ha	8,0 DM/kg	Klee wird oberflächig (maximal <2 cm) als *Untersaat* unter eine Deckfrucht gesät, als *Blanksaat* (Reinbestand) oder in Mischungen.
Weißklee	8–11 kg/ha	9,0 DM/kg	Bei Saat unter Wintergetreide wird im Februar/ März gesät (Saat auf den Schnee!).
Schwedenklee	8–12 kg/ha	6,0 DM/kg	Bei Saat unter Sommergetreide wird mit diesem zusammen gesät.
Inkarnatklee	15–25 kg/ha	6,0 DM/kg	
Alexandrinerklee	30–35 kg/ha	6,5 DM/kg	Blanksaat und Mischsaat erfolgt meist im März.
Perserklee	18–20 kg/ha	7,5 DM/kg	Wildacker- und Böschungssaat bis August.

Düngung: Kalkung je nach pH-Wert des Bodens bereits ein Jahr vor dem Anbau; Startdüngung mit einem PK-Dünger (z. B. Thomaskali).
Saatzeit: März/April oder August.
Saatmenge: 25 bis 30 kg/ha.
Preis: ca. 13 DM/kg

Esparsette (*Onobrychis viciaefolia*) steht der Luzerne in Aussehen und Verwendung sehr nahe. Sie ist aber anspruchsloser und härter als jene (s. Seite 26).

Kleegrasgemische gibt es in vielen Varianten, eines der bekanntesten davon ist das *Landsberger Gemenge*. Bedingt durch den Gräseranteil kann auch Stickstoff zugeführt werden, was zu höheren Masse-Erträgen führt. Länger als über zwei Hauptnutzungsjahre werden sie von den Bauern selten gehalten. Ein Klee-Gras-Gemenge für den Wildacker ist auf Seite 219 beschrieben.

Zottelwicken (*Vicia villosa*) siehe ›Wildackerpflanzen‹ Seite 43.

Zwischenfruchtanbau – Gnade für die Landschaft

Wenn im Spätherbst der letzte Mais von den Feldern gefahren wird und die Stoppeln umgebrochen sind, dämmern viele Feldfluren schwarz und leblos in den Winter hinein. Die *Dreifelderwirtschaft* ist längst tot und vergessen, und naturbelassene Strukturen wie Raine, Hecken und Altgrasbestände als *Überlebensinseln* sind Mangelware, helfen auch bei weitem nicht allen Arten über den Winter. Ein ganz klein wenig läßt sich diese Situation durch gezielten Zwischenfruchtanbau steuern. Hier sind die Jäger als »anerkannte Naturschützer« zuerst gefordert.

Während die Anpachtung von landwirtschaftlichen Flächen zur Umwandlung in Wildäcker in Gebieten mit hoher Bodenbonität auch heute noch schwer ist (trotz Flächenstillegung), sind die meisten Landwirte bereit, entsprechende Zwischenfrüchte anzubauen, vorausgesetzt, das Saatgut wird ihnen gestellt. In manchen Gegenden ist der Zwischenfruchtanbau ohnehin hochaktuell. Nur sind die vom Landwirt bevorzugten Zwischenfruchtarten nicht immer die für unsere Zwecke geeignetsten, und die Bauern wollen ihre Zwischenfrüchte manchmal bereits im Spätherbst wieder unterpflügen, weil die Äcker im Spätwinter zeitweise nicht befahrbar sind. Wo der Jäger das Saatgut stellt, findet sich auch die Bereitschaft, die Zwischenfrucht, zumindest auf den trockeneren Äckern bis in den Spätwinter oder das Frühjahr stehen zu lassen.

Landwirte unterscheiden drei verschiedene Verfahren des Zwischenfruchtanbaues: *Untersaat*, das heißt, die Zwischenfrucht wird bereits unter die Hauptfrucht gesät, entweder in einem Arbeitsgang oder (Mais) kurz nach der Hauptfruchtsaat. *Stoppelsaat* erfolgt unmittelbar nach der Getreideernte, nach vorherigem Umbruch oder Fräsgang. Bei diesen beiden Verfahren spricht man vom *Sommer-Zwischenfruchtanbau*. Meistens wird die *Sommer-Zwischenfrucht* im Spätherbst wieder umgebrochen; über den Winter bleibt dann die schwarze Scholle liegen. *Winter-Zwischenfruchtanbau* erfolgt im September bis Anfang Oktober. Die Zwischenfrucht bleibt dann bis März/April stehen und wird meist als Grünfutter geschnitten. Insgesamt werden Zwischenfrüchte etwa hälftig als Grünfutter oder als Gründung genutzt.

Was will der Bauer durch Zwischenfruchtanbau erreichen?
- Erosionsschutz
- Bindung von Restnährstoffen, insbesondere von Gülleüberschüssen
- Bodenlockerung und Humuszufuhr
- Nutzung als Grünfutter

Welche Anforderungen stellt der Jäger an den Zwischenfruchtanbau?

- Mindestvernetzung während der Wintermonate, also nicht *wenige* große Schläge, sondern *viele* kleine Streifen
- Deckung und Windschutz auch nach dem Absterben der Pflanzen
- Äsung für *alle* Niederwildarten

Im Grunde genügt es, wenn am Rande größerer Zwischenfruchtschläge auf zwei Maschinenbreiten die von uns subventionierte Frucht gesät

Tabelle 3: Pflanzen für den Zwischenfruchtbau
(Aus »Agrarwirtschaft«, BLV-Verlagsgesellschaft München)

Pflanze	Merkmale, besondere Eignung	Saatgutbedarf kg/ha	Pflanze	Merkmale, besondere Eignung	Saatgutbedarf kg/ha
Untersaaten			Sonnenblumen	hohe Erträge, wenn die Saat spätestens Anfang August erfolgt; auch für trockenere Lagen	40
Weißklee	für bessere Böden; schlecht mähfähig, daher besser im Gemisch anbauen; Morsö-Typ	8–12			
Gelbklee	auch für trockene Lagen; nur zur Gründüngung	10	Phacelia	gute Gründüngungswirkung; Bodengesundungspflanze, da weder Kreuz- noch Schmetterlingsblütler und daher auch kein Zwischenwirt für Krankheiten; keine Futterpflanze	10–15
Welsches Weidelgras	bringt große Wurzelmasse, daher gut zur Gründüngung geeignet	20			
Stoppelsaaten			Markstammkohl	braucht genügend Bodenfeuchtigkeit und viel Stickstoff (150 kg/ha); Saat spätestens Ende Juli	4–6
Erbsen, Wicken, Ackerbohnen (Gemische)	sehr gute Vorfruchtwirkung, aber langsames Jugendwachstum, daher Aussaat schon im Juli nötig	Erbsen 90 Wicken 50 Bohnen 30	Stoppelrüben	für feuchte Lagen; bringt hohe Erträge; geringe Bodenansprüche	2–3
Perserklee mit einj. Weidelgras	rasches Wachstum; Saatzeit spätestens Anfang August	15–20 9	**Winterzwischenfrüchte**		
			Winterrübsen	geringe Bodenansprüche; schnelles Wachstum im Frühjahr; Nutzung höchstens bis Blühbeginn	12
Winterraps	schnelles Wachstum, ertragssicher, für Gründüngung oft Kurzschlegeln nötig	10–15			
Senf	Saat bis Mitte Sept. möglich, Ernte vor Blühbeginn (Senfölbildung!)	18–20	Grünroggen	geringe Bodenansprüche; frosthart	140–200
			Wickroggen	größerer Eiweißgehalt wegen des Leguminosenanteils	Wicken 50 Roggen 80
Ölrettich	für alle Böden geeignet; schnelles Wachstum; zur Gründüngung kurzschlegeln	18–24	Landsberger Gemenge	für bessere Böden; wintert besonders bei häufigen Kahlfrösten leicht aus	60

Phacelia wird als Zwischenfrucht immer häufiger angebaut, weil sie weder mit den Getreidearten, noch mit den Kreuzblütlern oder Leguminosen verwandt und damit eine echte Gesundungsfrucht für die Böden ist. Auch bei der Begrünung von Stillegungsflächen tritt sie in Erscheinung.

pflanze für Hase und Fasan ist er aber nur bedingt geeignet.

Eine vollwertige Alternative wäre der *Serepka-Senf*, Sorte Vitasso [SIEBERN 1991]. Das ist ein massenreicher Acker-Futtersenf, der bis zu zwei Meter hoch (!) werden kann. Dadurch bleibt er im unteren Stengelbereich kahl, bildet aber ein dichtes Dach. Einziger Nachteil: Die Pflanzen sterben bei Frost ab, und die Stengel knicken (besonders unterm Schnee) in der Mitte um. Die Deckung bleibt jedoch erhalten.

Eine in der Praxis erprobte, vorwiegend auf die Bedürfnisse des Niederwildes abgestimmte Zwischenfruchtmischung empfiehlt wiederum SIEBERN:

Pro Hektar je 30 kg Lupinen und Sonnenblumen, je 0,5 kg Akela-Raps und Serepka-Senf, 2 kg Rübsen (Perko) und 1 kg Stoppelrüben. Dieser Saatgutmischung werden 1 bis 1,5 dt Kalkammonsalpeter beigemischt und per Düngerstreuer gesät.

wird und stehen bleibt. Häufig wird von den Bauern – besonders nach Gerste – *Gelbsenf* verwendet, weil dieser besonders große Güllemengen verträgt. Als Äsungs- und Deckungs-

Integrierte Randstreifen als Kompromiß

Eines der besten europäischen Fasanenreviere (in dem keine Fasanen ausgesetzt werden!), die

Entlang der Gräben und Hecken wurde ein Streifen Mais mit Hirse und Sonnenblumen untersät; er bleibt nach der Ernte einfach stehen.

Hardegg'sche Gutsverwaltung, liegt nördlich Wiens, nahe der tschechischen Grenze. Dort besteht kein Mangel an Niederwild allgemein. Das Erfolgsrezept ist relativ einfach, aber flächenaufwendig.
Gewirtschaftet wird auf großen Parzellen, Maisschläge bis zu 50 Hektar, und hochtechnisiert. Im Laufe der Jahre wurden längs nahezu aller Entwässerungs- und Grenzräben, die das Feld durchziehen, stufige Hecken und Feldgehölze gepflanzt. Darin sah man zunächst eine Windschutzmaßnahme. Schon diese Skelette aus Hecken, Gräben und schmalen Altgrasstreifen wirkte sich positiv auf die Tierwelt aus.
Entscheidend begünstigt wird das Niederwild dadurch, daß auch die Randbereiche der angrenzenden Schläge wildfreundlich gestaltet werden. Auf einer Breite zwischen 5 und 15 m wird z. B. der Mais mit Hirse unterstellt oder es werden gleich einige Meter – unter Verzicht auf die Hauptfrucht – mit einem niederwildfreundlichen Gemenge eingesät.
In der Regel wird in solchen Randstreifen zusätzlich auf den Herbizideinsatz verzichtet. Hier ist an eine Inanspruchnahme der landesspezifischen *Ackerrandstreifen-Programme* zu denken (s. Seite 20).
Diese Streifen bieten neben Äsung vor allem Deckung und Schutz vor Prädatoren. Der Fuchs läuft durch die Hecke oder durch den Mais, dort wo diese gut begangbar sind. Auch der Habicht jagt entlang der Saatgassen. Deshalb ist man bemüht, diese Streifen bzw. Untersaaten nicht mit den Reihen der Hauptfrucht durchlaufen zu lassen, sondern bei der Saat für gewundene Randlinien zu sorgen. Damit wird die Fläche für Prädatoren *unübersichtlich*. Die Reaktionen des Niederwildes auf den anfliegenden Habicht sind schneller als dessen Flugkorrekturen.
KLANSEK und VAVRA vom Forschungsinstitut für Wildtierkunde und Ökologie in Wien verweisen in diesem Zusammenhang auf die Notwendigkeit, Einsaaten auf Niederwildäcker grundsätzlich in unregelmäßiger Saatstärke vorzunehmen. Dichte Stellen sollen mit weniger dichten wechseln, hoher Bewuchs mit niedrigerem. Brutdeckung soll mit übersichtlichen Äsungsstellen, Huder- und Trockenplätzen abwechseln. Fehlt dieser Wechsel, wird das Niederwild gezwungen, seine Bedürfnisse teilweise außerhalb der ihm gewidmeten Flächen zu decken.
In ÖSTERREICHS WEIDWERK 3/92 schreiben KLANSEK und VAVRA:

»Beim Anbau sollte darauf geachtet werden, keinen nach landwirtschaftlichen Kriterien ausgerichteten Massenbestand, sondern einen ›ödlandähnlichen‹, lückigen Aufwuchs mit oft mehreren Quadartmeter großen Kahlstellen zu erzielen. Ein zu üppiger Pflanzenbestand auf dem Wildacker schränkt die Bewegungsfreiheit und den Sichtkontakt der Tiere innerhalb der Gesperre stark ein und entspricht auch nicht den Sicherheitsbedürfnissen des Niederwildes, da im dichten Bestand ein rechtzeitiges Erkennen von Raubwild (Überraschungseffekt!) erschwert wird.«

Streifen, wie sie oben beschrieben wurden, könnten in jedem Revier entstehen. Sie müssen auch nicht unbedingt 10 m breit sein. Das Ganze ist lediglich eine Frage des Guten Willens – und der Kosten. Die prämienbegünstigte Flächenstillegung bietet aber auch hier große Möglichkeiten. Erfahrungsgemäß sind Landwirte eher geneigt, an Waldrändern oder entlang von Hecken auf die Nutzung zu verzichten als mitten im Feld.

Kleeuntersaat im Getreide

Eine Minimallösung stellt die Kleeuntersaat im Getreide dar. Sie mindert zwar den Getreideertrag, die Ernte selbst wird aber nicht beeinträchtigt. Auch bei dieser Variante genügen Streifen in einer Breite von 5 bis 10 m. Nach der Getreideernte bleiben die Kleestreifen erhalten, während die übrige Fläche in der Regel kurz nach dem Drusch umgebrochen wird. Entweder sie bleibt dann als Scholle bis Frühjahr liegen, dann muß der Umbruch des Kleestreifens im Frühjahr nachgeholt werden. Oder es folgt eine Zwischenfrucht (meist Raps oder Senf), die im zeitigen Frühjahr zusammen mit dem Kleestreifen umgebrochen wird. Bei dieser Variante entsteht keinerlei Mehrarbeit, abgesehen von der Saat der Kleemischung, die aber der Jäger selbst vornehmen kann.
Ideal ist es natürlich, wenn der Landwirt derartige Untersaatstreifen als Gliederung großer Getreideschläge zuläßt. Dadurch werden weit auseinanderliegende »Wildflächen« grob vernetzt, vor allem aber konzentriert sich das Niederwild nicht völlig auf die Hecken und solche begleitende Streifen. Jede Konzentration von Niederwild zieht zwangsläufig Raubwild an und erleichtert diesem die Jagd. Das gilt ganz besonders für die Zeit nach der Getreideernte.

Die nachstehend aufgeführte Kleesaatmischung hat sich in den Musterrevieren des Niederösterreichischen Landesjagdverbandes als Getreideuntersaat bewährt:

5 kg Luzerne
5 kg Alexandrinerklee
5 kg Hornschotenklee
5 kg Weißklee
----
20 kg/ha

Zwischensaaten in Weinbergen

Zu den trostlosesten Bereichen der nicht bodenversiegelten Landschaft gehören flurbereinigte Rebflächen. Mit die grauenhafteste Landschaftsvergewaltigung betrieb das Flurbereinigungsamt Freiburg im Kaiserstuhlgebiet. Dort wurde das Relief einer in Jahrtausenden gewachsenen Kulturlandschaft brutalst umgekrempelt.
Aber auch in ganz »gemütlichen« Rebgärten alter »Unordnung«, kam zwischen den Rebzeilen lange Zeit kein grüner Halm hoch. Inzwischen gehen jedoch immer mehr Winzer dazu über, ihre Rebflächen zu begrünen.
Die Biologische Bundesanstalt (BBA) in Bernkastel verweist auf vergleichende Untersuchungen zwischen konventionellem und ökologischem Weinbau. Die Ergebnisse sprachen eindeutig für eine Begrünung:
● Bessere Befahrbarkeit der Böden
● Verhinderung von Erosion
● Festlegung überschüssiger Nährstoffe
● Verminderung der Rebanfälligkeit gegen Krankheiten wie Stiellähme und Chlorose

Im Grunde eignen sich fast alle im landwirtschaftlichen Zwischenfruchtanbau üblichen Pflanzen, ja selbst die schlichte »Verunkrautung« erfüllt die gestellten Aufgaben.
Allerdings, und das mindert den ökologischen Wert derartiger Begrünungen, müssen die Untersaaten laufend niedrig gehalten werden. Dies erfordert 6 bis 8 Mulchgänge pro Jahr, bei denen alles, was nicht rechtzeitig flüchtet, erschlagen wird. Inzwischen sind schon Geräte im Einsatz, die auch um die einzelnen Rebstöcke dicht herum arbeiten. Es gibt keine ungemulchten Räume. Damit zieht die Rebbegrünung einerseits Tierarten an, gleichzeitig werden sie, ihre Eier oder Jungen vernichtet.
Je höher die Untersaat bei unbeeinflußtem Wachstum wird, umso häufiger wird gemulcht. Die Winzer befürchten nämlich bei hohem Aufwuchs die Übertragung von Rebkrankheiten. Zu den relativ niedrig bleibenden Pflanzen ge-

Auch eine Möglichkeit: Gassen mit Gräsern begrünt und zwei Drittel wieder totgespritzt – die schlechteste Lösung für die Tierwelt.

hören *Weiß-* und *Hornschotenklee*. Sie erfordern deutlich *weniger* Mulchgänge, sind aber nicht dauerhaft genug. Deshalb gelangen sie fast nur in der Mischung mit Obergräsern zur Aussaat, was wiederum einige Mulchgänge mehr bedeutet.

Ein eher niedriger Bewuchs entsteht bei unterlassener Bodenbearbeitung durch Selbstbegrünung. *Vogelmiere, Ehrenpreis, Rote Taubnessel* und *Einjährige Rispe* sind typische »Weinbergsbegrüner« und es sind wünschenswerte Wildpflanzen.

Sinnvoll ist eine Begrünung mit Pflanzen, die vor allem dem Hasen im Winterhalbjahr als Äsung dienen. Dazu gehört neben *Raps, Klee* und *Gräsern* auch der *Roggen*, mit seiner enormen Wuchsleistung. Gerade letzterer verleitet im Frühjahr manchen Bodenbrüter, sein Gelege im Weinberg anzulegen und die Häsin setzt ihre Jungen darin. Wie erfolgreich derartiges Wintergrün mit dem Tod kooperiert, hängt weitgehend davon ab, daß schon ganz früh gemulcht wird – ehe die Gelege vorhanden sind. Bei den Hasen kann so zumindest der zweite Satz gerettet werden, weil es an der notwendigen Deckung bereits fehlt.

Unterm Strich kann eine Weinbergsbegrünung, die seitens der Jäger und Naturschützer in sie gesetzten Hoffnungen nicht erfüllen – sie *kann* sich auf den Artenschutz sogar negativ auswirken. Gegenwärtig wird etwa ein Drittel der bundesdeutschen Rebfläche begrünt, mit steigender Tendenz. Eine Unterstützung der Winzer beim Anbau weniger »mulchintensiven« Pflanzen wie Klee und Wildkräuter, lohnt sich auf alle Fälle.

Der Vollständigkeit halber sei hier auch an die Begrünung von Hopfenanlagen erinnert. Hopfenzeilen stehen in Abständen zwischen 1,6 und 3,2 m und wurden in der Vergangenheit weitgehend bodenkahl gehalten. Sowohl Winterraps als auch Winterroggen eignen sich zur Begrünung der Gassen. Die Rapseinsaat erfolgt in der zweiten Julihälfte (15 bis 20 kg/ha), die Einsaat mit Roggen bereits nach dem ersten Anhäufeln der Hopfenpflanzen Anfang Juni (ca. 200 kg/ha). Der Roggen kann zudem als Grünfutter geschröpft werden.

Untersaat im Mais als Zwischenfrucht

Die ganz große *Problempflanze* unserer Zeit ist der Mais – und seine Anbaufläche wächst und wächst. Noch 1960 waren es in der guten, alten Bundesrepublik lediglich 56 000 Hektar, 1980 jedoch bereits 814 000 Hektar.

- Mit dem Maisanbau schreitet die Erosion fort.
- Mit dem Maisanbau wächst die Nitratbelastung des Trinkwassers.
- Mit dem Maisanbau geht die völlige Verarmung der Landschaft einher.
- Mit dem Maisanbau wächst die landwirtschaftliche Überproduktion zur Vernichtung und sterben gleichzeitig die Familienbetriebe!

In manchen Gemeinden, etwa am Oberrhein, werden heute schon bis zu 80% der landwirtschaftlichen Fläche mit Mais bestellt. Die Restnitratwerte in südbadischen und anderen Maisanbaugebieten steigen ständig. Im Sommer bietet der Mais zwar einigen Wildarten Deckung, doch höchstens während einer ganz kurzen Wachstumsphase auch Nahrung. Durch die meist sehr großen Flächeneinheiten geht der Feldflur auch immer mehr an Struktur, an Randlinien und Vielfalt verloren. Für viele Tier- und Pflanzenarten bedeutet großflächiger Maisanbau das lokale Aus!

Die Trinkwasserreserven sind nitratbelastet. Wasserwirtschaftler und Gesundheitsbehörden drängen auf ein Anbauverbot für Mais in Wasserschutzzonen. Die nackte Angst ums Trinkwasser, nicht »ökologische Vernunft« der Politiker ist es, die inzwischen zu ersten Auflagen geführt hat!

Mit Einführung des freien EG-Binnenmarktes, am 1. Januar 1993, werden in der Bundesrepublik eine Vielzahl inzwischen verbotener Herbizide und Pestizide neuerlich zugelassen.

Aber Auflagen an Maisbauern wegen simpler Laufkäfer, Insekten, wegen entbehrlicher Rebhühner und Feldhasen? Das wäre zwar »moralisch«, nie aber politisch vertretbar gewesen. Welcher Politiker in ländlicher Gegend riskiert durch unpopuläre Forderungen seine Wiederwahl, nur um Lerchen, Rebhühner und Feldhasen zu retten oder gar um des bloßen Seelenheils im Produktionsprozeß zerschlissener Menschen?

Vor allem die Trinkwasserverseuchung mit Nitraten, als Folge expandierenden Maisanbaus, führte zwangsweise zu Versuchen mit Maisuntersaaten – nicht ein politisches Faible für Bild und Seele der Landschaft!

Diese Untersaaten sollen einerseits den Humusaustrag verhindern und gleichzeitig die nach der Maisernte noch im Boden vorhandenen Nitratmengen binden.

Durch Untersaaten erhält eine vom Mais dominierte Feldflur weder ihr altes Gesicht wieder, geschweige denn ihren Wert als Lebensraum, aber sie mildern die brutale Wirkung intensiver Maiswirtschaft und sie helfen einigen wenigen Arten – zumindest Individuen – zu überleben.

Mehrere staatliche wie private Stellen beschäftigen sich seit Jahren mit der praxisgerechten Erprobung von Maisuntersaaten, so auch das Regierungspräsidium Freiburg in Zusammenarbeit mit dem Saatgutproduzenten NUNGESSER in Bad Krotzingen.

Alle Hauptnährstoffe – Stickstoff, Phosphor, Kali, Kalk – nimmt der Mais im wesentlichen während seiner mittleren Wachstumsphase, also

So schaut eine hasenfreundliche Maisfläche aus: Untersaat mit Weidelgras.

vom beginnenden Achtblatt-Stadium bis zum Eintrocknen der Narbenfäden auf. Nährstoffmängel in dieser Phase sind später nicht mehr kompensierbar. Andererseits nimmt die Maispflanze nach dem Eintrocknen der Narbenfäden nur noch wenige Nährstoffe zu sich. Das ist der Grund, warum es im Spätherbst und Winter zu einer Anreicherung von Nitraten im Boden kommt. Während im Sommer überschüssiges Wasser verdunstet und das Nitrat im Oberboden quasi Wartestellung bezieht, versickert das Wasser im Herbst und Winter (oder läuft ab). Nitrat wird dabei ausgewaschen und versickert. Es gelangt ins Grundwasser.

Was fehlt, um Bodenerosion und Nitratauswaschung zu verhindern, sind Pflanzen, die bereits in der letzten Phase vor der Maisernte und möglichst über den Winter den Boden bedecken und das noch vorhandene Nitrat aufnehmen und somit binden. Die Lösung heißt *Untersaat*.

Doch die macht Probleme, weil der Mais in seiner Jugend kolossal empfindlich gegen Konkurrenz jeder Art ist. Werden Untersaaten gleichzeitig mit dem Mais in den Boden gebracht, überwachsen sie den Mais ruckzuck. Er geht unter, zumindest kommt es zu großen Masseneinbußen. Zu spät kann man mit der Untersaat aber auch nicht kommen, ansonsten werden die jungen Maispflanzen von der Saatmaschine empfindlich geschädigt.

Ohne große Probleme geht es nur zwischen dem Sechs- bis Achtblattstadium, bei dem die Pflanzen zwischen 40 und 50 cm hoch sind. Bewährt hat sich die Ausbringung der Untersaat mit einem 12 m breiten pneumatischen Streuer, der jeweils 15 Reihen in einem Durchgang sät. Mit diesem Gerät läßt sich auch noch zwischen höher angewachsenem Mais säen.

Bei einer Maishöhe von mindestens 20 cm und maximal 40 cm, geht es zur Not auch mit einer einfachen Drillmaschine. Allerdings darf man dann nur mit zwei, höchstens mit drei »Pfeifen« arbeiten und muß äußerst präzise fahren.

Zahlreiche Pflanzenarten wurden auf ihre Tauglichkeit als Mais-Untersaat getestet; als besonders gut geeignet wurde das *Deutsche Weidelgras* befunden. Vor allem wenn früh gesät wird, sind die Rasentypen des *Deutschen* Weidelgrases besser als das *Welsche* Weidelgras, da sie die noch kleinen Maispflanzen nicht so stark bedrängen. Für spätere Untersaaten, also ab einer Maishöhe von 40 cm, empfiehlt das Freiburger Regierungspräsidium Mischungen aus *Deutschen* und *Welschen* Weidelgräsern. Die Anteile des *Deutschen* Weidelgrases kann dabei zwischen 30% und 50% schwanken – je höher die Maispflanzen, um so weniger *Deutsches* Weidelgras. Auch sollte bei sehr späten Untersaaten etwa 8 bis 10 Tage vor der Saat die Reihenhacke eingesetzt werden.

Wo es sich um *Saat*mais handelt, haben sich neben den Weidelgräsern auch andere Grasarten wie *Rotschwingel* und *Knaulgras* bewährt. Erfolgreich verliefen auch Versuche mit Roggen und Rübsen. Diese Saaten sind auch preisgünstiger wie die Weidelgräser, eignen sich aber *nicht* als Untersaaten bei Körner- und Silomais.

NUNGESSER entwickelte eine Standardmischung – *Sedamix Maisgrün* –, die so gut wächst, daß sie im nachfolgenden Frühjahr zusätzlich als Grünfutter geschnitten werden kann.

Das zweite große Problem beim Maisanbau ist der Herbizideinsatz, auf den der Landwirt nicht generell verzichten kann – ohne Herbizid kein Mais! Einige der auf dem Markt befindlichen Mittel, beziehungsweise auch ihre Rückstände, können Untersaaten beeinträchtigen. Beschränkungen in Wahl und Menge der verwendeten Mittel besteht bereits für Wasserschutzzonen. Besser und billiger als eine *Flächen*spritzung ist die *Band*spritzung, bei der die Herbizide nur in den unmittelbaren Bereich rechts und links der Maispflanzen gelangen. Bei vielen Bauern fehlt es allerdings noch an der hierzu erforderlichen Gerätschaft. Eine grobe Übersicht gibt die nachstehende Tabelle:

Tabelle 4: Unkrautbekämpfung bei Maissaaten

Ganzflächig:	einfach, aber erhebliche Einschränkungen in der Mittelwahl.
Bandspritzung:	Zusatzeinrichtung erforderlich, sicheres Auflaufen der Untersaaten, Kostenersparnis bei teuren Präparaten.
Kombiniert:	kann bei Hirsebekämpfung und Spätverunkrautung notwendig werden.

	ganzflächig	Bandspritzung
Ohne Hirse, Amaranth, Weißer Gänsefuß u. a. selektierte Wärmekeimer	Certrol B 1,5 l NA Faneron 3,0 l NA Pradex BW 3,0 l VSE (bei später Untersaat)	Atrazin 2,0 l (⅓) NA, Gardoprim 2,0 l (⅓) VA, Gardoprim F 3,5 l (⅓) NA
Mit Hirse, Amaranth, Weißer Gänsefuß u. a. selektierte Wärmekeimer	Stomp 5,0 l VA + Certrol B 1,5 l NA oder Faneron 3,9 l NA. Bei späterer Untersaat auch Capsolane 10 l VSE. Keine metolachlorhaltigen Präparate!	Stomp 5,0 l + Gardoprim 2,0 l oder Stomp 3,0 l + Gardoprim plus 4,5 l

Die Entwicklung der Untersaaten ist abhängig von:
- Lichteinfall
- Trockenheit
- N-Nachlieferung
- Herbizid-Nachwirkung

Auch *optisch* schwache Untersaaten verwachsen sich nach der Maisernte rasch. Eine ausreichende Nitratbindung wird erreicht, wenn die Untersaat etwa bis Dezember stehen bleibt. Dann kann gepflügt werden. Zur Verhinderung von Erosion muß sie jedoch bis in den Spätwinter bzw. ins zeitige Frühjahr stehen bleiben.

Jäger und Naturschutz interessiert aber vorrangig die Äsungs- und Deckungsfunktion. Untersaat soll:
- im Sommer ein Mindestmaß an Äsung in den Mais bringen,
- im Herbst den *Ernteschock*, vor allem beim Feldhasen, mildern.
- im Winter Nahrung und Deckung für Niederwild und zahlreiche Kleinvögel und -säuger bieten.

Das notwendige *Mindest*maß an überwinternder Maisuntersaat ist abhängig von der Gesamtsituation im Feld: von Dauergrünland, Zwischenfrucht, Wintersaat, Ödland und vor allem von der pflanzlichen Artenvielfalt. Niederwildreviere, in denen nicht – mindestens! – 20 Prozent der Feldfläche auch winterattraktiv sind, sind *keine* Niederwildreviere. Ihre Verpachtung als solche müßte verboten sein!

Wo Mais-Anbauer nicht durch das gestiegene Umweltbewußtsein zu Maisuntersaaten gezwungen werden und solche auch nicht kraft eigenen Verantwortungsbewußtseins vornehmen, liegt es zunächst an jenen, die auf derartigen Flächen noch Niederwild bejagen wollen, solche Untersaaten anzuregen und in beschränktem Umfang – aber netzartig verteilt – zu subventionieren. Wie bei anderen »Ökoflächen« kommt es weniger auf die Größe der Einzelfläche als auf die möglichst dichte Vernetzung an. Subventioniert soll allerdings nur werden, wenn der Landwirt sich auch verpflichtet, das betreffende Stück bis Anfang März *grün* liegen zu lassen.

Die Kosten für einen Hektar Untersaat liegen zwischen 50 und 100 Mark. Dabei wurden von den Mehrarbeits- und Saatgutkosten die nicht entstandenen N-Verluste abgezogen. Zehn Hektar überwinternde Maisuntersaaten sind also auch für den finanziell schwächeren Jagdpächter eine erschwingliche Sache. Streifen in einer Breite von 20 m dürften dabei ihren Zweck durchaus erfüllen, wenn sie eng genug vernetzt sind.

Wildökologisch sind Stoppel- oder Grünbrache sicher wertvoller als Untersaat im Mais. Die immer noch anhaltende Expansion der Maisanbaufläche deutet jedoch in eine andere Richtung.

Überwinternde Untersaaten können im März bedenkenlos umgebrochen werden. Dabei kommt es auf eine saubere Furche an, ansonsten gibt es bei neuerlich folgendem Mais *Durchwuchs*.

Eine weitere, zusätzliche Möglichkeit, Maisanbauflächen über Winter grün zu halten, ist die *Mulchsaat*. Dabei bleibt die Untersaat zwar bis kurz vor die neue Maissaat erhalten, muß dann aber »abgespritzt« werden. Hierzu wird meistens das Mittel *Round up* verwendet. Dieses Mittel ist – dank rühriger Chemie-Lobby – selbst in Wasserschutzgebieten zulässig. Benötigt werden je Hektar 2 l *Round up* und 10 kg *Schwefelsaures Ammoniak*. Anschließend wird gemulcht und direkt wieder – per Frässaat – Mais gesät.

Unter Mais auf Mulchsaatflächen ist der Oberboden lockerer als auf konventionellen Maisflächen. Andererseits widerstrebt es dem umweltbewußten Menschen, zusätzlich Chemie in die Landschaft zu bringen.

Vor Euphorie sei abschließend gewarnt. Maisuntersaaten gelingen nicht immer gleich gut. Der Bauer muß exakter als bei anderen Kulturen arbeiten und er braucht eine konkrete Anleitung. Geht ein Versuch schief, spricht sich das schnell herum und andere Bauern blocken ab. Die Firma NUNGESSER in 7812 Bad Krotzingen-Schlatt hält für Landwirte entsprechendes Informationsmaterial bereit. Ferner sind auch die Landwirtschaftsämter bereit, für das entsprechende know how zu sorgen.

Eine weitere, aus jagdlicher Sicht interessante Möglichkeit stellt die *Frässaat* von Mais in *abgefrorene* Zwischenfrüchte dar. Sie ist praktikabel, wenn nach der Getreideernte im Sommer Senf, Phacelia, Alexandrinerklee oder Sommerraps hauptfruchtmäßig bestellt wurden. Gesät wird in die abgestorbenen Zwischenfruchtbestände, nach streifenweiser Bodenbearbeitung mit Räumscheiben oder Reihenfräse. Bodenbearbeitung und Saat erfolgen in einem Arbeitsgang. Dieses Verfahren funktioniert übrigens auch bei Rüben.

Tabelle 5: Frühe und späte Untersaaten im Vergleich

Frühe Untersaaten (Einsaat bis 40 cm Maishöhe)

Vorteile:
- geringer Saataufwand (10 kg/ha) durch schmale Streifen
- Saat mit üblicher Drillmaschine
- frühzeitiger Erosionsschutz

Nachteile:
- eingeschränkte Möglichkeiten des Herbizideinsatzes bez. Bandspritzung
- Konkurrenz zu Mais (Witterung, präzise Abstände)

Späte Untersaaten (Einsaat ab 40 cm Maishöhe)

Vorteile:
- keine Konkurrenz, weniger Einschränkungen im Herbizideinsatz
- weniger Fehler möglich

Nachteile:
- hoher Saatgutaufwand (20 bis 45 kg)
- enger Aussaatzeitraum
- spezielle Mechanisierung (überbetrieblich)

Inzwischen sind Untersaaten mit Rübsen beim Saatmaisanbau in Wasserschutzgebieten zwingend vorgeschrieben. Baden-Württemberg (andere Bundesländer ähnlich) bezuschußt die Untersaaten in Wasserschutzgebieten mit 100 DM/ha.

Voll im Trend: Umwandlung von Ackerflächen in Golfplätze (auch Feuchtwiesen werden umfunktioniert). Sieht furchtbar freundlich aus, und ist nach dem Mais die eintönigste, ökologisch ärmste Nutzungsform von Landwirtschaftsflächen.

Fächenstillegung – Kurieren an Symptomen

Feuchtwangen: Naturschutz und Jagd

Wirklich Großes kommt eher selten von Großen!
In Mittelfranken lief 1988 ein Programm an, welches der bäuerlichen Kuturlandschaft wieder ein Minimum an alten Strukturen wie Stoppelfelder und Brachen geben soll. Während Naturschutzfunktionäre lauten Trommelwirbel zur Abschaffung der Jagd schlugen und Jagdfunktionäre alles daran setzten, Naturschutz und Forstverwaltung als eine Art Untermenschen zu verteufeln und in weinerlicher Bambimentalität Futtertrog und Schutz vor grausamen Habichten predigten, saßen in Feuchtwangen ein paar Außenseiter beider Fraktionen zusammen.
Eine alte, seit fünftausend Jahren bewährte und doch von allen Herrschenden dieser Zeit (auf Staats- wie auf Verbandsebene) grausam unterdrückte Kunst, wollten sie wieder beleben: das Denken und Hinterfragen der Dinge! Mit dem Laut-darüber-Reden hatte es noch Zeit.
In der Kreisgruppe des Jagdverbandes hatte ein Wechsel in der Vorstandschaft verkrustete Denkstrukturen aufbrechen lassen. Und die Kreisgruppe des Bund Naturschutz in Bayern, im benachbarten Ansbach, hatte keine Berührungsängste, zu allem auch noch eine funktionierende Organisation samt ABM-Kräften und wissenschaftliche Mitarbeiter. So entstand das Rebhuhnprogramm »Artenreiche Flur« in Feuchtwangen.

Die Stoppelfelder: »Luftschutzbunker« der Rebhühner im Winterhalbjahr!

Noch in den 50er und teilweise in den 60er Jahren waren Hühner in Mittelfranken ganz alltäglich. Es gab noch Altgrasstreifen, »Unkraut« in den Äckern und – Stoppelfelder. Letztere waren inzwischen nahezu ganz verschwunden. Wie überall wurden die Getreideäcker unmittelbar nach der Ernte umgebrochen. Damit verschwand nicht nur die Stoppel, sondern auch ein breites Spektrum an Ackerwildkräutern, die sich früher – trotz Herbizideinsatz im Getreide – auf der Stoppel erholen konnten, und es verschwand das Auflaufgetreide.
Erster Schritt des Rebhuhnprogrammes war daher die Erhaltung eines Minimums an Stoppeln.

Vorrangig ging es – wegen des frühen Mähzeitpunktes – um die Wintergerste. Sinn macht die Erhaltung der Stoppel auch nur, wenn frühestens Ende März gepflügt wird. Den Bauern war der Gedanke, bei einem Umbruch erst im Frühjahr einen finanziellen Ausgleich zu kassieren, nicht unangenehm, befürchteten aber zunächst eine zunehmende »Verunkrautung« ihrer Flächen. Diese Ängste waren unbegründet.
Hilbig berichtete beim 2. Rebhuhnsymposium in Feuchtwangen: *»Das Aussamen der Unkräuter auf der unbearbeiteten Stoppel führte auch nach den sieben Untersuchungsjahren zu keiner deutlichen Zunahme der Verunkrautung, während die Vernichtung der aufgelaufenen winterannuellen Arten durch Tieffurche im Spätherbst zu einem starken Rückgang dieser Arten im Laufe der Jahre führte.«*
Wildkräuter reagieren durchaus unterschiedlich auf Bodenbearbeitung. Im Getreide hochwachsende Arten, mit gutem Durchsetzungsvermögen, werden vom Mähdrescher erfaßt und versamen sich dann auch nicht auf der Stoppel. Andere, z. B. das Klettenlabkraut, keimen auf unbearbeiteter Stoppel nicht, wohl aber auf bearbeiteter (umgebrochener) Stoppel [Koch und Rademacher 1966].
Nach Hilbig nimmt die Artenzahl der Ackerwildkräuter in folgender Weise ab: Stoppel → stehendes Getreide (Sommer) → gegrubberte Fläche → Zwischenfrucht → gepflügte Fläche. Alles in allem zeigten sich die Befürchtungen zunehmender Verunkrautung – und in der Folge mehr Chemie – als unbegründet.
Die Stoppelflächen sollten aus finanziellen Gründen nicht zu groß sein: Lieber *mehr kleine* Flächen. Deshalb wurde die bezuschußte Größe auf ein Tagwerk (3300 m²) pro Fläche begrenzt. Damit wird die Vernetzung gefördert. Gegenwärtig erhalten die Bauern einen Zuschuß von 100 DM/ha, wenn das Getreide zum frühestmöglichen Zeitpunkt gemäht, und die Stoppel nicht vor Ende März umgebrochen wird.

Probleme gibt es auf schweren Böden
Schwere Böden brauchen den Frost, um die notwendige Bodengare zu erreichen. Bricht man sie erst im Frühjahr um, läßt sich kein feinkrümeliges Saatbeet richten. Dieses, in anderen Landschaften sicher noch aktuelle Problem hinderte einen Teil der Landwirte, sich am Rebhuhnprogramm zu beteiligen.

Den Ausweg fand man in Feuchtwangen in der Brache, ein paar Jahre später von der EG als Flächenstillegung kopiert und variiert. Die Bauern sollten auf schweren Böden die Stoppeln nicht nur bis Ende März, sondern mindestens ein ganzes Jahr, also bis zum folgenden Spätsommer, liegen lassen. Damit war die Frostgare gesichert. Ähnlichen Wert wie bei überwinternder Stoppelbrache und Dauerbrache, erkannte man bei ungemähten Altgrasstreifen. Daher wurden unbearbeitete Wiesenstreifen den Dauerbrachstreifen gleichgesetzt und in das Programm mit einbezogen. Wiederum aus finanziellen Gründen durften die mit 1000 DM/ha bezuschußten Streifen nicht breiter als 10 Meter sein, jedoch beliebig lang.
Flankierend wirkten das Ackerrandstreifen- und das Wiesenbrüterprogramm. Laufende Flurbereinigungsverfahren ermöglichten grundsätzliche Überlegungen zur Landschaftsgestaltung. Inzwischen traten bundesweit das Flächenstillegungsprogramm und das Extensivierungsprogramm in Kraft.

Die EG tut so, als würde sie erwachen
Im Februar 1988 beschloß die EG ein Flächenstillegungsprogramm, mit dem Ziel der Mengenbegrenzung landwirtschaftlicher Marktordnungsfrüchte. Die Annahme des Programms in den einzelnen EG-Staaten war recht unterschiedlich. Die deutschen Bauern legten mit Abstand die meisten Flächen still. Im Jahre 1991 wurden fast 900 000 Hektar aus der Produktion genommen.
Landwirte die bereit sind, 20 Prozent ihrer Produktionsfläche für fünf Jahre stillzulegen, können zwischen mehreren Möglichkeiten wählen:

- Dauerbrache, dabei wird ein und dieselbe Fläche für 5 Jahre stillgelegt
- Rotationsbrache, dabei wechseln die stillgelegten Flächen jährlich
- Aufforstung (häufig gegen den Widerstand der Landwirtschaftsämter und Kommunen)
- Umwandlung in eine nichtlandwirtschaftliche Nutzung, insbesondere für Natur- und Landschaftschutz
- Umwandlung von Ackerflächen in extensiv genutztes Grünland

Mit der Gewährung der Förderung werden Auflagen verbunden, die eine versteckte Produktion von Marktordnungsfrüchten verhindern und gleichzeitig den Schutz der Flächen vor Erosion und Verbuschung schützen soll.

Für Brachflächen wird gefordert:
- Ganzjährige Begrünung.
- Keine mineralische oder organische Düngung, kein Abwasser, Klärschlamm, Fäkalien o. ä. (auch Kalken ist nicht zugelassen).
- Keine Anwendung von Pflanzenschutzmitteln
- Mindestunterhalt vorhandener Bäume, Sträucher und Hecken an Parzellenrändern und Wasserläufen.
- Keine Melorationsmaßnahmen und keine Veränderung der Oberflächengestaltung.
- Keine Mahd oder Mulchung in der Zeit vom 1. April bis 15. Juli.
- Bei Rotationsbrachen müssen die Flächen für mindestens 1 Jahr stillgelegt und bis zum 1. Mai des Folgejahres ein Nachantrag für mindestens denselben Flächenumfang gestellt werden.

Bei Nutzung zu nichtlandwirtschaftlichen Zwekken (insbesondere Naturschutz) wird gefordert:
- Keine Verwendung der Fläche zur pflanzlichen oder tierischen Erzeugung.
- Bei Verwendung zum Zwecke des Naturschutzes und der Landschaftspflege müssen die Auflagen der Behörden erfüllt werden.

Bei der Umwandlung von Ackerfläche in extensiv genutztes Grünland gilt:
- Anlage von Grünland aus einer Mischung ertragsarmer Futterpflanzen und -sorten.
- Keine Bewässerungs- und Melorationsmaßnahmen.
- Keine mineralische oder organische Düngung, ausgenommen bei der Ansaat oder durch Weidetiere.
- Keine Pflanzenschutzmittel, außer zur Ansaat.
- Nur *eine* Schnittnutzung als Heu für die *eigene* Viehhaltung jährlich.
- Der ursprüngliche Bestand an rauhfutterfressenden Großvieheinheiten darf nicht erhöht werden.

Wie hoch sind die Zuschüsse?
Brachlegung und Aufforstung werden bis zu einer durchschnittlichen Bodenpunktzahl von 25 mit 700,– DM/ha bezuschußt, darüber hinausgehend für jeden weiteren Bodenpunkt 20,– DM/ha, höchstens jedoch 1416,– DM/ha.
Bei der Umwandlung von Ackerflächen in extensives Grünland werden 60% der oben angeführten Sätze gewährt.
Eventuelle Einkünfte aus nichtlandwirtschaftlicher Nutzung (etwa Zuschüsse aus Naturschutzprogrammen) werden auf den Förderungsbetrag angerechnet.

Was machen mit den Brachflächen?

Insgesamt gesehen fördert die Selbstbegrünung von Brachflächen die Vielfalt an autochthonen (und teilweise bedrohten!) Wildpflanzen. Selbstbegrünte Brachflächen weisen dadurch i. d. R. einen wesentlich höheren Insektenreichtum auf (Lebensgrundlage für Kleinvögel und Küken der Hühnervögel) als Kulturpflanzengemische. Neben Wildkräutern keimt auch der Ausfall von Getreide und Raps. Landwirte ziehen die Selbstbegünung – trotz der zu sparenden Saatgutkosten – nicht immer vor. Ein Teil der Landwirte (und Landwirtschaftsämter!) befürchten bei Selbstbegrünung eine Zunahme schwer bekämpfbarer »Unkräuter« und deren Versamung auf benachbarte, nicht stillgelegte Flächen. Hierzu wurden im Rahmen des »Rebhuhnprogrammes – Artenreiche Flur Feuchtwangen« umfangreiche Untersuchungen vorgenommen, deren Ergebnisse diese Sorge als unbegründet erscheinen lassen.
Je ärmer ein Standort ist, umso wichtiger erscheint die Selbstbegrünung, weil auf armen Böden die größte Artenvielfalt an schützenswerten Ackerwildkräutern anzutreffen ist. Andererseits verschwinden auf Dauerbrachflächen einige Arten auch wieder, wenn nicht regelmäßig durch Bodenbearbeitung ein neues Keimbeet geschaffen wird.
Ein weiterer Vorteil ist der, daß bei Selbstbegrünung durch die fehlende Bodenbearbeitung auch die Bodenruhe verlängert wird.
Sicher erfolgt bei Selbstbegrünung eine geringere Stickstoffbindung als bei Ansaat. Auf gefährdeten Standorten kommt vorübergehend erhöhte Erosionsgefahr durch unvollständige Bodenbedeckung hinzu.
Trotzdem kann es sinnvoll sein, größere Brachflächen zumindest teilweise einzusäen. Diese Flächen eignen sich bei entsprechender Pflanzenwahl als Rehwild-Äcker, zur Entzerrung winterlicher Rehwildkonzentrationen im

Wald. Sie können Hase und Fasan neben Äsung Winterdeckung geben und Kaninchen von landwirtschaftlichen Kulturen oder Waldpflanzen abhalten.

Grundsätzlich sollten aber auf allen Brachflächen mindestens fünf Meter breite Streifen der Selbstbegrünung überlassen bleiben. Landwirte legen aus Bewirtschaftungsgründen lieber eine oder wenige große Parzellen still als mehrere zerstreut liegende kleine. Der Vernetzung dient das nicht. Gerade die Jäger, die ja als Vertragspartner der Jagdgenossen (der Bauern) einen relativ engen Kontakt zu diesen haben (und sich teilweise am Saatgut beteiligen), können hier beratend und steuernd mitwirken.

Für den Naturschutz sind *relativ schmale, aber dafür lange Streifen* viel effektiver als große Flächen. Besonders zu begrüßen sind stillgelegte Streifen innerhalb großer bewirtschafteter Parzellen, die dadurch gegliedert werden.

Auf größeren Stillegungsflächen ist die Saat von Streifen (möglichst *nicht* schnurgerade) und mit unterschiedlichen Mischungen (oder streifenweise Mahd), bedingt durch die dabei entstehenden Randlinien, weit effektiver als flächige Einsaat.

Inzwischen gibt es eine Flut von Mischungen, die von ihren »Erfindern« oder Vertreibern alle

Stillegungsfläche mit Weidelgräsern und Mohn: Sinnlos, nutzlos, kostenträchtig. Aber während ich fotografierte, hielten am nahen Rastplatz zwei Autos; zwei ältere Ehepaare stiegen aus, um ihren Enkeln den blühenden Mohn zu zeigen. So arm sind wir schon geworden!

wärmstens empfohlen werden. Viele wurden offenbar vom Wunsch nach einer möglichst großen Artenvielfalt komponiert. Verwirren lassen darf man sich davon nicht. Sie sind – abhängig vom Standort – alle mehr oder weniger gut

Tabelle 6: Ansaatmischungen für Brachflächen

	Arten	Aussaatmenge kg/ha	Saatgutkosten	Besonderheiten
Bienenweide-Mischung	Phacelia	8	mittel	Mehrmalige Ansaat bei Dauerbrache notwendig und/oder aussamen lassen. Gute Unkrautunterdrückung. Keine N-Anreicherung, daher auch im Wasserschutzgebiet möglich.
	Sonnenblume, niedrig, verzweigt	2		
	Buchweizen	4		
	Gesamtmenge	14		
Wildäsungs-Mischung	Dt. Weidelgras	3	hoch	Als Daueräsungsfläche geeignet. In Wasserschutzgebieten statt Leguminosen Erhöhung des Kräuter- und Kreuzblütleranteils. Einsaat auch am Vorgewende oder auf Restflächen.
	Wiesenschwingel	2		
	Wiesenlieschgras	2		
	Wiesenrispe	2		
	Rotschwingel	2		
	Buchweizen	2		
	Winterraps	2		
	Weißklee	1		
	Rotklee	1		
	Gelbklee	1		
	Hornschotenklee	1		
	Futtermalve	1		
	Phacelia	1		
	Gesamtmenge	21		

Große Stillegungsfläche mit Selbstbegrünung, die von mehreren Saatstreifen unterbrochen wird. So entstehen Randbereiche und lange Grenzlinien.

geeignet. Am billigsten ist es allemal, sich statt einer fertigen Mischung lieber die einzelnen Komponenten zu kaufen und entsprechend zu variieren.

Das Ministerium für Ländlichen Raum, Ernährung, Landwirtschaft und Forsten in Stuttgart empfiehlt den Landwirten die in Tabelle 6 genannten Mischungen.

Tabelle 7: Saatmischungen für Rotations- und Dauerbrachen nach CLAUSSEN

Arten	Saatmenge kg/ha	ca. Preis* DM/kg
Ölrettich	1,0	5,50
Sonnenblumen	1,0	4,40
Buchweizen	6,0	2,30
Flachs	10,0	3,90
Kulturmalve	1,5	15,00
Ackersenf	1,0	2,90
Phacelia	1,5	10,00
Perserklee	4,0	5,90
Winterraps	1,5	4,50
Westf. Furchenkohl	0,5	45,00

* Preise der Firma Samenhaus Jehle in Stuttgart

Diese beiden Mischungen sind sowohl für Rotations- als auch Dauerbrachen geeignet, bieten den Rehen aber eher wenig. Eine sinnvollere Mischung, die für Kleinvögel, Niederwild und Rehe gleichermaßen attraktiv ist, und sich im Revier Lanze auch bei extremer Trockenheit als frohwüchsig erwies, offerierte CLAUSSEN in WILD UND HUHN 4/91. Sie ist für Dauer- und Rotationsbrachen gedacht, und besteht aus einjährigen Pflanzen (Tab. 7).

Eine weitere Möglichkeit – vor allem auf erosionsgefährdeten Böden – ist die Untersaat bei Getreide *vor* der Brachlegung. Damit ist unmittelbar nach der letzten Ernte bereits eine geschlossene Bodenbegrünung vorhanden. Allerdings ist Untersaat nur mit relativ wenigen Arten, nicht mit umfangreichen Mischungen möglich. Es entstehen auf der Brache wieder »Monokulturen«.

Neue Hoffnung MEKA-Programm

Das Land Baden-Württemberg startete inzwischen ein Pilotprojekt, genannt MEKA-Programm (Marktentlastungs- und Kulturlandschaftsausgleich), welches nach dem Willen der EG bei Bewährung europaweit eingeführt werden soll. Es stellt die bisher umfangreichste Regelung dar, mit der eine extensive Landwirtschaft in allen Teilbereichen gefördert werden soll. Antragsberechtigt sind alle land- und forstwirtschaftlichen Unternehmer oder Weidegemeinschaften, deren Flächen in Baden-Württemberg liegen und die ihren Betriebssitz in einem Land der EG haben.

Zuschußfähig sind Maßnahmen oder Wirtschaftsbeschränkungen, mit folgenden Zielen:

a) Grünlandnutzung in sensiblen Bereichen zum Schutze des Bodens von Erosion, zum Schutze des Grundwassers oder zur Erhaltung und Pflege der Kulturlandschaft;

b) Sicherung landschaftspflegender, besonders gefährdeter Nutzungen;

c) Extensive und umweltschonende Pflanzenerzeugung. Konkret geht es dabei u. a. um die Begrenzung von Weidevieheinheiten, aber auch um die Erhaltung regionaltypischer gefährdeter Nutztierrassen; Beibehaltung oder Wiedereinführung extensiver Grünlandwirtschaft; Erhaltung von Streuobstbeständen. Bezuschußt wird auch der Verzicht auf chemisch-synthetische Pflanzenschutz- und Düngemittel, auf Wachstumsregulatoren für Weizen oder die Erweiterung der Drillreihen. Eingebunden ist die Umstellung bisheriger Maisanbauflächen auf andere Ackerfutterarten; Begrünungsmaßnahmen im Ackerbau und bei Dauerkulturen in Form von Blanksaaten oder Untersaaten, die bis Mitte September gesät und nicht vor November eingearbeitet werden. Mulchsaat wird als umweltschonende Anbaumethode ebenso gefördert wie die Bewirtschaftung von besonders geschützten Biotopen im Sinne des Naturschutzgesetzes. Kurz: Von der Hecke über die Feuchtwiese bis zum Hinterwälder Rind, von der Zahl der Masthähnchen bis zur Begünstigung von Klatschmohn und Kornrade ist alles drin. Damit sind in *einem* Programm und Katalog alle wesentlichen Fördermaßnahmen übersichtlich zusammengefaßt. In der Tat waren bisher auch manche Landwirtschaftsämter nicht in der Lage, spontan zu sagen, welche Maßnahmen nach welchem Programm gefördert wurden oder auch nicht. Die Höhe der jeweiligen Zuschüsse wird nach einem Punktesystem berechnet. Jeder, der mit Naturschutz oder Wildhege draußen vor Ort zu tun hat, sollte das MEKA-Programm kennen und greifbar haben.

Wildäcker: Im Feld meist sinnvoll

Von Naturschutzseite wird gelegentlich argumentiert, Wildäcker seien »unnatürlich« und dienten der einseitigen Begünstigung jagdbaren Wildes. Kurz: Der Jäger pflanzt und sät nur für die Arten, die er anschließend auch schießen darf, und er tut es bewußt, um möglichst viele Kreaturen totschießen zu können.
Unverantwortlich ist es sicher, wenn Jäger schutzwürdige Sonderstandorte, etwa Magerrasen oder artenreiche Feuchtwiesen, in Wildäcker umwandeln. Solche Maßnahmen führen den Slogan von der Jagd als angewandtem Naturschutz ad absurdum. Einen Sinn macht die Unterhaltung von Wildäckern hingegen im Bereich intensiv landwirtschaftlich genutzter Flächen. SIEBERN [1991] schreibt:
»Wildäcker in der Feldflur sind nur sinnvoll, wenn sie der landwirtschaftlichen Produktion entnommen werden!«.
In diesem Umfeld können Wildäcker – flankiert von anderen Maßnahmen – einer Reihe von Arten das Überleben sichern.
● Wildäcker nützen bei entsprechender Pflanzenwahl auch zahlreichen *nicht*jagdbarer Tiere.
● Arten, die der Jäger durch Wildäcker begünstigen will, sind zumindest lokal – auch ohne Einfluß der Jagd! – bedroht, etwa Hase und Rebhuhn.
● Andere Arten werden durch die Wildäcker von landwirtschaftlichen Ertragsflächen abgehalten, etwa Schwarzwild. Man könnte auch sagen, die Schäden sollen auf Wildäcker konzentriert und verlagert werden.
● Wildäcker im Feld können im verbißkritischen Winterhalbjahr zur Vermeidung von hohen Rehwildkonzentrationen im Wald beitragen, also Verbiß von Forstpflanzen mindern.
● Wildäcker im Feld können aber auch eine intensive Bejagung anwachsender Schalenwildbestände – insbesondere Schwarz-, Rot- und Rehwild – ermöglichen.

Ein paar »klassische« Wildackerpflanzen

Eine ganze Reihe landwirtschaftlicher Nutzpflanzen eignet sich auch für die Verwendung auf Wildäckern, so z. B. die Getreidearten einschließlich dem Mais (s. Seite 24), Kleearten und Gemenge (s. Seite 26) oder die typischen Zwischenfrüchte (s. Seite 28). Ein Teil der früher angebauten Wirtschaftspflanzen hat inzwischen an Bedeutung verloren, der Waldstaudenroggen etwa und der Buchweizen oder er hat nur lokale Bedeutung wie die Topinambur, »vergessene« Arten, etwa der Dinkel, erleben gerade eine Renaissance. Auf Wildäckern hat man sie zu allen Zeiten gefunden.

Dinkel *(Triticum spelta)* ist eine robuste Weizenart, die auch in Höhen von 1000 Meter und auf Grenzertragsböden noch gedeiht. Er wird in der Milchreife von allen Schalenwildarten stark verbissen, die reife Frucht zieht zahlreiche Vogelarten, Hase und Dachs an. Auf Wildäckern ist er ein guter Mischungspartner.
Standortansprüche: Geringere Ansprüche wie Zuchtformen, kommt auch mit sehr flachgründigen Verwitterungsböden (Gebirge) zurecht, hat aber mit versauerten Böden und solchen, die zu rascher Austrocknung neigen, Probleme.
Bodenvorbereitung: Pflügen oder Fräsen, Saatbeet muß fein sein.
Grunddüngung: Standortabhängig entsprechend Weizen.
Saatzeit: September/Oktober
Saattiefe: 1 bis 2 cm, bei Breitsaat leicht überrechen oder eggen.
Saatmenge: ca. 100 kg/ha bei gedrillter Reinsaat.
Preis: ca. 2,70 DM*/kg

---

* Die Preise entsprechen dem Stand Frühjahr 1992 und sollen nur eine grobe Kosteneinschätzung und Vergleich zwischen den Arten ermöglichen.

Waldstaudenroggen treibt im ersten Jahr ins Blatt und im zweiten in die Ähre.

Waldstaudenroggen *(Secale cereale)* wurde früher als Pionierpflanze im Waldfeldbau (s. Seite 169) fast überall in Europa bis in Lagen von 1400 Meter verwendet. In der Landwirtschaft haben ihn leistungsfähigere Roggenarten verdrängt. Auf dem Wildacker, auch auf frisch ausgepflanzten Kulturflächen, treibt er im ersten Anbaujahr stark ins Blatt und ist dabei weitgehend verbißresistent. Erst im zweiten Jahr bildet er Ähren und kommt zur Reife. Blätter, Stengel und Ähren werden von allen Schalenwildarten, Hase und Kaninchen gerne angenommen.
Auf vorübergehend ungenutzten Erdwegen, Holzlagerplätzen usw. hat er sich mit einer Weißkleeuntersaat bewährt. Der Klee entwickelt sich dabei erst im zweiten und dritten Jahr voll, wenn die Blattmasse des Roggens zurückgeht.
Standortansprüche: Staunässe und reine Sande mag er nicht, ansonsten ist er anspruchslos, eben eine echte Pionierpflanze.
Bodenvorbereitung: Leichtes Aufkratzen reicht, auf Hiebsflächen ist selbst Oberflächensaat (bei entsprechend höherem Saatguteinsatz) erfolgreich.
Grunddüngung: Versauerte Standorte muß man aufkalken, ansonsten kann man auf Düngung verzichten.
Saatzeit: April bis August.
Saattiefe: Wenn möglich 1 bis 2 cm.
Saatmenge: 90 bis 120 kg/ha bei reiner Breitsaat, bei Gemengesaat mit Klee, Raps, Wicken usw. 60 bis 80 kg/ha.
Preis: ca. 3,20 DM/kg

Buchweizen *(Fagopyrum tataricum)* ist keine Getreideart, gehört also nicht zur Familie der Gräser, sondern zu den Knöterichgewächsen. Früher fand er wie der Waldstaudenroggen auf abgetriebenen Niederwaldflächen oder zwischen Nadelholzanpflanzungen Verwendung. Die Pflanze ist leider nur einjährig und zudem frostempfindlich, was ihre Verwendungsmöglichkeit einschränkt. Andererseits wächst sie sehr rasch und behauptet sich gut in Mischungen.
BRÜLL empfiehlt den Anbau besonders in Birkwildgebieten. Daneben werden Blätter, Blüten und Samen aber auch von allen Schalenwildarten, Hase, Fasan und Rebhuhn geäst.
Buchweizen läßt sich mit vielen anderen Kultur- und Wildackerpflanzen mischen.
Standortansprüche: Pflanze für arme und ärmste Sandböden, kommt mit sauren Moorböden, ja selbst mit Torf zurecht, reagiert aber empfindlich auf Dünger.
Bodenbearbeitung: Flacher Aufriß genügt, zur Not sogar Oberflächensaat.

Der nur einjährige Buchweizen lockt sogar die Rauhfußhühner an.

Saatzeit: Mai bis August, keimt ab 8 °C.
Saattiefe: 2 bis 3 cm, auf lockere Waldböden auch Oberflächensaat.
Reihenabstand: 10 bis 14 cm bei Drillsaat, ansonsten Breitsaat.
Saatmenge: 50 bis 80 kg/ha bei gedrillter Reinsaat, 70 bis 90 kg/ha bei Breitsaat.
Preis: ca. 2,80 DM/kg

Gerste, Weizen, Roggen, Hafer: Siehe unter »Landwirtschaftliche Nutzpflanzen« Seite 23 bis 27.

Ölrettich *(Raphanus sativus var. oleiferus)* wird von den Landwirten häufig als Zwischenfrucht (s. Seite 28) verwendet, hat nur einen geringen Äsungswert, entwickelt jedoch gute Deckung für Niederwild, besonders für den Fasan, und ist bis −6 °C frostverträglich.
Standortansprüche: Wächst auf nahezu allen Böden.
Bodenbearbeitung: Für den Wildackerbetrieb genügt Fräsen, zur Not Aufriß mit der Egge.
Saatzeit: Mitte Juli bis Ende August, entwickelt sich schnell.
Saattiefe: 1 bis 2 cm, zur Not, bei locker-krümeligem Boden, auch Oberflächensaat.
Reihenabstand: 18 bis 20 cm bei Drillsaat, auf kleinen Flächen auch breitwürfig.
Saatmenge: 18 bis 24 kg/ha bei Drillsaat, 20 bis 25 kg/ha bei Breitsaat
Preis: ca. 6 DM/kg

Rübsen *(Brassica rapa ssp. oleifera)* sind nahe mit dem Raps verwandt. Es wird zwischen Sommer- und Winterrübsen unterschieden. Die Landwirte bauen sie als Zwischenfrucht an; auf dem Wildacker treten sie in Mischungen auf. Ihre Massenleistung ist geringer als die des Rapses, dafür sind sie noch frosthärter als dieser. Winterrübsen (Sorten: *Perko, Buko*) eignen sich am besten, und ergänzen den Raps nicht nur wegen ihrer größeren Frosthärte, sondern weil sie aufgrund ihres höheren Bitterstoffanteils, der erst durch einen Kälteschock abgebaut wird, auch später angenommen werden.
Standortansprüche: Geringer als bei Raps.
Saatzeit: Mai bis Ende September.
Saattiefe: Oberflächen-Breitsaat auf krümeliges Beet.
Saatmenge: 8 bis 10 kg/ha bei Reinsaat, in Mischungen entsprechend weniger.
Preis: ca. 5,20 DM/kg

Raps: Siehe unter »Pflanzen für den Fasanenwildacker«, Seite 47.

Senf *(Sinapis alba)* hat für den Wildacker keine so große Bedeutung, wohl aber als landwirtschaftliche Zwischenfrucht (s. Seite 28).

Zottelwicken *(Vicia villosa)* werden sowohl als landwirtschaftliche Zwischenfruch wie auf dem Wildacker meist als Mischungspartner in Gemengen verwendet. Sie ist recht frosthart und wird von den meisten Wildarten und darüber hinaus auch von vielen Vögeln angenommen.
Standortansprüche: Zottelwicken kommen mit leichten und schweren Böden zurecht, wenn eine ausreichende Kalk-, Phosphor- und Kaliversorgung gegeben ist. Sie versagen allerdings auf Rohböden.
Saatzeit: In Wildackermischungen ab April; in Zwischenfruchtgemengen August bis Mitte September.
Saattiefe: 2 bis 3 cm.
Reihenabstand: 20 bis 25 cm, im Gemenge ohnehin nur Breitsaat.
Saatmenge: 120 bis 150 kg/ha bei Reinsaat, in Gemengen meist nicht mehr als 40 kg/ha. Zottelwicken müssen bei erstmaliger Saat mit Radicin (Bakteriengruppe 4) geimpft werden.
Preis: ca. 6,50 DM/kg

Bitterlupinen *(Lupinus perennis)* werden zwar in äsungsarmen Revieren gelegentlich vom Rot- und Rehwild verbissen (fast nur die Knospen), sind aber keine »Äsungspflanzen« im eigentlichen Sinne. Sie erschließen Rohböden, sammeln Stickstoff und eignen sich als Gründung.
Standortansprüche: Nimmt fast mit jedem nicht vernäßten Standort vorlieb.
Bodenbearbeitung: Keimt bei geringer Bodenverwundung und Oberflächensaat.
Saatzeit: März bis September.
Saattiefe: Im feldmäßigen Anbau 3 bis 5 cm.
Reihenabstand: 15 bis 25 cm oder Breitsaat.
Saatmenge: 50 bis 60 kg/ha. Saatgut muß bei Erstanbau mit Radicin (Bakteriengruppe 6) geimpft werden.
Preis: ca. 2,40 DM/kg

Süßlupinen *(Lupinus hybridus)* sind im Gegensatz zur Bitterlupine nicht perennierend, werden dafür aber gierig von allen wiederkäuenden Schalenwildarten, Hase und Kaninchen verbis-

sen. Der Landwirt verwendet sie als Zwischenfrucht; auf dem Wildacker baut man sie i.d.R. in Gemengen an, wobei ihr Wert sich durch starke Frostempfindlichkeit (−2 °C) relativiert.
Die übrigen Merkmale entsprechen weitgehend der oben beschriebenen Bitterlupine.
Saatzeit: März bis Juli.
Saatmenge: 150 bis 200 kg/ha.
Preis: ca. 3,20 DM/kg

Kleearten, Luzerne: Siehe unter »Landwirtschaftliche Nutzpflanzen«, Seite 26.

Kulturmalven *(Malvus meluca)* sind wertvolle, frostharte (bis −12 °C.) Äsungspflanzen, mit einer sehr schnellen Entwicklung. Sie eignen sich hervorragend für den Zwischenfruchtanbau oder in unterschiedlichen Wildackergemengen.
Saatzeit: Mai bis August.
Saatmenge: 18 bis 20 kg/ha.
Preis: ca. 24 DM/kg

Topinambur *(Helianthus tuberosus)* ist eng mit der Sonnenblume verwandt und gehörte immer schon zu den umstrittenen Wildackerpflanzen. Seine Stengel und Blätter werden nämlich durchaus nicht überall vom Schalenwild geäst und an die Knollen kommt – wenn der Boden nicht gefroren ist – nur das Schwarz- und mit Einschränkung das Rotwild heran.
Die unterschiedliche Annahme hängt einmal von den Sorten, zum anderen vom vorhandenen Äsungsangebot ab. Ganz sicher ist Topinambur eine billige, pflegeleichte Deckungspflanze. Bevorzugt verbissen werden nach Beobachtung mehrerer Autoren die Sorten *Bianca* und *Rote Zonenkugel*.
Bei eigenen Anbauversuchen in den 70er Jahren im Kempter Wald, einem Voralpenrevier, mit damals hohem Rotwild- und weit überhöhtem Rehwildbestand, wurde – entgegen den Beobachtungen anderer Autoren – auch die Sorte *Waldspindel* im Sommer so stark verbissen, daß sie in den ersten beiden Jahren nach der Pflanzung Mühe hatten, durchzukommen.
Einmal gepflanzt, hält sich Topinambur bei alljährlich guter Leistung bis zu 10 Jahren. Allerdings müssen die Bestände mindestens alle 3 Jahre verdünnt werden, besser ist jährliche Verdünnung. Hierzu fährt man im Herbst oder zeitigen Frühjahr einfach mit dem Pflug durch. Ein Teil der Rhizome bleibt im Boden und schlägt neu aus, das ist alles.

In einigen Gegenden der Bundesrepublik, so in der Oberrheinebene, wird aus ihnen Schnaps gebrannt, der sogenannte »Roßler«, den wegen seines besonders hohen Insulingehaltes Diabetiker trinken sollen.
Wirklich empfehlenswert ist Topinambur auf dem Feldwildacker, wo die von Frost und Schnee geknickten Stengel Reh- und Niederwild ausreichend Deckung bieten. Es genügen 3 m breite, dafür eher lange Streifen, die mit parallel laufenden anderen Anbauten gekoppelt sind.
Standortansprüche: leichte bis anlehmige Böden ohne Staunässe; ist auf warmen Kleinstandorten selbst in Lagen bis 1200 m anbaufähig. Die Rhizome sind nur 8 bis 10 Tage lagerfähig und müssen daher unmittelbar nach dem Eintreffen gelegt werden.
Bodenvorbereitung: Pflügen mit anschließendem Egge- oder Fräsgang.
Grunddüngung: 5 dt/ha Thomasmehl, 2 dt/ha 40er Kali
Pflanzzeit: April bis Mitte Mai.
Pflanztiefe: 6 bis 10 cm.
Reihenabstand: 60 cm, Abstand in der Reihe 40 cm.
Pflanzmenge: 10 bis 15 dt/ha.
Preis: ca. 0,70 DM/kg

Sonnenblumen *(Helianthus annuus)* gewinnen in der Landwirtschaft zunehmend an Bedeutung. Als Wildackerpflanze wird sie unterschiedlich beurteilt. Reh- und Rotwild nehmen die Blätter örtlich unterschiedlich stark (bis gar nicht) an. Bei eigenen Anbauten im Voralpenland auf über 900 m Seehöhe wurden zunächst die Blätter, später dann auch Teile der markigen Stengel und die unreifen Samenräder stark vom Rotwild angenommen, was den Beobachtungen anderer Autoren widerspricht. Offenbar hängt die Annahme von mehreren Faktoren ab. Auf Feldwildäckern übernehmen sie – ähnlich Topinambur – vor allem Deckungsfunktion. Die reifenden Samenräder ziehen Unmengen von körnerfressenden Vögeln an. Bei Schnee knicken die langen Stengel teilweise um und bilden eine gute Niederwilddeckung. Auch die Rehe sitzen gerne in ihnen. Sonnenblumen werden im Keimlingsstatium von Fasanen abgeäst, an den etwas größeren Pflanzen tun sich Hasen und Kaninchen gütlich.
Standortansprüche: Anspruchslos, kommen gut mit trockeneren Lagen zurecht, auch mit rohen Waldböden, nicht aber mit stauender Nässe.

Bodenbearbeitung: Pflügen oder Fräsgang mit nachfolgender Egge.
Grunddüngung: Kalkung je nach pH-Wert, 5 dt/ha Superphosphat und 5 dt/ha Patentkali. Die hohen Stengel müssen besonders stabil sein (Wind und Gewicht der Samenräder) und brauchen daher vor allem Kalk und Kali, die Blüten erfordern Phosphorgaben. Mit Stickstoff sollte man zurückhaltend sein, weil man damit nur eine ungewollte »Aufschwemmung« und damit Instabilität erreichen würde.
Saatzeit: Mai bis Ende Juli (keimt erst ab 8 °C, frostempfindlich!).
Saattiefe: 3 bis 4 cm; bei Drillsaat Reihenabstand 30 bis 40 cm, auf Wildäcker nur Breitsaat.
Saatmenge: 20 bis 30 kg/ha bei gedrillter Reinsaat; auf dem Wildacker eher dünner säen, um höhere Standfestigkeit zu erzielen. Saatgutverluste durch Fasanen, Tauben und Mäuse lassen sich durch Beizen mit *Aavolex* verhindern.
Preis: ca. 3 DM/kg.

Wildäcker gezielt für den Fasan

»Gezielt für den Fasan« bedeutet nicht, daß es sich hier um eine Wildackerform handelt, die *nur* dem Fasan nützt, wohl aber um eine, die gerade *auch* ihm hilft.
Heute wissen wir, daß Nahrungsengpässe bei freilebenden Tieren nicht unbedingt im Winter entstehen oder aber nicht nur im Winter. Während der *winterlichen* Notzeit befinden sich viele Tierarten ohnehin in einem Populationstief. Das heißt, einem Minimum an Nahrung steht ein Minimum von Individuen gegenüber. Beispiel: Die Hasen- und Fasanenbestände sind zum Ende des Jahres durch Krankheiten, Prädatoren und (kompensatorische) Jagd nahezu auf ihre Grunddichte zurückgeführt.
Ganz anders im Sommer. Die meisten landwirtschaftlichen Nutzpflanzen sind entweder *generell* keine Äsungspflanzen des Niederwildes oder aber nur während einer ganz kurzen Zeitspanne, so, wie etwa der Mais als Hasenäsung. Gleichzeitig machen hochtechnisierte Ernteprozesse schlagartig große Flächen völlig kahl – ohne Deckung und Nahrung. Doch gerade in dieser *sommerlichen* Notzeit fällt das absolute Populationshoch aller Niederwildarten – und sicher auch vieler nichtjagdbaren Vögel und Kleinsäuger.
Je nach Struktur der Agrarlandschaft und Nutzpflanzenspektrum kann eine echte *Nahrungs-*Notzeit auch im Frühjahr bestehen.
Wildmeister SIEBERN, einer der wenigen Berufsjäger, die es geschafft haben, in der Fasanenhege glaubwürdig zu bleiben und auf den perversen Kreislauf von Aussetzaktionen und anschließendem Abschießen (genannt Waidwerk) zu verzichten, äußerte in der DEUTSCHEN JAGD-ZEITUNG einige Grundgedanken zum Thema Fasanenwildacker, die hier zugrunde liegen.

● Zunächst geht es um eine Begünstigung einer möglichst artenreichen Insektenfauna als Grundbedingung erfolgreicher Kükenaufzucht – nicht so sehr um den direkten Futterwert der Wildackerpflanzen. Dieses Kriterium ist übrigens für eine große Zahl von Vogelarten äußerst wichtig.

● Streifenweiser Anbau verschiedener Pflanzenarten ist sinnvoller als großflächige Mischsaat, weil dadurch auch viele (lange) ökologisch besonders wichtige *Randzonen* entstehen. Das schließt aber die Einbeziehung von bewußten »Mischparzellen« nicht aus.

● Fertige, aus 10 bis 20 Arten bestehende Saatmischungen sind in der Regel teurer als der Ankauf der einzelnen Arten in ungemischtem Zustand. Die unterschiedlichen Bodenverhältnisse auf der einen und die unterschiedlichen Standortansprüche der Pflanzen auf der anderen Seite sorgen bei Mischsaat ohnehin für eine rasche *Teil*entmischung.

● Wildkräuter sind wichtige Bestandteile jeden Wildackers, die i. d. R. auch nicht künstlich eingebracht werden können. Daher hat jeder Herbizideinsatz grundsätzlich zu unterbleiben.

● Nur wenn eine Wildackerfläche so mit Quecken *(Agropyron repens)* durchwurzelt ist, daß nichts anderes mehr wächst, ist der ausnahmsweise Einsatz von Round Up« gerechtfertigt. Der Einsatz muß während der Vegetationszeit erfolgen, da der Wirkstoff über die Blätter aufgenommen wird. Zwei Wochen nach der Spritzung kann gepflügt und anschließend bestellt werden. Vorsorglich sollten für die erste Vegetationsperiode breitblättrige Pflanzen angebaut werden, die den Boden beschatten, um ein neu Aufleben der Quecken zu verhindern.

● Düngung soll auf Wildäckern – wenn überhaupt – äußerst sparsam erfolgen. Zwar werden die dem Boden von der Pflanze entzogenen Nährstoffe abgeäst, dafür aber neue in Form von Kot und Urin zugeführt.

Tabelle 8: Die Annahmezeiten von Wildackerpflanzen [Aus: »Die Pirsch« 5/90 Dr. G. B. Weiss]

Pflanzenart	Jan	Feb	Mär	Apr	Mai	Jun	Jul	Aug	Sep	Okt	Nov	Dez
Getreidearten												
Hafer												
Sommerweizen												
Winterweizen												
Sommergerste												
Wintergerste												
Sommerroggen												
Winterroggen												
Waldstaudenroggen												
Hirse-Arten												
Buchweizen												
Kreuzblütler												
Sommerraps												
Winterraps												
Sommerrüpsen												
Winterrüpsen												
Markstammkohl												
Blattstammkohl												
Westf. Fruchenkohl												
Ölrettich												
Senf-Arten												
Hülsenfrüchte												
Ackerbohne												
Sommerwicke												
Winterwicke												
Felderbse												
Gelbe Lupine												
Ausd. Bitterlupine												
Sojabohne												
Hackfrüchte												
Mais												
Kartoffel												
Futterrübe												
Zuckerrübe												
Kohlrübe												
Stoppelrübe												
Topinambur												
Futtermöhre												
Comfrey												
Kleinkörnige Leguminosen												
Perserklee												
Alexandrinerklee												
Ackerrotklee												
Schwedenklee												
Inkarnatklee												
Luzerne												
Esparsette												
Serradella												
Steinklee												
Weißklee												
Gräser												
Welsch. Weidelgras												
Einjähr. Weidelgras												
Bastardweidelgras												
Sonstige Futterpflanzen												
Futtermalve												
Sonnenblume												
Phazelia												
Sudangras												

▬▬▬ Hauptannahmezeit   ---------- gesamte Beäsungszeit

- Wildäcker erfüllen ihren Zweck nur, wenn sie netzartig über die Gemarkung verteilt werden (Biotopverbund). Das erfordert eine konkrete Planung aller Maßnahmen (Anbauplan). Exakte Terminierung ist wichtig, da der Fasan noch bis Ende März Deckung und Äsung auf den Wildackerflächen sucht, die Henne aber im April bereits wieder mit dem Legen beginnt – also frische Brutdeckung vorhanden sein soll.
- Breitflächige Saat ist der Drillsaat in Reihen vorzuziehen, weil das Raubwild nur erschwert in solchen Flächen jagen kann. Wo gedrillt wird, sollte man zumindest die Ränder breitwürfig übersäen.

Welche Pflanzen für den Fasanenwildacker?

Mais *(Zea mays)* ist eine klassische Fasanenpflanze, die aber Küken und Jungfasanen wenig hilft. Im Herbst stecken die Fasanen der Körner wegen in ihm, und im Winter gibt er ihnen in der ausgeräumten Feldflur vor allem Deckung. Es gibt zahlreiche verschiedene Maissorten, die von den Fasanen wohl alle gleichermaßen angenommen werden. Wir sollten darauf achten, eine frühe bis mittelfrühe Sorte zu verwenden (FAO-Zahl 190 bis 230).
Standortansprüche: Wo es nur um Wildackeranbauten, ohne Anspruch auf Ertragsleistung, geht, sind alle nicht vernäßten Böden mehr oder weniger geeignet (s. Seite 24).
Grunddüngung: Ohne Grunddüngung (2 dz/ha Diamonphosphat) geht es beim Mais auch auf dem Wildacker nicht, ansonsten bleibt er im Wachstum hoffnungslos hinter zahlreichen Akkerwildkräutern zurück und »verhockt«. Die Grunddüngung kann zusammen mit dem Saatgut per Drillmaschine eingebracht werden. Eine zweite Düngung – direkt an die Pflanze – ist zusammen mit dem ersten Hackdurchgang erforderlich.
Wichtig: Saatgut muß (auch gegen Fasanenfraß!) mit *Mesurol* gebeizt werden. SIEBERN empfiehlt, das Mischen in einem Betonmischer, bis alle Körner rot sind, und dann noch Kohlenstaub zusetzen. Durch letzteren werden die Körner für den Fasan auch farblich unattraktiv.
Der erste Hackdurchgang erfolgt im Drei- bis Vierblattstadium maschinell. In der Regel erfolgt 14 Tage später ein zweiter Durchgang. Das ist auch der richtige Zeitpunkt für eine Untersaat (s. Seite 32).

Saatzeit: Nach den letzten Frösten, ab Ende April.
Saattiefe: 4 bis 8 cm.
Saatmenge: ca. 40 kg/ha. Reihenabstand 60 cm.
Preis: ca. 16 DM/kg.

Markstammkohl *(Brassica oleracea)* bildet mit seinen großen Blättern ein zuverlässiges Regendach für die Küken – und für Insekten! Gleichzeitig kann der Fasan unter dem Blätterdach ungehindert laufen (Raubwild). Er verkraftet Frost bis zu $-12\,°C$ und schlägt im Frühjahr meist wieder aus. Im zweiten Lebensjahr bildet er aber kein geschlossenes Blätterdach mehr. Markstammkohl hat – *kleinflächig angebaut* – in Waldnähe wenig Chancen gegen den Rehäser zu bestehen!
Standortansprüche: Leichte bis mittelschwere, kalkreiche und humose Böden, in feuchtem, nicht zu rauhem Klima.
Düngung: Nach Auflaufen der Saat erfolgt eine Volldüngung (3 dz/ha NPK), ansonsten setzt sich der Kohl nicht gegen Quecken, Distel, Brennessel u.a. durch.
Saatzeit: Ende April bis in den Juni hinein.
Saattiefe: Oberflächensaat auf feinkrümeliges Beet mittels »Kleegeige«.
Saatmenge: 6 bis 8 kg/ha bei Reinsaat.
Preis: ca. 24 DM/kg.

Westfälischer Furchenkohl *(Brassica oleracea)* hat den Vorteil zu perennieren, also mehrere Jahre hintereinander zufriedenstellend auszutreiben, und er ist zudem noch frosthärter als der Markstammkohl – bis $18\,°C$. Nachteilig ist sein langsames Jugendwachstum (Konkurrenz durch Wildkräuter) und der Saatgutpreis.
Düngung: Bei Pflanzung Startdüngung, bei Saat Düngung nach Auflaufen wie beim Markstammkohl.
Saatzeit: Mai bis in den Juli hinein. Vorziehen der Jungpflanzen im Gartenbeet und späteres Auspflanzen ist empfehlenswert.
Saattiefe: Oberflächensaat wie Markstammkohl.
Saatmenge: 6 bis 8 kg/ha bei Reinsaat.
Pflanzung: Reihenabstand 50 bis 60 cm, Abstand in der Reihe 40 bis 50 cm. Gepflanzter Furchenkohl muß ähnlich wie die Rüben gehackt werden.
Preis: ca. 55 DM/kg.

Raps *(Brassica napus ssp. oleifera)* ist in zahlreichen Sorten auf dem Markt, wobei der zu Unrecht verschrieene *OO-Raps* für den Wildacker der geeignetste ist. Unterschieden wird zwischen *Winter-, Futter-* und *Sommer*raps.

Gegenüber den Kohlarten hat der Raps zwei Nachteile: Er hat bis auf den Boden hinab Blätter, was den Fasanen das Laufen erschwert, und die Blätter halten Tau und Regen besonders lange; der Raps wird dadurch oft den ganzen Tag nicht richtig trocken. Dafür bietet er besten Windschutz und ein angenehmes Kleinklima bei Sturm und Frost. Außerdem ist Winterraps noch frosthärter als die Kohlarten, er erträgt Fröste bis $-20\,°C$.

Geeignete **Sommerraps-Sorten** sind *Liho, Lihonova, Kroko, Petronova*.

Raschwüchsige **Futterraps-Sorten** sind *Liwera* und *Lifura* (auch zur Nachsaat von Fehlstellen geeignet).

Aktuelle **Winterraps-Sorten** sind *Akela, Bishop, Emerals*.

Standortansprüche: Wenig anspruchsvoll, durchdringt mit seiner kräftigen Pfahlwurzel selbst schwerste Böden, meidet aber Sand- und Moorböden und alle versauerten Standorte. Raps mag gemäßigtes Klima mit hoher Luftfeuchtigkeit.

Saatzeit: März/April bei Sommerraps, Juli bis Anfang September bei Futter- und Winterraps.

Saattiefe: 1 bis 2 cm bei Drillsaat mit einem Reihenabstand von 20 bis 40 cm; auf dem Wildacker Oberflächen-Breitsaat.

Saatmenge: 2 bis 10 kg/ha, je nach Verfahren und Zweck.

Preis: ca. 4 DM/kg.

Ackerbohnen (*Vicia faba*) werden zwar sehr gerne angenommen, haben aber den Nachteil, daß das Laub im Spätherbst abstirbt (frosthart bis $-4\,°C$). Daher eignen sie sich in erster Linie als Beifrucht oder in der Mischung mit anderen Pflanzen.

Standortansprüche: Keine vernäßten Standorte, kommen aber mit schweren Lehmböden ganz gut zurecht.

Saatzeit: Februar/März (bis April).

Saattiefe: 6 bis 12 cm; Reihenabstand 20 bis 45 cm.

Saatmenge: 200 bis 250 kg/ha, Saatgut muß mit *Radicin* Bakteriengruppe 4 geimpft werden.

Preis: ca. 1,80 DM/kg

Felderbsen (*Pisum sativum*) treten auf Wildäckern nur als einjährige Mischungspartner in

Erbsen wollen gut mit Wasser versorgt sein. Im Marchfeld (Niederösterreich) sinkt der Grundwasserspiegel durch permanente Beregnung im Sommerhalbjahr ständig; der Erbsenertrag steigt und die letzten Großtrappen gehen »vor die Hunde«.

Erscheinung. Ihr schwach ausgebildetes Wurzelwerk kann schwere Böden nicht erschließen. Sie ist frosthart bis $-5\,°C$.

Standortansprüche: leichte bis mittelschwere, kalkreiche Böden mit guter Wasserversorgung.

Saatzeit: Februar/März (bis April).

Saattiefe: 4 bis 7 cm (Achtung Vogelfraß);

Reihenabstand: Bei Drillsaat 18 bis 25 cm, auf Wildäckern nur Breitsaat.

Saatmenge: 160 bis 220 kg/ha bei Reinsaat, als Mischungspartner selten mehr als 20 kg/ha.

Preis: ca. 2,20 DM/kg

Sojabohnen (*Clycine soja*) sind funktional mit den Ackerbohnen zu vergleichen. Sie haben zudem die Nachteile des Rapses: Sie bleiben ewig naß und hindern den Fasan (und den Jäger) am Laufen.

Standortansprüche: Anlehmig bis lehmige, aber lockere Böden, schwere Böden werden gemieden, humose gesucht; mildes Klima (Weinbergklima).

Saatzeit: Nicht vor Mai, nach den »Eisheiligen«, da frostempfindlich.

Saattiefe: 6 bis 12 cm, Reihenabstand 4 cm.

Saatmenge: 120 bis 140 kg/ha, Impfung mit *Radicin*, Bakteriengruppe 7 erforderlich.

Preis: ca. 3,50 DM/kg

Die **Kolbenhirse** *(Sorghum vulgare)* begeistert nicht nur den Fasan, sondern schlicht alle Körnerfresser, von der Goldammer bis zum Distelfink. In der Jugend ist sie infolge notwendiger Beikräuterbekämpfung etwas arbeitsaufwendig. Dafür besticht sie später durch ihr absolut dichtes Blätterdach und ihre Standfestigkeit. Selbst Schnee drückt die kräftigen Stengel nicht so schnell um.

SIEBERN empfiehlt die Saat in Streifen bis zu 4 m Breite, in Kombination mit Bohnen und Erbsen.
Standortansprüche: Leichte, sich schnell erwärmende, humusreiche, eher trockene Böden in warmen Klimalagen.
Saatzeit: Mai, nach den Eisheiligen, da frostempfindlich; keimt erst bei über +12 °C.
Saattiefe: 1 bis 2 cm, Reihenabstand 20 bis 30 cm.
Saatmenge: 12 bis 16 kg/ha bei Reinsaat.
Preis: ca. 7,20 DM/kg

Eine spezielle **Fasanen-Mischung**, ebenfalls nach SIEBERN, sei hier noch aufgeführt. Je Hektar sind erforderlich: 30 kg Sonnenblumen, Erbsen und Ackerbohnen, je 25 kg Sommerweizen und Waldstaudenroggen, 20 kg Winterwicken, je 2 kg Steckrüben und Markstammkohl, 1 kg Stoppelrüben. Diese Mischung kann ab Mai (auch von Hand) gesät werden. Je nach Standortverhältnissen wird die eine oder andere Art dominieren oder zurückbleiben.

Wildkrautstreifen gezielt für Rebhühner

Die »Naturlandstiftung Hessen e. V.« erprobte im Rahmen ihres »Rebhuhn-Programmes« zusammen mit Jagdgenossenschaften sogenannte »Wildkrautstreifen«. Hierbei handelt es sich um 2,5 bis 5 m breite Streifen auf Ackerparzellen, die von der landwirtschaftlichen Nutzung ausgespart bleiben. Dabei wird unterschieden zwischen sogenannten *Rotationsstreifen*, die jährlich wechseln, und *Dauerstreifen*, welche für fünf Jahre angelegt werden. Nur die *Dauerstreifen* sollen hier interessieren.
Zusammen mit einer Saatgutfirma entwickelte die Naturlandstiftung eine Mischung aus Wirtschaftsgräsern und Wildkräutern zur Begrünung dieser *Dauerstreifen*. Der Aufwuchs soll einmal jährlich, zwischen 15. Juli und 1. September gemäht oder gemulcht werden. Wie bei allen Mischungen sind standortbedingte Keim- und Aufwuchsunterschiede zu erwarten.
Pro Hektar sind 20 kg Saatgut erforderlich; man

Saatmischung für Rebhuhnstreifen:
Deutsches Weidelgras, Waldstaudenroggen, Schafschwingel, Esparsette, Seradella, Weißklee, Rotklee, Inkarnatklee, Dauerlupine, Einjähriges Rispengras, Gewöhnliches Ruchgras, Kleiner Wiesenknopf, Konrade, Kümmel, Kornblume, Blaue Wegwarte, Wilde Möhre und Wiesenbärenklau.

---

kann die Menge aber auch deutlich reduzieren. Das hat sogar den Vorteil, daß sich zusätzlich standortübliche, nicht in der Mischung enthaltene Wildkräuter ansiedeln. Auch völliger Verzicht auf Einsaat mit dem Ziel der Selbstbegrünung ist denkbar (s. Seite 39). Die Saat hat dann vor allem den Zweck, die Fläche *schnell* und zuverlässig zu begrünen. Bezogen werden kann die Mischung von:
Naturlandstiftung Hessen e. V.
Bahnhofstraße 10
6302 Lich.
Preis: gegenwärtig 15,– DM/kg.

Auch die Firma Appel in Beerfelden-Gammelsbach hat, zusammen mit der Naturlandstiftung Hessen, drei unterschiedliche Mischungen zur Ansaat von Brachstreifen – speziell für Rebhühner – entwickelt. Sie sind abgestellt zur Einsaat von Rotationsbrachen im Herbst und Frühjahr und für Dauerbrachen.
Saatmenge: 20 bis 30 kg/ha.
Preis: 13–14 DM/kg.

Wildäcker im Feld gezielt für Rehwild

Braucht man für Rehe überhaupt Wildäcker? Antwort: Wenn der Rehwildbestand der Tragfähigkeit des Waldes angepaßt ist, sicher nicht! Trotzdem können *Rehwild-Wildäcker* in besonderen Situationen hilfreich sein – für Wild, Jagdausübung und den Wald. Die Rede ist hier wohlgemerkt von Flächen, die eine gewisse Äsungsmasse bringen, also *primär* der Wildernährung dienen sollen. Sie sind zu unterscheiden von jenen kleinen und kleinsten Äsungsflächen im Wald, die *primär* der Abschußerfüllung dienen. Im Wald sind Wildäcker, wenn neben den Rehen keine andere wiederkäuende Schalenwildart vorkommt, entbehrlich. Auch UECKERMANN, der einen Großteil seines Berufslebens als Jagdwissenschaftler den Themen Fütterung und Äsungsverbesserung widmete, kommt in seinem

Buch »Wildäsungsflächen« [1988] zu folgendem Schluß:
»Kommt das Rehwild in wirtschaftlich tragbarer Wilddichte im Revier vor, ist die Anlage von Äsungsflächen nicht notwendig, es sei denn, sie werden zur besseren jagdlichen Aufschließung angestrebt.«
Nun gibt es durchaus eine stattliche Zahl Reviere mit geringen Waldanteilen, in denen sich die Rehe im Winter sammeln. Sprich: Die Felder sind zwar aus den verschiedensten Gründen kein vollwertiger Rehwildlebensraum mehr, die Jäger sind aber auch nicht annähernd bereit, die Rehe auf eine vom Wald zu verkraftende Zahl zu reduzieren. In der Regel wird der Waldbesitzer dadurch zu immer umfangreicheren Zäunungen getrieben, mit dem Effekt, daß nicht gezäunte Flächen einem immer stärker werdenden Verbißdruck ausgesetzt sind und die Rehwilddichte (bezogen auf die ungezäunte Waldfläche) immer höher statt niedriger wird. Aus diesem Teufelskreis herauszukommen ist fast unmöglich. Jäger, die vernünftig wären, stehen unter dem Druck ihrer eigenen Genossen und Lobby. Wo ein Revierinhaber mit dem Jagdgesetz ernst macht und den Wildbestand auf ein waldverträgliches Maß abzusenken bereit ist, schießt er angeblich die Rehe eines ganzen Landkreises. Selbst wenn er bereit ist, den Enfant terrible zu spielen, erreicht er fast nichts, weil außenherum um so mehr *gemauert* wird: Wild vor Wald – Waidwerk vor Landschaftserhalt!
Wo man aus diesem Teufelskreis ernsthaft ausbrechen will, können Wildäcker im Feld sinnvoll sein. Sie entzerren *zu einem gewissen Grade* die verhängnisvollen Konzentrationen im Wald. Sie bringen überdies wieder ein Minimum an Bewegung ins Rehwild (Wechsel vom Einstand im Wald zur Äsungsfläche im Feld) und sie ermöglichen dadurch eine effektivere Bejagung.
Wer in kleineren Waldkomplexen (50 ha) vom Zaun als waldbauliche Dauerkrücke wegkommen will, muß die Rehe zumindest in der Umstellungsphase und zumindest für einen Teil des Tages aus dem Wald herausbekommen. Er muß das Feld attraktiver machen als den Wald.
Man muß davor warnen, in solchen Fällen die Wildäcker *in* den Wald zu installieren. Das hat fast immer zur Folge, daß weitere Rehe zuwandern und für die Wintermonate hängen bleiben. Im Grunde erreicht man nur höhere Konzentrationen und noch höheren Verbiß!

Sollen die ins Feld installierten Wildäcker auch im Sommer Äsung liefern oder nur im Winterhalbjahr? Das hängt davon ab, ob die Landwirtschaft im Sommerhalbjahr für ein ausreichendes Angebot an Rehwildäsung sorgt. Die meisten landwirtschaftlichen Nutzpflanzen sind nur während einer kurzen Zeitspanne attraktiv. Feldreviere mit hohem Maisanteil können ausgesprochene »Hungerreviere« sein, trotzdem aber viel Rehwild (Jährlingsrehe auf der Suche nach eigenen Einständen) beherbergen. Hier hat ein sommerattraktiver Wildacker eine Doppelfunktion: Er hindert Rehe nach und nach in den Wald zu immigrieren und ermöglicht, sie zu bejagen, was im Mais kaum möglich ist.
Welche Saaten eignen sich für einen sommerattraktiven Wildacker? Nun, es gibt inzwischen eine fast unüberschaubare Palette von Wildakker-Mischungen. Je mehr in einer solchen Mischung an Arten enthalten ist, um so größer die Chance, daß einiges – gleich auf welchem Boden – wächst. Fertige Mischungen sind i. d. R. teurer wie selbst zusammengestellte; gleichzeitig ist ein Teil der enthaltenen Arten, wegen spezifischer Standortansprüche, von vornherein unterlegen und tritt nur auf der Rechnung in Erscheinung. Die ganze Wildackerwissenschaft vereinfachend, läßt sich folgende Faustregel aufstellen: Für den Sommer und frühen Herbst müssen Hülsenfrüchte enthalten sein. Für den Herbst bis in den Spätwinter Kreuzblütler. Ob auch Getreide enthalten sein soll, falls ja, welches, hängt von der Landwirtschaft ab. Selbstverständlich wäre es ein Unfug, auf Wildäckern Raps anzubauen, wenn solcher – für die Rehe zugänglich – ohnehin als Zwischenfrucht vorhanden ist.
UECKERMANN [1988] hat einige einfache Mischungen zusammengestellt, die absolut unkompliziert und preiswert sind. Die angegebenen Mengen sind jeweils für 0,25 ha Anbaufläche gedacht (Tab. 9).
Nach UECKERMANN kann der in den Mischungen enthaltene Raps (etwa in Rapsanbaugebieten) durch Rübsen ersetzt werden. Allgemein nimmt das Wild den Raps lieber und damit früher an als Rübsen, zumal heute fast nur noch der bitterstoffarme OO-Raps verwendet wird. Wenn sich bei mehrjährig wiederholendem Anbau gleicher oder ähnlicher Mischungen Ermüdungserscheinungen zeigen und die Fläche nicht gewechselt werden kann, hilft miliorativer Haferanbau für eine Vegetationsperiode.

Tabelle 9: Saatgutmischungen für Rehwild-Wildäcker

Mischung I

Sommeräsung:	Buchweizen	20 %	5,75 kg
Winteräsung:	Futterkohl	20 %	0,25 kg
	Raps	60 %	3,50 kg

Mischung II

Sommeräsung:	Kulturmalve »Sylva«	20 %	0,85 kg
Winteräsung:	Futterkohl	20 %	0,25 kg
	Rübsen	60 %	1,65 kg

Mischung III

Sommeräsung:	Hafer	15 %	5,20 kg
	Buchweizen	10 %	2,85 kg
	Erbsen	10 %	4,60 kg
	Sommerwicken	5 %	2,15 kg
	Sonnenblumen	3 %	0,20 kg
	einjähriges Weidelgras	5 %	0,85 kg
	Rotklee	2 %	0,10 kg
	Ölrettich	10 %	0,95 kg
Winteräsung:	Futterkohl	10 %	0,25 kg
	Raps	20 %	1,15 kg
	Rübsen	10 %	0,40 kg

Mischung IV

Sommeräsung:	einjähriges Weidelgras	70 %	12,00 kg
Winteräsung:	Raps	30 %	1,70 kg

Eine weitere, vom selben Autor empfohlene und denkbar einfache Variante stellt der *Wickroggen* dar, ein Gemenge aus Winterroggen und Zottelwicke, das in der Landwirtschaft schon lange als Zwischenfrucht verwendet wird. Diese Mischung hat den Vorteil, daß sie noch im Spätsommer gesät werden kann, und ab Herbst bis in den Mai hinein Äsung liefert. Durch den späten Saatzeitpunkt, läßt sie sich dem Landwirt auch als Zwischenfrucht empfehlen; ein großer Vorteil, wenn eigene Flächen fehlen und Anpachtung nicht möglich ist.
Saatgutbedarf für 0,25 ha: 20 kg Winterroggen und 10 kg Zottelwicke.
Grunddüngung auf 0,25 ha: 100 kg Phosphordünger (kein Thomasphosphat), 50 kg Kalidünger und 50 kg Stickstoffdünger. Letzterer kann je nach Vorfrucht auch reduziert werden. Bei sehr später Saat sollte man ganz darauf verzichten.
JAHN-DESSBACH empfiehlt den Anbau von überwinterndem *Futterkohl* (Markstammkohl und/oder Westfälischer Furchenkohl) und *Raps* im Verhältnis 1:9 Diese Mischung ist – mit Blick auf das Rehwild – im Feld weniger interessant als im Wald. Die Aussaat erfolgt ab Mitte Mai bis Ende Juni.
Saatgutbedarf für 0,25 ha: Drillsaat = 0,25 kg Futterkohl und 2,25 kg Raps; Breitsaat = 0,35 kg Futterkohl und 3,15 kg Raps.

Raine und Ödflächen sind lebenswichtig

Der Anteil jener Flächen, die nicht direkt vom Menschen genutzt werden, liegt in Mitteleuropa sicher unter einem Promille der Gesamtfläche. In diesem Raum sind Ödflächen auch nahezu immer – ausgenommen die Felszonen der Gebirge – anthropogen bedingt, das heißt, erst durch den Menschen als Naturnutzer entstanden. Hier sei an Schuttplätze, Bahndämme oder Wegränder erinnert. Die Altgrasflur zwischen Weg und Acker beispielsweise hat nur deshalb Bestand, weil der Mensch keine Büsche duldet, um bis an den Rand Maschinen einsetzen oder auf den Ödflächen wenden zu können. Dabei bleiben die meisten dieser winzigen Restflächen nur vorübergehend ungenutzt. Aufgefüllte Müllkippen etwa werden häufig früher oder später in Wald verwandelt oder aber überbaut. Andere Ödstandorte, etwa Bahndämme, werden vom Menschen intervallmäßig beeinflußt. Damit ist schon angedeutet, daß sich Ödflächen in einer ständigen Sukzession befinden, und sollte diese vom Menschen nicht gewollt oder zufällig gestört werden, bald ihren momentanen Charakter ändern. Viele Menschen haben bei der Wertung von Ödflächen mentale Probleme. *Brennesselfluren, Gänsefußgesellschaften* oder *Stechapfelhorste* auf ehemaligen Müllkippen haben für sie einfach keinen Wert. Auch jene Gruppen, die den Umgang mit der Natur zu ihrer liebsten Freizeitbeschäftigung gemacht haben wie Jäger oder Vogelschützer, neigen dazu, solchen Flächen ihre eigenen, vom persönlichen Wunschdenken getragenen Vorstellungen aufzuzwingen. Der Jäger mag unbedingt einen Wildacker mit prallem Markstammkohl und der Vogelschützer träumt von Schlehen und Pfaffenhütchen. Vergessen wird dabei, daß es sich bei den Pflanzen solcher Ruderalfluren oft um sehr spezialisierte Pioniere handelt, ohne deren Aufschlußarbeit andere Arten nur schwer hochkommen würden. Brennnessel und Gänsefuß beispielsweise bauen die hohen Nitratbelastun-

Freileitungen verschandeln jede Landschaft und bringen vielen Vogelarten den Tod, weil sie bei schneller Flucht oder Nebel in die Drähte fliegen. Doch unter den Masten können ohne großen Aufwand auch »Rettungsinseln« und »Trittsteine« entstehen.

Brombeerhecken, wie sie im Zuge der Sukzession auf geeigneten Standorten ganz alleine entstehen und durch keine gepflanzte Hecke ersetzt werden können.

gen solcher Flächen ab, indem sie überschüssigen Stickstoff in ihren Blättern speichern. Bilsenkraut und Stechapfel arbeiten sich mit langen Pfahlwurzeln in die Tiefe spaltenreicher Schuttböden und erschließen diese. Andere Arten haben Vorrichtungen, die sie zur Besiedelung trockener Standorte prädestinieren. Viele Schutt- und Ödlandbesiedler zeichnen sich durch gigantische Samenleistungen aus, und sorgen von diesen Standorten aus für die ständige Neubesiedlung bewirtschafteter Flächen, eine sehr wichtige Funktion!

Brombeerstreifen als Fluchtburgen

Feldraine sind leider oft sehr schmal, und damit werden sie häufig – ungewollt – mit abgewehten Herbiziden und Insektiziden überlagert. Darunter leidet ihre Artenvielfalt und ihr Wert für die Tierwelt. Grundsätzlich sollten die Ackerrandstreifen entlang von Feldrainen in einer Breite von mindestens drei Meter chemiefrei bleiben. Trotz Ackerrandstreifenprogramm, das dem Landwirt eine Entschädigung für solchen Verzicht garantiert, bleibt diese Forderung in den meisten Fällen Wunschdenken. So wichtig mit Altgras und Wildkräutern bestandene Raine z. B. für den *Feldhasen* aber auch für zahlreiche Kleinvögel wie *Lerchen*, *Wiesenpieper* oder *Ammern* sind, sie verlieren ihren Wert, wenn ständig Chemie eingeweht wird. In solchen Fällen ist es besser, sie mit Brombeere (*Rubus fruticosus*) überwachsen zu lassen. Diese bilden nach außen einen dichten Schirm. Allerdings ersticken die meisten Gräser und Kräuter unter ihnen. Landwirte zünden Brombeerhecken im Frühjahr zuweilen an und brennen sie ab. Geschieht das auf eigenem Grund und vor dem 15. März, ist es nicht rechtswidrig, wenn auch schizophren. Alte Brombeerhecken können allerdings so mächtig werden, daß man ihnen Einhalt gebieten muß. In solchem Falle ist es sinnvoll, sie im Spätwinter oder zeitigen Frühjahr mit einer Motorsense abschnittsweise zu mähen. Zwischen zwei gemähten Abschnitten bleibt dann ein ungemähter stehen. Das abgemähte Rankenwerk kann entweder auf der Fläche verbleiben oder auch bei Anlage von Benjeshecken (s. Seite 68) oder als Fege- und Verbißschutz bei Neuanlage von Hecken und Gehölzen verwendet werden. Zwischen die Brombeerhecke gehört als Sonder- und Kleinstbiotop der Lesesteinhaufen. Betonbrocken sind meist grob und auch keine Zierde der Landschaft. Aber als Unterbau und abgedeckt mit richtigen Lesesteinen erfüllen sie ihren Zweck.

An solchen Wegen und Rainen wird unsere Landschaft immer ärmer. Hier findet der Feldhase lebenswichtige Kräuter und Notäsung im Winter, Ammern und Distelfinken sammeln Sämereien ab und die Küken von Rebhuhn und Fasan ernten an den Wildkräutern Insekten. Und der ordentliche Mensch, in dessen geordnetem Hirn nichts Unordentliches mehr Platz hat, nennt das Ganze einen »Saustall«...

Arme Kleinstandorte sind gefragt

Ein großes Problem auf kleinen, besonders auf schmalen Ödflächen, ist der Nährstoffeintrag. Manche Bauern knallen den Handelsdünger lieber auch noch auf die Raine, als daß sie einen Zentimeter Wirtschaftsfläche ungedüngt lassen. Rücksichtslos wird zuweilen mit Gülle umgegangen; Skrupel gibt es wenige, schon weil es überall an »Entsorgungsfläche« fehlt. In Norddeutschland pachten niederländische Bauern Äcker zusammen, nur um ihre Gülle »entsorgen« zu können. EG- und Bundespolitiker verhökern durch Gesetzgebung oder Unterlassung unsere Heimat als EG-Latrine!
Nährstoffe werden aber auch als Immission eingetragen. Von 40 kg reinem Stickstoff pro Hektar und Jahr, der durchschnittlich als Immission die freie Landschaft trifft, berichtet ELLENBERG. Das entspricht jener Menge, die dem Bauer vor einigen Jahrzehnten noch zur Düngung seiner Ertragsflächen genügte.
Nährstoffe gelangen aber auch über die Ablagerung von Mähgut in den Boden von Ödflächen. Nicht vergessen werden soll der Nährstoffeintrag über den Kot von Vögeln und Säugern.
Das alles verändert die ursprüngliche Flora derartiger Flächen grundlegend. Stickstoffscheuende Arten wandern von den Rainen zusehends direkt auf die Roten Listen! »Stickstoffzeiger« wie *Brennessel* oder *Gänsefuß* ersetzen sie. Nun haben auch sie wichtige Funktionen im Ökogefüge einer Feldlandschaft zu erfüllen, sollten aber nicht *alle* Flächen beherrschen.
»Verarmen« kann man einen Standort durch regelmäßige Mahd und Beseitigung des Mähgutes, welches ja einen Teil der im Boden vorhanden gewesenen Nährstoffe bindet. Eine andere, sehr aufwendige und nur auf Teilflächen durchführbare Methode, Ödflächen zu verarmen, ist der flache Humusabtrag oder die Auflagerung von Sanden. Abtrag von Humus sollte immer nur abschnittsweise erfolgen, damit sich die abgetragenen Flächen schnell neu begrünen.
Wie komplex Umwelteinflüsse wirken, zeigen Untersuchungen von ÄHNELT und HAHN [1973],

nach denen erhöhter Nitratgehalt der Äsungspflanzen bei Kaninchen einen Rückgang der Fruchtbarkeit und eine höhere Streßbelastung zur Folge haben. SCHNEIDER [1986] sieht in dem europaweiten Rückgang des Feldhasen ebenfalls eine Folge des gestiegenen Stickstoffeinsatzes in der Landwirtschaft.

Wegränder und -mittelstreifen

Katastrophal wirkt sich auf eine Vielzahl von Tieren die zunehmende Befestigung von Feldwegen aus. Zwar haben insbesondere die süddeutschen Flurbereinigungsämter und die Agrarbezirksbehörden in Österreich die Wichtigkeit von Erdwegen für das Ökosystem Feld erkannt und sparen bei neuen Flurbereinigungsverfahren mit *voll*befestigten Wegen. *Plattenspur-, Rasengitter-* und Wege mit Schotterbett stehen aber in ihrer ökologischen Wertigkeit weit hinter den alten *Erdwegen*.
Bei diesen Wegetypen kann sich zwar eine mehr oder weniger ursprüngliche Gesellschaft aus Gräsern und Wildkräutern entwickeln, die für zahlreiche Tierarten wichtig ist. Es fehlt aber immer noch die so wichtige Fahrspur aus Sand

Hier sieht man, was daraus wird: Oben eine blüten- und samenreiche Wildflora und darunter der »Straßenbauamtsrasen III. Klasse«. Mag sein, daß es sein muß, aber wirklich gleich jedes Jahr und manchmal zweimal?

Menschenland ohne menschliche Einflußnahme? Im Vordergrund eine herrliche, ungemähte Böschung voll Altgras, Wildkräutern und -stauden und dazwischen schon die Signale der Sukzession – erste Gehölze. Wenn überhaupt nicht mehr gemäht wird, entwickelt sich eine Hecke und wenn auch die keiner mehr nutzt, wachsen einzelne Bäume durch, die Hecke verkümmert wieder.

oder Lehm. Hühner und Fasanen, aber auch Ammern, Lerchen und viele andere Vögel bevorzugten die von den Rädern der Fuhrwerke stets neu zermalenen Streifen als wichtige Huderpfannen, der Hase nahm seine Sandbäder. Vielerorts haben heute die Schwalben Nistprobleme, weil es an Lehmpfützen fehlt. Hofräume sind asphaltiert und ehemals lehmige Feldwege befestigt.

Im sandigen, sonnenwarmen Wegrain finden sich Ameisen und zahlreiche andere Insekten als unentbehrliche Kükennahrung des Federwildes. Die Mittelstreifen ursprünglicher Feldwege sind praktisch Altgrasfluren, wie sie der Hase zu allen Jahreszeiten aufsucht und nutzt. Auf den Wegrändern entwickeln sich Pflanzengesellschaften mit Wegwarte, Wegerich, Melde, Königskerze, Kreuzkraut, Rainfarn und vielen anderen, wie sie für Ruderalfluren typisch sind.

Gelegentlich werden die Bankette der Feldwege von den Gemeinden sogar gemäht. Das mag im Einzelfall gelegentlich sinnvoll sein, meist dient es jedoch nur der Befriedigung eines übersteigerten und sachlich nicht zu rechtfertigenden Sauberkeitsdenkens. In vielen Feldfluren – vor allem in den Maisanbaugebieten – bilden solche Ränder die letzten und *einzigen* Rückzugsgebiete für *Nichtwirtschaftspflanzen*.

Bei den Landwirten ist es häufig Gedankenlosigkeit, wenn sie die Streifen entlang der Wege mähen oder mit Herbiziden besprühen, manchmal auch die Angst vor dem Samenflug der »Unkräuter« in die angrenzenden Äcker. Der Bauer löst sich aus alten Denk- und Bewertungsschemen genauso schwer wie der Jäger. Was letzterem Bussard und Rabenkrähe, sind ersterem Quecke und Distel! In den landwirtschaftlichen Berufsschulen hat jedoch vielfach schon eine neue Bewertung Einzug gehalten. Selbstverständlich kann man von den Landwirtschaftslehrern nicht verlangen, daß sie alle *unsere* Aspekte kennen und in den Unterricht mit einbauen. Daher wäre das Gespräch mit ihnen seitens aller an der *nichtbewirtschafteten* Natur Interessierten ungeheuer wichtig. Information über die elementare Bedeutung von Ödland und einem Mindestmaß an »vergammelten« Wegen für das Überleben von heimischer Flora und Fauna muß sich regelmäßig wiederholen. Anschauungsunterricht mit Landwirtschaftslehrern und/oder -schülern draußen vor Ort erweitert auch den Horizont der Naturschutzseite, zeigt Möglichkeiten und Grenzen des Machbaren auf.

Alle großen, sich dem Naturschutz besonders verpflichtet fühlenden Verbänden haben Informationsmaterial, das gerne – und mit eher bescheidenem Echo – unters Volk gebracht wird. Am wenigsten jedoch werden jene angesprochen, die unsere direkten Partner sind – die Bauern. Gerafftes, aber didaktisch gut aufgearbeitetes Material nach Art der AID-Hefte ist eine Hilfe im Unterricht und dient später als Gedächtnisstütze.

Zumindest ebenso wichtig ist die Förderung eines naturkonformen Wertbewußtseins und Empfindens bei der nichtbäuerlichen Bevölkerung. Die meisten Menschen müssen erst lernen, Melde und Wicke, Wegwarte und Klette als »schön« zu empfinden. Man muß ihnen den Unterschied bewußt machen zwischen sogenannter Erholung auf asphaltiertem, direkt von steriler Agrarkultur gesäumtem Weg und der naturbelassenen Erlebniswelt aus Staub, Lehm, krabbelnden Ameisen und flatternden Schmetterlingen an Brennessel und wilder Möhre. Für viele ist eine Blume erst dann »schön«, wenn sie möglichst große – gezüchtete – Blüten hat oder wenn man zumindest Geld für sie bezahlen muß! Der Augentrost mit seinen zwar wunderschönen, aber auch winzig kleinen Blütchen oder der Günsel am Wegrand werden kaum *be*achtet und schon gar nicht als besonders wertvoll *ge*achtet. Die Seele vieler mitteleuropäischer Menschen ist soweit deformiert, daß sie staubfreies Wandern auf Asphalt in einer weitgehend stechmücken- und bremsenfreien, herbizidgeschwängerten Luft für angenehmer halten als staubige Schuhe und »Unkräuter« voll summender »Quälgeister«!

Gemeindewege unterm Pflug

Tausende Hektar öffentlicher Vernetzungsflächen liegen gegenwärtig noch unterm privaten Pflug und Profit. Darauf verwies Kröger 1987 in der Zeitschrift Wild und Hund. Ursprünglich wurden nämlich die meisten Feldwege rechts und links von sogenannten Schafstriften oder Vorgewenden begleitet. *Sommerwege* hießen sie mancherorts auch, im Gegensatz zum eigentlichen und befestigten *Winterweg*. Häufig waren sie mit Büschen und Bäumen bewachsen. Endlose, aber immer wieder unterbrochene Hekken- und Altgrasstreifen, die sich als Netz über die Landschaft legten. Feldwege stehen meist im Besitz der Gemeinden und waren früher in der

Ein einsamer Grenzstein mitten im Acker dokumentiert die offizielle Wegbreite. Viele Steine wurden schlicht umgepflügt und entfernt – Urkundenunterdrückung; Veränderung einer Grenzbezeichnung (auch der Versuch ist strafbar).

Regel zumindest acht, ja manchmal bis zu 16 Meter breit. Genau genommen sind sie es heute noch, zumindest auf der Kathasterkarte. In Wirklichkeit aber wurden sie von den angrenzenden Landwirten nach und nach einfach untergepflügt. Grenzsteine stehen manchmal bis zu zehn Metern im angrenzenden Getreide oder wurden im Laufe der Jahre einfach beseitigt. Letzteres stellt schlicht eine Straftat dar: § 274 StGB, Urkundenunterdrückung; Veränderung einer Grenzbezeichnung. Vorgesehen sind Freiheitsstrafe bis zu einem Jahr oder Geldstrafe. Verhängt wird meist Stillschweigen, die regelmäßig wiederkehrenden Gemeinderats- und Bürgermeisterwahlen lassen grüßen...

Auf den alten, verbrieften Schaftriften der öffentlichen Hand wird heute produziert, was die gleiche öffentliche Hand später wieder gebührenpflichtig vernichtet.

Man stelle sich einen Handwerksbetrieb vor, der den Gehweg vorm Haus einfach absperrt und als Warenlager überdacht... Nicht anders ist es im Grunde mit diesen Schaftriften, Vorgewenden oder Sommerwegen.

Jagdpächter, denen besonders an diesen Wegen liegen müßte, weil sie ganz erheblich dem Feldhasen helfen, schweigen fast immer dazu, weil sie ansonsten ihre Reviere verlieren. Naturschützer tun sich da schon leichter, werden aber in ländlichen Gegenden schlicht als »linke Spinner« abgetan. Verwunderlich ist es, daß sich hier die Landesjagdverbände bedeckt halten, sind sie doch zumeist als Naturschutzverbände nach § 29 Bundesnaturschutzgesetz anerkannt. Letztlich geht es doch auch direkt um die Interessen ihrer Mitglieder, welchen im Einzelfall eher die Hände gebunden sind (siehe oben). Zudem ist einer ihrer Präsidenten zugleich Präsident des Deutschen Bauernverbandes.

Über öffentliche Wege muß man auch öffentlich reden dürfen! Deshalb sollte es für alle Naturschutzverbände selbstverständlich sein, sich gemeinsam und nicht nur auf Gemeindeebene für die Rückgabe untergepflügter Wege einzusetzen. Öffentliche Diskussion erleichtert letztlich auch den Komunalpolitikern ihr pflichtgemäßes Handeln. Das dies keine Utopie ist, zeigte sich bereits in einer ganzen Reihe ostfriesischer Gemeinden. Dort wurden die ursprünglichen Wegbreiten teilweise sogar durch ABM-Kräfte ausgemessen, die Bauern von den Gemeinden aufgefordert, die unrechtmäßige Bewirtschaftung nach der nächsten Ernte einzustellen. Zwischen 20 und 100 Hektar gut vernetztes Naturland kam so in den einzelnen Gemeinden zusammen. In einem Falle waren es sogar 100 (!) Hektar [KRÖGER 1991 mündlich].

Was soll nun mit derartigen, aus der Bewirtschaftung zurückgewonnenen Flächen geschehen? Das hängt weitgehend von Struktur und *Gesamtbild* der jeweiligen Feldgemarkung ab. Auf keinen Fall sollen daraus – überspitzt gesagt – neue »Monokulturen« werden. Wir haben ja weiter vorne schon gesehen, wie wichtig das Nebeneinander möglichst vieler Landschaftselemente ist. Nicht nur Hasen und Rebhühner benötigen ein Mindestmaß an Altgrasbeständen, sondern auch viele Insekten. Nicht die ununterbrochene, möglichst lange Hecke ist die singvogelreichste, sondern die unterbrochene. An Programmen und Fördermitteln fehlt es gegenwärtig nicht und Kombinationen, etwa Weg-Graben-Hecke-Acker oder Weg-Hecke-Staudensaum-Acker, sind ideal.

Wo der Landwirt ungeachtet der Rechtslage völlig uneinsichtig ist, hilft nur noch das Ziehen eines Grabens. Überhaupt stellen Gräben immer eine Bereicherung dar, selbst dann, wenn sie die meiste Zeit des Jahres trocken liegen. Je breiter und flacher, um so besser! Gerade die trockenen, mit Stauden und Altgräsern bestandenen Gräben werden im Winter vom Niederwild gerne aufgesucht.

Auch diese Eiche, mitten im Acker, markiert den eigentlichen Grenzverlauf des Weges.

Alte Hecken braucht das Land

Was ist eine Hecke, wie unterscheidet sie sich von einem Feldgehölz? Hecken sind linienförmige, vom Menschen geschaffene Landschaftselemente, bei denen durch ständige Eingriffe eine sukzessive Entwicklung zum Wald verhindert wird. Das heißt, sie sind i. d. R. länger wie breit und setzen sich aus Sträuchern und einzelnen Bäumen einer oder mehrerer Arten zusammen. Schon diese allgemein gebräuchliche Definition ist irreführend. Zwar sind viele Hecken recht schmal – zu schmal(!) – und oft viele hundert Meter lang, damit aber meist auch nur von bescheidenem ökologischem Wert. Hecken sind aber typische Saumbiotope der Agrarlandschaft; dort, wo sie nicht durch Agrarland ständig an ihrer Ausbreitung gehindert werden, verwachsen sie zum Feldgehölz, dieses wiederum zum Wald. Menschliche Pflegeeingriffe sind folglich notwendig und erhöhen den ökologischen Wert einer Hecke.

Die ursprüngliche Entstehung und Funktion von Hecken war vielfältig. Vor allem im waldarmen Norden, in Niedersachsen, Nordrhein-Westfalen und Schleswig-Holstein dienten sie zur Abgrenzung des Besitzes, waren aber auch wichtig für die Brennholzversorgung der bäuerlichen Bevölkerung. Auf das Vorhandensein verschiedener Arten in den *Knicks* wurde geachtet, denn sie wurden von autarken Höfen benötigt: Weiden als Bienennahrung und zum winterlichen Korbflechten, Haselnüsse zur Ernährung, Schlehen für Wein und Schnaps, Hainbuchenholz für Werkzeugstiehle und eine ganze Reihe anderer Arten auch zur Herstellung von Naturheilmitteln, etwa der Holunder. Diese Vielfalt an Strauch- und Baumarten, die sektionsweise Nutzung als Brennholz und begleitende Landschaftselemente wie Gräben oder Lesesteinhaufen waren Grundlage für die Ansiedlung zahlreicher Tierarten. Die schleswig-holsteinischen *Knicks* wurden bereits 1555 urkundlich erwähnt. 1766 erließ dann König Christian VII sogar eine Verordnung, die das Umgrenzen der Fluren mit Hecken vorschrieb. Typisch für den Norden sind die sogenannten *Wallhecken*. Das sind Hecken, die auf Erdwälle gepflanzt wurden und damit einerseits weniger hinderlich waren bei der Feldbewirtschaftung, andererseits erhöhten Windschutz und Kleinklima entwickelten. Während es bis 1950 noch 75 000 Kilometer solcher Wallhecken gab, fielen sie bis heute auf 30 000 Kilometer der Flurbereinigung und anderen Maßnahmen zum Opfer [LANDESAMT FÜR NATURSCHUTZ UND LANDSCHAFTSPFLEGE, Kiel, 1984].

In den Mittelgebirgslandschaften entstanden die Hecken häufig durch Vogelsaat auf Steinriegeln. Über Jahrzehnte wurden aus den angrenzenden Feldern Steine zusammengetragen und am Rande der Felder deponiert.

Feldhecken entstanden ferner dadurch, daß bei der Waldrodung schwer bewirtschaftbare Kleinflächen, etwa Böschungen oder Steillagen ausgespart wurden. Nach Nutzung der Bäume entwickelten sich dann mehr oder weniger niederwüchsige Feldhecken.

Unabhängig von ihrer Entstehungsgeschichte haben sich standortbedingt floristisch ganz unterschiedliche Heckentypen herauskristallisiert. Allein für die Jungmoränenlandschaft Schleswig-Holsteins wurden 18 Typen beschrieben.

Heute verstehen wir Hecken in erster Linie als komplexe Ökosysteme (mit vergleichsweise bescheidenem Raumanspruch!), in deren verschiedenen Etagen 1600 bis 1800 Tierarten vorkommen können [BARTH 1987]. Insgesamt wurden über 7000 Tierarten nachgewiesen, die in unseren Hecken leben. Die Artenvielfalt ist schon deshalb hoch, weil die Hecke auf relativ engem Raum die unterschiedlichsten strukturellen und kleinklimatischen Bedingungen bietet, weil fast alle Vegetationsstufen, von der Krautschicht bis zum Totholz, vorhanden sind. In der Schweiz wurden in einer 2500 Hektar großen Heckenlandschaft nicht weniger als 122 Vogelarten nachgewiesen.

Ertragssteigerung für die Landwirtschaft

Eine andere Sache ist der Nutzen langer Hecken für die Landwirtschaft. Zur Schaffung von günstigen Kleinklimaten, zur Verhinderung von Erosion durch Windabtrag, da können Hecken gar nicht lange genug sein. Das BAYERISCHE LANDESAMT FÜR UMWELTSCHUTZ stellte auf ungeschützten Böden Schluffverluste bis zu 90 Prozent, Humusverluste bis zu 70 Prozent und Feinsandauswehung bis zu 25 Prozent fest. Schon ein Millimeter Bodenabtrag entspricht einem Verlust von durchschnittlich 15 Tonnen Boden mit ca. 10 kg Phosphat, 20 kg Stickstoff und bis zu 200 kg Kohlenstoff je Hektar. Auf den wertvollen Lößböden des unterbayerischen Hügellandes ist eine Bodenabschwemmung von 45 bis 70 t/ha und Jahr keine Seltenheit. Sie kann sogar bis zu 150 Tonnen betragen [WINKLER und DANNER 1991].

In rund 100 Versuchen wurde bisher in Europa der Einfluß von Hecken auf landwirtschaftliche

Wallhecken entstanden auf künstlich aufgeschütteten Wällen, dienten als Besitzeinfriedung und Koppelzäune, lieferten Brenn- und Bauholz, Beeren und Honig – und wurden von uns einfach beiseite geschoben.

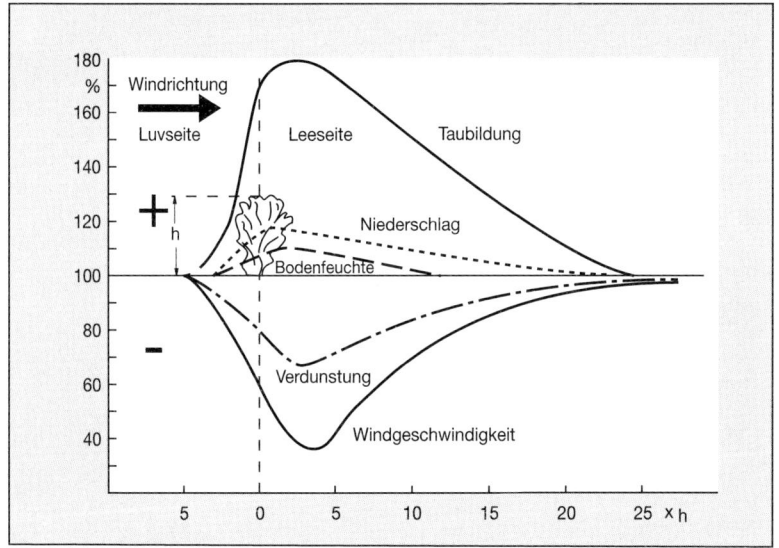

Windschutzwirkung einer Hecke auf das Mikroklima ihrer Umgebung [nach MÜLLER 1981].

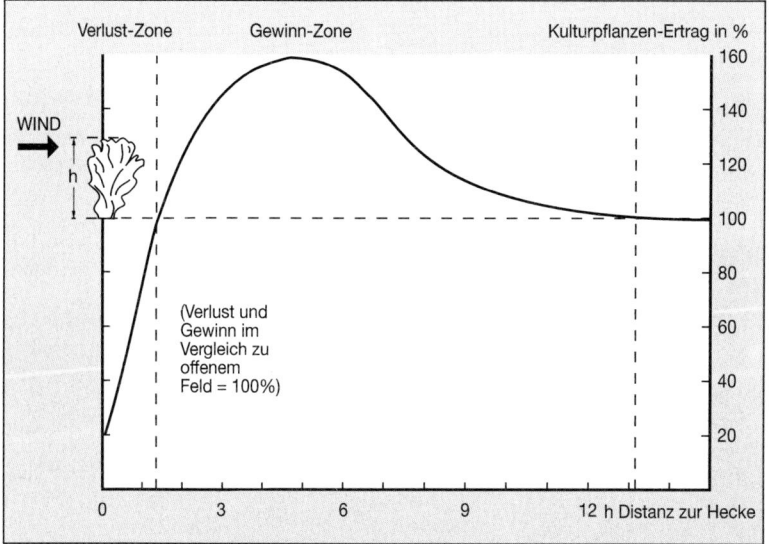

Landwirtschaftliche Produktionssteigerung durch Hecken [nach MÜLLER 1981].

Erträge untersucht. Die Ergebnisse zeigten insgesamt eine positive Wirkung. WILDERMUTH weist darauf hin, daß Taubildung, Niederschlag und Bodenfeuchtigkeit besonders auf der windabgewandten Seite deutlich erhöht werden, während sich Windgeschwindigkeit und Verdunstung verringern. Nach in Bayern durchgeführten Versuchen betrugen die mittleren Ertragssteigerungen bei landwirtschaftlichen Kulturen hinter Windschutzhecken im Bereich von 0 bis 300 m (am höchsten sind sie im Bereich bis 100 m) bei Getreide 29 Prozent, bei Futterrüben 23 Prozent, bei Kartoffeln 22 Prozent und bei Dauergrünland 19 Prozent.

In der Literatur finden wir aber auch Hinweise auf stark *ertragsmindernde* Wirkung von Hecken auf landwirtschaftliche Kulturen. Zunächst einmal wird die *positive* Wirkung auf stark erosionsgefährdeten Standorten höher sein als auf solchen die nicht durch Abtrag gefährdet sind. Da spielt aber auch die Höhe der Hecke eine wesentliche Rolle. Handelt es sich eher um Baumgesellschaften mit mehr als acht Meter Höhe, entsteht eine waldrandähnliche Situation. Hier sprechen wir von *Hoch*hecken, wenn nur einzelne Glieder der Hecke fünf bis sechs Meter hoch werden, und von *Baum*hecken, wenn in der Mitte durchgehend höhere Bäume wachsen.

Ungünstig wirken sich Hecken aus, die so dicht sind, daß sie die Winde *abblocken*, wie dies bei Fichten der Fall ist. Die Windgeschwindigkeit wird dadurch nur erhöht, auf der Leeseite entstehen Luftwirbel. Der Wind soll aber nur gebremst (und gefiltert) werden und hinter der Hecke ohne Wirbelbildung abfließen können. WINKLER und DANNER [1991] verweisen darauf, daß die *Firstlinie* unterbrochen sein muß, da einheitliche *Firstlinien* (gleichmäßige Höhe) die Reichweite des Windschutzes vermindert.

Unmittelbar angrenzend tritt in der Regel eine Ertragsminderung ein, die aber schon bei einem Abstand von nur sechs Meter zur Hecke in höhere Erträge umschlagen kann. Bei Erntevergleichen wird häufig die Feldmitte dem Randbereich gegenübergestellt, was zu irreführenden Ergebnissen führt. Wenn, dann müssen Vergleichswerte immer aus Feldern ohne Heckenbegleitung abgeleitet werden. In den äußersten Randbereichen sind die Erträge übrigens meistens niedriger als im Zentrum eines Feldes.

Ohne den ökologischen Stellenwert der Hecke in Zweifel zu ziehen und ohne ihr eine ökonomische Bedenklichkeit anzuhängen, muß der Objektivität halber auch darauf hingewiesen werden, daß eine ganze Reihe landwirtschaftlicher Schädlinge ihre *Winterwirte* erst in Hecken finden.

Pfaffenhütchen dienen als Winterwirt für die Schwarze Bohnenlaus *(Aphis fabae)*. In der **Traubenkirsche** überwintert die Hafer-Traubenkirschenblattlaus *(Rhopalosiphum padi)*, die ihrerseits einen für Hafer und Weizen gefährlichen Virus überträgt. **Hunds-** und **Apfelrosen** sind Winterwirt für die vor allem an Hafer und Gerste schmarotzende Bleiche Getreideblattlaus *(Metopolophium dirhodum)*. Von der **Berberitze** aus fliegen die Sporen des Schwarzrost *(Puccinia graminis)* ans Getreide. **Weißdorn** und **Rotdorn** beherbergen den Feuerbrand der Obstgehölze *(Erwinia amylovora)*.

Es wäre aber vermessen, den Ausschluß all jener Strauch- oder Baumarten aus der Landschaft zu fordern, die irgend einen Schädling oder eine Krankheit von Wirtschaftspflanzen beherbergen. Es blieben kaum welche übrig. Schließlich muß auch für und in der Natur das Prinzip der *Verhältnismäßigkeit der Mittel* gelten. Immerhin dürfte die Nitratauswaschung auf Agrarflächen die Gesundheit von Millionen Menschen weit, weit mehr tangieren als Weißdorn und Pfaffenhütchen das Überleben der Landwirte!

Letztlich bleibt zu sagen, daß dort wo »Schädlinge« wohnen, sich auch »Nützlinge« aufhalten. BASEDOW [1990] verglich zwei hessische Gemarkungen, Gronau und Massenheim, die sich hinsichtlich ihrer Landschaftsstruktur stark unterscheiden. In Massenheim lag die durchschnittliche Parzellengröße deutlich höher, die Überwinterungsbiotope für *Nützlinge* war deutlich geringer. Während in heckenlosen Gebieten nur ein Prozent der Schädlinge von Raubschmarotzern (besonders Schmetterlinge und über 100 Schlupfwespenarten) befallen werden, sind es in Heckengebieten zwischen 30 und 40 Prozent der *Kulturschädlinge* [WINKLER und DANNER 1991]. In welch engem Zusammenhang Landschaftsstrukturen, *Nützlinge* und *Schädlinge* stehen zeigt Tabelle 10.

Tabelle 10: Die Struktur von 2 Gemarkungen in Bad Vilbel (Hessen) und das daraus resultierende Nützlings-/Schädlingsauftreten an Zuckerrüben (1987/88)

Gemarkung	Gronau	Massenheim
Durchschnittliche Feldgröße (ha)	1,3	5,7
Überwinterungsbiotope für Nützlinge (ha)	11,5	1,7
(Summe pro 150 ha)	(7,5%)	(1,1%)

Jahr	1987	1988	1987	1988
Platynus dorsalis (Blattlausräuber) in 10 Bodenfallen (relativ)	100	100	3	0
Nützlinge pro 100 Rüben (relativ)	100	100	35	42
Blattläuse pro 100 Rüben (relativ)	100	100	1431	1834

In der Bundesrepublik kommen aber auch rund 600 (!) verschiedene Wildbienenarten vor, die für die Bestäubung landwirtschaftlicher Nutzpflanzen »zuständig« und ebenfalls auf Hecken und diese begleitende Staudensäume angewiesen sind.

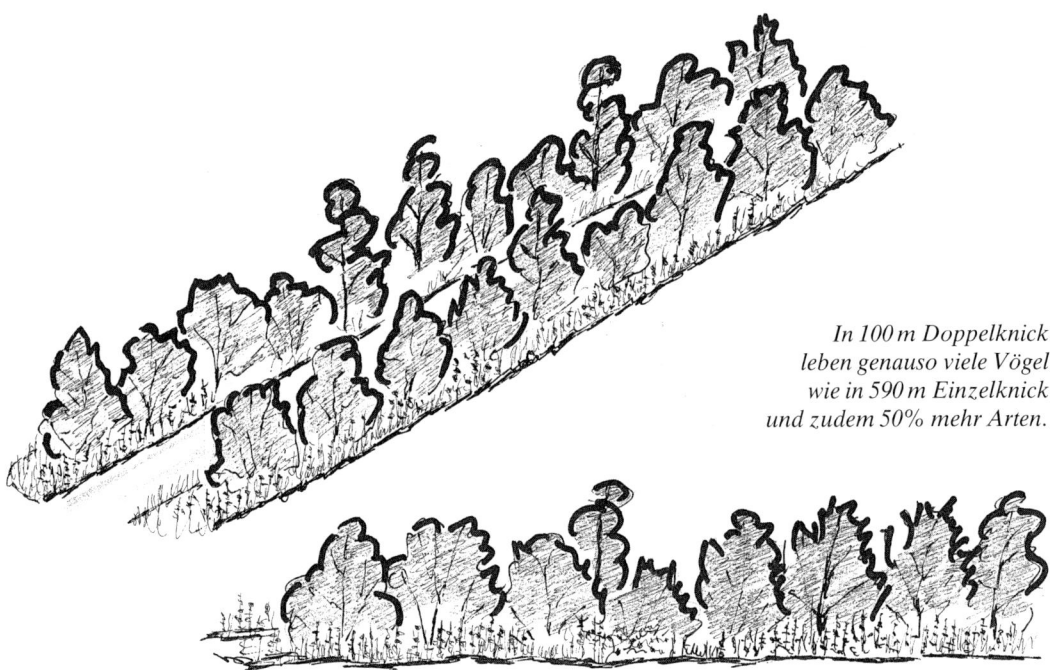

In 100 m Doppelknick leben genauso viele Vögel wie in 590 m Einzelknick und zudem 50% mehr Arten.

Heckenform und ökologischer Wert

Ökologisch – als Lebensraum für eine möglichst große und starke Pflanzen- und Tiervielfalt – sind *viele kurze, aber nicht zu schmale Hecken* weit ergiebiger. Es geht folglich um eine möglichst enge Vernetzung vieler kleinerer Hecken und anderer Landschaftselemente. ZWÖLFER et al. [1981] verwies darauf, daß die Zahl der Singvogelnester (bezogen auf eine bestimmte Heckenlänge) mit zunehmender Gesamtlänge einer Hecke stark abnimmt. Die Zahl der Nester nimmt aber auch dann ab, wenn die Entfernung der Hecken voneinander größer wird. Die Artenvielfalt bei Vögeln hängt wiederum von der Heckendichte ab. Besonders günstig wirken sich *verzweigte* Hecken aus [PUCHSTEIN 1980]. Diese Aussagen treffen aber auch auf andere Tiergruppen zu. So werden *verzweigte oder parallel laufende* Hecken auch von Hase und Reh lieber aufgesucht als lange, linienförmige Einzelhecken.

Beispiel: Stehen auf einer 100 m langen Linie räumlich getrennt 5 Einzelhecken mit Längen zwischen 5 und 15 m ist die Nesterdichte höher als in einer durchgehenden 100 m langen Hecke. Kleinhecken von 10 bis 15 m Länge werden offensichtlich auch von Rebhühnern am liebsten aufgesucht.

Die Zahl der in einer Hecke angetroffenen Vogelarten und -nester hängt aber auch vom Alter der Hecke ab. »Die höchsten Nestdichten (ohne Bodenbrüter) wurden in Strauchgruppen mit einem Alter bis zu 10 Jahren beobachtet (3,5 Nester pro 100 m Heckenlänge).« In Hecken, die 20 und mehr Jahre alt waren, fanden sich nur noch 0,6 Nester/100 m Hecke [MIESS 1988].

Es muß aber auch gesagt werden, daß in jungen Hecken zwar die absolute Nesterzahl am höchsten ist, nicht aber die Zahl der Brutvogel*arten*. Diese kulminiert in Hecken mit einem Alter zwischen 11 und 20 Jahren.

Als Bruthabitat für Vögel sind vor allem *Niederhecken* mit einer Höhe wischen 1 bis 2 m bedeutsam, die ein dichtes Dach bilden. Viele Heckenbrüter bevorzugen zur Nestanlage dichtere Stellen im bodennahen Bereich (0,25 bis 1,0 m).

Das zeigt, wie wichtig die Pflege von Hecken ist. Einmal werden durch das abschnittsweise »Auf-den-Stock-Setzen« durchgehende Hecken vorübergehend zu Einzelhecken, gleichzeitig wird eine Überalterung und Verlichtung im unteren Bereich verhindert und es wird Struktur geschaffen.

Unterbrochene Hecken weisen wesentlich mehr Brutvögel auf als durchgehende Hecken

Der Wert einer Hecke steigt selbstverständlich auch mit der Vielfalt an Straucharten und eventuell einzelnen, überständigen Bäumen. Dabei sollte man jedoch nicht versuchen, aus jeder Kleinhecke unbedingt einen botanischen Garten zu machen. Je nach Standort werden einige Arten dominieren und sich gegenüber einzelnen anderen Arten durchsetzen. Baumarten sollen nur dann Eingang in eine Hecke finden, wenn diese mindestens 4 m breit und entsprechend lang ist. Im Prinzip hat die Hecke ja dort ihren Platz, wo das Feldgehölz – zu dem auch Bäume gehören – diesen nicht findet.

Die Attraktivität einer Hecke wird deutlich erhöht durch begleitende Elemente. Meist nicht vorhanden, aber von ganz großem Wert sind dabei mindestens 2 m breite, beidseitige Stauden- und Altgrassäume. Wo solche, etwa durch die Flurbereinigung, ausgewiesen wurden, werden sie von den Bauern meist sehr schnell widerrechtlich umgepflügt. Stauden- und Altgrassäume sollten folglich zumindest auf Sicht ausgepflockt sein.

Natürlich ist in vielen Fällen einfach nicht ausreichend Grund erhältlich, und der Saum entfällt. Deshalb muß die Hecke noch nicht übermäßig an Wert verlieren. Die Stauden- und Alt-

Graue Allerseelenstimmung an einer Hecke, die ideal sein könnte, wenn »Preußen« nicht so fanatisch sauber wären: Ein paar Hochstauden noch und etwa Altgras und im Graben alle 40 oder 50 Meter eine Sohlschwelle zum Rückhalt von Restwasser und die Duldung von ein paar Iris oder Rohrkolben – betitelt: Ehrfurcht vor der Natur oder Liebe zur Scholle...

Knickverzweigungen werden von fast doppelt sovielen Vögeln bewohnt wie unverzweigte Einzelknicks.

grassäume werden in solchen Fällen nicht parallel neben die Hecken gelegt, sondern zwischen diese. Zwischen zwei *relativ* langen Heckenblöcken liegt dann jeweils ein kürzerer Stauden- und Altgrasstreifen. Ideal ist diese Kombination nicht und das regelmäßige Mähen wird stark erschwert, aber es ist ein Kompromiß.

Der ökologische Wert einer Hecke wird – ob mit oder ohne Staudensaum – erhöht, wenn flankierend das Ackerrandstreifenprogramm angewandt wird. Das heißt, ein wenige Meter breiter, direkt angrenzender Ackerstreifen bleibt frei von Herbiziden und Insektiziden.

Auch begleitende feuchte Gräben erhöhen die Vielfalt an Pflanzen und Tieren ungemein. Sie sind überdies natürliche Barrieren gegen den pflügenden Traktor.

Von geringem ökologischen Wert sind Hecken, die direkt von einem Weg begleitet werden, besonders wenn es sich um einen Beton- oder Asphaltweg handelt oder immer dann, wenn er stark vom Menschen belaufen wird. Ein Streifen von 50 m rechts und links der Feldwege muß als »Unruhezone« gelten, in dem Hecken, aber auch alle anderen Biotopelemente von geringem Wert sind.

Welcher Heckentyp?

Es ist bei jeder Biotopgestaltung sinnvoll, sich an der autochthonen Flora zu orientieren. **Was wild gewachsen ist, paßt zum Standort!** Man muß nur schauen, was in der Umgebung wächst. Trotzdem ist es gut, einen kleinen Leitfaden zu haben, denn es gibt in jedem Revier auch Sonderstandorte, für die keine örtliche Vergleichsmöglichkeit besteht. Die Übersicht der Standortansprüche auf Seite 67 gibt Auskunft über Bedürfnisse und Leistungen der einzelnen Strauch- und Baumarten. Um dem meist nicht forstlich oder landschaftsgärtnerisch ausgebildeten Vogelschützer oder Jäger die Arbeit etwas zu erleichtern, werden hier Straucharten und eine dazu passende Baumart für drei verschiedene Hecken-Typen zusammengestellt [in Anlehnung an BÖNECKE, 1988].

Ein wenig breiter, wenn der Altgrasstreifen wäre und abschnittsweise gemäht...

Wo Teiche noch nicht zu »Freizeitlachen« umgestaltet wurden, wuchert die Gelbe Iris und blüht die Weiße Seerose. Beide lassen sich übrigens leicht vermehren. Von der Wassereutrophierung haben die Bläßhühner profitiert.

Echtes Brachland wird immer seltener, denn selbst die Stillegungsflächen müssen minimal »bewirtschaftet« werden. Hier wachsen noch Wildpflanzen wie Kamille und Distel. Beide sind Nahrungspflanzen für Insekten und die wiederum für das Rebhuhn und manch andere Vogelart.

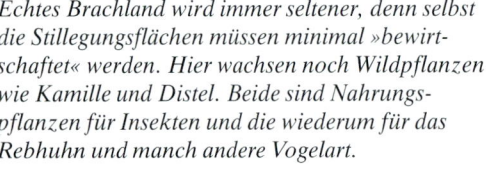

Standorte an wasserführenden Gräben:

Hauptarten: Traubenkirsche *(Prunus padus)*, Roterle *(Alnus glutinosa)*, Weißbirke *(Betula pendula)*, Blutroter Hartriegel *(Cornus sanguinea)*, Schneeball *(Viburnum opulus)*, Korbweide *(Salix viminalis)*, Purpurweide *(Salix purpurea)*.
Nebenarten: Schwarzer Holunder *(Sambucus nigra)*, Eingriffliger Weißdorn *(Crataegus monogyna)*, Zweigriffliger Weißdorn *(Crataegus oxyacantha)*, Heckenkirsche *(Lonicera xylosteum)*, Gemeiner Liguster *(Ligustrum vulgare)* und Mandelweide *(Salix triandra)*.

Standorte an periodisch wasserführenden Gräben:

Hauptarten: Traubenkirsche *(Prunus padus)*, Roterle *(Alnus glutinosa)*, Weißbirke *(Betula pendula)*, Blutroter Hartriegel *(Cornus sanguinea)*, Haselnuß *(Corylus avellana)*, Schneeball *(Viburnum opulus)*, Grauweide *(Salix cinerea)*, Purpurweide *(Salix purpurea)*, Pfaffenhütchen *(Euonymus europaea)*.
Nebenarten: Schwarzer Holunder *(Sambucus nigra)*, Eingriffliger Weißdorn *(Crataegus monogyna)*, Zweigriffliger Weißdorn *(Crataegus oxyacantha)*, Heckenkirsche *(Lonicera xylosteum)*, Gemeiner Liguster *(Ligustrum vulgare)* und Schlehe *(Prunus spinosa)*.

Mäßig frische bis trockene Standorte:

Hauptarten: Blutroter Hartriegel *(Cornus sanguinea)*, Schlehe *(Prunus spinosa)*, Eingriffliger Weißdorn *(Crataegus monogyna)*, Haselnuß *(Corylus avellana)*, Pfaffenhütchen *(Euonymus europaea)*, Purgierstrauch *(Rhamnus catharticus)*, Hundsrose *(Rosa canina)*, Kriechende Rose *(Rosa arvensis)*, Wolliger Schneeball *(Viburnum lantana)*, Heckenkirsche *(Lonicera xylosteum)* und Salweide *(Salix caprea)*.

Nadelholz gehört nicht in die Hecke. Gegen *einzelne* Fichten und Kiefern ist dann wenig einzuwenden, wenn sie durch Pflegeeingriffe niedrig gehalten werden. Wo sich zusätzlich Brombeere *(Rubus fruticosus)*, Gewöhnliche Waldrebe *(Clematis vitalba)*, Efeu *(Hedera helix)*, Hopfen *(Humulus lupulus)* oder Wald-Geißblatt *(Lonizera periclymenum)* einstellen, ist das nur nützlich.

Was beanspruchen oder akzeptieren unsere Gehölze?

Manchmal kommt es bei der Gehölzauswahl auf ganz bestimmte Eigenschaften an, wobei dann die Bodenansprüche erst das zweite Kriterium sind. Wenn es beispielsweise darum geht *Frostmulden* auszupflanzen, dann ist die Frosthärte das erste Kriterium. Nicht anders ist es bei der Bepflanzung extrem windexponierter Flächen. Daher werden die wichtigsten Gehölze der Reviergestaltung nachstehend nach Eigenschaften geordnet.

- **Große Frosthärte** weisen auf: Aspe, Birke, Elsbeere, Erlen, Graupappel, Kirsche, Vogelbeere und Winterlinde.
  Brombeere, Ginster, Korbweide, Mandelweide, und einige Wildrosenarten.

- **Große Windhärte** zeigen: Aspe, Bergahorn, Esche, Graupappel, Grauweide, Mehlbeere, Silberweide, Vogelbeere und Winterlinde.
  Hasel, Liguster, Salweide, Sanddorn und Weißdorn.

- **Rauchfestigkeit** beweisen: Ahorn, Erlen, Mehlbeere, Pappeln, Robinie, Roteiche, Vogelbeere und Vogelkirsche.
  Brombeere, Faulbaum, Hartriegel, Heckenkirsche, Holunder, Liguster, Salweide, Sanddorn, Weißdorn und Wildrosen.

- **Schattenverträglich** sind: Eßkastanie, Faulbaum, Feldahorn, Hainbuche und Winterlinde.
  Brombeere, Hasel, Hartriegel, Holunder, Kornelkirsche, Liguster, Pfaffenhütchen und Schneeball.

- **Großes Lichtbedürfnis** zeichnet diese aus: Birken, Elsbeere, Esche, Mehlbeere, Pappeln, Robinie, Walnuß und Wildobst.
  Ginster, Kreuzdorn, Sanddorn, Schlehe, Strauchweiden, Wildrosen,

- **Wenig verbissen** werden: Birken, Erlen und Traubenkirsche.
  Faulbaum, Hartriegel, Kornelkirsche, Kreuzdorn, Liguster, Purpurweide, Sanddorn und Schneeball.

- **Überschwemmung** ertragen: Erlen, Silberweide, Pappeln und Traubenkirsche; kurzfristig auch: Esche, Feldahorn, Linden und Stieleiche.

Faulbaum, Hartriegel, Hasel, Kreuzdorn, Strauchweiden und Wasserschneeball.

- **Rohböden** werden von diesen Arten besiedelt: Aspe, Birken, Erlen, Kiefern, Robinie und Vogelbeere.
  Brombeere, Faulbaum, Hartriegel, Sanddorn, Schlehe, Strauchweiden, Weißdorn und Wildrosen.
- **Starke Wurzelbrut** treiben: Aspe, Eßkastanie, Robinie, Silberpappel, Vogelbeere und Weißerle.
  Brombeere, Grünerle, Hartriegel, Kreuzdorn, Liguster, Pfaffenhütchen, Sanddorn, Schlehe und Wildrosen.

Alte Hecken verpflanzen

Ein großer Nachteil gepflanzter Hecken ist der, daß sie erst nach langer Zeit das natürliche Artenspektrum aufweisen. RINGLER [1987] stellte fest, daß selbst nach 40 Jahren höchstens 25 Prozent des Arteninventars natürlich gewachsen sind. Typische Kräuter der Wälder oder Magerrasen, die in natürlich entstandenen Hecken vorkommen, lassen in gepflanzten Hecken 15 Jahre und länger auf sich warten. In der rationalen Landwirtschaft werden immer neue, vor allem chemische Einwanderungsblockaden erstellt.

Eine Möglichkeit, voll funktionsfähige (zumindest *schneller* funktionsfähige) Hecken zu schaffen, ist die Verpflanzung. Mit Großgeräten werden Heckenteile stückweise herausgenommen und andererorts wieder in den Boden eingefügt. Dieses Verfahren kann sich im Zuge einer Flurbereinigung anbieten, wenn einzelne gewachsene Hecken ohnehin nicht erhalten werden können. Trotzdem wird inzwischen bezweifelt, ob sogenannte magere Hecken nach einer Verpflanzung in gleicher Qualität wieder entstehen, die sie vorher hatten.

RINGLER hält sie allerdings für billiger als Neuanlagen.

Auch die Umsiedlung weniger »natürlicher« Heckenelemente in gepflanzte Neuanlagen ist sicher sinnvoll, weil damit automatisch auch spezifische Heckenbewohner »verpflanzt« werden, deren Einwanderung Jahrzehnte dauern kann. Alles was aus gewachsenen Hecken stammt, also auch Totholz oder Rasen-/Krautteile kann zur frühen Belebung gepflanzter Hecken beitragen. Das Problem ist ja, daß wir – außer bei wissenschaftlichen Untersuchungen – gar nicht sehen und erfassen können, was in einer Hecke wirklich an Leben vorhanden ist, abgesehen von den »großen« Arten wie Lurche oder Vögel.

Ganz einfach: die Benjes-Hecke

Eine recht einfache, vor allem kostengünstige, aber auch Geduld erfordernde Methode Hecken anzulegen, hat HERMANN BENJES entwickelt. Er verwendet Zweig- und Astwerk von Bäumen und Sträuchern, das vor allem bei Kommunen im Winterhalbjahr in großen Mengen anfällt, zur Neubegründung. Das von Pflegeschnitten in Parks oder anderen Grünflächen stammende »Gestrüpp« stellt für Gemeinden, Straßenbauämter usw. längst ein Problem dar und wird heute meist mit einem Buschhacker zu Hächsel verarbeitet. Auch Gartenbesitzer und Obstbauern wissen nicht wohin mit derartigen Abfällen; meist muß Astwerk gebührenpflichtig auf eine Deponie gebracht werden.

Das Prinzip ist denkbar einfach. Auf der für die Hecke vorgesehenen Fläche wird etwa 1 m hoch Astwerk abgelagert; die Fläche soll nicht viel schmäler als 4 m sein. Die Anfuhr erfolgt in der Regel kostenlos und es steht meist mehr Material als Platz zur Verfügung. Zeitlich ist man völlig unabhängig; eine Benjes-Hecke kann (so man Astwerk hat) zu jeder Jahreszeit angelegt werden. In der Regel wird die Anlage jedoch im Winter erfolgen.

Erste Gäste finden sich schon unmittelbar nach Aufschichtung des Materials ein. Hasen, Kaninchen und Rehe nehmen Knospen und Rinden einer ganzen Reihe von Sträuchern und Bäumen als Winteräsung an. Bereits im ersten Sommer entwickelt sich zwischen den Ästen eine dichte Vegetation aus Kräutern und Gräsern, die von zahlreichen Insekten angenommen wird und Bodenbrütern Nistmöglichkeit und Junghasen Schutz bietet. Das hochaufgeschichtete, sparrige Astwerk verhindert ein Betreten der Fläche durch Menschen. Vögel tragen mit ihrem Kot Samen fast aller in der weiteren Umgebung vorkommenden, standortgerechten Strauch- und Baumarten ein. Gegenüber einer künstlichen Ansaat hat das den unschätzbaren Vorteil, daß der Vogelmagen die bei vielen Sämereien vorhandenen Keimhemmungen beseitigt. Wirft man beispielsweise Brombeerkerne so auf den Boden, kann es Jahre dauern, ehe sie – wenn überhaupt – keimen. BENJES schreibt dazu: »*Die Vögel scheißen sich ihre Hecke zusammen*«.

Im zweiten Jahr wandern bereits Stauden ein, und gelegentlich keimen schon die ersten Strauchsamen. Bis jedoch von einer »Hecke« im eigentlichen Sinne gesprochen werden kann, vergehen wohl zehn Jahre. Ihren Wert als nützliches Element weitgehend ausgeräumter Feldfluren büßt die Benjes-Hecke dadurch nicht ein.

Schneller geht es mit etwas Nachhilfe, indem auf den Flächen zunächst »ganz normal« gepflanzt wird. Das Astwerk übernimmt dann die Funktion des Zaunes und bietet (siehe oben) sofortige Deckung für Bodenbrüter und Niederwild. Dabei werden zwar die verbeißenden Rehe zumindest teilweise von den gepflanzten Sträuchern abgehalten, Hase, Igel, Rebhuhn und Fasan haben aber – anders als bei gezäunten Hecken – freien Zutritt und Deckung.

Bei dieser Methode darf man getrost in größeren als den sonst üblichen Abständen pflanzen. Dafür sollten nur Starklohden, besser noch Heister verwendet werden. Die sind zwar relativ teuer, dafür aber auch bereits dem Rehäser und der Kraut- und Staudenflora entwachsen. Unterm Strich rentiert sich die Verwendung von starken Pflanzen; es werden weniger benötigt und die Ausfälle inklusive notwendiger Nachbesserungen sind geringer.

Eine andere Methode der Natur nachzuhelfen ist die Saat. Sämereien aller heimischen Strauch- und Baumarten sind über Forstbaumschulen zu beziehen. Früher haben viele Förster, aber auch Vogelschützer und zuweilen Jäger die Früchte und Beeren der im Gemarkungsbereich wachsenden Sträucher und Bäume gesammelt und in einen Bottich geschüttet. Weißdornfrüchte, Hagebutten, Holunderbeeren und viele anderen gärten darin, das Fruchtfleisch mazerierte und die bei vielen Arten vorhandenen Keimhemmungen wurden überwunden. Im Spätwinter oder Frühjahr wurde die »Jauche« samt freiliegender Samen einfach mit der Gießkanne ausgebracht. So entstanden Hecken und so können sie auch heute noch entstehen. Man gewinnt so ein absolut dem Standort angepaßtes Saatgut!

Keimhemmungen lassen sich auch dadurch überwinden, daß das Saatgut einen Winter lang ausfrieren kann oder daß man es kurz überbrüht oder es einige Tage in Jauche quellen läßt.

Der Jagdpächter FRANZ BETZ im fränkischen Bad Windsbach geht noch einen Schritt weiter. Er reißt zunächst mit einem Grubber den Boden

So einfach entsteht eine Benjeshecke: Der Boden wurde leicht aufgegrubbert, etwas stratifiziertes Saatgut von Heckenrose, Pfaffenhütchen, Hainbuche und anderem »Unrat Gottes« ausgestreut und mit einer dicken Schicht Astwerk abgedeckt.

auf, dann wird gesät und zuletzt das Astwerk aufgeschichtet. Nicht verschwiegen soll werden, daß nicht wenige Menschen, inclusive Kommunalpolitiker und Beamte, als Folge eines pathogenen Ordnungs- und Sauberkeitssyndroms, eine solche Hecke schlicht als »Saustall« betrachten.

In Teilen Österreichs waren und sind noch diese Haselhecken als Zäune gebräuchlich. Die Äste werden einfach geknickt und um eingeschlagene Pfähle geflochten.

Alte Tradition: Geflochtene Hecken

WEINZIERL [1968] erinnerte in seinem hervorragenden Buch »Reviergestaltung« an die Gitterhecke, welche gerade entlang von Wegen, aber auch sonst in idealer Weise Pflanzungen oder Gräben gegen unbefugtes Betreten schützen könnte. Richtig angelegt und gepflegt, sind Gitterhecken so dicht wie Lattenzäune – und keiner sieht ihnen ihre Zaunfunktion an! Geeignet sind Ebereschen, Ahorn, Linden, Weiden und Rotbuchen. Gepflanzt werden Lohden im Abstand von etwa 15 cm, sprich 7 Pflanzen auf den laufenden Meter. Sobald diese gut angewachsen sind, werden sie »vergittert«. Das heißt, die einzelnen Lohden werden übers Kreuz gebogen, so daß lauter Rhomboide entstehen. An den Kreuzungspunkten werden die Ruten mit Spezialnägeln verbunden, wodurch die Ruten teilweise schon in wenigen Wochen miteinander verwachsen.

ZDRAZIL beschreibt in GARTEN UND LANDSCHAFT [Heft 9/91] eine vor allem in Niederösterreich beheimatete Heckentradition: geflochtene Haselhecken. Ursprünglich wollte man damit nur lebende Zäune an Grundstücksgrenzen (etwa Viehzäune) ziehen. Es lassen sich mit ihnen aber auch – ohne Materialkosten – regelrechte Schutz- und Brutburgen bilden. Ideal an Rainen oder Waldrändern, aber auch innerhalb von Gehölzen. Alte Haselsträucher werden etwas ausgelichtet, die dicken Auswüchse leicht eingesägt und geknickt, die dünneren einfach gebogen. Dicke Austriebe werden unten (am dikken Ende) angespitzt und im Abstand von 50 bis 60 cm in den Boden gerammt; die gebogenen und geknickten Äste werden um sie verflochten. Hasel sind außerordentlich verbißresistent und ausschlagefreudig. Im ersten Jahr schon entsteht aus einem alten Haselboschen ein Stück Hecke, oder – wenn man die Austriebe kreisförmig knickt – eine regelrechte Burg aus Astgeflecht.

Beides, die Gitterhecke und die geflochtene Haselhecke müssen selbstverständlich laufend gepflegt, das heißt geschnitten werden, um bis unten hin dicht zu bleiben.

Platz findet sich überall

Die Flurbereinigung hat wenig Probleme, Heckenstandorte auszuscheiden. Vogelschutz und Jäger tun sich da sicher schwerer. Daß begleitende Wege den ökologischen Wert einer Hecke entscheidend verringern, wurde schon gesagt, ebenso daß begleitende Gräben oder Altgrasstreifen ihn erhöhen. Bürgermeister GÜNTER KNOBLAUCH in Mühldorf (Oberbayern) hatte als

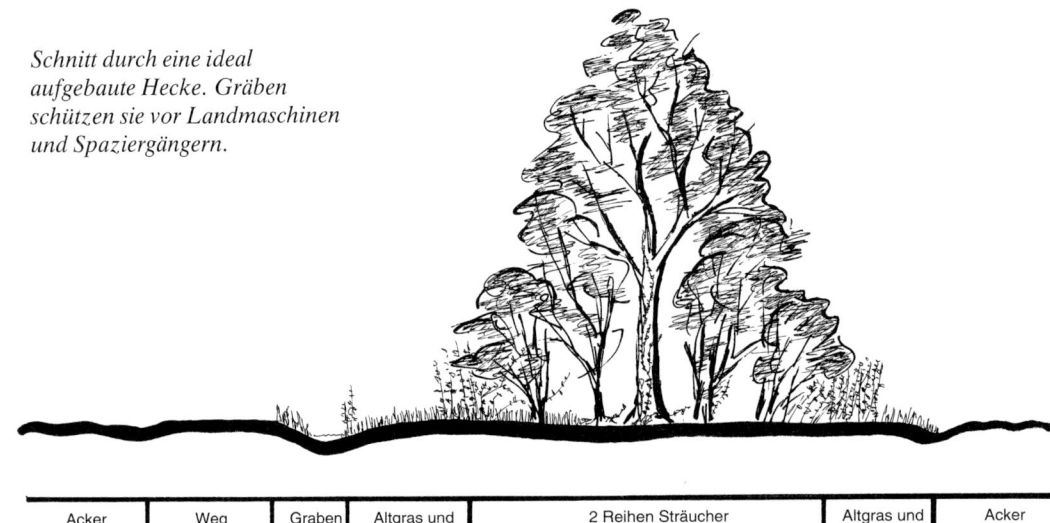

Schnitt durch eine ideal aufgebaute Hecke. Gräben schützen sie vor Landmaschinen und Spaziergängern.

| Acker | Weg | Graben | Altgras und Stauden | 2 Reihen Sträucher Kleinbäume 2 Reihen Sträucher | Altgras und Stauden | Acker |

ehemaliger Sachbearbeiter des Landratsamtes ein Programm ins Leben gerufen, bei dem viele Hektar Böschungen, Raine und andere unwirtschaftliche Flächen zu Hecken und Feldgehölzen wurden. Dabei hat der Landkreis Altötting beste Böden, die intensivst landwirtschaftlich genutzt werden. Das *Altöttinger Modell* fand seither viele Nachahmer inner- und außerhalb Bayerns.

Es gibt ja auch nur wenige ungeeignete Standorte. Nachteilig – aber nicht völlig ungeeignet – sind eigentlich nur ausgesprochene Frostmulden.

Denkbar ist die langfristige Anpachtung extensiver Standorte durch Naturschutzorganisationen oder Jagdpächter. Vor allem die Jagdgenossenschaften – der Zusammenschluß der Grundeigentümer – sollten sich die Übernahme von Flächen, die für das Niederwild (Hase, Rebhuhn, Fasan, Schnepfe usw.) überlebensnotwendig sind, als Bestandteil des Jagdpachtvertrages überlegen. Pacht und Pflegeverpflichtung könnten so dem Jagdpächter übertragen werden.

Um junge Gehölzpflanzen von erstickendem Gras freizuhalten, werden heute vielfach verrottbare Mulchkartons aus Recyclingmaterial verwendet. Die etwa 1,5 mm dicken Platten verhindern für drei Jahre das Wachstum von Gräsern und Kräutern im Wurzelbereich der Gehölze. Die Kosten sind geringer als der Lohnaufwand für mehrmaliges Freimähen.

Pflanzung und Schutz

Im Flach- und Hügelland ist die Herbstpflanzung fast gebräuchlicher wie die im Frühjahr. Im Mittelgebirge hingegen ist sie eine zu unsichere Sache. Ehe die Gehölze ausreichend verholzt sind, gefriert der Boden. Es bleibt dann nur die Frühjahrspflanzung.

Üblicherweise wird im *Verband* gepflanzt, das heißt, die Reihen werden auf Lücke verschoben. Man darf aber hier nicht zu starr denken; etwas »Mut zur Unordnung« bringt natürliche Linien in die Landschaft. Grundsätzlich soll in Gruppen von mindestens 3 bis maximal 15 Sträuchern derselben Art gepflanzt werden. Da die Pflege in den ersten 2 bis 3 Jahren meist nicht zu üppig ist, darf der Pflanzabstand nicht zu groß sein: Sträucher $1,0 \times 1,0$ m und Bäume etwa $2,0 \times 2,0$ m. Letztere spielen in der Hecke aber eher einen Solopart.

In rehreichen Gegenden – also in Mitteleuropa! – besteht immer die Gefahr, daß Neupflanzungen innerhalb weniger Tage zusammengefegt und im ersten Jahr auch zu Tode gebissen werden. Auch Feldhase und Kaninchen verhindern das Aufwachsen, indem sie verbeißen und die Rinde bestimmter Arten abschälen. Andererseits müssen die jungen Sträucher möglichst schnell aus Gras und Stauden herauswachsen. Bei größeren Neupflanzungen ist daher immer ein Zaun empfehlenswert.

Wo der Druck durch das Wild geringer und die Anlage nicht zu groß ist, genügt es, die wenigen besonders gefährdeten Arten mit Fege- und Nageschutzspiralen aus Kunststoff zu schützen (Abb. Seite 245). Auch das Einbringen von sperrigem Astwerk zwischen die neu gepflanzten Sträucher und Bäume verspricht einen gewissen Schutz, verhindert aber das Ausmähen.

Allerdings läßt sich in schmalen Zäunen nur schwer mähen. Hier wäre zu überlegen, ob mit Rindenmulch eine allzu grobe Vergrasung in den ersten beiden Jahren verhindert und das Ausmähen überflüssig werden kann.

Zum Problem werden gelegentlich Mäuse. Wühlmäuse schälen oder fressen die Wurzeln, Rötelmäuse schälen die Zweige. Die Forstwirtschaft reguliert in ihren Laubholzkulturen mit Giftködern, eine Maßnahme, auf die der Naturschützer oder Jäger eigentlich verzichten sollte. Wo der Fuchs nicht durch einen Drahtzaun am Mausen gehindert wird und der Bussard Gelegenheit zum Aufblocken findet, stellt sich das

Problem selten. Sehr nützlich ist in dieser Hinsicht die Anfuhr von Lesesteinhaufen, die Mauswiesel und Hermelin als Unterschlupf dienen. Die Jäger sollten es unterlassen, in Neuanlagen ihre Wieselfallen zu stellen. Das müßte ihnen als Tierschützer ohnehin leicht fallen, zumal die *Wippbrettfallen* durch den Gesetzgeber eindeutig verboten wurden, da sie weder sofort töten noch sicher unversehrt lebend fangen; die bedauernswerten Wiesel rasen sich meist in ihnen zu Tode und verenden an einem Adrenalinschock.

Die Baumheister können auch durch einen Anstrich mit *Fegol* gegen Fegen geschützt werden. Das von der »Forst-Chemie Ettenheim« hergestellte und vertriebene Mittel bleibt bis zu zwei Jahren wirksam, ist aber nicht ganz billig.

Feldgehölze – letzter Trost im Feld

Handelt es sich bei Hecken um linienförmige, meist schmale und niedrige Landschaftselemente, in denen Bäume entweder fehlen oder doch in der Minderheit sind, so stellen Feldgehölze die Übergangsstufe zum Wald dar. Sie sind nicht an gewisse Formen gebunden, sollten aber an keiner Stelle schmäler als zehn Meter sein. Feldgehölze bestehen häufig vorwiegend aus Bäumen, während Sträucher nur den Trauf und Unterwuchs bilden. Es gibt aber durchaus auch Feldgehölze ohne oder mit nur geringem Baumanteil. Dabei ist es nicht immer leicht, beide Landschaftselemente gegeneinander abzugrenzen, und häufig vermischen sie sich oder gehen ineinander über. Feldgehölze können sowohl Ausläufer des Waldes sein, als auch expandierte Hecken. Je nach Artenzusammensetzung verwachsen sie sich zum *Heckentyp* oder zum *Haintyp*.

GRAULICH spricht von *Feldholzinseln* und definiert sie so:

»Feldholzinseln sind kleine Gehölze in der freien Landschaft aus Kräutern, Sträuchern und Bäumen, die durch Saat, Pflanzung oder natürliche Ansamung entstanden und dem Standort und der Landschaft angepaßt sind.

In der Agrarlandschaft kommen sie den Funktionen von Windschutzgehölzen nahe. In ihrem Aufbau, ihrer Form und Funktion unterscheiden sie sich jedoch wesentlich von herkömmlichen Schutzpflanzungen.«

Durch ihre Form – vor allem ihre Tiefe – können in Feldgehölzen noch mehr sich unterscheidende Kleinlebensräume (Nischen) entstehen als in Hecken. Die Integration von Tümpeln, Gräben, aufgelassenen Sand-/Kiesgruben oder Steinhaufen oder der Übergang in Streuobstzeilen usw. erhöhen ihren Wert ungemein. Magere, besonnte Krautstreifen werden von zahlreichen Insekten und Gliederfüßlern bewohnt; angefahrene Wurzelstöcke oder faulendes Ast- und Stammholz nehmen Eidechsen, Mäuse und Igel auf. Je vielseitiger und »verwahrloster« um so wertvoller!

Ihren größten Wert erreichen Feldgehölze als randlinienreiche »Kleinstwälder« inmitten ausgeräumter Agrarlandschaften. Allerdings hängt dieser Wert stark vom Vorhandensein sogenannter *Leitlinien* ab. Das können Hecken, von schmalen Ödlandstreifen begleitete Gräben, ja selbst als *Trittsteine* dienende einzelne Sträucher und Bäume sein, welche die Verbindung zwischen Feldgehölz und Wald oder zwischen Feldgehölzen darstellen.

Der Aufbau eines Feldgehölzes

Je mehr Elemente in Feldgehölzen enthalten sind, je randlinienreicher sie sind, um so höher ihr Wert. Grundsätzlich sollten sie sich in drei möglichst verzahnte Bereiche gliedern: nämlich in *Saum-*, *Mantel-* und *Kernzonen*.

Saumzonen sollten mindestens (!) 2 m breit sein; das ist schon wenig, da die Sträucher mit fortschreitendem Wachstum bald überhängen. Im Grunde überlassen wir diesen Außenbereich weitgehend sich selbst. Es gibt auch keine wertlosen Pflanzenarten, zumindest keine heimischen. Es gibt auch keine *konstanten* Pflanzengesellschaften, die in ihrer Zusammensetzung und Ausdehnung immer gleichbleiben. Anfangs dominierende Arten, wie etwa die Brennessel, haben wichtige Funktionen, sind meist Weiserpflanzen für bestimmte Standortfaktoren und gehen ganz von alleine zurück, wenn sich letztere ändern.

Noch breiter muß die Mantelzone aus Sträuchern und einzelnen Kleinbäumen sein, notfalls sogar unter Verzicht auf eine eigentliche Kernzone. Besonders bei der Planung der Mantelzone muß auf die Standortansprüche der verwendeten Straucharten Rücksicht genommen werden. Bei größeren Flächen ist es vorteilhaft, die Kernzone zu zerreißen, also mehrere kleine Kernzonen zu schaffen und diese jeweils voll zu

Ein Feldgehölz, umgeben von »Ödland«, aus dem noch etwas werden könnte: Entweder die Ränder noch stufig vorbauen oder die hohen Pappeln im Kern herausnehmen; die trockenen Partien alle zwei Jahre mähen, um die Sukzession zu verhindern und feuchte Mulden etwas vertiefen und vergrößern.

ummanteln. In einem solchen Fall sollte man auch die Saumzone zumindest buchtig in den Mantel hineinziehen.

Die Mantelzone nimmt die größeren Bäume auf, kann aber durchaus einen hohen Strauchanteil aufweisen.

Wo es die Größe der Fläche zuläßt, empfiehlt sich die Schaffung regelrechter »Innenräume«. Das können Tümpel oder staunasse Bereiche sein oder einfach offene Flächen, in denen auch Kleinbiotope wie Lesestein- und Totholzhaufen ihren Platz finden.

Wo können Feldgehölze entstehen und wo nicht?

Ihr Platzbedarf ist relativ groß, doch sind sie nicht an eine bestimmte Form gebunden, sodaß im Prinzip – fast – alle »unrentablen« Flächen der freien Landschaft in Frage kommen: Böschungen, steile oder für den Pflug zu steinige Hanggrundstücke, alle von ihrer Form her für eine maschinelle Bewirtschaftung ungünstige oder zu feuchten/nassen Parzellen, aber auch geschlossene Müllplätze und Erddeponien. Feldgehölze können im Bereich von Überlandleitungen entstehen oder als Umgrünung von im Feld gelegenen Pumpstationen und ähnlichen Baulichkeiten.

Viele Feldgehölze entstehen durch die Begrünung von Verkehrswegen und -anbindungen, also etwa im Bereich von Autobahnauffahrten usw. Diese erwecken zwar optisch den Eindruck von Landschaft und mögen auch gewisse Funktionen erfüllen, als Lebensräume für existentiell bedrohte Tierarten sind sie eher fragwürdig. Nirgends ist die Belastung mit Schwermetallen höher als im Straßenrandbereich und nirgends werden mehr Tiere – von der Kröte bis zum Hasen – überfahren als im »Grünbereich« gut ausgebauter Straßen.

Es gibt allerdings auch Beobachtungen, wo Rebhühner gerade die Gehölze und Altgrasstreifen an Autobahnböschungen und Umgehungsstraßen besonders gerne als Tagesaufenthalt annehmen.

Auf alle Fälle sollten wir darauf achten, daß Feldgehölze (das gilt auch für Hecken) nicht

| Saumzone mit bewegten Randlinien (buchtig), dadurch wechselnde Kleinklimate. | Mantelzone mit Sträuchern und einzelnen Kleinbäumen. | Mantelzone mit Bäumen, stehendem Totholz und Unterwuchs, bei größeren Gehölzen auch kleinen besonnten Freiräumen. Anwachsendes Starkholz nicht fällen, sondern absterben lassen. | Mantelzone mit Sträuchern und Sonderbiotopen wie Lesesteinhaufen, Reisighaufen etc. | Saumzone aus Stauden und Altgrasstreifen, möglichst nährstoffarm, auch kleine vegetationslose Stellen. |

Für zahlreiche Tierarten (etwa Laufkäferarten stellen Asphaltdecken unüberwindbare Barrieren dar; andere Arten, dazu gehörigen einige Mäuse, scheuen zumindest davor zurück. Daneben gibt es Arten wie der Igel oder einige Amphibien, denen Verkehrswege zur tödlichen Bedrohung werden. Auf alle Fälle ist es sinnvoll, dort, wo sich eine Umrundung nachträglich nicht vermeiden läßt, weitgehend trockene Gräben und Durchlässe einzuplanen. Die Gräben müssen von der Gehölzseite her eher flach, wegseitig aber steil sein. Zumindest ein Teil der gefährdeten Arten nimmt Durchlässe ganz gerne an.

durch eine *Asphaltumrundung* isoliert werden. Es gibt zahlreiche Tierarten (etwa Laufkäferarten), für die Asphalt eine unüberwindbare Barriere darstellen; für andere, etwa den Igel, werden Verkehrswege zu einer tödlichen Bedrohung.

Nicht in Feldgehölze umgewandelt werden sollten alle natürlichen Flächen die selbst schon einen hohen ökologischen Wert besitzen. Hierzu gehören Trocken- und Halbtrockenrasen, Heideflächen, Streuobst- und Feuchtwiesen. Auch landschaftsprägende Einzelbäume oder kleine Baumgruppen sollten nicht geopfert werden. Es macht ja keinen Sinn und ist auch nicht vertretbar, ein gewachsenes Landschaftselement für die Neuanlage eines anderen zu zerstören.

Welche Strauch- und Baumgesellschaften für welchen Standort?

Der LANDESJAGDVERBAND HESSEN hat einen sehr informativen Leitfaden über Bedeutung und Anlage von Feldholzinseln herausgegeben, in dem die in Frage kommenden Gehölzarten nach Standorten geordnet sind. Zwar kann eine Feldholzinsel durchaus zwei oder mehr Standortmerkmale aufweisen, insgesamt gesehen ist diese Aufstellung aber so übersichtlich und praxisgerecht, daß sie gerade für den Laien sehr hilfreich ist. Sie orientiert sich weitgehend an Gehölzgesellschaften, wie sie auf den jeweiligen Standorten natürlich vorkommen. Etwa beim Weißdorn oder Brombeeren wird teilweise auf eine enge Definition verzichtet, und statt dessen aufgefordert, solche Spezies zu wählen, die in der näheren Umgebung natürlich vorkommen.

Tabelle 11: Welche Strauch- und Baumarten für welchen Standort [Aus »Feldholzinseln«, R. GRAULICH]
S = Saumzone, M = Mantelzone, K = Kernzone

1. **Ufer und Auen der großen Flüsse sowie an Altarmen und nassen Senken in den Flußtälern:**

   K Weiß-Weide *(Salix alba)*
   K Fahl-Weide *(Salix rubens)*
   M Blend-Weide *(Salix rubra)*
   M Fuchsschwanz-Weide *(Salix alopecuroides)*
   M Korb-Weide *(Salix viminalis)*
   M Mandel-Weide *(Salix triandra)*
   M Busch-Weide *(Salix hyppophaeifoli)*
   M Purpur-Weide *(Salix purpurea)*

2. **Flachmoor-Böden in den Tälern der Flüsse und Bäche, und sehr nasse Standorte**

   K Schwarz-Erle *(Alnus glutinosa)*
   K Rote Johannisbeere *(Ribes rubrum var. sylvestre)*
   K Schwarze Johannisbeere *(Ribes nigrum)*
   M Grau-Weide *(Salix cinerea)*
   M Ohr-Weide *(Salix aurita)*
   M Faulbaum *(Frangula alnus)*

3. **Nasse, anmoorige Standorte, die auch sehr nährstoffreich sein können**

   K Schwarz-Erle *(Alnus glutinosa)*
   K Esche *(Fraxinus excelsior)*
   K Trauben-Kirsche *(Prunus padus)*
   K Flatter-Ulme *(Ulmus laevis)*
   K Feld-Ulme *(Ulmus minor)*
   K + M Pfaffenhütchen *(Euonymus europaeus)*
   (K) + M Wildrosenarten lokaler Herkunft *(Rosa spec.)*
   M + K Weißdornarten lokaler Herkunft *(Crataegus spec.)*
   M Roter Hartriegel *(Cornus sanguinea)*
   M Grau-Weide *(Salix cinerea)*
   M Ohr-Weide *(Salic aurita)*
   M Gemeiner Schneeball *(Viburnum opulus)*

4. **Tiefgründige, gute Ackerböden, hierzu gehören auch ordnungsgemäß mit Mutterboden abgedeckte Mülldeponien in Tallagen:**

   K Hainbuche *(Carpinus betulus)*
   K Berg-Ahorn *(Acer pseudoplatanus)*
   K Feld-Ahorn *(Acer campestre)*
   K Esche *(Fraxinus excelsior)*
   K Traubeneiche *(Quercus petraea)*
   K Stiel-Eiche *(Quercus robur)*
   M + K Weißdornarten lokaler Herkunft *(Crataegus spec.)*
   M + K Pfaffenhütchen *(Euonymus europaeus)*
   M + K Heckenkirsche *(Lonicera xylosteum)*
   M Haselnuß *(Corylus avellana)*
   M Liguster *(Ligustrum vulgare)*
   M Schlehe *(Prunus spinosa)*
   M Roter-Hartriegel *(Cornus sanguinea)*
   M Wildbirne *(Pyrus pyraster)*
   M Wildrosenarten lokaler Herkunft *(Rosa spec.)*
   S Brombeerarten lokaler Herkunft *(Rubus spec.)*

5. **Flachründigere Ackerböden, hauptsächlich in den Hanglagen der unteren Mittelgebirge:**

   a. Wärmere Standorte:

   K Hainbuche *(Carpinus betulus)*
   K Feldahorn *(Acer campestre)*
   K Trauben-Eiche *(Quercus petraea)*
   K Mehlbeere *(Sorbus aria)*
   K Elsbeere *(Sorbus torminalis)*
   K Vogelkirsche *(Prunus avium)*
   M + K Weißdornarten lokaler Herkunft *(Crataegus spec.)*
   M + K Pfaffenhütchen *(Euonymus europaeus)*
   M + K Heckenkirsche *(Lonicera xylosteum)*
   M Roter Hartriegel *(Cornus sanguinea)*
   M Liguster *(Ligustrum vulgare)*
   M Schlehe *(Prunus spinosa)*
   M Wildbirne *(Pyrus pyraster)*
   M Kreuzdorn *(Rhamnus cathartica)*
   M Wein-Rose *(Rosa eglantaria)*
   M Wildrosenarten lokaler Herkunft *(Rosa spec.)*
   S Berberitze *(Berberis vulgaris)*
   S Brombeerarten lokaler Herkunft *(Rubus spec.)*

   b. Kühlere Standorte:

   K Hainbuche *(Carpinus betulus)*
   K Berg-Ahorn *(Acer pseudoplatanus)*
   K Esche *(Fraxinus excelsior)*
   K Stiel-Eiche *(Quercus robur)*
   M + K Weißdornarten lokaler Herkunft *(Crataegus spec.)*
   M + K Pfaffenhütchen *(Euonymus europaeus)*
   M + K Heckenkirsche *(Lonicera xylosteum)*
   M Haselnuß *(Corylus avellana)*
   M Sal-Weide *(Salix caprea)*
   M Faulbaum *(Frangula alnus)*
   M Schlehe *(Prunus spinosa)*
   M Wildrosenarten lokaler Herkunft *(Rosa spec.)*
   S Brombeerarten lokaler Herkunft *(Rubus spec.)*

   c. Zusätzliche Arten für ausgesprochen kalkhaltige Böden:

   M Wolliger Schneeball *(Viburnum lantana)*
   M Acker-Rose *(Rosa agrestis)*
   M Keilblättrige Rose *(Rosa elliptica)*
   S Graue Brombeere *(Rubus canescens)*
   S Berg-Brombeere *(Rubus montanus)*

6. **Standorte auf Verebnungsflächen höherer Mittelgebirgslagen:**

    K   Vogelbeere *(Sorbus aucuparia)*
    K   Berg-Ahorn *(Acer platanoides)*
    K   Berg-Ulme *(Ulmus scaber)*
    K   Esche *(Fraxinus excelsior)*
    M   Haselnuß *(Corylus avellana)*
    M   Großfrüchtiger Weißdorn *(Crataegus macrocarpa)*
    M   Hirsch-Holunder *(Sambucus racemosa)*
    M   Berg-Rose *(Rosa subcollina)*
    M   Vogesen-Rose *(Rosa vosagiaca)*
    M   Sal-Weide *(Salix caprea)*
    M   Zitter-Pappel *(Populus tremula)*
    S   Brombeerarten lokaler Herkunft, z. B. *Rubus bellardii*

7. **Feuchte bis nasse, arme Sandböden, hauptsächlich in höheren Mittelgebirgslagen auf Buntsandstein:**

    K   Hänge-Birke *(Betulus pendula)*
    K   Moor-Birke *(Betula pubescens)*
    K   Stiel-Eiche *(Quercus robur)*
    M + K   Vogelbeere *(Sorbus aucuparia)*
    M   Faulbaum *(Frangula alnus)*
    M   Ohr-Weide *(Salix aurita)*
    S   Brombeerarten lokaler Herkunft, z. B. *Rubus plicatus*

8. **Trockene bis feuchte, ziemlich nährstoffarme, anlehmig-sandige, zum Teil kies- und steinhaltige Böden in niedrigen Lagen:**

    K   Hänge-Birke *(Betulus pendula)*
    K   Stiel-Eiche *(Qurcus robur)*
    K   Trauben-Eiche *(Quercus petraea)*
    M + K   Zitter-Pappel *(Populus tremula)*
    M + K   Vogelbeere *(Sorbus aucuparia)*
    M + K   Sal-Weide *(Salix caprea)*
    M   Faulbaum *(Frangula alnus)*
    S   Brombeerarten lokaler Herkunft *(Rubus spec.)*

9. **Trockene bis feuchte, wenig nährstoffhaltige, sandig-anlehmige Böden in mittleren Gebirgslagen auf Buntsandstein, Tonschiefer oder Grauwacke:**

    K   Hänge-Birke *(Betula pendula)*
    K   Hainbuche *(Carpinus betulus)*
    K   Stiel-Eiche *(Quercus robur)*
    K   Trauben-Eiche *(Quercus petraea)*
    K   Geißblatt *(Lonicera periclymenum)*
    M + K   Zitter-Pappel *(Populus tremula)*
    M + K   Sal-Weide *(Salix caprea)*
    M   Haselnuß *(Corylus avellana)*
    M   Weißdornarten lokaler Herkunft *(Crategus spec.)*
    M   Schlehe *(Prunus spinosa)*
    S   Besenginster *(Sarothamnus scoparius)*
    S   Brombeerarten lokaler Herkunft *(Rubus spec.)*

10. **Trockene bis frische, mäßig nährstoffhaltige, sandig-lehmige Böden, bessere Standorte in mittleren Gebirgslagen:**

    K   Hainbuche *(Carpinus betulus)*
    K   Eßkastanie *(Castanea sativa)*
    K   Stiel-Eiche *(Quercus robur)*
    K   Trauben-Eiche *(Quercus petraea)*
    K   Geißblatt *(Lonicera periclymenum)*
    M   Haselnuß *(Corylus avellana)*
    M   Weißdornarten lokaler Herkunft *(Rubus spec.)*
    M   Schlehe *(Prunus spinosa)*
    M   Wildrosenarten lokaler Herkunft *(Rosa spec.)*
    S   Besenginster *(Sarothamnus scoparius)*
    S   Brombeerarten lokaler Herkunft *(Rubus spec.)*

Viele Arten sind auf Feldgehölze angewiesen

Jäger reden zuweilen von einer *Niederwildremise*, wenn sie ein Feldgehölz meinen und Vogelschützer nennen es *Vogelschutzgehölz*. Den Kern trifft keiner, weil es eben auch keine isolierten *Arten*gemeinschaften sondern nur komplexe *Lebens*gemeinschaften gibt. So kann es keine Rebhühner geben ohne reiches Insektenleben und kein Insektenleben ohne zahlreiche »Unkräuter«, den Schlehbusch nicht ohne den Vogelmagen und viele Sträucher nicht ohne Turmfalke, Kauz und Wiesel, die Erd- und Rötelmäuse vertilgen. Wie bei der Hecke sind es weit über tausend verschiedene Tierarten, die in Abhängigkeit voneinander leben und gemeinsam Lebenskreisläufe in Gang halten.

Zwar werden Feldgehölze überwiegend von *Opportunisten* bewohnt, es gibt aber auch eine ganze Reihe von Arten, die relativ eng auf derartige Biotope spezialisiert sind. Wendehals und Grünspecht finden heute zwar durchaus noch Brutraum, leiden aber als spezialisierte Ameisenfresser unter bedrohlichem Nahrungsmangel [BLAB 1990]. Hier dreht es sich nämlich wieder um ganz bestimmte (Ameisen-)Arten, die nur auf magerem Grünland oder in ungedüngten Staudenfluren hohe Nesterdichten entwickeln – zum Beispiel im Bereich von Feldgehölzen. Auch der Neuntöter braucht die Kombination von Hecke *und* Magerrasen. Zahlreiche Insektenarten, die ja erst am Anfang von Nahrungsketten stehen, sind auf Feldgehölze angewiesen, wie etwa die Sichelschrecke oder die Laubholz-Säbelschrecke. Es geht hier ja nicht nur um Nahrung und Deckung für die verschiedenen

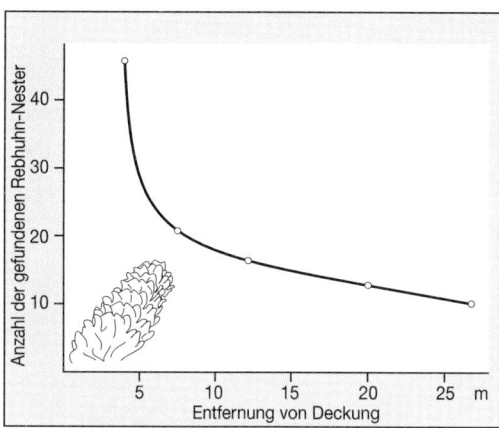

Die Bedeutung von Deckung für die Anlage von Rebhuhn-Nestern.

Arten. Derartige Gehölze (natürlich auch Hekken) sind absolut multifunktional.
Es gibt Arten, die hier die notwendigen Ansitzwarten für ihre Beuteflüge finden, wie dies für Mäusebussard (Wipfelbereich) und Neuntöter (exponierte Zweige/Äste) zutrifft. Andere Vogelarten stellen bestimmte Ansprüche an ihre *Singwarten*. Während die Amsel zu den *Wipfelsängern* zählt, die mit dem Heckenrosenbusch nichts anfangen kann, singt die Goldammer genau auf diesem. Insekten finden hier Rendezvousplätze, ohne die es keine Findung und Paarung gibt.
Feldholzinseln sind Fluchtburgen zahlreicher Tierarten – vom Laufkäfer bis zum Reh – vor der Landwirtschaft. In sie wird geflüchtet, wenn das Klima in den landwirtschaftlichen Kulturen der jeweiligen Art nicht zusagt, wenn gespritzt, gedüngt oder geerntet wird und natürlich auch nach der Ernte, wenn auf vielen Hektar außenherum kein Halm mehr steht.
Feldholzinseln sind auch Relaisstationen und Leitstrukturen, ohne die sich viele Käfer, Schnecken, Spinnen, Kleinsäuger und Vögel nicht mehr ausbreiten können oder Restpopulationen verinseln und letztlich aussterben würden.
Ohne sie haben zahlreiche Tierarten der Agrarlandschaft keine Chancen mehr, über den Winter zu kommen. Das gilt für »große« Arten wie Igel und Spitzmäuse, aber noch viel mehr für kleine Arten wie Laufkäfer oder Wanzen.
Feldgehölze stellen Nahrungsbiotope dar, an die manche Arten nur *überwiegend*, einige auch *völlig* gebunden sind. Hier sei an all' jene Arten erinnert, die auf Blüten angewiesen sind wie Schmetterlinge, Schlupfwespen oder Schwebfliegen, oder solche, die Blattläuse nutzen, wie verschiedene Wespenarten und Ameisen. Hier wachsen Samen und Beeren, von denen eine ganze Reihe Vögel lebt. Und solche Gehölze sind schließlich unentbehrliche Raststationen für durchziehende Vogelarten.
Vergessen dürfen wir nicht die Bedeutung von Feldgehölzen als Brutstätten – von der Hummel bis zur Fasanenhenne. Auch unter diesem Aspekt zeigt sich wieder die Wichtigkeit unterschiedlicher Strukturen (siehe Grafik Seite 74).

Pflegeeingriffe erhalten die Vielfalt

Wenn man Feldgehölze oder auch Hecken sich selbst überläßt, wird sich die Zahl vorhandener Pflanzenarten im Verlauf der Sukzession ständig reduzieren. Nach einer bestimmten Zeit dominieren einige wenige Arten. Das gilt auch für die Zahl der Tierarten.
Im Grundsatz gilt: oben Licht und unten dicht!
Zunächst muß die Saumzone für krautartige Pflanzen und Stauden (inklusive Brommbeere auf Teilflächen) vorbehalten bleiben. Das erfordert die regelmäßige Beseitigung angeflogener Sträucher und Bäume. Für die Kernzone wird in der Literatur immer wieder das Kappen oder Umschneiden durchwachsender Bäume empfohlen.
Viel sinnvoller als das Umschneiden ist aber die künstliche Produktion von Totholz. Das heißt, Bäume werden nicht umgeschnitten, sondern *geringelt*. Dabei wird mit einem Beil oder einer Heppe ringförmig die Rinde des Stammes entfernt, besser gesagt, nur im Bereich eines relativ schmalen Ringes. Das hat gegenüber dem Umsägen gleich mehrere Vorteile. Zunächst stirbt der Baum langsam ab, während die umstehenden Bestandesglieder sich festigen und die Lücke schließen. Im absterbenden und später toten Holz finden sich zahlreiche Insektenarten und somit auch Vogelnahrung. Für Höhlenbrüter ist *stehendes* totes Holz unersetzlich zur Anlage von Bruthöhlen. Ringeln kann man zu allen Jahreszeiten ohne das Gesamtgefüge zu stören. Umsägen kann man nur im Winter. Ob und welche Bäume sich ungestört entwickeln dürfen, hängt von der Flächengröße und Zielsetzung ab.
Eingriffe in die Mantelzone sind bei größeren Feldgehölzen nicht so regelmäßig erforderlich wie bei Hecken. Entweder es gilt besonders

Im Feld werden Pappeln als schnellwachsende »Flurhölzer« meist im Abstand von 4×4 m gepflanzt. Ohne stufigen Unterbau mit Erle, Traubenkirsche oder Sträuchern ist ihr Wert für die Tierwelt sehr begrenzt. Meist wächst nichts als Goldrute oder wie hier auf dem Bild, Springkraut und Brennessel unter ihnen. Ein Strauchgürtel außenherum und einige kurvenreiche Mulchbahnen mittendurch, heben den Wert solcher Pappelremisen ungemein.

vitale Arten zurückzudrängen oder aber einfach überalterte Sträucher rechtzeitig durch Auf-den-Stock-Setzen gruppenweise zu verjüngen.
Notwendige Arbeiten sollten möglichst im Winterhalbjahr durchgeführt werden, nicht während der Frühjahrs- und Frühsommerwochen.
Auf keinen Fall darf in irgendeiner Form gedüngt werden, ausgenommen eine geringe Startdüngung der Sträucher und Bäume bei der Pflanzung. Jede Düngung manipuliert und fördert – je nach Nährstoffwahl – einzelne Pflanzenarten, während andere durch die Düngung direkt oder indirekt unterdrückt werden. Immer leidet die Vielfalt und die Naturnähe! Dabei sollten wir bedenken, daß heute in Mitteleuropa alljährlich zwischen 30 und 80 Kilogramm Stickstoff je Hektar aus der Luft eingetragen werden [BLAB/VOGEL, 1989]. Das ist mehr als früher die Landwirtschaft ausbrachte. Diese ungewollte *Immissionsdüngung* kurbelt das Wachstum der Krautschicht stark an, wodurch das Mikroklima im bodennahen Raum kühlfeuchter wird. Es fehlt an lichten, nur schütter bewachsenen, schnell trocknenden und sich erwärmenden Kleinststandorten. Darunter leidet die Artenvielfalt bei Reptilien und Insekten. Immer wieder sollten wir in diesem Zusammenhang bedenken, daß zu einem funktionierenden System zahlreiche in Abhängigkeit stehende Tier- und Pflanzenarten gehören und daß der Ausfall einer oder weniger Arten nur durch Vielfalt insgesamt ausgepuffert werden kann. Die wenigen großen Arten, die heute noch in unserer Landschaft vorkommen – etwa Hase, Rebhuhn oder Fasan – sind im Grunde genommen die vorletzten Glieder am Ende vieler Nahrungsketten! **Man kann nicht Fasan sagen, ohne an Käfer, Hirtentäschel oder Ameise zu denken, es sei denn, man denkt überhaupt nichts!**

Sträucher: Wer kennt sie noch?

Weidengewächse (Saliaceae): Viele der Weiden, denen wir draußen begegnen, sind bastardiert und ihre exakte Zuordnung auch für den Spezialisten schwer. Deshalb sind Steckhölzer von örtlich wachsenden Weiden meist besser als sortenreine Ware aus der Baumschule. Die meisten Baumschulen sind auch bereit, von uns geliefertes Material vorzuziehen. Auf die Möglichkeit der Anlage von Pflanzgärten auf Hegerinebene oder durch Naturschutzgruppen wird auf Seite 239 hingewiesen.

Salweide *(Salix caprea):* Strauch, der auch als Kleinbaum wächst und bis zu 12 m hoch werden kann.
Vorkommen/Ansprüche: Sie findet sich bevorzugt auf etwas »trockeneren« Waldstandorten, verkraftet als vitales Pioniergehölz saure Moorböden ebenso gut wie Kalk.
Eigenschaften: In Forstkulturen fliegt sie oft tausendfach an, wird aber bei hoher Rehwilddichte mitunter schon im ersten Lebensjahr totgebissen. Einmal Fuß gefaßt, ist sie nahezu verbißresistent und daher häufig in Verbißgehölzen zu finden. In dieser Funktion erfordert sie ständige Pflege (alljährliches Auf-den-Stock-Setzen), um nicht auszuwachsen. In der Hecke sollte sie nicht unbedingt dominieren. Wenn ihre Steiläste mit der Heppe eingeschlagen und abgeknickt werden, bildet sich eine Unzahl senkrecht aufsteigender Ruten.
Verwendung: Hecken, Mantelzonen von Gehölzen und Waldrändern.
Pflanzgut*: Pflanzung von Lohden 100 bis 150 oder Steckhölzer (80 bis 120) im Freiland oder Stecklinge im Pflanzgarten.

Reifweide *(Salix daphnoides):* Merkmale ähnlich wie Salweide.

Purpurweide *(Salix purpurea):* Gehört auch zur Gruppe jener Weiden, die trockenere, arme Standorte besiedeln, und kommt selbst mit nacktem Kalkschotter zurecht. Gleichzeitig ein Busch der Auen und bachbegleitende Gehölze; verträgt auch Eisgang.

---

* Empfohlen wird bewußt starkes und *pflegeleichtes* Pflanzmaterial, das bereits dem Gras und möglichst dem Wildäser entwachsen ist. Hinterm Zaun, bei entsprechender Pflege und Geduld, ist auch schwächeres Material geeignet.

Korbweiden als belebendes Element der Feldflur. Meist werden sie von den Korbmachern (stehen auf der Roten Liste) knapp über dem Boden geschnitten. Wenn es so gemacht wird wie auf dem Bild, ist der Ertrag höher, es entsteht altes Holz für Insekten und Vögel – und es sieht schöner aus.

Korbweide *(Salix viminalis):* Eine reine Strauchweide, die früher häufig im Feld zur Korbflechterei angebaut wurde.
Vorkommen/Ansprüche: Wächst auch auf humosen Sandböden und Abraumhalden, also eine anspruchslose Pionierpflanze.
Eigenschaften: Sie bietet schnell Deckung und Gliederung im Feld, wird meistens stark vom Wild verbissen und ist äußerst frosthart.
Verwendung: Bestens geeignet zur Böschungssicherung und -bepflanzung, zur Anlage von Weidenremisen im Feld sowie als Partner in Mantelzonen.
Pflanzgut: An Böschungen werden Steckhölzer am besten in schräger Linie gesteckt, eventuell hinter Faschinen. Im Feld bei ausreichender Feuchtigkeit Steckhölzer hinter Zaun oder Pflanzung von Lohden 50 bis 100.

Knackweide *(Salix fragilis):* Ähnliche Merkmale wie Korbweide; mag es – wo sie die Wahl hat – eher etwas feuchter als die Korbweide.

Öhrchenweide *(Salix aurita):* Kleinbleibende Strauchweide, die nicht über 2 m hoch wird.
Vorkommen/Ansprüche: Sie ist hauptsächlich auf vernäßten und sauren Böden zu finden, die von den übrigen Arten (ausgenommen vielleicht die Grauweide) gemieden werden.
Eigenschaften: Relativ schwer über Steckhölzer

zu vermehren, besser sind Stecklinge, die man vorziehen muß. Wird stark verbissen und reagiert mit Verzweigung. Ihre Knospen werden auch von den Rauhfußhühnern geäst.
Verwendung: Im Gewässerbereich; wo der Standort paßt, fliegt sie meist von alleine an.

Grauweide *(Salix cinerea):* Ähnliche Merkmale wie Öhrchenweide, bevorzugt aber etwas nährstoffreichere Böden.

Mandelweide *(Salix triandra):* Ähnliche Merkmale wie die beiden Vorgängerinnen; siedelt gerne direkt am Wasser.

Wasserweide *(Salix aquatica):* Ein aus Dänemark stammendes Kreuzungsprodukt aus Korb- und Salweide. Sie sollte ursprünglich der Faserholzproduktion dienen, wächst sich aber nur zum bis 6 m hohen Strauch aus. Trotzdem ist ihr Wachstum ungeheuerlich; Jahrestriebe von 3 m sind die Regel.
Vorkommen/Ansprüche: Gute Wasserführung muß sein, aber nicht unbedingt Staunässe; Auwaldbereiche, Saumwälder an Wasserläufen, Dämme.
Eigenschaften: Sie eignet sich zur Schaffung künstlicher Kopfweiden (s. Seite 96) und wird von Hase, Kaninchen und wiederkäuendem Schalenwild gierig verbissen.
Verwendung: Partner in den feuchteren Bereichen von Hecken und Mantelzonen, Weichholzauen um Gewässer. Die langen, wenig verzweigten Ruten ergeben ein gutes Faschinenmaterial für feuchte Dämme und Böschungen.
Pflanzgut: Steckhölzer 100 bis 150 oder Setzstangen 200 bis 300.

Kätzchenweide *(Salix smithiana):* In Wuchs und Ansprüchen ähnlich der Wasserweide; geht mit ihren Wurzeln sogar ins Brackwasser.

Birken- und Haselgewächse (Betulaceae)

Haselnuß *(Corylus avellana):* Strauch, der i. d. R. nicht höher als 5 m und nicht älter als 30 Jahre wird.
Vorkommen/Ansprüche: Er bevorzugt tiefgründige frische bis feuchte Mineralböden, besiedelt aber gelegentlich auch trockenere und flachgründige Standorte; liebt Wärme und Licht (sonnige Ränder), wächst aber auch im Unterstand.

Haselstrauch im Vorfrühlingsaspekt.

Eigenschaften: Enorm hoch ist das Stockausschlagvermögen der Haselnuß. Die Triebe werden vom Wild stark verbissen, die Früchte dienen vielen Vogel- und Säugerarten als Nahrung (Wintervorräte). Steckhölzer bewurzeln leicht, wenn sie regelmäßig feucht gehalten werden.
Verwendung: In Mantelzonen auf passenden Standorten unverzichtbar; als Lichtholz besonders für Hecken geschaffen; da auch unter Schirm wachsend, eignet sich die Haselnuß besonders für Wallhecken mit Eichenüberstand.
Pflanzgut: Lohden 100 bis 120.

Hahnenfußgewächse (Ranunculaceae)

Waldrebe *(Clematis vitalba):*
Vorkommen/Ansprüche: Sie bevorzugt frische, nährstoffreiche Kalkböden, ist aber bei der Standortwahl nicht kleinlich und besiedelt selbst Rohböden.
Eigenschaften: Ihre zum Licht strebenden, bis zu 8 m langen Ranken überwuchern ganze Hecken und Waldmäntel. Sie sollte daher erst eingebracht werden, wenn die tragenden Strauch- und Baumarten Fuß gefaßt haben und nur in größere Gehölze oder Waldmäntel, nicht in schmale Hecken.

Verwendung: Dort, wo ein stufiger Aufbau mit dichten Sträuchern nicht möglich ist, wo Gehölze verlichtet sind, in Hohlwegen u. ä.
Pflanzgut: Baumschulware.

Sauerdorngewächse (Berberiadaceae)

Berberitze *(Berberis vulgaris):* Ein bis zu 3 m hoch werdender dichter Strauch, mit langen, rutenförmigen, blattlosen Langtrieben, an denen bis zu 3 cm lange Dornen sitzen. Blätter und gelbe Blüten erscheinen an Kurztrieben. Im Herbst kleine, korallenrote Beeren.
Vorkommen/Ansprüche: Sie tritt eher sporadisch auf, und liebt sonnige Kalkstandorte an Waldrändern, am Rande von Jungkulturen und in Hecken.
Eigenschaften: In der Mantelzone gepflanzt, schirmt sie jedes Feldgehölz gegen menschliche Eindringlinge ab. In Getreideanbaugebieten ist die Berberitze als häufiger Zwischenwirt des *Schwarzrostes* nicht gerne gesehen. Dessen ungeachtet wird sie durch »Vogelsaat« weit verbreitet.
Verwendung: Unterbau an sonnseitigen Heckenfronten oder in der vordersten Mantelzone von Gehölzen.
Pflanzgut: Kleinpflanzen 2/2 (s. Seite 242).

Rosengewächse (Rosaceae)

Hundsrose *(Rosa canina)*: Die häufigste, bei uns wild vorkommende, bis 3 m hoch werdende Heckenrose. Sie blüht zartrosa bis weiß und bringt im Frühherbst Scheinbeeren, die sogenannten Hagebutten. Es gibt noch eine ganze Reihe ähnlich aussehender einheimischer Wildrosen, die sich untereinander auch kreuzen. Die exakte Bestimmung ist daher oft schwierig.
Vorkommen/Ansprüche: Rosen wollen Sonne, nur mäßig frische bis frische, nicht zu leichte Kalkböden. Sonnige Waldränder, Böschungen, Viehweiden und Hecken sind ihre natürlichen Standorte.
Eigenschaften: Die langen, zunächst aufrechten Schosse hängen später über und verzweigen sich. Es entsteht ein außerordentlich dichter Mantel, der sich auch über benachbarte Sträucher legen kann. Im Unterstand drängt sie zum Licht. Junge Triebe werden von Rehen und Hasen stark verbissen. Idealer Brutstrauch für Heckenbrüter, Deckung für alles Niederwild und natürlicher Sperriegel gegen den Menschen.

Es gibt eine ganze Reihe heimischer Wildrosen, deren Unterscheidung nicht immer ganz leicht ist, zumal sie sich untereinander kreuzen. Durch Abstechen von Ausläufern oder Sammeln der Früchte und Matzeration der Samen lassen sie sich vermehren. Im Bild die Feldrose.

Verwendung: Wichtiges Glied in Hecken, im Feldgehölz und am Waldrand in der vorderen Mantelzone.
Pflanzgut: Lohden 80 bis 120, die schon über die Gras- und Staudengesellschaft stehen; Kleinpflanzen verhocken und ersticken im Gras.

Brombeere *(Rubus fruticosus)*: Rankende, wintergrüne Kleinsträucher, die in mehreren Unterarten bei uns vorkommen. Bei Beschattung (in z. B. Althölzern) wird sie kaum höher als 1 m; unter voller Sonne treiben ihre langen Schößlinge mehr als doppelt so hoch.
Vorkommen/Ansprüche: Brombeeren wachsen auf den meisten Böden, ausgenommen saure Moorböden. Auch Rohböden, etwa in ehemaligen Abbaustellen oder auf Deponien, nimmt sie in Kauf.
Eigenschaften: Mit langen unterirdischen Ausläufern erobert sie Freistellen; ihre Ranken treiben, wo sie den Boden berühren, Wurzeln. Die Blätter sind frosthart und werden vom Rehwild gerne geäst.
Verwendung: Hohlwege, Wegsäume, Begrünung von Kiesentnahmestellen, Schuttkegel in alten Steinbrüchen usw. Auf alle Fälle in Hek-

ken und Mantelzonen von Gehölzen und Waldrändern.
Pflanzgut: Wurzelabstecher oder Triebabsenker von örtlichen Lokalformen sind am besten; ansonsten Baumschulware oder Saat (s. Seite 242).

Unterfamilie Apfelgewächse (Pomoideae)

Zweigriffeliger Weißdorn *(Crataegus oxyacantha)* und **Eingriffeliger Weißdorn** *(Crataegus monogyna)*: Beide können als Kleinbaum bis 12 m hoch werden, verharren aber meist im Strauchstadium.
Vorkommen/Ansprüche: Beide sind ausgesprochene Kalkzeiger. Trockene bis frische, nährstoffreiche Standorte in niederschlagsreichen Mittelgebirgslagen sagen ihnen zu. Zwar steigt der Weißdorn im Alpenraum bis 1600 m hinauf, sein Optimum findet er aber an sonnigen Waldrändern und vor allem in Hecken.
Eigenschaften: Seine alljährliche Blütenpracht ist zuweilen landschaftsprägend. Durch seinen sparrigen Wuchs und seine ausgeprägten Sproßdorne macht er jede Hecke zur uneinnehmbaren Burg. Jungpflanzen müssen meist gegen Wildverbiß geschützt werden; einmal angewachsen, zeichnen sich beide Arten durch hohe Verbißresistenz aus.
Verwendung: Bei der Reviergestaltung kann man – vor allem auf trockenen Kalkstandorten – kaum auf ihn verzichten, gleichgültig, ob es um Hecken, Feldgehölze oder Waldränder geht.
Pflanzgut: Kleinpflanzen 1/1 oder 2/2.

Unterfamilie Steinobstgewächse (Prunoideae)

Die **Schlehe** oder **Schwarzdorn** *(Prunus spinosa)*:
Den Namen hat dieser Strauch von seiner schwarzen Rinde; blühen tut er hingegen so weiß wie kein anderer Strauch bei uns. Insofern kommt es gelegentlich zu Verwechslungen mit dem Weißdorn, der zwar den entsprechenden Namen trägt, aber lange nicht so rein weiß blüht wie der Schwarzdorn. Im Gegensatz zu ihm blüht der Schwarzdorn *vor* dem Laubaustrieb.
Vorkommen/Ansprüche: Er legt noch mehr Wert auf warme, sonnige Kalkstandorte als der Weißdorn, ist aber dennoch frosthart. Steinige und trockene, aber zugleich nährstoffreiche Böden sagen dem flexiblen Strauch besonders zu.
Eigenschaften: Kennzeichen sind üppige Wurzelbrut, die jeden Freiraum erobern; das Ausschlagvermögen ist überaus stark. Die blauen Früchte (Schlehen) werden viel zur Herstellung von Schnaps und Wein gesammelt. Andererseits entwickeln sich die Schwarzdornbüsche so dicht, daß der Mensch nicht durch sie hindurch dringt, zudem übersteht er weitgehend unbeschadet Bodenfeuer, wie sie im Feld durch das Abflämmen von Altgrasbeständen entstehen.
Verwendung: In Hecken und Feldgehölzen sowie am Waldrand ist er unverzichtbar. Für trokkene Steinriegel wird er durch keinen anderen Strauch ersetzt.
Pflanzgut: Kleinpflanzen 2/2 wenn hinter Zaun; Lohden 100 bis 120; bei geringem Bedarf auch abgestochene Wildlinge.
Trotz hohen Ausschlagvermögens muß bei Pflanzung immer mit relativ hohen Ausfällen gerechnet werden.

Schlehenfrüchte sind Grundstoff für Schnaps, Wein, Marmelade und Arznei – und Vogelnahrung.

Traubenkirsche *(Prunus padus)*: Strauch und Halbbaum, der bis 10 m hoch werden kann.
Vorkommen/Ansprüche: Sie mag nährstoffreiche, humose, frischfeuchte Standorte und meidet Kalk. Häufiger Halbbaum in Auwälder, Galleriewälder der Flüsse oder in nassen Talgründen.
Eigenschaften: Überreiche, intensiv duftende Blütenpracht zwischen April und Anfang Juni. Ihre Früchte haben keine große Bedeutung, sie selbst wird kaum verbissen.
Verwendung: Ideal als Unterpflanzung in vernäßten Gehölzen oder in schattseitigen Waldrändern.
Pflanzgut: Lohden 100 bis 150 oder Heister 150 bis 180.

Zum Feldgehölz gehören beerentragende Sträucher und Bäume ebenso wie totes Holz und Lesesteinhaufen. Hier fühlen sich Waldohreule, Haselmaus und Fasan recht wohl.

Dauergrünland inmitten der Einstände ist für das Rotwild wichtig. Rehe hingegen finden in den meisten Wäldern mehr als ausreichende Nahrung. Kleine Äsungsflächen auf Holzlagerplätzen usw. erleichtern aber ganz erheblich die Abschußerfüllung. Ein Balkenmäher ist für den Jäger viel wichtiger als ein großes Allradfahrzeug!

Spätblühende Traubenkirsche (*Prunus serotina*): Wurde Ende des vergangenen Jahrhunderts aus Nordamerika eingeschleppt, und erwies sich als kaum noch zurückdrängbares forstliches »Unkraut«, das sich durch starke Wurzelbrut auszeichnet, aber vom Wild nicht verbissen wird. Bei der Reviergestaltung sollte sie keine Verwendung finden.

Stechhülsengewächse (Aquifoliaceae)

Stechpalme *(Ilex aquifolium)*: Ein immergrüner, mit Blattstacheln bewehrter, bis zu 6 m hoch werdender Strauch. Die mit einer Wachsschicht bezogenen, stachligen Blätter werden nur alle 12 bis 14 Monate erneuert. Im Frühherbst erscheinen korallenrote Beeren. Obwohl er bis nach Mittelschweden und in den Alpen bis zu 1400 m hoch vordrang, ist er sehr frostempfindlich.
Vorkommen/Ansprüche: Hauptsächlich in milderen Lagen West- und Norddeutschlands; wächst im Wein- oder zumindest Obstbauklima: Rheinebene, Odenwald, Pfalz, Emsland usw. Stellt keine großen Ansprüche an den Boden, meidet aber Trockenheit.
Eigenschaften: In der norddeutschen Tiefebene unterwuchert er teilweise die ansonsten kahlen Eichenhaine und macht diese für den Fasan und anderes Niederwild attraktiv. Zwar ist der Ilex durchaus eine schützenswerte Pflanze auf den ihr zusagenden Standorten, wird aber kaum zur Reviergestaltung verwendet.

Spindelbaumgewächse (Celastraceae)

Pfaffenhütchen *(Evonymus europaeus)*: In Ausnahmefällen bis 6 m hoch werdender Strauch, meist nicht höher als 3 m. Besticht durch seine viergeteilten, karminroten Früchte.
Vorkommen/Ansprüche: Es bevorzugt frische, auch steinige, aber nährstoff- und kalkreiche Standorte und liebt den Halbschatten. Steigt im Gebirge bis in 1200 m hinauf.
Eigenschaften: Für die Reviergestaltung wichtiger Strauch, der vom Rehwild stark verbissen wird, auf Rückschnitt positiv reagiert und gute Deckung abgibt.
Verwendung: Sollte – wo der Standort paßt – Bestandteil in Hecken, Feldgehölzen und Waldrändern sein.
Pflanzgut: Kleinpflanzen 2/2 hinter Zaun; ansonsten Lohden 100 bis 120.

Ahorngewächse (Aceraceae)

Feldahorn *(Acer campestre)* Eigentlich ein Kleinbaum und kein Strauch, der aber fast ausschließlich im Feld vorkommt und häufig als Hecke wächst.
Vorkommen/Ansprüche: Er mag trockene bis frische, tiefgründige und warme Mineralböden des Flach- und Hügellandes. Feuchte Standorte meidet er; verträgt Beschattung, entfaltet sich aber erst im Licht zu voller Größe.
Eigenschaften: Auf Schnitt reagiert der Feldahorn positiv, wird vom Wild stark verbissen und bildet undurchdringliche Hecken.
Verwendung: Wichtiger Strauch in Hecken und Feldgehölzen.
Pflanzung: Heister 150 bis 180

Kreuzdorngewächse (Rhamnaceae)

Faulbaum *(Rhamnus frangula*: Ein lockerer, meist nur 2 m hoch werdender Strauch, mit unscheinbaren Blüten und roten, später blauschwarzen Früchten.
Vorkommen/Ansprüche: Er mag Schatten, liebt frische bis frisch-feuchte, eher nährstoffarme Böden, wächst aber hin und wieder auch auf trockenen Standorten.
Eigenschaften: Sein lockerer Wuchs läßt ihn als Unterholz eher zu einem Schleier als zu wirklicher Deckung werden. Vögel nisten in dem lockeren Strauch kaum und das Wild verbeißt ihn nicht.
Verwendung: Er ist ein typisches Unterholz, genau recht für die Weichholzaue um neu angelegte Gewässer oder für den Waldrand. In der Hecke wird er Minderheit auf Kleinstandorten bleiben.
Pflanzgut: Wo der Standort paßt, kommt er meist von alleine (Vogelsaat), ansonsten Lohden 80 bis 120.

Kreuzdorn oder **Purgierstrauch** *(Rhamnus cathartica)*: Mit dem Faulbaum eng verwandter, meist nur 3 m hoch werdender Strauch, der sich aber auch zum bis 8 m hohen Kleinbaum auswachsen kann.
Vorkommen/Ansprüche: Er zeigt eine Vorliebe für Kalk, meidet Staunässe und siedelt gerne auf lehmigen und steinigen Böden.
Eigenschaften: Durch seinen, besonders auf steinigen Böden, sperrigen Wuchs, die Dornen und seine Schattenverträglichkeit, ist er für Hecken

und Feldgehölze besser geeignet als der Faulbaum.
Verwendung: Hecken und Mantelzonen.
Pflanzgut: Lohden 80 bis 120.

Hartriegelgewächse (Cornaceae)

Roter Hartriegel *(Cornus sanguinea)*: Bis zu 5 m hoch werdender Strauch.
Vorkommen/Ansprüche: Er mag kalkreiche, lockere Böden mit guter Nährstoff- und Wasserversorgung und milde Lagen, steigt aber trotzdem bis 1200 m hinauf.
Eigenschaften: Hartriegel wächst an der Sonne, erträgt aber auch Schatten. Er hat ein starkes Stock- und Wurzelausschlagvermögen. Seine Beeren und Samen dienen zahlreichen Vögeln und Kleinsäugern; die Treibe werden vom Rehwild verbissen.
Verwendung: Der dichtwachsende Strauch eignet sich bestens als Unterbau in Waldrändern, Feldgehölzen oder im Bereich renaturierter Baggerseen unter Pappeln.
Pflanzgut: Lohden 80 bis 120.

Kornelkirsche oder **Gelbe Hartriegel** *(Cornus mas)*: Ein kleiner, i. d. R. nur 2 m hoher Strauch, der sich aber gelegentlich zum bis 8 m hohen Kleinbaum auswächst.
Vorkommen/Ansprüche: Die Standortansprüche sind ähnlich jenen des Roten Hartriegel; sein Wasserbedarf ist geringer. Lagen über 900 m werden gemieden.
Eigenschaften: Der gelbe Hartriegel neigt ebenfalls zum Wuchern.
Verwendung: Hecken und Mantelzonen.

Ölbaumgewächse (Oleaceae)

Liguster *(Ligustrum vulgare)*: Teilweise wintergrüner Strauch, der unter günstigen Bedingungen bis 5 m hoch wird.
Vorkommen/Ansprüche: Er mag trockene bis frische, kalk- und nährstoffreiche sandig-lehmige Böden, ist aber nicht streng an sie gebunden. Im Gebirge nur selten über 800 m anzutreffen.
Eigenschaft: Dichter Wuchs, wird mäßig verbissen; Kennzeichen sind hohe Ausschlagskraft (Schnitthecke) sowie weitreichende unterirdische Wurzelschößlinge, intensiv duftende Blüten im Mai/Juni und schwarzblaue Beeren, die von zahlreichen Vögeln genommen werden.

Erst im Juni/Juli blüht an Waldrändern und Hecken der Liguster und verströmt einen intensiven Duft.

Verwendung: Er gehört in fast jede Hecke, in die Mantelzone der Feldgehölze und selbstverständlich in den Waldrand.
Pflanzgut: Kleinpflanzen 2/2 hinter Zaun, sonst Lohden 50 bis 100 (Saat s. Seite 240).

Geißblattgewächse Caprifoliaceae)

Schwarzer Holunder *(Sambucus nigra)*: Strauch, der meist bis zu 4 m hoch wird, gelegentlich auch zum Kleinbaum bis maximal 10 m auswächst.
Vorkommen/Ansprüche: Er bevorzugt frische, nährstoffreiche, humose Böden und mindestens Halbschatten. Vereinzelt steigt er bis 1000 m hinauf.
Eigenschaften: Holunder ist durchaus kompromißbereit und wächst auch am sonnigen Waldrand, wobei er sich unter den Trauf schiebt. Er blüht und fruchtet alljährlich überreich, ist Insektenweide und »Relaisstation« für ziehende Vogelarten. Seine jungen Triebe werden teilweise stark vom Schalenwild verbissen, seine Schößlinge vom Rehbock befegt. Bezogen auf die von ihm produzierte Nahrungsmenge (für Insekten, Vögel, Säuger) ist er wohl unübertroffen.

Im Mai/Juni, im Gebirge oft erst im Juli, blüht der Schwarze Holunder und zieht Myriaden von Insekten an – und Buchautoren, die aus den Blüten »Hollersekt« und »Hollerküchle« machen, um überleben zu können...

Verwendung: Trotz der oben beschriebenen Eigenschaften sollte er in Hecken und Gehölzen eher sparsam, punktuell, eingesetzt werden, da er kaum Bodendeckung schafft. Obwohl regelmäßig verbissen, ist er im eigentlichen Sinne auch kein »Verbißgehölz«. Am Waldrand wird er fast immer von den Vögeln »gepflanzt«.
Pflanzgut: Kleinpflanzen 2/2 oder Heister 60 bis 100.

Traubenholunder *(Sambucus racemosa)*: Meist nur 2 bis 3 m hoch werdender Strauch.
Vorkommen/Ansprüche: Er besiedelt vorwiegend Freiflächen ab 600 m. Während der Schwarze Holunder seine Hauptverbreitung unterhalb 700 m findet, schließt der Rote Holunder oberhalb an. Er mag mehr frische, skelett- und kalkhaltige Böden und mag Licht.
Eigenschaften: Der Rote Holunder blüht schon im April/Mai; er ist damit im Bergwald eine frühe Insektenweide. Seine korallroten Früchte reifen bereits im August, noch vor den recht ähnlichen der Vogelbeere aus.
Verwendung: In der von ihm bevorzugten Höhenlage werden eher selten Pflanzungen vorgenommen, in die er hineinpassen würde. Sein Platz ist auf Schlägen im Wald. Ist er im Bergwald nicht zu finden, liegt der Verdacht auf überhöhte Schalenwildbestände nahe.
Pflanzgut: Kleinpflanzen 2/2; Heister 60 bis 100 oder bei kleinem Bedarf abgestochene Wildlinge.

Gemeiner Schneeball, Wasserschneeball *(Viburnum opulus)*: Bis 5 m hoch werdender Strauch, mit weißen Blüten (Trugdolden) im Mai/Juni und roten Früchten im Herbst.
Vorkommen/Ansprüche: Er bevorzugt frischfeuchte (bis nasse), Lehm- und Tonböden (auch lehmiger Sand), ausreichend Kalk und humosen Oberboden, sowie Schatten. Aue- Schlucht- und Laubwälder sind seine Heimat, doch steigt er im Gebirge bis 1400 m hinauf.
Eigenschaften: Der Gemeine Schneeball ist frostunempfindlich, hat hohe Stockausschlagskraft, wird nur mäßig bis gar nicht verbissen.
Verwendung: Ideal bei der Gestaltung von Feuchtgebieten und Waldränder, da schatten- und nässeverträglich.
Pflanzgut: Lohden 100 bis 150.

Wolliger Schneeball *(Viburnum lantana)*: Strauch, der nur selten höher als 2 m wird, mit weißen, honigarmen Blüten und Früchten, die sich zunächst grün, dann rot und zum Schluß schwarz färben.

Wo es feucht und schattig ist, wächst der Gemeine Schneeball.

Vorkommen/Ansprüche: Er bevorzugt trockenere, kalk- und skelettreiche Böden und liebt Sonne. Lagen über 800 m, maximal 1000 m besiedelt er nicht mehr. Damit unterscheiden sich seine Standortansprüche grundlegend von denen des Gemeinen Schneeballs.
Eigenschaften: Günstige Standortbedingungen vorausgesetzt, bildet er in Hecken und Mantelzonen dichte Gebüsche.
Verwendung: Auf trockenen, kalkreichen Standorten wichtigster Strauch in Feldhecken oder an sonnenwarmen Rändern.
Pflanzgut: Lohden 100 bis 150.

Rote Heckenkirsche *(Lonizera xylosteum)*: Nur 1 bis 2 m hoch werdender, im Unterstand wachsender Strauch.
Vorkommen/Ansprüche: Wenig anspruchsvoll, vom sandigen Lehm über Ton bis zu kalkreichen Skelettböden, liebt Kalk und meidet saure Böden.
Eigenschaften: Schattenverträglich, mit hübschen weißen Blüten und roten Beeren, wird vom Wild nur mäßig verbissen.
Verwendung: Als Unterstand in der Kernzone von Feldgehölzen oder im Waldrand.
Pflanzgut: Lohden 60 bis 100.

Sanddorn *(Hippophaea rhamnoides)*: Dornenbesetzter, bis 3 m hoch werdender, zweihäusiger Strauch.
Vorkommen/Ansprüche: Er liebt kalkreiche, durchlüftete Sand-, Kies- und Schotterböden und verlangt hohe Luftfeuchtigkeit.
Eigenschaften: Der Sanddorn ist rauchfest, mag die volle Sonne, und fruchtet nur, wenn mehrere Sträucher in Gruppen zusammen gepflanzt werden. Seine Früchte werden von den Fasanen und vielen anderen Vögeln genommen.
Verwendung: Dornen und sperriger Wuchs machen ihn zu einem Abwehrstrauch an Sonnenrändern von Hecken und Mantelzonen. In Sand- und Kiesgruben leistet er Erstaunliches.
Pflanzgut: Lohden 80 bis 120.

Besenginster *(Sarothamnus scoparius)*: Absolut wintergrüner, lichthungriger und prächtig gelbblühender, bis zu 3 m hoch werdender Strauch.
Vorkommen/Ansprüche: Er bevorzugt trockene, gut durchlüftete anlehmige Sande und saure Skelettböden und scheut Kalk. Vorwiegend in der Ebene sowie in milden Mittelgebirgslagen bis 400 m.

Eigenschaften: Ginster erfriert bei Kahlfrösten, schlägt aber meist wieder aus. Er verträgt Verbiß und Schnitt, besticht mit seinen Blüten. Schalenwild und Hase verbeißen ihn örtlich stark.
Verwendung: Ginster eignet sich zur Schaffung von Deckung auf armen Sanden im Feld oder unter Freileitungen.
Pflanzgut: Containerpflanzen 60 bis 80, meist aber Saat.

Efeu *(Hedera helix)*: Der(!) Efeu wächst sowohl als wintergrüner Bodendecker und rankt an Bäumen und Mauerwerk bis in Höhen von 20 m.
Vorkommen/Ansprüche: Im Schatten von Au- und Schluchtwäldern, Hohlwegen, nährstoffreiche, frische Böden.
Eigenschaften: Efeu wird von den Rehen gerne geäst – und in vielen Wäldern durch überhöhte Rehbestände einfach getilgt. Er bildet an kriechenden Trieben überall neue Wurzeln.
Verwendung: Zur Bodenbegrünung in Hecken und Gehölzen.
Pflanzgut: Ableger von vorhandenen Beständen.

Bis zu 1000 Jahre alt wird der Efeu. Seine Fruchtkerne werden von 14 Vogelarten aufgenommen. An den Blüten laben sich Insekten.

Streuobstwiesen für Steinkauz und Rebhuhn

Früher prägten Streuobstwiesen das Gesicht der meisten Gemeinden. Fast jeder Bauer hatte hinterm Hof eine Wiese mit Obstbäumen. Dort scharrten die Hühner und manchmal graste eine Kuh. Draußen im Feld waren die bestenfalls geschotterten Wege von Obstbäumen gesäumt, und manch schmale Wiese wurde von ihnen überschirmt. Alte Apfel- und Birnbäume, Zwetschgen und Kirschen waren Grundlage und Voraussetzung für das Vorkommen von Steinkauz, Wiedehopf, Wendehals und Pirol. Sie waren Most, Schnaps, Winteräpfel, Dörrobst und Schatten bei der Feldarbeit und lieferten das Gras für die Kuh. Das war so, bis das organisierte Umweltverbrechen Gesetz wurde, bis die EG begann, bäuerliche Familienbetriebe auszutrocknen und Agrarfabriken zu subventionieren... In Baden-Württemberg forderte das Landwirtschaftsministerium die Bauern auf, ihre Streuobstbestände zu roden und bezahlte ihnen Prämien für jeden umgebrachten Obstbaum. So wurden von 1957 bis 1973 nicht weniger als 16 104 Hektar Streuobst vernichtet. Nicht weil die Bauern gegen Streuobst waren, sondern weil es eine verbohrte Ministerialbürokratie so wollte. Heute wird im Gegenzug die Pflanzung von Streuobst finanziell gefördert.

Legende, Fehler der Vergangenheit? Gegenwärtig roden niederländische und bundesdeutsche Großagrarier in Portugal Oliven- und Eichenhaine, um riesige Flächen zur Milchviehhaltung zu schaffen. Über tausend Hektar am Stück ohne Baum und Strauch. Probleme mit Milchkontingenten gibt es nicht, ebensowenig mit Gülle oder Chemieeinsatz. Teile Portugals werden gerade »dem Erdboden gleichgemacht!« Jahrelang bezahlte die EG satte Prämien für jeden toten Baum; Bundesregierung und Bauernverbände machten willig mit. Gefördert wurde die Lieblosigkeit und Überproduktion, die rentable, wenn auch für das Leben tödliche Plantagen voll Buschobst.

Und der »Naturschutz«? Der beißt auch viel lieber in den glatten, narbenlosen Plantagenapfel, von dem das Konservierungsmittel noch duftet, als in die schorfig-runzligen, mit den gelegentlich eingeschlossenen Bruthöhlen des Apfelwicklers. Oder nehmen wir Tafelobstverbraucher nicht alle für uns in Anspruch »Naturschützer« zu sein?

Der letzte Liebreiz der Agrarlandschaft wurde abgeschminkt, Wiedehopf und Pirol auf Briefmarken umgesiedelt und der Bauer soll statt Most gefälligst den auf seine Kosten im Überschuß produzierten Wein südlicher Völker saufen...

Die Gesichter vieler Landschaften wurden häßlich und stereotyp. Wer in Frühlingsnächten zwischen Feldzeilen wandelt, dem bleiben allenfalls die Geruchsnuancen der Chemie zur Identifizierung. Und weil Umweltschutz Staatsziel ist, tragen Flurbereinigung, Naturschutz und Dorfverschönerungsvereine neuerdings wieder etwas Schminke auf: Streuobst wird gepflanzt. Aber 50 Bäume hier und 20 dort ersetzen nicht was beseitigt wurde, und ehe die paar nachgepflanzten die Funktionen der alten auch nur annähernd übernehmen können, müssen sie erst alt und hohl und knorrig werden. Wie schwer zerstörte Landschaft rekonstruierbar ist, wird deutlich, wenn man bedenkt, daß ein einziges Grünspechtpaar schon 50 Hektar Nahrungsfläche – vorzugsweise Streuobstbestände – braucht.

Trotzdem!

Hat das Streuobst noch eine Chance?

Noch gibt es Landschaften, die vom Streuobstanbau geprägt sind. Erinnert sei an die Schwäbische Alb, den Schwäbischen Wald, an die Oberrheinebene oder Teile Hessens. Wie lange, das sei dahingestellt. Wir sind inzwischen an einem Punkt angekommen, wo »Natur« nur noch geduldet wird, wenn irgend jemand für sie bezahlt. Grenzen sind in Sicht.

Da sei erlaubt, den Begriff »Natur« zu hinterfragen. Warum ist Streuobst »Natur« und Buschobst nicht? Beides ist Natur, unterscheidet sich aber qualitativ. So man unter Natur aber etwas versteht, das vom Menschen nicht beeinflußt wird, gibt es in Europa keine Natur mehr, wahrscheinlich auch weltweit nicht mehr. Die meisten unserer Landschaftsformen sind eigentlich erst dadurch entstanden, daß der Mensch die »Natur« beseitigt hat! Denken wir an die Heidelandschaften. Im Grunde sind sie nichts anderes als »Produktionssteppen« einer – für damalige Begriffe – intensiven Landwirtschaft. Auch der Streuobstbau war irgendwann einmal die Ausgeburt bäuerlicher Rationalisierung. Erst im 18. Jahrhundert entwickelte er sich langsam. Zunächst standen die Bäume noch in Äckern. Erst nach und nach wurden die schwer beackerbaren Hanglagen umgestellt auf Grünland. Verstädterung war hierzu notwendig. Menschen, die keinen Platz mehr hatten für eine Kuh oder zumindest eine Ziege. Streuobstbau auf Ackerflächen hielt sich z. B. in der Oberrheinebene noch bis in die 60er Jahre.

Die Most- und Safterzeuger setzen auch heute noch auf den Streuobstbau. Für die Höfe, meist bäuerliche Familienbetriebe, wird er trotzdem zunehmend unrentabel. Andererseits ist Streuobst – abgesehen von der Ernte – wenig arbeitsintensiv, so daß gerade Nebenerwerbslandwirte gerne an ihrem Mostobst festhalten. Zudem ist der Streuobstanbau in ausgedehnten Hanglagen nur selten durch andere Nutzungsformen zu ersetzen. Zur Last wird eher die Grasnutzung. Uralttraktor und Einachsmäher tuckern nur solange unter den Bäumen hindurch wie noch Vieh im Stall steht! Die Kombination von Streuobstbau und Schafweide könnte örtlich helfen. Weidendes Großvieh erfordert bereits aufwendigen Einzelschutz der Bäume.

Streuobst ohne *extensive* Grasnutzung bringt wenig, ist – vom Standpunkt des Naturschutzes aus betrachtet – nicht mehr als Kosmetik. Bereits Stickstoffdüngung und mehrmalige Mahd führt zu einer erheblichen Verarmung der Insektenfauna, insbesondere der Ameisen. Gerade die aber stellen die wichtigste Nahrungsbasis für Wendehals, Grün- und Grauspecht dar, und sie sind unerläßlich für die Küken von Rebhuhn und Fasan. Unterbleibt jedoch die Mahd oder werden in einem Zug große Flächen niedergemäht, bringt das für andere Arten wieder erhebliche Nachteile. Die Würger beispielsweise, von denen Schwarzstirn- und Rotkopfwürger typische Charakterarten der Streuobstbestände sind, finden ihre Nahrung fast nur auf kurzrasigen Flächen. Sie brauchen möglichst lange Grenzlinien zwischen stehender und gemähter Wiese, weil sich dort ihre Nahrungstiere besonders gut entwickeln [SONNABEND & POLZ 1978]. Es sind folglich gerade die Arbeitsmethoden der Nebenerwerbslandwirte, die den meisten Arten entgegen kommen.

An »Aktionen« von Naturschützern, Streuobst zu verwerten, hat es nicht gefehlt. Es wird sich aber niemand finden, der große Streuobstflächen aus Idealismus dauerhaft in Pflege nimmt. Der Anbau hört folglich dort auf, wo die Ernte nicht mehr absetzbar ist oder wo keine billigen, willigen Familienkräfte mehr da sind, die das Obst zusammenlesen.

Welche Sorten und woher beziehen?

In der Tat ist es gar nicht einfach, eine Baumschule zu finden, die noch Hochstämme anbietet. Vor allem wenn alte, pflegeleichte Sorten gewünscht werden, müssen die Hochstämme manchmal Jahre vorher bei einer Baumschule bestellt und vorgezogen werden. Wer also – Kommune, Flurbereinigung, Naturschutzgruppe oder Jäger – umfangreichere Pflanzungen plant, muß sich bei Zeiten umsehen. Wenn schon, dann sollte man auf die alten, bewährten Sorten zurückgreifen. Diese haben sich lokal entwickelt und addaptiert. Der moderne Obstbauer kennt jedoch häufig nicht einmal mehr ihre Namen; kann er auch kaum, denn die Sortenvielfalt ist unglaublich groß. Der Obstlehrgarten der Landwirtschaftlichen Lehranstalt Triesdorf in Mittelfranken beispielsweise zieht derzeit nicht weniger als 1024 alte Obstsorten. Davon allein über 600 Apfel- und 169 Birnensorten. Baden-Württembergs Landwirtschafts Ministerium gab 1986 eine recht informative Broschüre zum Thema Streuobstanbau heraus, aus der auch die nachstehende (vereinfacht wiedergegebene) Übersicht (Seite 92) stammt.

Zu beachten ist, daß Apfel, Birne, Süßkirsche (teilweise auch Sauerkirsche, Pflaume und Zwetschge) Fremdbefruchter sind. Wer nur *eine* Sorte anbaut, läuft Gefahr, zwar blühende Bäume, aber keine Früchte zu sehen. Daher immer mehrere Sorten nebeneinander pflanzen, besonders wenn in der Umgebung keine Bäume der gleichen Art zu finden sind.

Pflege ist notwendig

Streuobst ist »pflegeleicht«. Arbeit macht es trotzdem. Jungbäume müssen in den ersten Jahren mit einem Pfahl gestützt werden, in stark windigen Lagen sogar mit zweien. Ein Problem stellen die Wühlmäuse dar, welche Hauptwurzeln und Stammfuß schälen und so den Baum zum Absterben bringen. Ohne Drahtmanschette geht es vor allem in Kaninchenrevieren nicht, aber auch die letzten drei Feldhasen einer Gemarkung nagen im Winter die Jungstämme blank. Hinzu kommen als Knospenliebhaber – insbesonders der Apfelbäume – die Rehe, ja selbst der hübsche Dompfaff setzt ihnen im Spätwinter zu.

Wenn wir auch gerade auf einen möglichst hohen Anteil alter und »kranker« – sprich hohler – Bäume Wert legen, so müssen vorhandene Bestände doch ständig nachgepflanzt werden. Wer nicht irgendwann nach einer Sturmnacht vor einem »Null-Bestand« stehen will, muß auf etwa 10 Prozent Jungbäume (1. bis 5. Jahr) achten.

In den ersten Jahren ist jährlicher Schnitt erforderlich, auch wenn es sich nicht um eine Erwerbsanlage handelt. Später genügt es, die Bäume alle paar Jahre auszulichten.

Wildobst aus Trester

Eine verblüffend einfache und doch weitgehend unbekannte Methode, sich Wildobst schnell und billig selbst zu ziehen, beschreibt CLAUSSEN in WILD UND HUND [14/1990]. Er gewinnt Wildapfelbäume dadurch, daß er *frischen* Apfeltrester auf ein vorbereitetes Saatbeet wirft (unkrautfrei und gute Krümelstruktur) und dann einfach einfräst (Einachsfräse). Wenige Quadratmeter im Garten genügen, um im Frühjahr aus dem im Herbst eingearbeiteten Trester tausende von Apfelbäumen sprießen zu lassen. Wer keine Fräse auftreiben kann, mag den Trester mit einem Handgrubber einarbeiten. Die Einarbeitung soll flach erfolgen. Bei zu tiefer Einarbeitung keimen weniger und diese mit Verzögerung, so daß die Keimlinge den Wildkräutern und Gräsern unterlegen sind. Der Trester muß von *reifen* Äpfeln stammen, ansonsten sind die Kerne noch nicht keimfähig.

Einziges Problem ist die *rechtzeitige* Unkrautbekämpfung und der Schutz vor Mehltau. In Saatbeeten von wenigen Quadratmetern Größe kann das Unkraut noch manuell zurückgedrängt werden. Auf größeren Flächen oder wenn die

Tabelle 12 Standortansprüche übergebietlich bewährter und widerstandsfähiger Obstsorten

Obstart bzw. Hauptnutzung	Sorte	Standortansprüche					Sorteneigentümlicher, starker Wuchs
		Wärme			Relative Frostempfindlichkeit*)		
		sehr warm »Weinklima«	warm »Obstklima«	kühl Höhengebiete	Holz	Blüte	
Most-/ Wirtschaftsäpfel	Bittenfelder	●	●	○			●
	Bohnapfel	●	●	○			●
	Börtlinger Weinapfel	●	●	○			●
	Brettacher	●	●				●
	Gehrers Rambour		●	○			
	Hauxapfel	●	●	●			○
	Jakob Fischer (= Schöner vom Oberland)	●	●	●	●		●
	Joseph Musch		●	●	●		●
	Kaiser Wilhelm	●	●		●		●
	Linsenhofer Renette	●	●	○			●
	Maunzenapfel		●	●			●
	Rheinischer Krummstiel	●	●	○	●		●
	Rheinischer Winterrambour (= Teuringer)	●	●	○			●
	Sonnenwirtsapfel	●	●				●
	Welschisner	●	●				
Mostbirnen	Bayerische Weinbirne	●	●		●		●
	Gelbmöstler	●	●	●			●
	Grüne Jagdbirne	●	●	●			○
	Kirchensaller Mostbirne	●	●	●			●
	Luxemburger Mostbirne	●	●				●
	Oberösterreichische Weinbirne	●	●	●	○		●
	Palmischbirne	●	●	●			●
	Schweizer Wasserbirne	●	●	●			●
	Weilersche Mostbirne	●	●	●			●
	Wilde Eierbirne	●	●				●
	Wildling vom Einsiedel	●	●				●
Brenn- und Saftkirschen	Benjaminler	●	●				●
	Didikirsche	●	●			○	●
	Dollenseppler	●	●			○	●
	Esslinger Schecken	●	●				●
	Strehleskirsche	●	●		●	●	●
	Zeuterner Knorpel	●	●		○	○	
	Zipfelbachperle	●	●			○	●
Sauerkirschen	Schwäb. Weinweichsel, »Aemli« und lokale Weichselsorten	●	●	○			

*) Die Angaben zur Frostempfindlichkeit, zur Wuchsstärke und zu den Fruchteigenschaften sind artgemäß zu verstehen.
Das Zeichen ● kennzeichnet eine volle, das Zeichen ○ dagegen eine **beschränkte** Gültigkeit und Aussage.
[Nach: »Landschaftsprägender Streuobstbau«, Ministerium für Ernährung, Landwirtschaft und Forsten Baden-Württemberg, 1986].

Fortsetzung **Tabelle 12**   Standortansprüche übergebietlich bewährter und widerstandsfähiger Obstsorten

Obstart bzw. Hauptnutzung	Sorte	Standortansprüche					Sorteneigentümlicher, starker Wuchs
		Wärme			Relative Frostempfindlichkeit*)		
		sehr warm »Weinklima«	warm »Obstklima«	kühl Höhengebiete	Holz	Blüte	
Brennpflaumen und Zwetschen	Bühler Zwetsche	●	●				●
	Große Grüne Reneklode	●	●	●		○	
	Haferpflaume	●	●			○	
	Nancy-Mirabelle	●	●			○	●
	Wagenstadter Schnapspflaume	●	●				
	Wangenheims Frühzwetsche		●	●			●
	Zibarten (Prunus insititia ssp. prisca Bertsch)	●	●				

Saat gleich draußen in der Landschaft erfolgte, wird man um eine chemische Behandlung häufig nicht herumkommen. CLAUSSEN verwendete erfolgreich das selektive Nachauflauf-Herbizid *Fusilade 200* (Deutsche ICI GmbH, Frankfurt). Dieses Mittel wirkt nur auf einkeimblättrige Pflanzen, also Gräser. Unter diesen ist es vor allem die Quecke, die den Sämlingen zu schaffen macht. Zweikeimblättrige Kräuter wie *Melde, Ampfer, Kreuzkraut* oder *Distel* bleiben weitgehend unberührt. Das Mittel wird nach dem Austrieb der *Quecken,* Anfang bis Mitte Mai, mit der Rückenspritze ausgebracht. Lassen sich die Keimlinge bedrängende Wildkräuter und Gräser auf kleiner Fläche noch manuell zurückdrängen, hilft gegen Mehltau nur mehrmaliger Chemieeinsatz. Empfohlen wird die vorbeugende Spritzung ab Mitte Mai, mit dem Mittel *Bayleton* (Bayer, Leverkusen).

Auf guten Böden und bei entsprechender Pflege treiben die Keimlinge im ersten Jahr bis zu 1 m lange Ruten. Einjährig müssen sie – wie bei allen Gehölzen üblich – verschult werden. Die stärksten kann man den Winter über aber auch im Saatbeet lassen und im Frühjahr gleich in die Landschaft auspflanzen.

Nach dem gleichen Prinzip lassen sich auch dichte – nicht der Obstproduktion dienende – Apfelhecken an Ort und Stelle begründen. Hierzu werden die künftigen Heckenstandorte gleich in voller Breite (nicht unter 3 m) tief gepflügt und anschließend abgeeggt. Mit dem Miststreuer wird der Trester gleichmäßig auf der Fläche verteilt, anschließend eingefräst oder zur Not auch eingeeggt.

Die jungen Apfelbäumchen sind draußen im Revier allerdings von einer ganzen Reihe Säuger ernsthaft bedroht. Rehe verbeißen sie radikal und können in wenigen Wochen einige tausend Keimlinge eliminieren. Hase und Kaninchen treten sowohl durch Verbeißen unangenehm in Erscheinung als auch durch Benagen der Leittriebe und späteren Stämmchen. Folglich wird man in der Regel derartige »Apfelhecken« zunächst einzäunen. Wenig hilft der Zaun allerdings gegen Mäusefraß. Im Gegenteil, er schützt die Mäuse vor Fuchs und Katze, der dichte Wildwuchs hindert auch Bussard und Turmfalke an erfolgreicher Mäusejagd. Fehlt nur noch, daß ein Jäger an den neuen Hecken oder ihrer Umgebung die Wiesel wegfängt!

Gezäunte junge Apfelhecken müssen – genau wie Laubholzkulturen im Wald – gegen Mäusefraß mit Giftködern geschützt werden. Dies sollte nie offen, sondern in Tonröhren geschehen und nur solange als die Fläche gezäunt ist. Der Zaun darf i. d. R. nach drei Jahren fallen.

Später kann man einige wenige Stämme durchwachsen lassen und die anderen immer wieder zurückdrängen. Es ist sinnvoll, keine reinen Apfelhecken zu begründen, sondern Saatgut weiterer Obst oder Gehölzarten beizumischen. In den meisten Trestern sind ohnehin noch Birnen dabei. Steinobstsaatgute erhält man bei Brennereien in Form von Maische.

Hier sei gleich noch auf eine fast vergessene

Tabelle 13: Förderung des Streuobstanbaues durch die Bundesländer [Aus »Natur« *1/91*]

Land	Name	Ziele und Voraussetzungen	Höhe der Förderung	Zuständige Behörde
Bayern	Programm für Steuobstbestände	Keine Abholzung; kein Dünger- und Pestizideinsatz	900 DM/ha pro Jahr	Landratsämter
Hessen	Streuobstförderungsprogramm	Anpflanzung von Obstbäumen aus alten Sorten (Minimum 10 Stück)	10 DM pro Baum	Amt für Landwirtschaft und Landesentwicklung (ALL)
Rheinland-Pfalz	Streuobstwiesenprogramm	Keine Pestizide; keine Düngung; keinerlei Nutzung zwischen 15. 3. und 15. 6.; Mindestfläche der Obstwiesen 2000 m^2; Mindestbaumdichte: 30 Bäume/ha	400 DM/ha pro Jahr; für jeden zusätzlich gepflanzten Baum auf Teilflächen mit weniger als 60 Bäumen einmalig 50 DM	Untere Landespflegebehörde
Saarland	Erhaltung von Streuobstbeständen	Keine Pestizide; keine Stickstoffdüngung	350 DM/ha pro Jahr	Landwirtschaftliche Beratungsstelle in Saarbrücken

Methode verwiesen, mit der früher artenreiche Laubholzhecken begründet wurden: Mazeration von Beeren und anschließende Gießkannensaate. Alles was draußen in Hecken und Waldrändern wuchs – von der Schlehe bis zur Vogelbeere – wurde gesammelt und in ein Faß oder Bottich mit Wasser geworfen. Darin mazerierte das Fruchtfleisch langsam von den Beeren und die Keimhemmungen der Samen wurde überwunden. Irgendwann im Spätwinter schöpfte man die »Jauche« mit einer Gießkanne heraus und begoß damit die vorgesehene Fläche. Ein großer Nachteil war, daß die Sämereien auf dem unbearbeiteten Boden eine lange Keimzeit hatten und die Keimlinge später schnell vom Gras erstickt wurden.
Die Baumschulen lassen derartiges Saatgut in feuchtem Sand mazerieren.

Für Streuobstwiesen gibt es Zuschüsse

Auch für die Erhaltung oder Neuanlage von Streuobstwiesen gibt es in einigen Bundesländern Zuschüsse. Darüber hinaus gewähren viele Landkreise, teilweise die Kommunen und sogar Verbände, Zuschüsse für den Ankauf von Hochstamm-Streuobst. Bleibt lediglich die Arbeit. Wer als Privatmann von der Pflanzarbeit körperlich überfordert ist, sollte sich an die nächste Ortsgruppe des Naturschutzbundes Deutschland (früher DBV) oder eine andere Naturschutzgruppe (BUND oder BN) wenden. In der Regel finden sich dort immer begeisterte Naturschützer, die solche Arbeiten kostenlos übernehmen. Ein Tip, den man auch den Jägern geben darf, die in den eigenen Reihen nicht überall Hilfswillige finden, wenn es um derartige Aufgaben geht. Warum nicht?

Kopfweiden als bescheidener Ersatz

Mit den Streuobstbeständen verschwanden Vogelarten wie Steinkauz, Wiedehopf, Grünspecht und Pirol und natürlich auch zahlreiche Insektenarten, die wiederum für den Bruterfolg vieler Vögel – vom Rebhuhn bis zum Baumläufer – ausschlaggebend sind.
Wenn manche Landwirte gegen Bäume im Feld Aversionen pflegen, dann in erster Linie weil ausladende Äste den Maschineneinsatz erschweren. Kopfweiden, heißt die Lösung! Fast überall im Feld, wo das Grundwasser hoch steht oder entlang feuchter Gräben finden Baumweiden einen zusagenden Standort. Sie stören den Maschineneinsatz auf benachbarten Ackerflächen kaum – wenn sie regelmäßig heruntergeschnitten werden. Genau dieses *Köpfen* macht auch ihren besonderen Wert aus. Als absolute

Solch ausgedehnte Streuobstlagen wie hier am Nordtrauf der Schwäbischen Alb sind heute selten geworden. Ohne ausreichende Arbeitsplätze in der Industrie wären sie wahrscheinlich längst verschwunden. Ein Widerspruch? Nein. Nur der Nebenerwerbslandwirt mit sicherem Arbeitsplatz kann es sich bei uns noch leisten, seinen Grund so zu nutzen.

Lichthölzer streben ihre Stockausschläge zunächst steil hoch, ehe sie sich verzweigen. Durch das regelmäßige Köpfen (mindestens alle 10 Jahre) entsteht ein ausgeprägter »Kopf«, der mit der Zeit auch Hohlräume bildet. Letztere kann man übrigens künstlich bilden, wenn man nach dem Rückschnitt ein kleines, quadratisches Brett (ca. 20 × 20 cm) auf die Schnittstelle nagelt, um das die Ruten herumwachsen müssen. Die neu austreibenden Ruten werden später oberhalb des Brettes zusammengezogen, mit Ballenschnur gebunden und oberhalb neuerlich abgeschnitten. Innerhalb von 2 Jahren entsteht – wenn die Ruten immer wieder gebunden werden – ein dichter, hohler Kopf.
BLAB [1986] weist darauf hin, daß dickstämmige Weiden zu den insektenreichsten Bäumen unserer Landschaft gehören. Allein über 100 Käferarten nutzen die »zerklüftete« Rinde und das weiche, schnell in Mulm übergehende Holz als Habitat. Nach LOSKE [1978] sind Baumweiden in den westfälischen Grünlandgebieten für den Steinkauz sogar existenzbestimmend.
Auch an vielen Gewässern finden sich Baumweiden, doch nur selten kümmert sich jemand um sie. Warum nicht auch »Kopfweiden-Patenschaften«, ähnlich den Bachpatenschaften (s. Seite 128). Was wäre dabei, wenn die Naturschutzortsgruppen oder die Hegeringe ganz grundsätzlich solche Patenschaften übernehmen würden. Zunächst die Besitzverhältnisse klären und dann um Übertragung der Pflege bitten!
Um möglichst schnell starke Kopfweiden zu erhalten, werden dicke (nicht unter 5 cm) und bis 3 m lange Äste mindestens 70 cm tief eingepflanzt oder in weichem Boden auch mit dem Vorschlaghammer eingeschlagen. Dem Anwachsen dient es, wenn vom unteren Ende her etwa 20 cm breit die Rinde entfernt wird. Dadurch wird den »Steckhölzern« die Wasseraufnahme erleichtert. Meistens werden schon im ersten Jahr Ruten von 1 m Länge getrieben.

Weiden kann man auch durch Setzstangen oder Setzpfähle vermehren. Diese werden einfach in den Boden eingegraben oder geschlagen und treiben dann aus. Die Weiden auf dem Bild sind erst sechs Monate alt!

Sägt man Weidenstämme ab und nagelt ein Brettstück obenauf, müssen die neuen Triebe darum herum wachsen. Werden sie oberhalb zusammengebunden und am Weiterwachsen gehindert, treiben sie neuerlich unten aus. Es entsteht ein »Kopf«.

Spätestens nach zwei Vegetationsperioden erfolgt der Rückschnitt auf den Kopf.
Ähnlich schnittverträglich, ausschlagfreudig und auch kopfbildend wie die Weiden ist die Robinie. Zwar wird sie heute vom Naturschutz weitgehend als Fremdling abgelehnt, könnte aber manchen Standort besiedeln, der für Baumweiden zu trocken ist. Ist es im Feld wirklich eine gar zu große »Rassenschande«, wenn neben der bei uns »Asyl suchenden« Kartoffel auch eine immigrierte Robinie steht? ...
An dieser Stelle muß auch einfach einmal gesagt werden, daß Bäume – auch wenn sie ursprünglich als »Asylanten« zu uns kamen – einen »Erlebniswert« besitzen. Der Duft einer Robinie, das Leuchten einer herbstlichen Roteiche, die Unruhe des im Windhauchs erzitternden Aspenlaubes, das alles kann einen Menschen »glücklich« machen.

Aufgelassene Weinberge als Trockenlebensräume

Sonderstandorte im landwirtschaftlichen Bereich bilden aufgelassene Weingärten mit Trockenmauern und in begrenztem Maße auch bewirtschaftete Weingärten, wenn diese noch nicht flurbereinigt und rationalisiert sind. Von besonderem Wert sind die Trockenmauern, häufig in loser Verbindung mit Resten von Trockenrasen. Kennzeichen sind Wasserarmut, starke Aufheizung und Wärmespeicherung. Innerhalb der sich bildenden Hohlräume herrschen hingegen eher ausgeglichene Temperaturen: *sommerkühl* und *winterwarm*.
Auf und zwischen den Steinen etabliert sich eine angepaßte Pflanzengesellschaft. Arten, die mit extrem wenig Feuchtigkeit auskommen wie der *Mauerpfeffer*, bilden regelrechte Polster mitten im trockenen Gestein. Kleinfarne klammern

sich an, und wo etwas Humus angeweht oder eingeschwemmt wird, gedeihen auch anspruchsvollere Arten wie *Zimbel- und Ruprechtskraut*. NACHTIGALL [1986] verweist darauf, daß 60 von 90 mauerbewohnenden Pflanzenarten durch Ameisen verbreitet werden. Die aber, beziehungsweise ihre Puppen, werden von vielen Vogelarten und Reptilien genutzt. *Wespen, Wildbienen, Hummeln*, zahlreiche andere Insekten und *Spinnen* bevorzugen Trockenmauern als Lebensraum.

Zwischen den lose gefügten Steinen finden Arten Zuflucht und Überwinterungsmöglichkeit, die sonst eher selten sind. Durch die starke Erwärmung siedeln in diesen Mauern selbst mediterrane Arten wie *Smaragd-* und *Mauereidechse* oder *Äskulapnatter*.

Wo die Reben nicht mehr bewirtschaftet werden, siedeln auf den Terrassen bald *Brombeere* und *Schlehe*, dazwischen breiten sich Altgrasbestände aus.

Biotope in solcher Vielfalt und ausgeprägtem Charakter lassen sich künstlich kaum herstellen. Vogelschützer wie Jäger müßten daher das größte Interesse daran haben, sie unter allen Umständen zu erhalten. Zum Erhalt gehört aber die Pflege. Vor allem, wenn die Terrassen schmal sind, werden die Mauern rasch von aufwachsenden Sträuchern beschattet und verlieren damit an Wert. Anpachtung, dosierte Entbuschung und gelegentliche Mahd garantieren den Erhalt dieser wichtigen Sonderstandorte.

Aus Kleingärten werden Sekundärbiotope

Was für Weinberge gilt, trifft auch für aufgelassene Obst- und Kleingärten zu. Solche findet man zahlreich in Franken, Teilen Baden-Württembergs oder auch in Niederösterreich. Zumindest wenn es sich um fichtenfähige Standorte handelt, werden sie früher oder später aufgeforstet. Dabei könnten bei geringem Pflegeaufwand (gesteuerte Verwilderung) artenreiche Biotope aus ihnen werden. Sie sind häufig mit älteren, ungepflegten Obstbäumen und Beerensträuchern überstellt; Gemüseanbauflächen wurden in kurzer Zeit zu Hochstaudenfluren.

In vielen Fällen wird es möglich sein, so man nicht kaufen will oder kann, derartige Flächen langfristig anzupachten. Lange, schmale »Hand-

Aufgelassene Weinberge mit ihren Trockenmauern sind schützenswerte Biotope, an denen besonders Vogelschützer und Jägerschaft Interesse zeigen müßten.

In manchen Gegenden findet man noch solche aufgegebenen Weinbergskeller, die unsere Vorfahren einfach in den Löß gegraben haben. Ein Gitter davor und es entsteht ein Überwinterungsstollen für Fledermäuse.

tücher« sind wertvoller als »kompakte« Flächen. Es geht ja darum, möglichst Netzstrukturen zu schaffen.

Eine sinnvolle Pflege schafft durch jährliche Mahd Altgrasstreifen an den Rändern; der Standort verarmt allmählich wenn das Mähgut beiseite geschafft wird. Für diese Arbeit eignet sich am besten ein Einachsmäher mit Doppelmesserbalken, der unempfindlich ist gegen Erdhaufen, Steine und abgetrocknetes Altgras. Doppelmesserbalken lassen sich auch an normale Schlepper montieren.

Unter den Obstbäumen können angeflogene Hochstauden wuchern, müssen aber in zweijährigem Turnus gemäht werden, um die Sukzession zu unterbrechen. An den Bäumen selbst sollte so wenig wie möglich »herumgepflegt« werden. Nur dort, wo etwa ein überschwerer Ast auszubrechen droht oder frühzeitige Nachpflanzung (unbedingt wieder mit Obst!) notwendig ist, wird eingegriffen.

Auf solchen Flächen dürfen durchaus auch kleine »Deponien« entstehen: Haufen mit Mähgut oder Astwerk (Obstbaumschnitt von fremden Grundstücken) oder Lesesteinhaufen. Derartige Streifen dienen einer Vielzahl von Feldbewohnern als Überwinterungsinsel.

Wo es gelingt, größere Flächen zu sichern, kann auch an eine Pflege durch extensive Schafbeweidung gedacht werden. Eine beweidete Fläche sieht natürlich anders aus als eine mit System gemähte. Sie bietet eben *andere* ökologische Nischen, dient aber ebenfalls einer ganzen Palette von Tierarten. Extensiv muß die Beweidung sein, und sie darf nicht das ganze Jahr über erfolgen. Die Schafe sollten nicht vor dem 15. Juni eingetrieben werden. Zu diesem Zeitpunkt sind die meisten Bodenbrüter ausgeflogen. Mit der Beweidung ändert sich zwangsweise die Pflanzenzusammensetzung. Im Gegensatz zur Mähmaschine »selektieren« Schafe. Grobe, stachlige oder holzige Pflanzen werden verschmäht, wohlschmeckende Arten hingegen bis auf die Wurzel verbissen, so daß einige Arten schwinden. Auch das ein Grund dafür, die Schafe erst im Sommer aufzutreiben, wenn sich die Gräser und die meisten Kräuter bereits versamt haben.

Ohne Nachhilfe mit der Sense kommt man bei Schafbeweidung nicht aus. Die Fläche wird ansonsten rasch von verschmähten Arten wie *Distel, Wolfsmilchgewächse* und vielen *Lippenblütlern* erobert. Auch anfliegende Gehölze, etwa *Schlehe, Weißdorn* oder *Ginster* müssen beseitigt werden. Sie werden zwar von den Schafen größtenteils »angeknabbert«, jedoch bei extensiver Beweidung nie ganz bezwungen.

Beweidung mit Ziegen oder Pferden ist ausgeschlossen, sie liefe jedem Schutzziel entgegen.

Häufig befinden sich aufgelassene Klein- bzw. Obstgärten schon in fortgeschrittener Sukzession. Sträucher (Schlehe und Weißdorn) sind bereits angeflogen, und dazwischen wuchert vielleicht großflächig die Goldrute (*Solidago spec.*). Diese *nicht* autochthone Hochstaude verdrängt auf ihr zusagenden Standorten vorübergehend alle anderen Arten. Einige Goldrutenarten werden zeitweise ganz gerne von Rehen und Kaninchen verbissen; alle stellen eine begehrte Insektenweide dar. Im Zuge der Sukzession verschwinden die Goldruten meist wieder, dies kann jedoch lange dauern.

In einem solchen Fall ist zu überlegen, in welcher Richtung sich die Vegetation entwickeln

Aufgelassene Obstgärten lassen sich leicht »umpflegen«. Überläßt man sie der Sukzession, verhecken sie.

soll. Entweder man muß entbuschen und wie weiter oben beschrieben mähen, oder die weitere Verbuschung begünstigen. Einige Jahre später hat man dann, je nach Grundstücksform, entweder eine Hecke oder ein Feldgehölz.

Hohlwege: Relaisstationen in der Agrarlandschaft

Zu den Sonderbiotopen die es unbedingt zu erhalten gilt, gehören die Hohlwege. Bei den Flurbereinigungen der 60er und frühen 70er Jahre sind viele der weniger tief eingeschnittenen Hohlwege verschwunden; man hat sie einfach zugeschoben. Die wenigen noch vorhandenen wurden in solchen Gemarkungen zu letzten Deckungs- und Rückzugsinseln der Hecken- und Feldbewohner und sind die einzige nennenswerte Unterbrechung der Agrarmonotonie.

In Lößgebieten bildeten sich im Laufe der Jahrhunderte durch das Befahren mit eisenbereiften Fuhrwerken und die Räumarbeit des Wassers Einschnitte, von bis zu zehn Meter Tiefe und mehr. Der Löß bildet teilweise nahezu steinharte Mauern, die annähernd senkrecht stehen können und jedem Gewitterregen trotzen.

An den oberen Kanten schließen tiefere Hohlwege i.d.R. mit einer Hecke und zumindest einem schmalen Grasstreifen ab. Durch den Wechsel von Hangneigung, Belichtung, unterschiedliche Härte des Bodens usw., sind die Voraussetzungen für ein Nebeneinander der verschiedensten Tier- und Pflanzenarten gegeben. Positiv kommt hinzu, daß die Vegetation derartiger Hohlwege vom Menschen kaum genutzt werden.

Am Rande der Hohlwege sitzen gerne die Rehe. Unter den Zelten der Waldrebe sucht der Fasan Deckung. Zwischen Reisig und Efeu nisten *Zaunkönig, Blaukehlchen* und *Heckenbraunelle*. In den oberen Etagen brüten *Turtel-* und *Ringeltauben*. Ungeheuer vielseitig ist die Insektenwelt solcher Hohlwege. Wildbienen und Wespen suchen die Lößwände, um Wohn- und Bruthöhlen zu graben. Die ganze Reichhaltigkeit des Arteninventars zeigten Untersuchungen von KRAUSE [1979] an einem Hohlweg bei Bad Godesberg. Dieser bescheidene Hohlweg weist ein Zehntel des pflanzlichen Gesamtinventars von 120 km^2 umgebender Fläche auf!

Tief ausgefahrene Hohlwege sind charakteristisch für Lößgebiete. Sie bieten auf kleinem Raum einer Vielzahl von Pflanzen und Tieren Lebensmöglichkeiten.

Heute sind erhaltungswürdige Hohlwege weit mehr durch die Kommunen als durch die Flurbereinigung gefährdet. Mit dem Bau neuer Flurwege mißbrauchen die Gemeinden die in Jahrhunderten ausgegrabenen »Schluchten« zu Deponiezwecken; man füllt sie einfach auf. Ist alles schön eben, verschwinden auch noch die oberen Träufe, die Hecken und abschließenden Grasstreifen. Ende.

Welche Schutzmaßnahmen sind sinnvoll?

- Vordringlich erhaltungswürdige, tief eingeschnittene Lößhohlwege sollten grundsätzlich unter Landschaftsschutz gestellt werden.
- Die Wege selbst dürfen nicht asphaltiert werden. Dadurch würde der Lebensraum für viele Arten unüberwindbar unterbrochen, Wasser würde schneller abfließen und seitlich ausschwemmen.

Eingang zu einer weiträumigen Höhle bei Ellwangen, in der früher sogenannter Stubensand gewonnen wurde (Sand zum Scheuern der Stubenböden): Vogelschützer haben den zugeschütteten Eingang wieder freigelegt und mit einem Gitter versehen. So entstand eine Überwinterungshöhle für Fledermäuse. Derartig prächtige, für das Publikum uninteressante Höhlen sind selten. Der Naturschutzbund Deutschland gibt Auskunft, wie man auch ohne sie Fledermaus-Winterquartiere schaffen kann.
Bei den Arbeiten brach vorne der Sandstein ab, wobei die Wurzeln eines Ahorn freigelegt wurden, die das Gestein mehrere Meter tief durchbrochen hatten.

- Steile Wände nicht (etwa aus vermeintlichen Sicherheitsaspekten) anböschen; gerade die Wände mit einem Neigungswinkel um 90° sind selten und besonders interessant.
- Durch vorsichtige Auflichtung Steilwände teilweise an die Sonne bringen.
- Traufbereiche, wo immer möglich, verbreitern.

Trockenrasen: Produkte extensiver Landwirtschaft

Trockenbiotope können ganz unterschiedliche Gesichter haben. Die meisten sind unter dem direkten Einfluß des Menschen entstanden, und sie halten sich auch nur so lange unverändert, wie der Mensch ihnen angemessene Nutzungsformen fortsetzt.

Hier soll es in erster Linie um Trocken- und Halbtrockenrasen gehen und um Magerwiesen. Ursprüngliche *Trockenrasen* eignen sich kaum zur Mahd, eher zur Beweidung mit Schafen. Deren wichtigste Aufgabe ist das Zurückdrängen einwandernder Sträucher. Die Rasendecke selbst hält sich auch ohne menschliche Eingriffe längere Zeit stabil.

Halbtrockenrasen hingegen bedürfen der ständigen extensiven Pflege. Einmalige Mahd, unter Verzicht auf schwere Maschinen, ist besser für sie als Schafweide.

Magerwiesen finden sich auf Standorten, die bei entsprechender Düngung auch eine intensive Nutzung zulassen würden.

Vor allem die Trocken- und Halbtrockenrasen sind bedroht. Es sind kräuterreiche Rasengesellschaften, vornehmlich auf Sand (Binnensanddünen), Kies oder Fels. Dabei haben sich, abhängig von Klima und Boden, ganz unterschiedliche Rasen-Typen ausgebildet. Charakteristisch ist ein hoher Kräuteranteil, der diese Rasen für die Insekten so überaus attraktiv macht. Bei den meisten der heute noch vorhandenen Trocken- und Halbtrockenrasen handelt es sich um verstreute Kleinflächen. Lediglich in der Kalkeifel, im Kaiserstuhlgebiet und im Raume Mainz/Ingelheim konnten sich größere Flächen in die Gegenwart retten. Die meisten Trocken- und Halbtrockenrasen findet man südexponiert. Ein Vorteil für die Insektenwelt (und damit z. B. für die Rebhuhnküken) ist der – verglichen mit anderen Wiesengesellschaften – frühe Blühzeitpunkt dieser Rasen. Schon im zeitigen Frühjahr und im Frühsommer wird der Höhepunkt der Blütenentwicklung erreicht, während intensiv bewirtschaftete Wiesen deutlich geringere Kräuteranteile aufweisen und wesentlich später blühen. Abgeschlossen wird der Blütenreigen von den Feuchtwiesen, die erst im August/September ihre volle Pracht entfalten.

Nicht wenige Rote-Liste-Arten siedeln vorwiegend in Trockenrasen (in Bayern 38%). In Rheinland-Pfalz wachsen 433 Pflanzenarten oder 27% aller in diesem Bundesland vorkommenden Arten auf Trockenstandorten; 36% davon gelten als gefährdet [BLAB 1986].

Pflanzen, die im Trockenrasen bestehen wollen, müssen flexibel sein; magerer, häufig nur als dünne Schicht über dem Gestein liegender Oberboden und eine spärliche Vegetationsdecke können Witterungsschwankungen nur mangelhaft ausgleichen. Die mittleren Jahresniederschläge dieser Gebiete erreichen selten mehr als 700 mm, und das Gestein liegt knapp unter der Bodenoberfläche oder es handelt sich (Mainzer Sande) um reine Binnendünen. Verdunstung führt auf derartigen Standorten rasch aus der *Trockenheit* in die *Dürre*, und die Temperaturschwankungen im Tages- und Jahresgang sind größer als auf anderen Standorten.

»Natürliche« Trocken- oder Halbtrockenrasen treten meist gemeinsam mit anderen Trockenbiotopen auf: Weinbergsmauern, Lesesteinriegel, Kalkfelsen usw.

So vergesellschaftet sich der vorwiegend süddeutsche *Trespen-Trockenrasen* auf extrem trockenwarmen Kalkhängen gerne mit der Schlehe. Im Kaiserstuhlgebiet wandert diese mit einer Geschwindigkeit von 0,5 m/Jahr in die Trockenstandorte ein. Dabei werden *Halbtrocken*rasen entschieden schneller erobert als *Volltrocken*rasen.

In der Vergangenheit wurden die Trockenrasen überwiegend beweidet, wobei die Schafe die Schlehe regelmäßig zurückdrängten. Wo diese Nutzung ausfällt, beginnen die Flächen zu verbuschen. Das ist ein kaum, oder nur über einen längeren Zeitraum umkehrbarer Prozeß. Gerade die Schlehe, Eroberin vieler Trockenbiotope, reagiert auf Axt und Säge mit vermehrter Wurzelbrut, und was das Schafmaul findet, findet die Axt noch lange nicht! Doch selbst wenn es gelingt, Gehölze nachhaltig zu roden, entwickelt sich fürs erste keine Trockenrasengesellschaften, sondern eine Schlagflora.

Fettwiese statt Trespe und Silberdistel

Gefahr droht aber auch von der Landwirtschaft. Aus angrenzenden Flächen wehen Dünger und Herbizide ein. Die etwas »besseren« *Halbtrokkenrasen* werden gelegentlich sogar in Ackerland umgewandelt – unrentabel versteht sich. Zumindest wird versucht, durch intensive Düngung landwirtschaftlich vorteilhaftere Pflanzengesellschaften zu entwickeln.

Ähnlich wie Moorböden sind auch Trockenrasen trittempfindlich; Weidehaltung von Rindern ist tödlich für sie. Auch die Schafe – früher Pfleger der Trockenrasen – verursachen schwere Schäden, wenn an die Stelle lockerer Beweidung oder Wanderschäferei Koppelhaltung mit hoher Kopfzahl tritt!

Ganz unproblematisch ist Schafweide ohnehin nicht, da die Tiere zu einem gewissen Grad die Pflanzengesellschaft selektieren. Die Bestoßung (die Zahl der Tiere pro ha) muß auf die Pflanzendecke und Bodenverhältnisse abgestimmt sein. Auf süddeutschen Halbtrockenrasen können 1 bis 2 Schafe/ha schon genug sein, will man die Florenzusammensetzung erhalten.

Bei *intensiver* Beweidung vom Frühjahr bis zum Herbst entstehen *kurzrasige* Enzian-Schillergrasrasen. Es bleiben eben jene Arten bestehen, die von den Schafen nicht oder nur ungern gefressen werden: *Deutscher Enzian, Fransenenzian, Silberdistel, Stengellose Kratzdistel und Küchenschelle* sind typische wie schützenswerte Vertreter dieser Gesellschaft.

Einschürige Mahd oder *extensive* Beweidung arbeiten auf *hochwüchsige* Enzian-Schillergrasrasen oder Trespen-Halbtrockenrasen zu. Da die selektierende Wirkung von intensivem Verbiß (und Tritt!) fehlt, vermehren sich jene Arten, die nicht weidefest sind: *Aufrechte Trespe, Esparsette, Schopfblume* und zahlreiche *Orchideen*.

Das AID Merkblatt »Biotope pflegen mit Schafen« empfiehlt, bei intensiver Beweidung kurzrasiger Enzian-Schillergrasrasen empfindliche Bereiche, in denen beispielsweise Orchideen wachsen, mit einem mobilen Elektrozaun auszugrenzen.

Wo es um die Bekämpfung ständig vordringender Wurzelbrut der Schlehe und anderer Gehölze geht, leisten Ziegen wesentlich gründlichere Arbeit als Schafe. Versuche auf der Schwäbischen Alb mit *Burenziegen*, die in Schafherden mitgeführt wurden, brachten positive Ergebnisse.

Der Wald frißt die Trockenbiotope

Die noch größere Bedrohung geht von der Forstwirtschaft aus. Nicht etwa nur vom bäuerlichen Waldbesitzer, welcher mit derartig schwer bewirtschaftbaren, ganz und gar unrentablen Flächen nichts mehr anzufangen weiß und sie »zufichtet«; auch staatliche und kommunale Forstverwaltungen haben in der Vergangenheit kräftig zur Bewaldung von Trocken- oder Magerstandorten beigetragen.

In welchem Ausmaß derartige Biotope in den letzten Jahrzehnten vernichtet wurden, zeigen Zahlen aus dem Regierungsbezirk Stuttgart. Von 1900 bis 1980 verschwanden dort 48% – rund die Hälfte – aller Wacholderheiden. Bei diesen handelt es sich um locker mit Wacholderbüschen besiedelte Magerrasen, die für die Schwäbische Alb landschaftsprägend sind. Noch erschreckender wird das Bild, wenn man den lächerlich kurzen Zeitraum von 1960 bis 1980 betrachtet. In diesen 20 Jahren gingen nämlich allein schon 32% verloren: Galoppierender Biotopverlust! Aus 73% der verlorenen Flächen wurde Wald und 17 Prozent zu intensiv genutzten landwirtschaftlichen Flächen, 10% wurden überbaut [BLAB 1986].

Was bleibt auch anderes übrig wenn sich kein Bauer mehr findet, der solche Flächen pachtet und *extensiv* als Grünland nutzt oder sich kein interessierter Schäfer findet? Ganz abgesehen davon, daß, zumindest in der Vergangenheit, die Aufforstung von Magerrasen sogar finanziell gefördert wurde!

Da bleibt nur die Lohnpflege mit öffentlichen Mitteln.

Lösegelder für das Überleben . . .

Einige Bundesländer haben den landschaftskulturellen Wert von Trockenrasen inzwischen erkannt; schließlich *bringt* ein Bekenntnis zum Naturschutz Wählerstimmen. Allerdings kostet er auch Wählerstimmen, weil einer immer Federn lassen muß, daher sind die Wirtschaftseinschränkungen teilweise so locker gezogen, daß beispielsweise in Rheinland-Pfalz noch intakte Trockenrasen mit Fördermitteln (die eigentlich zum Schutz gedacht sind) zumindest geschädigt, wenn nicht zerstört werden können.

Beispiel: Wer bisher seinen Trockenrasen einmal jährlich mähte und auf Düngung verzichtete (ohne staatlichen Zuschuß), kann jetzt auch einige Rinder in Koppelhaltung auftreiben, den empfindlichen Rasen zusammentrampeln lassen und dafür noch Prämie für die »Extensivierung von Dauergrünland« kassieren. Und was passiert, wenn es sich der Bauer nach Ablauf des kurzfristigen Vertrages anders überlegt und doch umwandelt: in Fettwiese, Ackerland oder Wald? Oder wenn er auf die Prämie verzichtet und die Fläche einfach sich selbst überläßt? Dann war das Geld in den Sand gesetzt!

Der sinnvollste Weg zu dauerhaftem Schutz führt daher über den Ankauf von Flächen durch die Kommunen und die vertraglich abgesicherte Pflegeübernahme durch Naturschutzorganisationen. Oder aber Ankauf durch den privaten Naturschutz, bei Eintrag einer *Grunddienstbarkeit* und Bezuschußung des Pflegeaufwandes durch Land oder Kreis.

Das Land Niedersachsen bezuschußt den Ankauf von Magerrasen in Höhe von bis zu 90%. Andere Bundesländer halten ebenfalls Mittel bereit. Ist das zuviel verlangt?

Unabhängig von diesen staatlichen Programmen haben inzwischen auch zahlreiche Landkreise Mittel für Ankauf oder Pflege von Trockenrasen bereitgestellt (s. Seite 104).

Wer braucht den Trockenrasen?

Bei den Säugern und Vögeln gibt es kaum Arten, die zwingend auf den Trockenrasen als solches angewiesen sind. Allerdings bieten seine Pflanzengesellschaften einigen Arten besonders günstige Lebensbedingungen. Der Feldhase findet hier ein breites Spektrum ihm zusagender Gräser und Kräuter, die auf intensiv bewirtschaftetem Grünland nur spärlich oder gar nicht zu finden sind. Für adulte Rebhühner sind die Sämereien interessant und ihre Küken finden im Trockenrasen eine Fülle von Insekten. Aber Rebhühner wie Feldhasen kämen ohne Trockenrasen aus, wenn sie nur genügend ähnliche Biotope, etwa ausreichend Brachen und Altgrasstreifen finden würden.

Eher kann man Tierarten benennen, die typische Bewohner von Trockenrasen sind, ohne zwingend auf diese angewiesen zu sein. *Zipp-* und *Zaunammer* gehören dazu und die *Heidelerche*.

Reptilien profitieren von Trockenrasen besonders dann, wenn diese mit anderen Strukturen kombiniert sind. So suchen *Smaragdeidechse* und *Aeskulapnatter* die Übergangsbereiche zwi-

schen Wald (oder Hecke) und Trockenrasen, und die seltene *Mauereidechse* bevorzugt lückenhaft bewachsene Trockenrasen, in denen das Gestein (Kalkfelsen) durchschaut.
Auffallend groß ist hingegen die Zahl der Insektenarten, die bevorzugt in Trockenrasen leben. Hier fallen besonders die *Bodennister* auf, die in hochstehenden Fettwiesen keine geeigneten Brutplätze finden. Auch eine ganze Reihe Heuschrecken sind typisch für derartige Standorte *(Schönschrecke, Zartschrecke, Waldgrille* usw.). Die Hälfte aller gefährdeten Heuschreckenarten lebt auf diesem Standort (gefährdet, weil auch der Standort gefährdet ist!) und ein Drittel aller gefährdeten Tagfalterarten.
Wenn das kein Grund ist, die letzten Trockenrasen zu schützen!?

Wie groß muß er sein?

Natürlich so groß als möglich, aber das wünschen wir ja jedem interessanten Standorttypus. Die Größenansprüche der einzelnen Tierarten (vor allem der Insektenarten) sind ganz unterschiedlich und hängen von deren Populationsschwankungen ab. RENNER [1979, zit. v. BLAB] ermittelte bei einer auf einem drei Hektar großen Areal lebenden Feldgrillenpopulation, innerhalb eines günstigen Sommers, einen Sprung von ca. 600 auf schätzungsweise 75 000 Individuen! In derselben Größenordnung und genau so schnell kann eine derartige Population wieder zusammenbrechen. Stehen jedoch nur ein paar hundert Quadratmeter zur Verfügung, sinkt die Population eventuell örtlich auf 0 Exemplare.
Und nun einen Gedankensprung zu den Rebhühnern: Was geschieht mit ihnen, vor allem mit den Küken, wenn die Populationen mehrerer Insektenarten aufgrund ungünstiger Witterung oder durch Insektizide schlagartig zusammenbrechen, die lokal eine wesentliche Nahrung darstellen? Was geschieht, wenn das Wetter für die Vermehrung derartiger Insekten zwar günstig ist, jedoch ihr Lebensraum (z. B. die Trockenwiese) grundlegend negativ verändert wird.
Hilft es dann Wiesel zu fangen oder Habichte zu schießen?...
Auch der Naturschutz muß sich kritisch hinterfragen lassen. Der *Apollofalter* beispielsweise kommt bei uns fast nur noch im Hochgebirge vor. Dort findet er noch umfangreiche Trocken- und Halbtrockenrasen, die er zu seinem Fortbestand braucht. Seit einem halben Jahrhundert ist er streng geschützt und trotzdem wird er – insgesamt – immer seltener. Nun gibt es ja auch im Alpenvorland noch Reste solcher Trockenrasen, und weiter draußen überall kleine derartige Flächen, die ja als Trittsteine dienen müßten.

Tabelle 14: Welche Bundesländer fördern den Erhalt von Trockenstandorten? [Aus »Natur« 1/91]

Land	Name	Ziele und Voraussetzungen	Höhe der Förderung	Zuständige Behörde
Bayern*	Programm für Mager- und Trockenstandorte	Mahd nach dem 1. 8.; Verzicht auf Beweidung, Düngemittel und Pestizide	900 DM/ha pro Jahr	Landratsämter
Hessen	Ökowiesenprogramm	Erste Mahd nicht vor dem 15. 6.; keine Herbizide; keine Stickstoffdüngung; keine Änderung der Bodenbeschaffenheit	Bei völligem Verzicht auf Düngung 300 bis 400 DM/ha und Jahr	Ämter für Landwirtschaft
Rheinland-Pfalz	Extensivierung von Dauergrünland	Keine Düngung; keine Pestizide; keine Veränderung der Bodenbeschaffenheit; Beweidung nicht vor dem 15. 6. und dann nur 1 Rind pro Hektar	400 DM/ha pro Jahr (Vertrag über mehrere Jahre) 300 DM/ha pro Jahr (Vertrag über mehrere Jahre)	Landwirtschaftliche Beratungsstelle oder Kreisverwaltung

* Bayerns Programm berücksichtigt die Bedürfnisse von Mager- und Trockenstandorten am konsequentesten.

So ausgedehnte Trockenrasen wie hier am Kaiserstuhl sind selten geworden.

Trotzdem findet man kaum mehr den Apollofalter, obwohl dieser ganz sicher immer wieder einfliegt. Warum?
PALIK, ein polnischer Biologe hilft uns da weiter: Ein Apolloweibchen legt im Durchschnitt 150 Eier. Die Sterblichkeit der ersten Entwicklungsstadien ist aber so groß, daß mindestens 400 bis 600 Eier je 1500 m² und Faltersaison abgelegt werden müssen, um die Art zu erhalten. Mehr als 20 bis 30 Imagines (geschlechtsreife Falter) überleben davon kaum, und von diesen sind wiederum nicht mehr als 4 bis 6 Weibchen. Eine stabile Population, die auch größere Einbrüche verkraften kann, müßte aus mindestens 100 Weibchen bestehen, für die wenigstens 3 ha geeigneter Lebensraum notwendig wären! Deshalb kann sich die Art auf kleinen, isoliert liegenden Flächen einfach nicht dauerhaft halten.
Anderen Arten nützt auch eine relativ große Fläche nichts, wenn wichtige Futterpflanzen fehlen. So überlebt der *Silbergrüne Bläuling* durchaus auch auf kleinen Flächen, wenn er dort ausreichend *Hufeisenklee* findet, die Futterpflanze seiner Larven.
Hier zeigt sich ein Dilemma. Einerseits gilt es möglichst viele, wenn auch kleine »Trittsteine« zu sichern und unter Schutz zu stellen, andererseits hängt der Überlebenswert einer »Insel« stark von ihrer Größe ab. Damit ist Naturschutz häufig nichts anderes als die Konservierung einer Leiche.

Kann man auch neue Trockenrasen schaffen?

Nicht alle Trockenrasen sind gewachsene Natur. Rein anthropogenen Ursprunges sind beispielsweise die mit Trockenrasengesellschaften besiedelten Hochwasserdämme der Rheinniederungen oder entlang anderer Flüsse. Auch der Straßenbau schafft, wenn auch nicht gleich komplette Trockenrasen, so doch geeignete Standorte. Auf nicht mit Humus abgedeckten Schlackehalden, auf Schuttflächen oder im Bereich aufgelassener Sand- und Kiesgruben siedeln sich ebenfalls entsprechende Pflanzengesellschaften an. Im Grunde müssen nur zwei Bedingungen erfüllt sein: Der Standort muß trocken und nährstoffarm sein.
Jede Wiese auf trockenem Standort läßt sich in Richtung Trockenrasen verändern, wenn die im Boden vorhandenen Nährstoffe durch möglichst häufige Mahd ausgetragen werden und keine neuen über Düngung zugeführt werden. Allerdings dauert ein solcher Prozeß Jahre.
Völlig neu entstehen können Trockenrasen in aufgelassenen Kies- und Sandgruben, vorausgesetzt, es wird kein Humus aufgetragen. Durch das Einbringen von einzelnen Rasenplatten, aus intakten Flächen, läßt sich die Besiedlung steuern und beschleunigen. Auch der ein-, höchstens zweimalige Auftrag von entsprechendem Mähgut unterstützt die Ansiedlung der erwünschten Pflanzengesellschaften.

Tabelle 15: Landschaftspflege mit Schafen [Aus AID »Biotop pflegen mit Schafen« M. WOIKE, P. ZIMMERMANN]

Biotop-Typ	Haltungsform	Zeitpunkt und Dauer	Rasse	Einschränkung*	Vorbereitende bzw. ergänzende Maßnahmen
Verheidetes Moor	standortgebundene Hütehaltung; keine Koppelschafhaltung!	bei günstigem Klima und Futterangebot ganzjährige, kleinräumig wechselnde Beweidung	weiße hornlose (Moor-)Schnucke, Bentheimer Landschaf	Hochmoor-Regenerationskomplexe sind ganzjährig zu schonen	Entbuschen August bis März; kontr. Brennen Dezember bis Februar bei Frost; Mahd Oktober bis März
Sandheide	standortgebundene Hütehaltung oder Wanderschäferei; keine Koppelschafhaltung	ganzjährige Beweidung, turnusmäßiger Wechsel; besonders im Herbst und Winter Beweidung der Besenheide	graue gehörnte (Heid-)Schnucke; Bentheimer Landschaf	Flächen mit neu aufkommender Besenheide sind für ca. 3 Jahre zu schonen	Entbuschen August bis März; kontr. Brennen Dezember bis Februar; Mahd Oktober bis März
Wacholderheide	standortgebundene Hüteschafhaltung oder Wanderschäferei; Koppelschafhaltung nur, sofern das Pflegeziel ausschließlich die Erhaltung des Wacholders ist	Frühjahrs- und Sommerweide	Schnucke oder andere Landschafrasse; Ziegen		Mahd Oktober bis März; Entbuschen der den Wacholder verdämmenden Gehölze August bis März
Hoch- und Bergheiden	Wanderschäferei oder standortgebundene Hütehaltung; keine Koppelschafhaltung!	Frühjahrs- und Sommerweide; besonders im Herbst Beweidung der Besenheide	Landschafrassen, vor allem Berg-, Rhönschaf, Coburger Fuchsschaf		Entbuschen August bis März; Mahd Oktober bis März

Biotoptyp	Haltungsform	Weidezeit	Schafrasse	Besonderheiten	Ergänzende Pflege
Halbtrocken- und Trockenrasen (-weiden)	Wanderschäferei oder standortgebundene Hütehaltung; keine Koppelschafhaltung!	Frühjahrs- und Sommerweide	Merino-Landschaf und Landschafrassen	je nach Schutzziel sind Teilparzellen mit gefährdeten verbiß- und trittempfindlichen Arten z. B. in deren Blühphase nicht zu beweiden; Sukzessionsstadien (sog. »Mähder«-Stadien) sind nicht oder nur im mehrjährigen Rotationsverfahren zu beweiden	Mahd je nach floristisch-vegetationskundlichem Schutzziel zwischen Juni und Oktober; bei verfilzten Flächen vor der Beweidung erforderlich. Entbuschen August bis März
Silbergrasflur	standortgebundene Hütehaltung oder Wanderschäferei	Frühjahrs- und Sommerweide	alle Schafrassen		Entbuschen August bis März
Wirtschaftsgrünland incl. Feuchtwiesen	Koppelschafhaltung, standortgebundene Hütehaltung oder Wanderschäferei	Frühjahrs- und Sommerweide	alle Schafrassen im Mittelgebirge bevorzugt Rhönschaf	Teilparzellen mit verbiß- und trittempfindlichen Arten (z. B. Orchideen) sind in deren Blühphase nicht zu beweiden	Mahd 1- bis 2mal jährlich Mitte Juni und September
Deiche und Dämme	standortgebundene Hütehaltung oder Koppelschafhaltung	Beweidung in der Vegetationsperiode	alle Rassen, bevorzugt Fleischschaf		
Salzwiesen im Deichvorland	Koppelschafhaltung, standortgebundene Hütehaltung	Beweidung in der Vegetationsperiode	Weißköpfiges Fleischschaf	Beweidung nur von max. 50% der Fläche mit 1–4 Schafen/ha	
Brachflächen	Wanderschäferei oder standortgebundene Hütehaltung; Koppelschafhaltung, sofern das Pflegeziel nur darin besteht, die Flächen offen zu halten	Frühjahrs- und Sommerweide	alle Schafrassen, bevorzugt Landschafrassen der Region und Merino-Landschaf		Mahd in mehrjährigem Abstand ab Oktober. Entbuschen August bis März
Hanglagen im Alpenraum (Almen)	standortgebundene Hütehaltung und Wanderschäferei	Sommerweide auf den Almen	Bergschaf	hochgradig erosionsgefährdete Partien mit lockeren, steinigen Böden sind nicht zu beweiden	

* Sollten gefährdete, bodenbrütende Vogelarten vorkommen, sind ihre Brutplätze während der Brutzeit von einer Beweidung auszunehmen.

Landschaftspflege mit Schafen

Immer wieder wird in diesem Buch Beweidung mit Schafen als Möglichkeit der Biotoppflege genannt. Eine unsachgemäße Beweidung kann aber auch erhebliche Schäden anrichten. Tabelle 15 zeigt die Eignung der einzelnen Schafrassen sowie Einschränkungen und ergänzende Biotoppflegemaßnahmen.

Kiesgruben: Umweltzerstörung oder Chance für die Natur?

Selten wird um Eingriffe in die Landschaft mehr gestritten als wenn es um Kies- oder Sandgruben geht. Es gehört ganz offensichtlich zum »Ehrenkodex« eines aufrechten Naturschützers, gegen eine derartige »Vergewaltigung« der Natur zu kämpfen.
Wo immer Antrag auf Genehmigung zum Kies- oder Sandabbau gestellt wird, formiert sich des Bürgers Unmut zu Widerstand. Der Naturschutz hat schnell auch jene Mitmenschen auf seiner Seite, die mit einem Einkaufcenter oder Freizeitpark durchaus einverstanden wären.
Das einzig *grundsätzlich* gültige Argument gegen die Kiesausbeutung der Landschaft, ist die damit verbundene Lärmbelastung durch den Schwerverkehr. Über den Rest ist von Fall zu Fall differenziert zu befinden.
Es ist aber schon ein gerüttelt Maß an Heuchelei notwendig, wenn man selbst auf sein mit Kies (im doppelten Sinne) gebautes Eigenheim pocht, über verstopfte Straßen jammert (die man selbst sogar in der Freizeit beansprucht) und durch eigenen Kindersegen dazu beiträgt, daß die Welt immer enger und Kies immer notwendiger wird, dann aber lebhaft gegen Kiesabbau protestiert!
In Österreich werden jährlich 60 Millionen Tonnen Sand und Kies abgebaut [KOFLER 1986]. Mit anderen Worten: Jeder Einwohner dieses Landes verbraucht direkt oder indirekt eine Lkw-Ladung derartiger Materialien pro Jahr! In der Bundesrepublik ist der Verbrauch sogar noch höher.
Mehr Abbaustätten wäre gleichzusetzen mit kürzerer Abbaudauer und geringerer Flächenausdehnung der einzelnen Lager, geringerer Belastung der Anwohner durch Schwerverkehr, weniger Umweltbelastung, weil Kies und Sand nicht über Entfernungen von 50 Kilometer und mehr herangekarrt werden müßten. Statt weniger großer Flächen, von denen in der Regel jeweils nur Teilbereiche der Natur überlassen werden, entstünden gestreut Trittsteine und hochwertige Biotope!
Ich bestreite ja auch nicht, daß Kiesgruben in der Vergangenheit vielfach durch Mülldeponien »rekultiviert« wurden und am Ende dieses Weges wieder der Maisacker stand. Vor allem kleinere Gruben enden häufig als Spielplätze dauerpupertärer Motorradfans. Oder es wird ein Zaun um sie gezogen und ein Schild aufgestellt: »Angeln verboten – der Fischereiverein«.
Diese unerfreulichen Endstadien können ja nicht der Kiesgewinnung angelastet werden, allenfalls der eigenen Passivität und Einfallslosigkeit. Erst wird gegen jedes Vorhaben furchtbar gewettert, Bürgerinitiativen werden gegründet, die Zukunft unserer Kinder beschworen – und nach verlorener Schlacht die Hände in den Sack gesteckt.
Für die Natur ist Kies- oder Sandabbau – langfristig – in vielen Fällen ein Gewinn. Das trifft selbstverständlich nicht zu, wenn der Abbau auf

Uferschwalbenkolonie: Sonderbiotop auf Zeit; die Wände bröckeln ab und müssen immer wieder erneuert werden.

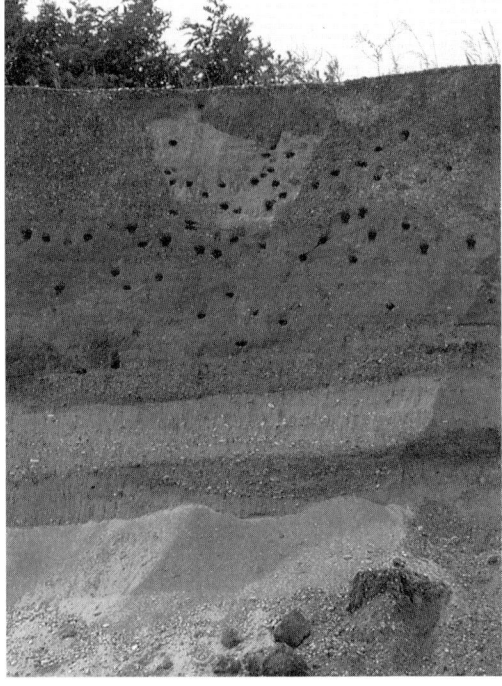

Die meisten Kies- und Sandgruben werden nach Beendigung des Abbaus oder teilweise schon während diesem rekultiviert. Die Ränder werden abgeflacht, Humus aufgetragen und die Flächen wieder landwirtschaftlich genutzt; im günstigsten Falle wird aufgeforstet. Jägerschaft und Naturschutz haben in der Vergangenheit bei den Genehmigungsverfahren meist »geschlafen«, dabei müßten sie um jede renaturierbare Grube dankbar sein.

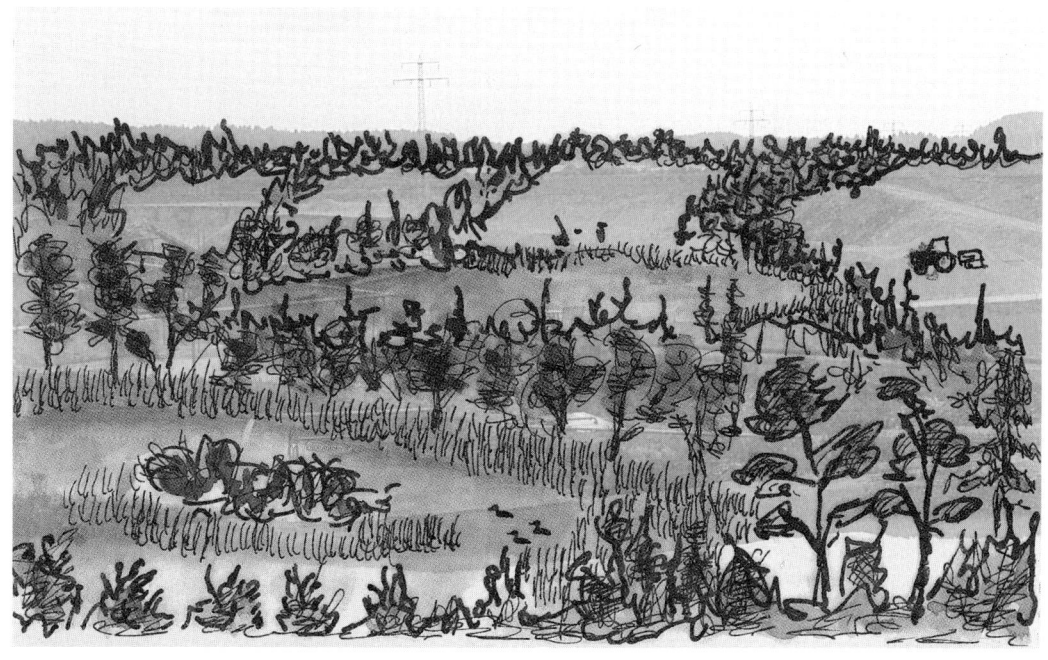

Flächen stattfinden soll, die ohnehin schon schützenswert sind. Wo nicht mehr verlorengeht als sterile Mais- oder Weizenäcker, kann jeder Naturschützer über Kiesgruben jubeln! Vielen Protestlern – weiß Gott nicht allen – mag man das vor einem Vierteljahrhundert im BLV Verlag erschienene und vom heutigen BUND-Vorsitzenden HUBERT WEINZIERL geschriebene Buch »Reviergestaltung« um die Ohren hauen. Der passionierte Jäger WEINZIERL hat damals schon erkannt, welche Chancen derartige Abbaustätten für die Natur beinhalten. Zitat:
»Baggerseen sind ideale Gestaltungsobjekte im Jagdrevier. Wer immer in seinem Revier eines Baggersees habhaft werden kann, etwa von der Gemeinde, der Flurbereinigungsteilnehmerschaft oder von einem Unternehmer, der sollte rasch zugreifen! Bieten sich doch kaum günstigere Möglichkeiten für die Reviergestaltung an...«

Alles laufen lassen statt Protest?

Auf keinen Fall darf der Naturschutz einfach »alles laufen« lassen. Weder der Unternehmer noch die Gemeinde werden von sich aus auf eine spätere Verwendung im Sinne der Biotopgestaltung drängen. Alle, die an einer Biotopgestaltung Interesse haben, müssen sich zusammenfinden, auch wenn sie im Detail nicht immer völlig identische Interessen verfolgen.
Vogel- und Naturschutz wären für eine Gestaltung unter Ausschluß von Jagd und Fischerei schnell zu begeistern. Doch damit befinden sie sich bereits in der Isolation. Das gilt für Jäger, die glauben, bei der Bejagung auf keinen Quadratmeter verzichten zu können, ebenso wie für die Fischer. Auch Wassersportler liebäugeln natürlich mit Kiesgruben und sie pfeifen auf jede Gestaltungsmaßnahme. Schilf und Seerosenfelder schmälern nur die »freie Fahrt für freie Surfer«. Große Mausergesellschaften von Reiher- und Tafelente als Anziehungspunkte ständig am Wassersport nörgelnder Vogelschützer sind nicht gefragt, von den »bescheuerten Hobby-Killern« gar nicht zu reden...
Dabei sind Mehrheiten, die man sich durch Sympathisanten schafft, eine unsichere Sache. Bei herbstlichem Sauwetter plädieren auch jene für den Naturschutz, die in der warmen Jahreszeit rücksichtslos ihr »freies Recht auf ungehinderten Hautkrebs« durchsetzen. An das Plädoyer für den Naturschutz wird halt oft auch die Hoffnung auf einen persönlichen Liegeplatz in gesunder Natur geknüpft. Naturschutz ja, aber nur mit persönlicher Eintrittskarte. Damit ist die Strategie schon vorgezeichnet.

Was kann daraus werden?

Die Möglichkeiten späterer Gestaltung sind vorgegeben und begrenzt. Unterschieden wird zwischen *Trockenabbau* und *Naßabbau*. Wo Kies und Sand aus Wänden herausgebrochen wird, herrscht i.d.R. Trockenheit. Somit wird zwangsweise auch die Wiederherstellung von Trockenstandorten das Renaturierungsziel sein. Große Wasserflächen wird es nicht geben können, allenfalls einige kleine Laichtümpel. Dafür gilt es Abbruchkanten zu erhalten, eventuell sogar nachträglich zu bilden und mit dem Abraum Strukturen zu schaffen.
Anders ist das bei in den Grundwasserbereich gebaggerten Gruben. Hier steht das Wasser im Mittelpunkt der Gestaltung.
Gemeinsam ist allen Abbauflächen zunächst einmal die Armut des Standortes. Das ist ein sehr wichtiges Merkmal, angesichts unaufhaltsam steigender Nährstoffbelastung der Landschaft. Die gilt es weitgehend zu erhalten! Die zweite Gemeinsamkeit ist die strukturelle Vielfalt, der Wechsel von vertikalen und horizontalen Elementen. Damit läßt sich einiges machen. Wo durch den Abbau »Gruben« entstehen, entwickelt sich überdies ein von der Umgebung abweichendes Kleinklima (Windschutz und Sonneneinstrahlung auf Böschungshänge). Auf Steilhängen steigen die Temperaturen im Sommer bis 70 °C.
Bei Einbrüchen ins gewachsene Relief entstehen entweder flächige »Baggerseen« oder aber kleinere Gewässer. Letztere können mit der sich sukzessiv einstellenden oder von uns geförderten Vegetation natürlichen Altwässern entsprechen, wenn sie *perrenierend* sind, d.h. ständig Wasser führen. Oder es entstehen Tümpel mit stark wechselnden Wasserständen, die im Sommer auch ganz austrocknen können. Das sind wichtige Laichgewässer für Amphibien.
KOFLER [1986] fordert die Ausbildung von *Kleingewässerzonen*, mit einem Mosaik aus Klein- und Kleinstgewässern mit unterschiedlichen Wassertiefen zwischen 0,1 und 1,0 m Tiefe
Als Besiedlungspionier zeigt sich immer wieder die *Geburtshelferkröte*.
Auch die *Kreuzkröte* ist auf derartige Sekundär-

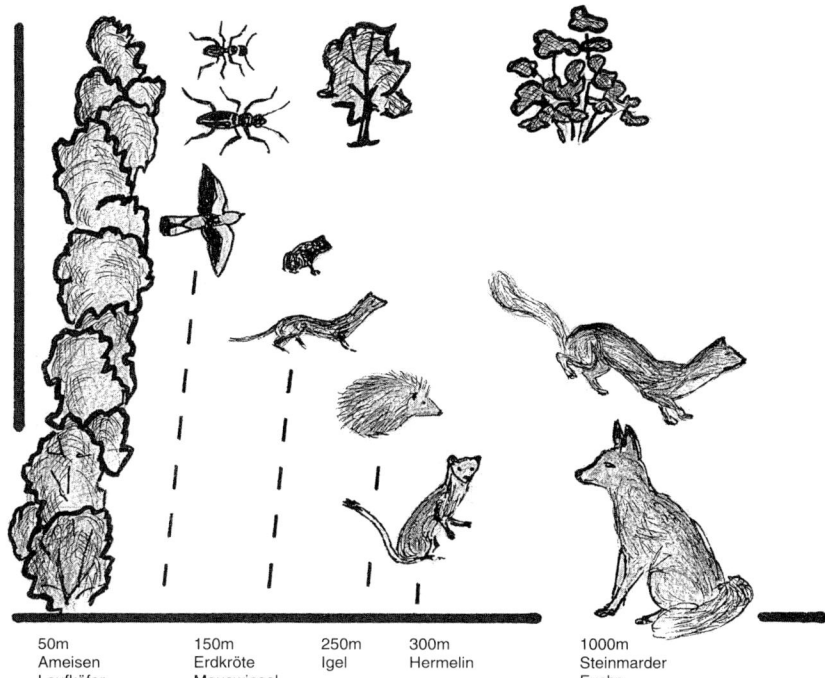

*Aktionsradius fleischfressender Tiere von Hecken und Feldgehölzen aus.
Ohne Trittsteine sind kleine Arten isoliert.*

50m	150m	250m	300m	1000m
Ameisen Laufkäfer Neuntöter	Erdkröte Mauswiesel	Igel	Hermelin	Steinmarder Fuchs

lebensräume angewiesen und erobert aufgelassene Kies- und Sandgruben recht schnell, wenn sie dort flache Laichtümpel findet. Kreuzkröten sind ausgesprochene »Läufer« und keine »Springer« wie andere Amphibien. Deshalb suchen sie vegetationsarme Substrate, die ihnen das Laufen erleichtern. Anders als etwa die *Erdkröten* haben sie auch keine Laichplatztraditionen. Dafür besitzen sie eine sehr laute Stimme und rufen sich an den Laichgewässern zusammen. Da sie nachtaktiv sind und sich tagsüber meist eingraben, muß auch ein grabfähiger Boden vorhanden sein, damit eine Fläche als Lebensraum erschlossen werden kann. All diese Merkmale werden von Kies- und Sandgruben erfüllt, wenn es sich nicht um reine Naßbaggerstellen handelt. Wo nachträglich *kein* Humus aufgeschoben wird, siedeln sich Trockenrasen- oder Ruderalgesellschaften an. Diesen kommt ein hoher Stellenwert zu, und es wäre ein großer Fehler, derartige Abbauflächen bewalden oder verhecken zu wollen. Ganz sicher sollen Hecken nicht gänzlich fehlen. Aus Kiesgruben sollen jedoch *keine* geschlossenen Feldgehölze werden.

Schon einige wenige Weidengebüsche können teilweise die Funktion der Weichholzaue ersetzen. Zum renaturierten Baggersee gehört zweifellos auch ein richtiger Auwaldgürtel, aber an offenen, *nicht* von Wasser überspülten Flächen darf kein Mangel sein.

Andererseits können sich in abbaubedingten Trockenhängen auch Sickerquellen finden, durch die das Druckwasser zutage tritt. Sie stellen eine Bereicherung dar, auch wenn primär Trocken- oder Ruderalstandorte gefragt sind.

Abbrüche dürfen nicht beseitigt werden.

Gerade die Kombination von unbewachsenen Abbruchkanten, Trockenrasen, Ruderalflora und Gehölzen schafft für zahlreiche Insektenarten hervorragende Lebensbedingungen. So fand HAESELER [1973] in einer seit 15 Jahren nicht genutzten Kiesgrube nahe Kiel 185 (!) Bienen- und Wespenarten. Das entspricht einem Drittel aller in Schleswig-Holstein vorkommenden Arten dieser Gruppe.

Darauf kommt es an:

Kies- oder Sandabbau muß von vorne herein in die richtigen Bahnen gelenkt, sprich: mit Auflagen versehen werden. Ziel soll sein, möglichst die ganze Fläche dauerhaft aus der landwirtschaftlichen oder forstlichen Produktion zu nehmen. Das schließt spätere Rekultivierung als Ackerland oder als Wirtschaftswald aus. Allerdings kann, auf größeren Hinterlassenschaften von Trockenbaggerung, eine *Teil*rekultivierung zur extensiven Wiese durchaus sinnvoll und bereichernd sein. Auch die *Teil*bewaldung hinter den Abbruchkanten ist – unter Umständen – zielführend. Es kommt darauf an, bereits in den *Abbau- und Betriebsplänen* als Grundlage des Genehmigungsverfahrens die spätere Verwendung festzuschreiben – nicht erst in einem nachträglich zu erstellenden *Rekultivierungsplan*. Die folgenden »Checklisten« können als Leitfaden einer sinnvollen Arbeit dienen.

Diese Dinge müssen Gegenstand des Genehmigungsverfahrens sein:
- Der Kostenrahmen für die sukzessive und abschließende Gestaltung und die Kostenübernahme,
- die Grenzen des tatsächlichen Abbaus und die Böschungsneigung,
- der Verlauf etwaiger Gewässerränder,
- die Wassertiefen,
- das Stehenlassen von Inseln,
- die Verwendung oder/und Lagerung des Mutterbodens.

Grundsätzlich ist daran zu denken:
- Einigkeit unter allen Interessierten schaffen. Dabei geraten Egoisten schnell in die Isolation.
- Durch positive, kooperative Grundhaltung den Kommunalpolitikern ein Befürworten der Genehmigung und gleichzeitig die Durchsetzung von Auflagen erleichtern.
- Ausgenommen wirklich kleinflächige Abbauten, ist auf eine *sukzessive* Renaturierung zu bestehen. Geschieht dies nicht, haben Mensch und Natur am Ende einer 10- oder 20jährigen Abbauzeit vollendete Tatsachen geschaffen. Gestaltungspläne aus der Planfeststellungszeit sind dann meist nicht mehr umzusetzen. Wassersport und Badebetrieb haben Besitz genommen, trockene Bereiche sind bereits stark verbuscht.

Bei der Formulierung von Planungszielen sind diese Überlegungen zu beachten:
- Je kleiner die diskutierte Fläche ist, um so mehr schränkt dies den Wassersport und Badebetrieb ein. Wasserflächen unter 8 ha sollten allenfalls in Teilbereichen für den Badebetrieb, nicht aber für Surfer und Segler freigegeben werden.
- Besser als Schilder und Bojenkette grenzen feuchte Vegetationszonen die einzelnen Interessensbereiche voneinander ab.
- Keine Fischereinutzung in Gewässern *unter* 3 ha, in größeren immer nur in Teilbereichen. Mindestens ein Drittel der Uferlänge muß von jeder Betretung ausgenommen werden, das gilt natürlich auch für *Naturschützer*.
- Wo der Angelsport in Teilbereichen gestattet wird, darf der Erstbesatz an Fischen nur entsprechend dem natürlichen Artenspektrum erfolgen. Späteres, ständiges Aussetzen von bevorzugten Angelfischarten (z. B. Regenbogenforellen) ist auszuschließen. Fischerei grundsätzlich nur vom Ufer aus. In Gewässern ohne Angelbetrieb unterbleibt jeder künstliche Fischbesatz.
- Auf größeren Wasserflächen *mindestens* ein Drittel der Fläche vor Segel- und Surfbetrieb wirksam schützen (Bojenkette oder Kiesriegel mit Bewuchs).
- Wenn irgend möglich so planen, daß Freizeitnutzung nur über einen längeren (mindestens 300 m) Fußweg zu erreichen ist. Das schreckt Surfer und »vollmöbilierte« Bader ab. Zufahrtswege vom ersten Tag an abschranken, damit keine Gewohnheit entsteht.
- Auf großen Wasserflächen klare Nutzungsgliederung: Badebetrieb, Fischerei, Jagd und allgemeiner Naturgenuß sowie strenger Schutzbereich. Die Jäger sollten erkennen, daß sie letztlich von räumlich begrenzten Bereichen mit strengem Schutz selbst profitieren, und zwar im Ansehen bei der Bevölkerung wie auch rein jagdlich, weil respektierte Ruhezonen insgesamt mehr Wasserwild anziehen als ständig gestörte!
- Nicht isoliert planen, sondern mit Blick auf angrenzende Flächen. Dies gilt vor allem bezüglich eventueller ungewollter »Zubringerwege« an den Schutzbereich.
- In befriedeten Bereichen keine Wege in Ufernähe führen. Diese Zone durch vernäßte Stellen, Gräben usw. möglichst unbequem machen, damit keine Trampelpfade zum Ufer hin entstehen können.
- Prüfen, ob angrenzende Bereiche (Trockenrasen, Feuchtwiesen, Hecken usw.) mit in ein umfassendes Schutzkonzept einbezogen werden können.

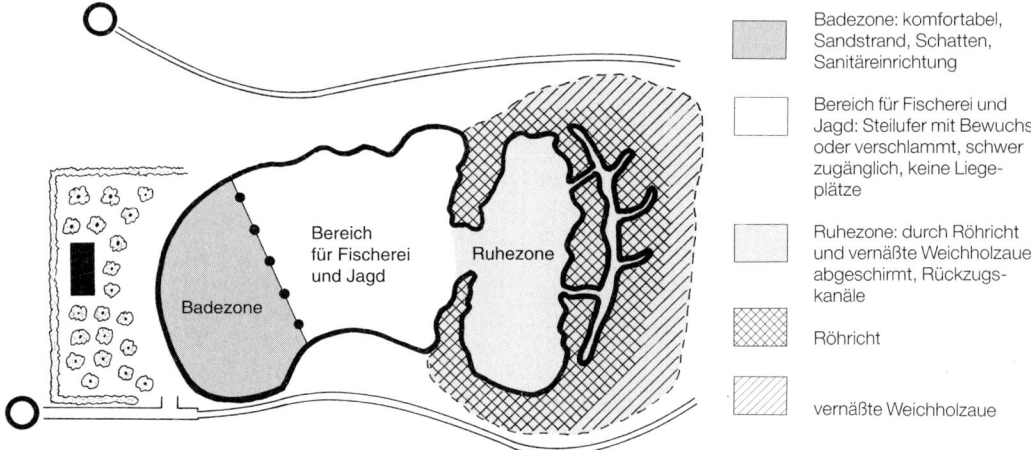

Funktionsteilung bei renaturierten Stillgewässern

Gestaltungsbereich Wasser

Je nach Zielsetzung, gelten ganz unterschiedliche Gestaltungsregeln. Bereiche, die den Badebetrieb auffangen sollen, müssen für die Badenden deutlich attraktiver sein als die restliche Fläche. Ein paar Kriterien sind diese:

- Badebereich so einplanen, daß er der Zufahrt am nächsten liegt, aber keine *direkte* Zufahrt mit Kfz ermöglichen.
- Strandlinie glatt verlaufen lassen; in Buchten sammelt und staut sich nur schmutziges Treibgut.
- Der Strand muß kinderfreundlich sein; er darf im Bereich der ersten 5 bis 10 m im Wasser nicht mehr als 10% Gefälle haben und soll sandig sein.
- Die Liegewiese muß annähernd eben planiert werden und braucht eine Humusauflage zur dauerhaften Begrünung. Diese soll nahe an das Wasser heranreichen. Liegewiese mit Schattenspendern überstellen.
- Grenzbereiche mit guter Humusauflage ausstatten und möglichst vernässen, damit ein Ausweiten der Liegefläche verhindert wird.

Für die übrigen Uferzonen gelten andere Gestaltungsgrundsätze:

- Uferlinie so buchtenreich und geschwungen wie nur möglich ziehen.
- Unterschiedliches Gefälle von ganz seicht bis zur Abbruchkante im Wasser.
- Für unterschiedliche Substrate im Wasser sorgen und dabei nicht zu kleinräumig denken. Also Bereiche reinen Kieses oder Sandes und solche mit eingeschobenem Boden (Lehm, Ton) bilden.
- An sich schnell erwärmende Seichtwasserbereiche als Laichgewässer denken. Entweder vom Hauptwasserbereich isolierte Mulden schieben oder Bermen einlegen.
- Wo es möglich ist, im Wasser Inseln mit blankem Kies für Flußregenpfeifer belassen.
- Schlickbereiche durch Bermen vom offenen Wasser abgrenzen.

Gestaltungsbereich Land

Nahezu immer bleiben bei Kies- und Sandausbeutung Abbruchkanten zurück. Solche sind in unserer rationalisierten Landschaft selten geworden. In der Vergangenheit gab es viel mehr kleinflächige Gruben. Viele Bauern hatten ihre eigene Kies-oder Schottergrube, aus der sie das Material für die Wegeunterhaltung und gelegentliche Baumaßnahmen gewannen. Der Sand zum Mörteln wurde nicht mit dem Lkw von weither gebracht, sondern auf eigenem Grund und Boden abgegraben oder die Gemeinde hielt eine derartige Abbaustelle bereit. Niemand machte sich die Mühe, alle entstandenen Kanten wieder abzuböschen; es fehlte einfach an Maschinen.

Erstes, unbedarftes Umweltbewußtsein forderte »Rekultivierung«, im Sinne von sauber und glatt: Erde zu Erde, Acker zu Acker... Den meisten Uferschwalbenkolonien raubte diese Sauberkeit die Brutwände. In Nordrhein-Westfalen fanden sich 1981 rund 80% aller Uferschwalbenkolonien in Kies- und Sandgruben. In der Schweiz waren es 1980 sogar 98%. Ohne Kies- und Sandabbau wär die Uferschwalbe bei uns vom Aussterben bedroht!

Dabei ist zu bedenken, daß stillgelegte Abgrabungen mit der Zeit ihre Eignung verlieren. Niederschläge und Frost sorgen dafür, daß sich unter den anfangs bis untenhin senkrechten Wänden Abrutschmaterial zu einem immer höher werdenden Kegel aufhäuft und von Pionierpflanzen erobert wird. Die Wände werden flacher und zusehends ungeeignet.

Inzwischen kennt man den Wert solcher Abbruchkanten, und man weiß auch, auf was es ankommt. Steilwände haben nur beschränkten Wert, wenn sie sich nicht ausreichend erwärmen. Daher sind vor allem diejenigen schutzwürdig, die in Ost/West-Richtung oder in Nordwest/Südost-Richtung verlaufen. Sie sollten so hoch wie möglich sein.

Zwar brütet der Eisvogel gelegentlich (weil er keine höheren findet?) auch in Uferwänden, die weniger als ein Meter hoch sind, bevorzugt aber Wände mit mehr als 1,5 m Höhe. Uferschwalben nehmen Abbrüche unter 2 m schon gar nicht an. Das ist übrigens auch gut so, denn der Fuchs spezialisiert sich sehr schnell auf das Ausgraben von Uferschwalbennestern, wenn diese sich in erreichbarer Höhe befinden. Deshalb müssen unter Umständen die sich am Fuße derartiger Wände bildende Abrutschkegel immer wieder entfernt werden. Auch zur oberen Kante hin beanspruchen die Vögel einen Sicherheitsabstand von wenigstens 0,5 m. Wichtig ist auch ein nicht zu schmaler Gras- oder Staudenstreifen über der Bruchkante.

Gröbere Gesteine, die im Zuge des Abbaus anfallen, sollten zunächst sichergestellt und auf keinen Fall im Wasser »entsorgt« werden. Aus ihnen entstehen später wertvolle Zusatzstrukturen am Rande von sonnenbeschienenen Trockenpartien.

Auch Totholz ist wichtig, vor allem in der ersten, generell noch holzarmen Entwicklungsphase. Wo es sich anbietet, darf man ruhig den einen oder anderen kompletten Laubbaum mit schwerem Gerät in den Rekultivierungsbereich ziehen. Wurzelstöcke fallen bei vielen Baumaßnahmen an und werden zum Abfallproblem. Hier sind sie willkommen. Auch im Wasser stellen Baumleichen ein Bereicherung dar. Lediglich die Angler fühlen sich durch sie behindert.

Bei Abbaugebieten, die von landwirtschaftlichen Flächen umgeben sind, ist ein nicht zu schmaler Gehölzmantel notwendig, der die Einwehung von Chemie verhindert.

Nichts bleibt wie es ist

Die natürliche Sukzession gestaltet jede Abbaufläche in einem Zeitraum von 20 bis 30 Jahren nach ihren eigenen Gesetzen. So lange wollen wir nicht warten. Bei vielen von uns wäre die eigene Lebensuhr längst vorher abgelaufen. Auch »die Gesellschaft« (die Politiker, die uns helfen) erwartet eine aktive »Renaturierung«. Deshalb wird man in der Regel die natürliche Sukzession durch Pflanzung beschleunigen. Trotzdem sollten wesentliche Teilbereiche von unserer Unterstützung verschont bleiben.

Mit der Zeit wird die Natur aber auch dort aktiv, wo wir zu ihren Gunsten passiv blieben. Trockenrasen werden von Schlehe oder Brombeere erobert und wachsen zu. In wechselfeuchte Zonen dringen Weiden vor und lösen andere Pflanzengesellschaften ab. Deshalb wird man schon nach einigen Jahren steuernd eingreifen müssen, soll die Vielfalt von nebeneinander existierenden Kleinbiotopen erhalten bleiben.

Diese Maßnahmen können erforderlich werden:
- Teilmahd von Goldruten- und Distelflächen,
- Teilrodung von Brombeerhecken,
- Ringeln einzelner auswachsender Bäume (Erle, Weide, Pappel) und damit Schaffung von stehendem Totholz,
- Eventuell Abtrag von Rutschkegeln unter niedrigen Brutwänden.

Lebensraum Wasser

Was sind eigentlich »Feuchtgebiete«? Dazu gehören alle Lebensräume, die ständig oder regelmäßig periodisch unter Wasser stehen. Da sind zunächst die **Feuchtwiesen**, welche von den Frühjahrs- und Sommerhochwässern überflutet werden, in denen das Grundwasser hoch steht und oftmals fast ganzjährig flache Tümpel zurück bleiben. Sie gehen über in **Naßwiesen**, wo Seggen und Binsen die meiste Zeit im Wasser stehen und eine Mahd – wenn überhaupt – nur während weniger trockener Herbstwochen möglich ist. Dann gibt es noch das Moor, **Niedermoor**, das durch Verlandung oder um Quellaustritte entsteht und **Hochmoor**, entstanden in Jahrtausenden über verdichteten Bodenschichten und bei hohen Niederschlägen oder ebenfalls direkt aus der Verlandung von Seen. Ferner gehören alle **Fließgewässer** und die **Stillgewässer** dazu.

Tabelle 16: Einteilung der Fließgewässer nach HUET:

Bezeichnung	mittlere Gewässerbreite
Kleiner Bach	unter 1 m
Bach	1 bis 5 m
Kleiner Fluß	5 bis 25 m
Fluß	25 bis 100 m
Strom	über 100 m

Die Fließgewässer werden von der Quelle abwärts in Regionen eingeteilt, benannt nach ihren Leitfischarten:
An der Quelle beginnt die **obere Forellenregion**, mit Wassertemperaturen, die auch im Hochsommer nicht über 10 °C klettern, starker Strömung und entsprechend hohem Sauerstoffgehalt. Die Gewässersohle besteht aus Felsen, Steinen und Kies, Sand kommt höchstens punktuell vor. Das Wasser ist noch nährstoffarm und auch bei fehlender Beschattung wachsen kaum Algen. Leitfisch ist die *Bachforelle*, als Begleitfische treten höchstens *Elritze*, *Schmerle* und *Mühlkoppe* auf. Im Bereich der **unteren Forellenregion** kommen schon stärkere Seitenbäche hinzu, der Gewässerboden wird kiesig, große Steine werden seltener. Die Temperaturen steigen bis 12 °C, das Wasser wird nährstoffreicher, die Fließgeschwindigkeit nimmt ab. *Gründling*, *Plötze* und *Hasel* treten als Beifische auf, vereinzelt stoßen *Äsche* und *Hecht* vor. Charakteristische Vogelart der Forellenregion ist die Wasseramsel.

Die **Äschenregion** ist schon stark gekennzeichnet durch wechselnde Wassertiefe, Strömungsgeschwindigkeit und Bodenbeschaffenheit. Die Wassertemperatur erreicht 15 °C. Neben der *Äsche* als Leitfisch (und der Forelle) begegnen

Ein Bild aus der Barbenregion: Ufer ohne technische Verbauung aber mit reicher Ufervegetation, Zonen mit Wasserhahnenfuß, gemäßigte Fließgeschwindigkeit, die auch noch kleine Inseln ermöglichen. Unterschiedliche Wassertiefen und Strömungsverhältnisse ermöglichen eine reiche Unterwasserfauna. Vielfältige Flora und Kleinfauna schafft Nischen für zahlreiche größere Arten, vom Rohrsänger und Eisvogel bis zu Stockente und Reiher.

wir kleineren *Huchen* (wo es sie noch gibt!), *Nase, Hasel* und *Quappe*. Die Wasseramsel finden wir in diesem Gewässerabschnitt nur noch selten, etwa dort, wo kleinere Seitenbäche zufließen. An ihre Stelle tritt der *Eisvogel*.
Mit der **Barbenregion** beginnt der Mittellauf eines Fließgewässers. Die *Salmonidenarten* bleiben nach und nach zurück, die *Cypriniden* gewinnen Oberhand. Die Temperatur steigt bis 20 °C, Schwebstoffe und damit die Wassertrübung nimmt zu, der Sauerstoffgehalt beginnt zu sinken. Bedingt durch geringere Strömung kann diese Region im Winter schon zufrieren (zumindest Randeis). Neben der *Barbe* finden wir *Rotfeder, Aal* und vereinzelt den *Wels*. Es bestehen ausgeprägte Strömungsrinnen mit Geschiebe; Pflanzenwuchs wird in Ufernähe gedrängt. An den Ufern der Barbenregion siedeln *Bläßhuhn* und *Wasserralle*.

In der **Brachsenregion** nimmt die Fließgeschwindigkeit weiter ab, die Wassertemperatur steigt bis über 20 °C. Im Flußbett lagern Sand- und Schlammschichten, Kies findet sich kaum mehr. Der Sauerstoffgehalt schwankt in den einzelnen Schichten; bei Tag in der Oberschicht teilweise Sauerstoffübersättigung (Photosynthese der Wasserpflanzen), in der Nacht häufig Sauerstoffmangel (Atmung der Wasserpflanzen). Hier ist der Lebensraum von *Karpfen, Schleie, Karausche* und *Zander*. Der träge Fluß des Wassers sagt auch dem *Haubentaucher* zu.

Den Übergang zum Meer stellt die **Kaulbarsch-/Flunder-Region** dar. Hier läuft schon die Flut ein und spült Meerwasser zu. Typisch ist – neben

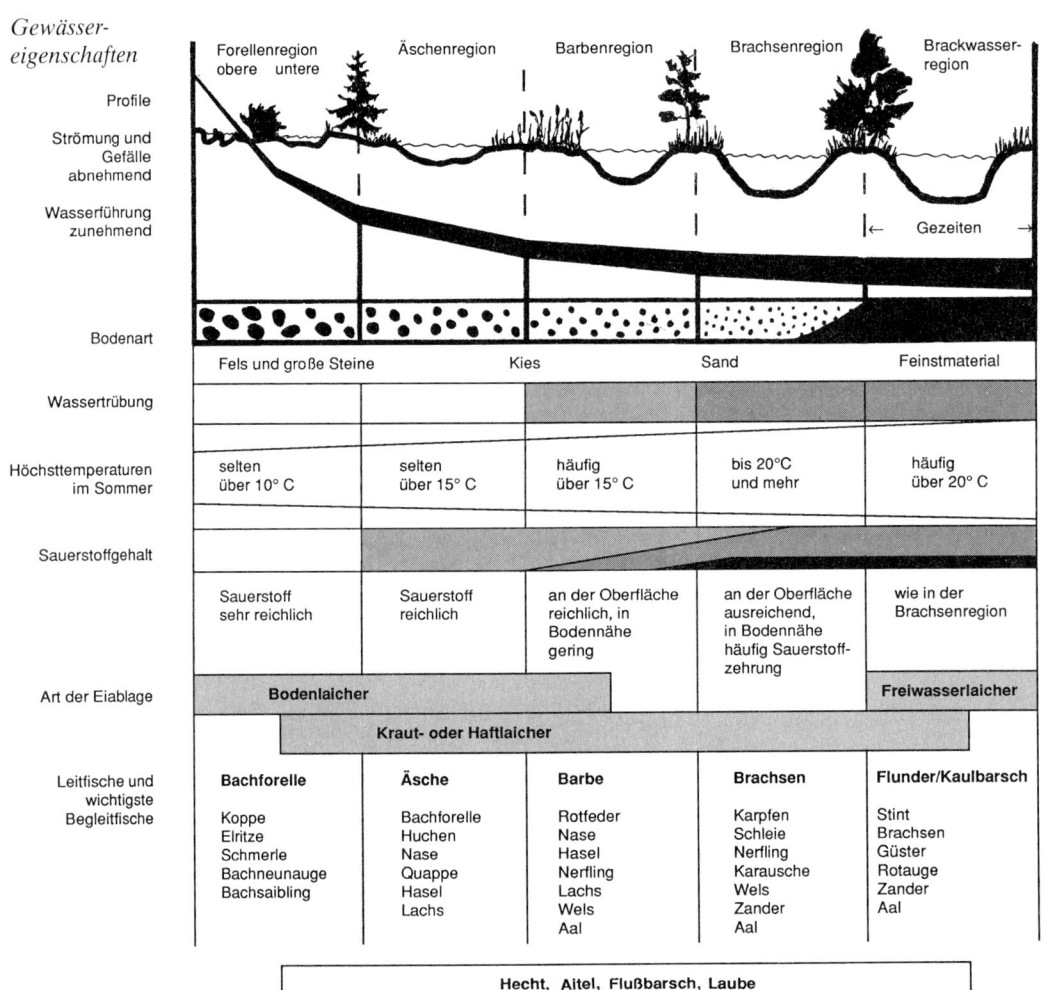

den beiden Leitfischen – der *Dreistachlige Stichling*.

Praktisch alle mitteleuropäischen Flußsysteme haben durch Verbauung an Wert für Fische und andere Wasserbewohner verloren. Gravierende Eingriffe sind Begradigung mit Uferverbau und Staustufen. Durch erstere gingen einigen Fischarten weitgehend ihrer Laichplätze verlustig; durch letztere werden Laichwanderungen verhindert. Dies führte zu einer Artenverarmung, die letztlich durch ständiges Aussetzen von »Angelfischen« beschleunigt wird. Staustufen verhindern die Selbstreinigung der Flüsse, mit der Folge, daß sich bei hoher Strömungsgeschwindigkeit das Bett des Flußes bis auf das Ortsgestein eingräbt, und andererseits auf den so wichtigen Kiesbänken im ruhigeren Bereich dicke Schwebstoffschichten abgelagert werden. Der Großteil der im oberen Gewässerbereich lebenden Fische gehört zu den Kieslaichern (s. Tab. 17), denen durch diese Ablagerungen die Laichplätze verloren gehen.

Damit fehlt es in den mittleren und oberen Regionen auch an Futterfischen für Eisvogel, Taucher, Gänsesäger u. a.

Stillgewässer können ganz unterschiedlichen Ursprungs sein. Einbrüche der Erdoberfläche oder Vulkane hinterließen meist abflußlose Wassertrichter, etwa die Eifelmaare. Zahlreiche Bergseen sind durch Rutschungen und Bergstürze entstanden, bei denen sich Fels- und Erdmassen als Dämme aufbauten. Im Alpenvorland hobelten die Gletscher teilweise große Mulden aus, in denen nach dem Abschmelzen des Eises Stillgewässer entstanden. In den Talauen wurden Fließgewässerarme immer wieder abgeschnitten und blieben als isolierte Stillgewässer zurück.

Der Mensch schuf künstliche Stillgewässer durch Anstau von Fließgewässern zur Energiegewinnung oder als Trinkwasserreserve (Stauseen) oder durch Naßbaggerung (Baggerseen) zur Rohstoffgewinnung. Fischzuchtteiche entstanden ebenfalls entweder durch Anstau kleiner Fließgewässer (Wiesenbäche) oder durch Bodenaushub.

Die Übergänge vom Fließ- zum Stillgewässer sind nicht starr, denn Stillgewässer können durchaus von einem oder mehreren Bächen oder Flüssen durchzogen werden. Durch künstlichen oder natürlichen Anstau weitert sich ein Bach zum See oder der Bach überflutet eine ihm im Weg liegende Senke. So sind ja alle Stauseen nichts anderes als aufgestaute – und damit ruhiggestellte – Fließgewässer.

Der Charakter eines Stillgewässers wird weitgehend durch zwei Faktoren geprägt: Nährstoffgehalt und Wassertemperatur. Je weiter wir uns der Mündung zu bewegen, um so wärmer und nährstoffreicher werden Gewässer in der Regel. Auch bei unseren Stillgewässern benennen wir die unterschiedlichen Typen nach ihren *Leitfischarten*.

In den höheren Gebirgslagen (bis fast 3000 m hinauf) finden wir den **Forellen-/Saibling-See**, gekennzeichnet durch hohen Sauerstoffgehalt, niedrigen Temperaturen und Nährstoffarmut (Oligotrophie). Dies bedingt ein minimales Wachstum von Pflanzen, Plankton und Kleintieren und damit ein meist glasklares Wasser. Neben den unter diesen Umständen nur langsam wachsenden Leitfischen kommen höchstens noch *Elritzen* und *Mühlkoppen* vor.

Auch der **Felchensee** kommt nur im Gebirge vor, jedoch kaum in Höhen über 1000 m und ist nährstoffarm. Die Ufer fallen meist steil ab, die Flachwasserzone ist schmal. Zu den Felchen kommen als typische Begleitfische *Forellen* und *Seesaiblinge*, teilweise auch schon *Barsch* und *Hecht*. Von den Enten findet nur die *Stockente* an seine Ufer. Für andere Arten sind diese klaren Wasser zu nahrungsarm.

In der norddeutschen Tiefebene gibt es ein Gegenstück zum Felchensee, mit ganz ähnlichen Merkmalen: den **Maränensee**. Er ist jedoch meist nicht so tief und fängt mehr Nährstoffe auf.

Der **Blei-/Brachsen-See** wird von ausgedehnten Flachwasserzonen geprägt; er ist weniger tief und erwärmt sich schneller als seine Vorgänger. Es werden vermehrt Nährstoffe eingetragen, was teilweise schon bis zur Eutrophierung führen kann. Das Pflanzenwachstum ist hoch, was ihn schon für viele Entenarten interessant macht. Röhricht an seinen Ufern zieht bereits Rallenarten und Rohrsänger an. Die *Cypriniden* (karpfenartige Fische), angeführt von *Blei* oder *Brachsen*, begleitet von *Hecht* und *Barsch* bilden die autochthone Unterwasserfauna. An derartigen Seen fühlt sich *Bisam* und *Fischotter* wohl.

Bei den **Hecht-/Schleien-Seen** handelt es sich meist um nährstoffreiche, kleinere und relativ flache Gewässer, kaum tiefer als 5 m, ohne ausgeprägte Tiefregionen. Auf dem Grund lagert eine dicke Schlammschicht; das Pflanzenwachstum ist üppig. Neben den beiden genannten

So mäandert die junge Donau streckenweise noch durch die Baarlandschaft. Man könnte ihren Lauf auch um zwei Drittel »rationalisieren« und einen schnurgeraden Kanal ziehen, so wie das mit den meisten Flüssen längst geschah.

Leitfischarten können auch *Brachsen* und *Güster* vorkommen.

Der **Zandersee** entspricht im Profil weitgehend dem Hecht-/Schleien-See, fällt aber durch besonders hohen Nährstoffgehalt auf (eutroph bis polytroph), der die Sichttiefe auf maximal 0,8 m Wassertiefe beschränkt, meist weniger. Damit sich der Zander vermehren kann, müssen ufernahe Partien mit bewuchsfreiem, hartem Grund vorhanden sein. Begleitfische sind *Barsch, Plötze, Güster* und *Blei*.

Stauseen sind geprägt durch mehr oder weniger große Schwankungen des Wasserspiegels, was zu Ufererosion führt und die Ansiedlung von Wasserpflanzen verhindert. Uferlaicher kommen kaum zur Fortpflanzung. Wenn künstlicher Fischbesatz unterbleibt (kaum irgendwo der Fall), siedeln sich jene Arten an, die in den Zubringergewässern leben. Das sind im Bereich der Oberläufe *Bachforellen* und *Bachsaiblinge*, an Mittel- und Unterläufen *Cypriniden (Brachse, Güster, Plötze, Ukelei)*.

Welches Gesicht **Baggerseen** annehmen, hängt weitgehend davon ab, ob die Kies- oder Sandausbeutung unter Beachtung landschaftsgestalterischer Gesichtspunkte (s. Seite 113) erfolgte oder nicht. Wichtig sind Flachwasserzonen mit entsprechendem Substrat, das ein üppiges Pflanzenwachstum zuläßt.

Unter dem Begriff **Weiher** stellen sich viele Menschen ein besonders kleines Stillgewässer vor, doch ist dies unzutreffend. Charakteristisch ist die geringe Tiefe, es fehlt gegenüber den Seen eine deutliche Zonierung des Wassers (s. Seite 138). Unter diesen Bedingungen kann es zu starkem Bewuchs (bis zur Verlandung) kommen und, je nach Nährstoffeintrag, zu Eutrophierung. Die Wassertemperatur schwankt weit stärker als jene tieferer Gewässer. Der pH-Wert kann hoch in den alkalischen Bereich steigen (pH 10–11), was von einigen Fischarten (etwa Karpfen) nicht mehr verkraftet wird. Hier leben als autochthone Arten *Schleie, Moderlieschen, Ukelei* und der *Schlammpeitzger*.

Tümpel sind Kleingewässer, die unter Umständen auch zeitweise trockenfallen können.

Hauptproblem unserer Stillgewässer ist der immer höher werdende Nährstoffeintrag – die Eutrophierung. Davon profitieren z. B. die Weißfischarten, aber auch die Stockenten. Für zahlreiche andere Arten verschlechtern sich die Lebensbedingungen. Eutrophierung führt gleich-

Tabelle 17: Wo laichen unsere heimischen Fischarten?

Fischart	Laichplätze	Laichzeit	Gewässerform
Zander	harter Grund	April bis Mai	träg fließend bis still
Äsche	Kies	März bis Mai	Äschenregion
Bachforelle	Kies	Okt. bis Jan.	sauerstoffreiche, kühle Gewässer
Bachsaibling	Kies	Okt. bis März	sauerstoffreiche, kalte Gewässer
Barbe	Kies	Mai bis Juli	Barbenregion
Hasel	Kies	Febr. bis Mai	Brachsen- bis Äschenregion
Huchen	Kies	März bis April	Barben- und Äschenregion
Nase	Kies	März bis Mai	Äschen- und Barbenregion
Rapfen	Kies	April bis Juni	Barbenregion und größere Seen
Seesaibling	Kies	Okt. bis Jan.	höhere Gebirgsseen
Elritze	Kies, Steine	Mai bis Juni	Äschenregion bis Felchensee
Mühlkoppe	Steine	Febr. bis Juni	Forellenregion/Felchensee
Schmerle	Steine	April bis Mai	Fließgewässer, oligotrophe Seen
Barsch	Steine, Kraut	März bis Juni	Brackwasser bis Felchensee
Döbel	Steine, Kraut	April bis Juni	Brackwasser bis Forellenregion
Gründling	Steine, Kraut	Mai bis Juni	schnellfließend
Plötze	Steine, Kraut	April bis Mai	Brackwasser bis Felchensee
Steinbeißer	Steine, Kraut	April bis Juni	klare Flüsse und Seen
Ukelei	Steine, Kraut	April bis Juni	träg fließend bis still
Hecht	Kraut, Gras, Schilf	Febr. bis Mai	Brackwasser bis Felchensee
Moderlieschen	Kraut, Schilf	Mai bis Juli	träg fließend bis still
Blei	Kraut	Mai bis Juli	Brachsensee/Brachsenregion
Karpfen	Kraut	Mai bis Juli	träg fließend bis still
Rotfeder	Kraut	April bis Mai	träg fließend bis still
Schlammpeitzger	Kraut	April bis Juni	warme Kleingewässer
Schleie	Kraut	Mai bis Juli	träg fließend bis still
Wels	Kraut	Mai bis Juni	träg fließend bis still
Bitterling	Muscheln	April bis Juni	träg fließend bis still

zeitig zur Verlandung von Stillgewässern. Die Wasserfläche wird kleiner (gut für Stockenten, schlecht für Tauchenten), und aus kleineren, flachen Teichen werden Niedermoore.

In Stauseen wird der Schwebstoffeintrag zum Problem, weil – wie im Oberlauf der Flüsse – die Kiesbänke abgedeckt werden.

In Baggerseen herrschen anfangs oligotrophe (nährstoffarme) Verhältnisse. Durch Einwehung von Düngemitteln und Immissionen, teilweise durch Zuflüsse, verändert sich dieser Zustand innerhalb von ca. 10 bis 15 Jahren.

Welche Ansprüche heimische Fischarten an ihre Laichplätze stellen, zeigt Tabelle 17.

Auch unsere Wasservögel stellen ganz bestimmte Anforderungen an ihre Brut-, Mauser- oder Rastgewässer. Gewässergröße und -tiefe, Uferbewuchs, Nährstoffgehalt und Fischfauna entscheiden über das Artenspektrum. Während die Stockente mit fast jedem Gewässer, von der Küste bis in höhere Gebirgslagen, zurechtkommt, stellen andere Entenarten sehr viel differenziertere Ansprüche. Tabelle 18 gibt einen groben Überblick.

Tabelle 18: Welche Gewässermerkmale bevorzugen unsere Wasservögel?

Art	Gewässermerkmale		Nahrung
	Brutgewässer	Mauser-/Rastgewässer	
Knäckente	nährstoffreiche kleinere Stillgewässer	flache Stillgewässer, Überschwemmungsflächen	Wasserpflanzen und Kleintierchen
Kolbenente	nährstoffreiche Flachgewässer, reiche Ufervegetation	Mausergesellschaften auf großen Seen	Wasserpflanzen und Kleintierchen
Krickente	nährstoffarme, kleinere, waldumschlossene Stillgewässer bis in höhere Mittelgebirgslagen	Stillgewässer mit Schlammflächen	Wasserpflanzen und Kleintierchen
Löffelente	nährstoffreiche Flachgewässer	Rast auf größeren Still- und Fließgewässer	Plankton
Moorente	nährstoffreiche, kleinere, flache und dicht bewachsene Stillgewässer	auch größere offene Wasserflächen	vorwiegend Wasserpflanzen
Pfeifente	nährstoffreiche, flache Stillgewässer mit starker Unterwasserflora	größere Fließ- und Stillgewässer	Wasserpflanzen, Algen und Gräser
Reiherente	tiefe, auch nährstoffarme größere Stillgewässer	offene Fließ- und Stillgewässer	vorwiegend Kleintierchen
Schellente	umwaldete Still- und Fließgewässer mit ruhigeren Zonen	größere Fließ- und Stillgewässer	vorwiegend Kleintierchen
Schnatterente	nährstoffreiche, seichte Still- und träge Fließgewässer	wie Brutgewässer	Wasserpflanzen, schmarotzt bei Bläßhühnern
Spießente	große, offene Stillgewässer und Überschwemmungsgebiete	große Binnengewässer, Flußmündungen	variabel, ähnlich wie Stockente
Stockente	jede Art von Still- und Fließgewässer, von der Küste bis in Höhen von 1500 m	überall in Ufernähe	pflanzlich und vegetarisch
Tafelente	nährstoffreiche, größere Stillgewässer mit breiter Röhrichtzone	große Fließ- und Stillgewässer, Stauseen	Wasserpflanzen und Kleintierchen
Gänsesäger	bewaldete, klare Fließ- und Stillgewässer	größere Fließ- und Stillgewässer	Fische bis 10 cm
Haubentaucher	Stillgewässer mit Röhrichtzone, träge Fließgewässer mit Bewuchs	größere Fließgewässer	Fische bis 15 cm sowie kleine Wassertierchen
Rothalstaucher	kleine bis mittlere, flache Stillgewässer	auch tiefe Seen ohne Verlandungszonen	Kleinfische, Insekten, Mollusken, Frösche usw.
Schwarzhalstaucher	nährstoffreiche, flache Teiche und Weiher	große, offene Stillgewässer	Wasserinsekten und Mollusken
Zwergtaucher	Verlandungszonen größerer Stillgewässer oder träge Fließgewässer	Stillgewässer und träge Fließgewässer	Insekten, Mollusken

Renaturierung von Fließgewässern

Vor zwei Jahrzehnten wäre es noch undenkbar gewesen, daß ein Wasserwirtschaftsamt, eine Flurbereinigungsdirektion oder eine Kommune in dem Maße für die Renaturierung von Fließgewässern eingetreten wäre, so wie das heute geschieht. Im Gegenteil. Immer noch wurde an der Kanalisierung, ja an der Verdohlung der letzten natürlichen Gewässer gearbeitet. Allein zwischen 1960 und 1970 wurden in den alten Bundesländern 25 000 km Bachläufe ausgebaut [BARTH 1989]. Was man damit zerstörte und an Nachwirkungen heraufbeschwor, war längst bekannt. Inzwischen ist bei Behörden und Politikern ein Bewußtseinswandel eingetreten; die Öffentlichkeit hat sich »für die Belange des Überlebens« sensibilisiert, Natürlichkeit ist dabei, einen politischen Marktwert zu erlangen. Kanalisierungen halbwegs natürlicher Flüsse und Bäche wurden zur Ausnahme. Vor allem in Bayern, Baden-Württemberg und Hessen werden die in der Vergangenheit »verbauten« Flüsse und Bäche Zug um Zug wieder renaturiert. Hierbei handelte es sich meist um »Gewässer 2. Ordnung«, für deren Unterhaltung die Kommunen zuständig sind.

Zwei Probleme gibt es dabei: erstens die Landbeschaffung und zweitens die Finanzierung. An den vom Menschen gezähmten Gewässern treten die angrenzenden Wirtschaftsflächen fast immer bis ans Ufer. Dem Bach bleibt kein Raum, sich seinen Weg selbst zu suchen. Damit er dies nicht trotzdem versucht, wurden seine Ufer und häufig auch seine Sohle befestigt – verbaut. Soll ein Bach seinen alten Lauf wieder suchen dürfen, muß zunächst viel Land zurückerworben werden. Das Kanalisieren war ungleich billiger und einfacher als die Renaturierung.

Für die Unterhaltung der meisten zur Renaturierung anstehenden Gewässer sind, wie oben schon gesagt, die Kommunen zuständig und eben häufig auch finanziell überfordert. Ohne Anstoß von außen – und ohne Aussicht auf finanzielle Unterstützung – geschieht daher wenig. Initiativen für eine Bachrenaturierung müssen aber nicht von der Flurbereinigung oder dem Wasserwirtschaftsamt kommen. Jede als Naturschutzverband anerkannte Vereinigung – voran Naturschutz und Jagdverbände – müßten in ihrem Bereich solche Projekte ankurbeln. Wenn irgendwo ein Funktionär vors Mikrofon tritt und lauthals verkündet »wir waren die ersten Naturschützer« und was an ähnlichen Parolen verbreitet wird, dann mag man ihn zunächst nach »seinen« Bächen fragen...

Bach- oder gar Flußrenaturierung ist aber nicht nur ein finanzielles, sondern auch ein mentales Problem. Viele Landwirte können sich mit einem *ungezähmten*, seinen Verlauf gelegentlich ändernden Gewässer in der Nähe ihrer Grundstücke nicht anfreunden. Sie fürchten sich einfach vor dem unberechenbaren Lauf des Wassers. Daher lassen sich derartige Raumprobleme am ehesten im Rahmen einer Flurbereinigung lösen. In Zeiten umfassender Flächenstillegung wird Land meist ausreichend angeboten. Seltener sind bereitwillige, potente Käufer.

Wenn Bäche über größere Abschnitte hinweg renaturiert werden sollen, sind Luftaufnahmen, die den Zustand vor der Verbauung dokumentieren, von unschätzbarem Wert. Zumindest müssen alte Flurkarten herangezogen werden, will man unangenehme Überraschungen vermeiden.

Wie dringlich eine Renaturierung der vor Jahrzehnten verbauten Fließgewässer ist, haben die zuständigen Politiker (einige zumindest) und Behörden inzwischen erkannt und sie schrecken nicht einmal vor Großprojekten zurück. Baden-Württembergs Umweltminister VETTER gab grünes Licht für ein bisher einmaliges Großprojekt, mit dem der gesamte Oberlauf der Donau, angefangen von den Quellflüssen Brigach und Breg, bis nach Ulm wieder renaturiert werden soll. 170 Millionen Mark (!) wurden dafür veranschlagt und genehmigt. Im Februar 1992 begannen die Planierraupen mit der Arbeit.

So ganz freiwillig konnte man sich dazu freilich nicht durchringen; es blieb keine andere Wahl. Schon im vorigen Jahrhundert wurde die Donau über weite Strecken begradigt und in ein befestigtes Bett gezwängt. Die Fließgeschwindigkeit wurde erhöht, Überflutungsräume genommen, und so grub sich der Fluß sein Bett immer tiefer. Zwischen Altenheim und Scheer allein in diesem Jahrhundert 2,5 m. Damit sank auch der Grundwasserspiegel, und die Landschaft veränderte sich nachhaltig.

Erst das verheerende Februar-Hochwasser 1980 schwemmte den erforderlichen Mut für das Großprojekt zusammen, zu dessen Planung 10 Jahre erforderlich waren, und dessen Verwirklichung wohl ebenso lange dauern wird. »Geopfert« werden müssen in erheblichem Umfang bisher landwirtschaftlich genutzte Flächen. Hier arbeitete die Zeit – Flächenstillegung – ausnahmsweise *für* die Natur. Der Fluß soll sich wieder ausbreiten können, Altarme werden wieder geöffnet und neue geschaffen. Ganze Landschaften entstehen neu. Daß solche Maßnahmen nicht ohne örtlichen Widerstand durchzusetzen sind, ist keine Frage. Wie, so darf man in diesem Zusammenhang fragen, wären derartige Projekte heute politisch durchsetzbar, ohne die jahrzehntelange Sensibilisierung der Bevölkerung durch den Naturschutz?!

Was ändert sich mit der Bachverbauung?

- In »regulierten« Gewässern erhöht sich zunächst die Fließgeschwindigkeit und damit auch die »Schleppkraft« des Gewässers.
- In der Folge kommt es zu Sohleneintiefungen, mehr Erosion an den Ufern und gleichzeitig zu mehr Wassertrübung.
- Durch die Trübung reduziert sich die Assimilation der Wasserpflanzen.
- In der Folge kommt es zu einer Veränderung des pH-Wertes und damit zu einer Verschlechterung der Lebensbedingungen z. B. für Bakterien, Urtierchen usw., welche für die Selbstreinigung des Gewässers von besonderer Bedeutung sind.[Nach BARTH 1989]

Vielfach werden Gewässer der leichteren und kostengünstigeren (maschinellen) »Säuberung« wegen von jedem Baum- oder Strauchwuchs freigehalten. Welche Kettenreaktion das Abholzen des schattenspendenden Uferbewuchses auslösen kann, sei hier skizziert:

Wo der Bach über weite Strecken der vollen Sonne ausgesetzt ist, kommt es meist zu einem überstarken Algenwachstum.

Algen provitieren von der Eutrophierung und nehmen vor allem Kohlenstoffverbindungen und organischen Stickstoff als Nahrung auf. Nun dienen Algen zwar einer ganzen Reihe von Klein- und Kleinstlebewesen selbst als wichtigste Nahrung, sie lassen aber auch durch ihre (infolge des Sonneneinfalles) verstärkte Assimilation den pH-Wert des Wassers ansteigen. In

Schutz der Ufer durch richtige Baumwahl und Pflanzung.

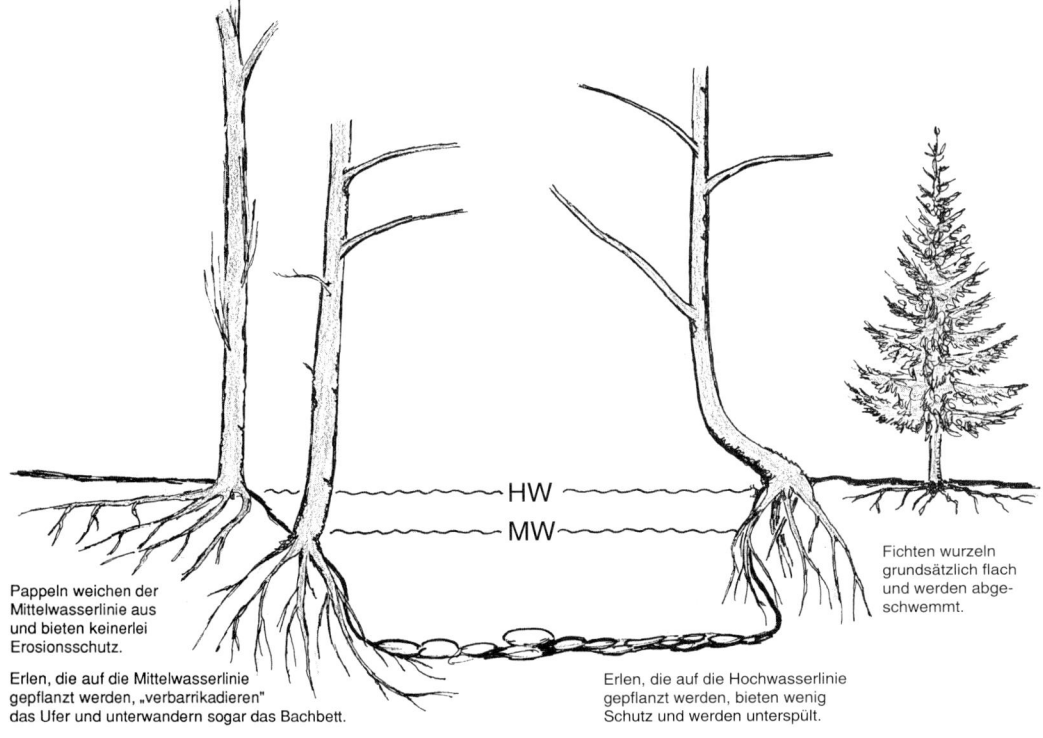

Pappeln weichen der Mittelwasserlinie aus und bieten keinerlei Erosionsschutz.

Erlen, die auf die Mittelwasserlinie gepflanzt werden, „verbarrikadieren" das Ufer und unterwandern sogar das Bachbett.

Erlen, die auf die Hochwasserlinie gepflanzt werden, bieten wenig Schutz und werden unterspült.

Fichten wurzeln grundsätzlich flach und werden abgeschwemmt.

der Nacht reduzieren sie durch ihre Atmung den Sauerstoffgehalt so stark, daß es in den Morgenstunden zu einem akuten Sauerstoffmangel bei den Fischen kommen kann. Dichte Algenwatten können zudem massiv Wasserpflanzen und Röhrichte bedrohen, mit allen Konsequenzen für das Gesamtgefüge.

Daß schattenspendender Uferbewuchs auch standortgerecht sein muß, also keine Fichten oder Pappeln im Uferbereich, zeigt dieses Beispiel:

Im Grunde sind nur Erlen und mit Einschränkung einige Baumweidenarten in der Lage, mit ihren Wurzeln die Ufer von Fließgewässern zu schützen. Besonders die Roterle umklammert mit ihrem Wurzelwerk das Ufer und greift damit sogar *unter* die Bachsohle; sie kann ihre Schutzfunktion aber nur dann voll erfüllen, wenn sie etwas über der Mittelwasser-Höhe gepflanzt wird. Alle anderen Baumarten scheuen den dauernassen Uferbereich. Sie weichen mit ihren Wurzeln vom Ufer ab und suchen landeinwärts Halt und Nährstoffe. Das Ufer selbst bleibt ungeschützt, wird unter den Bäumen ausgewaschen, bis diese schließlich kippen. Trotzdem werden die meisten Waldbäche auch heute noch bis dicht an ihre Ufer mit Fichten zugepflastert. Fichten beschatten ein Gewässer auch in der kalten Jahreszeit, Erlen hingegen lassen im Winterhalbjahr die Sonne wieder zum Wasser durch, was für die Unterwasserfauna äußerst wichtig ist. Überdies sollen dicht mit Roterlen bewachsene Ufer vom Bisam gemieden werden [ENGESSER 1987].

Für Aqua- und Avifauna sind Erlen und Weiden auch sonst von Bedeutung. Flohkrebse z. B. haben sich im Laufe ihrer Entwicklungsgeschichte auf die Zersetzung von ins Wasser gefallenen Erlen- und Weidenblätter spezialisiert. Mit Nadeln oder den Blättern vieler anderer Laubbaumarten können sie nichts anfangen. Diese winzigen Flohkrebse sind jedoch für viele Fischarten ein wichtiger Nahrungsbestandteil. Fische (besonders die kleinen) wiederum dienen einer ganzen Reihe Vogelarten als Nahrung. Manche Vögel (viele Entenarten) nehmen Flohkrebse auch direkt auf.

In einer Arbeitsunterlage der Bayerischen Technikerschule für Waldwirtschaft werden zur Erhaltung und Revitalisierung von Waldbächen folgende Maßnahmen empfohlen:

So sieht es aus, wenn der Forstberuf auf den Umgang mit einer Baumart schrumpft: Fichten, ohne jede Schutzwirkung für das Ufer; das Wasser unterspült sie und bringt sie zu Fall. Grundsätzlich müßte neben jedem Gewässer rechts und links ein mindestens 10 m breiter nadelholzfreier Streifen sein.

- Von Fichten eingewachsene Bäche frühzeitig freischneiden (mind. 5 m) und Einbringung von Laubbaumarten wie Roterle, Weiden, Traubenkirsche, Esche und Pappeln (letztere aber nicht direkt am Ufer).
- Drainagemaßnahmen im Wald beenden. Alte Entwässerungssysteme abdichten bzw. Gräben nicht mehr freimachen.
- Begradigte (Wald-)Bäche renaturieren: am einfachsten durch Aufstauungen (Fichten ins Wasser fällen) an flachen Stellen, die dann von selbst zur Mäanderbildung führen.

Worauf es ankommt

- Ein Bachlauf braucht soviel Platz, daß er seinen Lauf schadlos verändern kann. Der ökologische Wert eines Fließgewässers hängt ganz entscheidend von seinen Begleitflächen ab.
- Flache Gewässerböschungen schaffen die so wichtige Wechselwasserzone und bieten »Stauraum« für Hochwasser.
- Die nicht bewirtschafteten Uferbereiche (Trockenufer oder Auen) sollten entweder durch (möglichst nicht asphaltierte) Wege oder durch Gräben vom anschließenden Wirtschaftsland abgegrenzt sein. Diese Flä-

chen haben unter anderem die Aufgabe, übermäßigen Nährstoffeintrag in Gewässer zu verhindern. Deshalb dürfen vorgelagerte Gräben auch nicht in das jeweilige Gewässer münden, sondern dienen nur als Barrieren gegen wendende Landmaschinen oder parkende Autos.
- Angrenzende Flächen *sollten* Grünland, nicht Ackerland sein, damit sie notfalls auch als Überflutungsflächen dienen können.
- Am Lauf des Gewässers möglichst wenig technisch künsteln. Erst Strukturvielfalt, die es durch seine Eigendynamik selbst schafft (unterschiedliche Wassertiefe, Strömungsverhältnisse, Beschattung, Bodensubstrat usw.), bringt Artenvielfalt.
- Schlamm- oder Sandfänge lassen eine periodische, störungsfreie Entnahme von Schwemmmaterial zu.

KALCHREUTER schlägt vor, die Wasserwirtschaftsämter sollten sich um die Sicherung des *Hochwasser*bettes kümmern und dem Fluß oder Bach im *Mittelwasser*bereich freien Lauf lassen. Zwischen *Niedrigwasser*bereich und *Hochwasser*bereich sollen sogenannte Bermen liegen. Das sind parallel zum Gewässer laufende Erhöhungen, die jedoch noch unter der *Mittelwasser*linie liegen und von Wasser- bzw. Amphibienpflanzen bewachsen werden.

Pilotprojekt Kammbach

Wie sehr sich die Anschauungen und Überzeugungen geändert haben, zeigt folgendes Beispiel. In Baden-Württemberg führte das Wasserwirtschaftsamt Offenburg 1988 das »Pilotvorhaben Kammbach« durch. Anlaß und Voraussetzung war eine durch den Straßenbau notwendig gewordene Flurbereinigung. Der letzte Ausbau des Kammbaches erfolgte noch 1960/61 als Maßnahme der »Acher-Rench-Korrektion«: Gleichmäßiges Trapezprofil, Sohlenpflaster, zweimal im Jahr totale Böschungsmahd.
Entwicklungsziel und Zweck der nunmehrigen Renaturierung sollte eine »Erhöhung der Eigendynamik des Kammbaches zur Regeneration gewässertypischer Auenbereiche und der ökologischen Aufwertung des Landschaftsraumes« sein. Verdeutlicht: Man wollte einen naturnahen Bach ohne befestigte Sohle und Ufer, der sich sein Bett bis zu einem gewissen Grad selbst suchen darf und eine entsprechende Vegetation inner- wie außerhalb des Gewässers.

Zunächst einmal stellte die Flurbereinigung einen durchgehenden, zwischen 10 und 25 m breiten Geländestreifen entlang des alten Gewässerverlaufes zur Verfügung. Zur Abgrenzung des Uferbereiches von den landwirtschaftlichen Flächen wurden beidseitig unbefestigte Graswege angelegt. Dies scheint sehr wichtig, weil ohne feste Abgrenzung (Wege oder Gräben) regelmäßig in »Ökoflächen« hineingewirtschaftet wird (Pflug, Mahd, Wenderaum). Einerseits mußte eine Abflußkapazität von 4 m^3/Sek. gewährleistet sein, andererseits wollte man auch die Fließgeschwindigkeit senken. Der Abflußquerschnitt mußte folglich insgesamt aufgeweitet werden. Die Breite des Mittelwasserbettes schwankt zwischen 1,5 und 5 m. Durch die teilweise erheblichen Aufweitungen soll das Wasser selbst in ständigem Wechselspiel Auflandungen, Abflußrinnen und Kolke schaffen. Dadurch entstehen kleinräumig neben anderen Vorteilen ganz unterschiedliche Strömungsverhältnisse und Bewuchsformen – Voraussetzungen für eine vielfältige Unterwasserfauna.
Parallel zum neuen Lauf wurden Rückläufe als Stillwasserzonen angelegt, die zunächst noch mit dem Mittelwasserlauf in Verbindung standen, aber sehr schnell durch Ablagerung und Bewuchs abgeschnitten wurden. Sehr flach gehalten wurden die Böschungen; die Neigungswinkel schwanken zwischen 1:2 und 1:6.
Wegen der erfahrungsgemäß hohen Auflandung, wurde gleich am Beginn der Umgestaltungsstrecke ein »Sandfang« eingeplant, der ohne nennenswerte Beschädigung des Uferbereiches periodisch geräumt werden kann. Damit mindert man die Auflandung der folgenden Gewässerstrecke deutlich. Das ist besonders dann wichtig, wenn die Ufer naturnahe bepflanzt werden sollen.
Sonneneinstrahlung fördert – besonders bei eutrophen Gewässern – den Algen- und Pflanzenwuchs. Vor allem bei sommerlichem Niedrigwasserstand erwärmen sich solche Gewässer übermäßig, was ein starkes Abfallen des Sauerstoffgehaltes zur Folge hat. Zumindest einseitige (sonnseitige) Bepflanzung mit Gehölzen ist daher wichtig. Am Kammbach wurde zunächst nur 30% der Uferlinie mit Einzel- und Gruppengehölzen bepflanzt. Ebene Flächen wurden angesät und sollen als ein- bis zweischürige Wiesen extensiv bewirtschaftet werden. Die meisten übrigen Flächen wurden der natürlichen Sukzession überlassen.

Heute, nach dreijähriger Beobachtung und Erfahrung, würde das Wasserwirtschaftsamt einige Dinge anders machen. Nicht bewährt hat sich nach Aussage des Amtes der künstliche Einbau von Altarmen (Stillwasserzonen), die schneller verlanden als befürchtet. Auch von allzu flachen Böschungen würde man bei einer nochmaligen Planung absehen. Statt dessen plädiert man in Offenburg für einen möglichst breiten Geländestreifen, in dem sich der Bach seinen Weg suchen kann. Als unzureichend wurde die nur 30%ige Uferbepflanzung erkannt; eine wesentlich dichtere Bepflanzung wird für notwendig erachtet, um wenigstens Teile des Bachbettes frei von Wasserpflanzen zu halten.

Die technischen Probleme

»Bagger-Naturschutz« ist nie billig, meist mit technischen Problemen verbunden und manchmal auch unmöglich. Im Grunde wird der Landschaft etwas aufgeschminkt, von dem wir behaupten, es sei schön – jedoch nicht wissen, ob es so auch hält!
Meist lassen sich derartige Arbeiten nur im Winterhalbjahr durchführen, wenn der Boden gefroren und dadurch auch mit schweren Maschinen halbwegs befahrbar ist.
Die wenigsten Unternehmer und noch weniger ihre Maschinenfahrer haben mit Renaturierungsmaßnahmen Erfahrung. Eher wissen sie, wie ein »sauberer« Graben oder ein sauberer (glattkantiger) Teich ausschaut. Wer sich nicht nachträglich endlos ärgern will, muß während der ganzen Maschinenarbeit anwesend sein.
Für die Aushubarbeiten ist ein Raupenbagger mit breitem Profillöffel erforderlich. Wenig sinnvoll ist eine Ausschreibung bzw. Angebot auf Akkordbasis. Schwierige Aushub- und Profilarbeiten sind nur im Stundenlohn zu machen; auch das ein Grund für die ständige Anwesenheit des Bauleiters. Gute, »gefühlvolle« Fuhrunternehmer sind bei Wasserwirtschafts- oder Flurbereinigungsämter meist bekannt.

Pflanzung ja oder nein?

Ganz allgemein neigt man gegenwärtig dazu, einer natürlichen Besiedlung mit Pflanzen und Tieren den Vorzug zu geben. Lebensräume sollen sich über die Sukzession standortgerecht

Wo Eutrophierung und Sonnenlicht das Algenwachstum ankurbeln, kann es schnell zu Fischsterben durch Sauerstoffmangel kommen.

aufbauen. Dieser Grundgedanke ist sicher richtig. Wenn wir jedoch warten wollen, bis sich ein schattenspendender Uferbewuchs aufgebaut hat, leben wir vielleicht schon nicht mehr. Bachbegleitende Sträucher und Bäume werden daher gepflanzt. Dabei kann man sich auf die wenigen elementaren Arten beschränken. Wo der Standort paßt, wird die Natur ohnehin »nachrüsten«.
Anders ist das bei Wasser- und Sumpfpflanzen. Hier kann man auf Pflanzung verzichten und abwarten. Wasservögel und das Wasser selbst tragen nach und nach standortgerechte Pflanzenarten ein. Wem das zu langsam geht, der sollte sich auf eine punktuelle »Initialpflanzung« beschränken. Zuvor immer erkunden, was am noch unveränderten oder an einem vergleichbaren Gewässer wächst; keinen botanischen Garten anlegen wollen! Pflanzen der Röhrichtzone lassen sich am besten durch Rhizome verpflanzen (s. Seite 146). Solche können an benachbarten Gewässern leicht gewonnen werden. Beste Pflanzzeit ist zwischen Anfang April und Ende Mai. Die meisten Arten lassen sich jedoch zur Not den ganzen Sommer hindurch vermehren. Immer kleine Gruppen in größerem Abstand zueinander pflanzen.
Auf alle Fälle wird die Natur unsere Artenwahl im Laufe der Jahre korrigieren. Anders als in unseren Gärten, stehen die Pflanzen der freien Landschaft in einem ständigen Konkurrenzkampf, ebenso verändern sich laufend die Standortbedingungen.

Tabelle 19: Gehölze zur Pflanzung in Uferbereichen

Bergahorn (*Acer pseudoplatanus*)	– Galeriewälder, nicht direkt am Ufer
Bruchweide (*Salix fragilis*)	– Weichholzaue, Galeriewälder
Esche (*Fraxinus excelsior*)	– gewässerbegleitend, nicht am Ufer, keine ganz armen Böden
Grauerle (*Alnus incana*)	– direkt am Ufer, besonders in Gebirgslagen
Korbweide (*Salix viminalis*)	– feldseitiger Trauf von bachbegleitenden Gehölzen
Mandelweide (*Salix triandra*)	– Weichholzaue, auch Schottergrund
Moorbirke (*Betula pubescens*)	– arme und vernäßte Uferbereiche
Purpurweide (*Salix purpurea*)	– Weichholzaue, auch Schottergrund
Reifweide (*Salix daphnoides*)	– Alpen und Alpenvorland
Sanddorn (*Hippophae rhamnoides*)	– Schotterfluren der Gebirgsflüsse
Schwarzerle (*Alnus glutinosa*)	– direkt am unverbauten Ufer und dahinter
Schwarzpappel (*Populus nigra*)	– nicht direkt am Ufer, aber im Gehölz dahinter
Silberpappel (*Populus alba*)	– hinter gesicherten Ufern
Silberweide (*Salix alba*)	– direkt am Ufer oder im Bereich der Weichholzaue.
Stieleiche (*Quercus robur*)	– Hartholzaue unterhalb 400 m, fast alle Böden.
Traubenkirsche (*Prunus padus*)	– zwischen Weide und Pappel als Unterschicht.

Die Eignung der Gehölze als Bachbegleiter ist stark abhängig vom Regelhochwasser in den Sommermonaten. Besonders die Bäche und kleineren Flüsse im Mittelgebirge, die nur kurzfristig über die Ufer treten, werden auch als *Erlengewässer* bezeichnet. Die Roterle ist hier von Natur aus die Leitbaumart, auch wenn sich Bruch- und Silberweiden unter sie mischen und in der zweiten Reihe oft die Esche siedelt. Schmalblättrige Baum- und Strauchweiden hingegen beherrschen die Ufer jener Flüssen, die im Sommer regelmäßig anhaltend über die Ufer treten. Daher spricht man von *Weidengewässern*.
Erst oberhalb der Mittelwasserlinie treten an beiden Gewässertypen weitere Baumarten hinzu.

Als Faustregel gilt:

- Die Ufer schmaler Bäche nicht direkt mit Strauchweiden abpflanzen, da diese sich über dem Wasserspiegel ausbreiten und den Abflußquerschnitt bei Hochwasser stark einengen und zudem ständig Treibgut aufsammeln.
- Sträucher überhaupt nur dort ansiedeln, wo ausreichend Platz zur Verfügung steht (mindestens 4 m). Schmälere Uferstreifen nur mit Erle oder Silberweide bepflanzen.

Nie wird man ganz ohne Rasenansaat auskommen, und sei es nur zur schnellen Sicherung von Böschungen. Das Artenspektrum der Gräser wird sich dabei – eingehend auf die standörtliche Feinstruktur – im Laufe der Jahre verändern. Bei diesem Prozeß können sich auch erhaltenswerte Trockenrasengesellschaften bilden (s. Seite 105). Je nach Untergrund werden – trotz Mahd – Hochstauden einwandern und nicht mehr zurückzudrängen sein. Oder die zunächst angesäten Flächen werden mit Gehölzen bepflanzt.
Auf alle Fälle sollten *kurzhalmige* Gräser gesät werden. Einmal werden dadurch die Mahdintervalle größer, gleichzeitig lassen kurzhalmige Gräser eher die Immigration von Leguminosen und anderen Kräutern zu. Im AID Merkblatt »Bewuchs an Wasserläufen« werden nur sechs Grasarten zur Einsaat von Gewässerböschungen empfohlen, die aber – richtig kombiniert – nahezu allen Standorten gerecht werden.
Für **arme Sandböden** eignen sich *Feinschwingel, Schafschwingel* und *Gemeines Straußgras*.
Für **lehmige Sandböden** eignen sich *Schafschwingel, Gemeines Straußgras, Ausläufer-Rotschwingel* und *Horst-Rotschwingel*.
Für **Lehm- und Tonböden** eignen sich *Ausläufer-Rotschwingel, Horst-Rotschwingel* und *Wiesenrispengras*.
Für **Gesteinsböden** eignen sich *Schafschwingel, Gemeines Straußgras, Ausläufer-Rotschwingel* und *Horst-Rotschwingel*.

Auch wenn Rasengesellschaften auf bestimmten Böschungsabschnitten erhalten werden sollen, darf die Mahd nicht bis ans Ufer erfolgen. Dort soll sich auf alle Fälle ein nicht zu schmaler Streifen aus Hochstauden entwickeln können.

Landschaftsarchitektur vom lieben Gott

In Niedersachsen gibt es ein Projekt, bei dem ein Flußsystem nicht durch Bagger-Ps sondern durch die Kräfte der Natur wieder gesunden soll, betrieben von der »Aktion Fischotterschutz«. Dieser eingetragene Verein wurde 1979 von dem Förster CLAUS REUTHER gegründet und wird heute von rund 2500 Mitgliedern getragen und von 15 000 Förderern unterstützt. Nicht weniger als 70 Mitarbeiter beschäftigen sich mit der *Revitalisierung* des Flusses Ise und seiner Zuläufe. Das ist ein insgesamt 110 km langes Gewässersystem, welches seine Wasser aus einem 420 qkm großen Einzugsgebiet schöpft.

Beabsichtigt wird keine technische Gewässer-*Renaturalisierung*, sondern eine *Revitalisierung*. Dem längst zum Kanal ausgebauten Fluß Ise und seinen Zuläufen soll durch Flächenankauf und Einschränkung der jetzt vom Land Niedersachsen durchgeführten intensiven Pflegemaßnahmen die Möglichkeit gegeben werden, wieder vital zu werden. In weniger als einem Jahr erwarb der Verein 170 Hektar Land, mindestens

Die Ise aus der Luft; so sehen inzwischen die meisten deutschen Flüsse aus.

Bei jeder Mahd der Ise werden etwa eine Milliarde Tiere vernichtet und das zweimal jährlich. Ein Laufmeter Mahd (zur Erhaltung des Kanalzustandes!) kostet genauso viel wie der Ankauf von einem Quadratmeter Land.

Wiedervernässung verlandeter Ise-Altarme als Otter-Ruheraum. Eine Gemeinschaftsarbeit der Aktion Fischotterschutz und der Niedersächsischen Landesforstverwaltung.

500 Hektar will er in den ersten vier Jahren allein am Hauptlauf der Ise zusammenkaufen. Vermutlich genauso viel wird an den Nebengewässern notwendig sein. Rund 16 Millionen Mark wurden inzwischen für das »Ise-Projekt« bereitgestellt.

Für den kleinen Verein ist dies eine enorme Leistung, die manchem großen Verband als Ansporn dienen müßte. Die »Wildland GmbH« des Landesjagdverbandes Bayern hat im Rahmen ihres Fischotterschutz-Programmes 6,43 ha Land angekauft.

Bisher kostete die von den Wasserwirtschaftsämtern durchgeführte Intensivpflege zwischen 2,00 und 2,50 Mark je laufenden Meter. Allein für den Hauptlauf der Ise sind das jährlich rund 100 000 Mark, die überwiegend von den Grundeigentümern aufgebracht werden müssen [ISE-KURIER 1990]. Jeder Laufmeter Mahd ist folglich so teuer wie der Ankauf von $2\,m^2$ Ufergrundstück!

Knapp eine Million Mark werden gegenwärtig aufgewendet, um die kahlen Ufer zu bepflanzen oder um Ackerflächen wieder in Grünland umzuwandeln!

Ein Kolk hat sich tief in den Acker gefressen; das Ufer wird mit dicken Erlen- und Weidenstämmen verbaut, hinter denen sich Schwemmmaterial ablagert. Bald schlagen die Baumweiden aus und durchwurzeln das Ufer. Dieses Verfahren ist sicher besser und natürlicher als jeder technische Verbau. Die Ideallösung wäre aber, dem Bach soviel Raum zu geben, daß er seinen wechselnden Verlauf selbst bestimmen kann.

Bachpatenschaften in Rheinland-Pfalz

In Rheinland-Pfalz gibt es die Möglichkeit, für Bäche Patenschaften zu übernehmen. Zuständig ist das Ministerium für Umwelt und Gesundheit, Abteilung Wasserwirtschaft. Als »Paten« können Privatpersonen oder Vereine auftreten. Die Patenschaft muß von der Bezirksregierung genehmigt werden; wasserbauliche Maßnahmen sind mit dem jeweils zuständigen Wasserwirtschaftsamt abzusprechen.

Formal ist eine Bachpatenschaft so geregelt, daß der oder die »Paten« mit dem Gewässerunterhaltungspflichtigen einen Vertrag abschließen. In diesem wird das Gewässer genau bezeichnet, ebenso die Vertragsdauer, sowie welche Aufgaben und Pflichten übertragen werden. Bei den Wasserwirtschaftsämtern liegen Musterverträge auf.

Der erste Jäger, der eine solche Patenschaft in Rheinland-Pfalz übernahm, war WERNER SEHNERT. Unterstützt wurde er vom BUND Zweibrücken und einer Ortsgruppe des Deutschen Bundes für Vogelschutz. Anlaß für die Übernahme war der Plan, ein Teilstück des aus dem Pfälzer Wald kommenden Hornbaches zu begradigen, technisch zu verbauen und ein Stauwehr zur Hochwasserregulierung zu errichten. Mit der Übernahme der Bachpatenschaft durch Jagdpächter SEHNERT war dieser Plan vom Tisch.

Als wichtigste Maßnahmen bei der Erhaltung des Hornbaches als mäanderndes Gewässer ohne technische Verbauung erwies sich:

● Befreiung der Fließwasserrinne von umgestürzten Bäumen.
● Fällen von in oder über den Wasserlauf hängenden, noch im Ufer verwurzelten Bäume.
● Lebendverbau von ausgespülten Uferkolken mit örtlich anfallendem Material (Baumweiden und Roterle).
● Uferbepflanzung mit Roterle um Unterspülung zu verhindern.
● Regelmäßige Verjüngung der bachbegleitenden Bäume. Weiden werden dabei alle paar Jahre etwa in Meterhöhe gekappt, damit Kopfweiden entstehen. Erlen werden auf den Stock gesetzt, wobei von mehreren aus einer Wurzel treibenden Stämmen immer nur die Hälfte umgesägt wird, der Rest einige Jahre später.

Inzwischen hat SEHNERT'S Beispiel Schule gemacht und wird auch von gewässerunterhaltspflichtigen Kommunen offensiv vertreten. Die Stadt Zweibrücken beispielsweise, vergab ihr Fischereirecht bei öffentlicher Ausschreibung kostenlos an Sportfischer, welche bereit waren, auch die Bachpatenschaft zu übernehmen. Die Stadt spart Unterhaltskosten und vermeidet gleichzeitig den technischen Ausbau.

Zum Thema Bachpatenschaft gibt es ein Infoblatt vom Ministerium für Umwelt und Gesundheit, Abteilung Wasserwirtschaft in 6500 Mainz, Kaiser-Friedrich-Straße 7.

Wo gibt es Geld für Uferstreifen?

Wer sich zur Sicherung von Fließgewässern oder zur Aktivierung von Altarmen oder zur Schaffung von bachbegleitenden Gehölzstreifen entschließt, sollte so kräftig als möglich »die Öffentliche Hand schütteln«. In der Regel liegen mehr Fördermittel bereit als wir ahnen. Kreisverwaltungen bezuschussen derartige Maßnahmen teilweise aus kreiseigenen Naturschutzmitteln, Regierungspräsidien verfügen über Mittel zur Fischereiförderung u. ä., Gemeinden und Landschaftsverbände übernehmen teilweise die Kosten zum Ankauf von Flurgehölzen usw. Auch einige der alten Bundesländer decken derartige Maßnahmen durch Förderprogramme ab. Eine Übersicht gibt Tabelle 20. Beim Ankauf von land- oder forstwirtschaftlichen Grundstücken zur Erhaltung mäandernder Gewässer oder für Begleitpflanzungen, müssen die Landwirtschaftsämter ohnehin ihre Zustimmung erteilen und werden dabei auch über Fördermöglichkeiten beraten.

Nur die Erlen legen ein so dichtes Wurzelnetz über die Ufer und dringen selbst unter die Bachsohle damit. Entscheidend ist dabei, daß die Erlen auf der Höhe des Mittelwassers gepflanzt werden. Setzt man sie auf der Hochwasserlinie, werden ihre Wurzeln ausgespült (s. Seite 112).

Tabelle 20: Programme der alten Bundesländer, mit denen auch Maßnahmen der Gewässersicherung oder Uferbepflanzung gefördert werden [Aus »Natur« *1/91*]

Land	Name	Ziele und Voraussetzungen	Höhe der Förderung	Zuständige Behörde
Bayern	Kulturlandschaftsprogramm Teil C	Erhaltung und Pflege der Landschaftsstruktur (Feldgehölze, Uferstreifen); Umwandlung von Ackerland in Grünland in erosions- und überschwemmungsgefährdeten Lagen	100% des Pflanzmaterials; 70% der Landschaftspflegekosten in Berggebieten; einmalig 1500 Mark pro Hektar für die Anlage von Uferstreifen; 1000 Mark pro Hektar für die Umwandlung von Ackerland in Grünland	Landwirtschaftsämter
Hessen	Schutzpflanzungen von Feldgehölzen	Schutzpflanzungen mit Zaun	Einmalig 11 000 DM pro Kilometer Feldgehölz beziehungsweise pro Hektar Feldholzinsel	Amt für Landwirtschaft

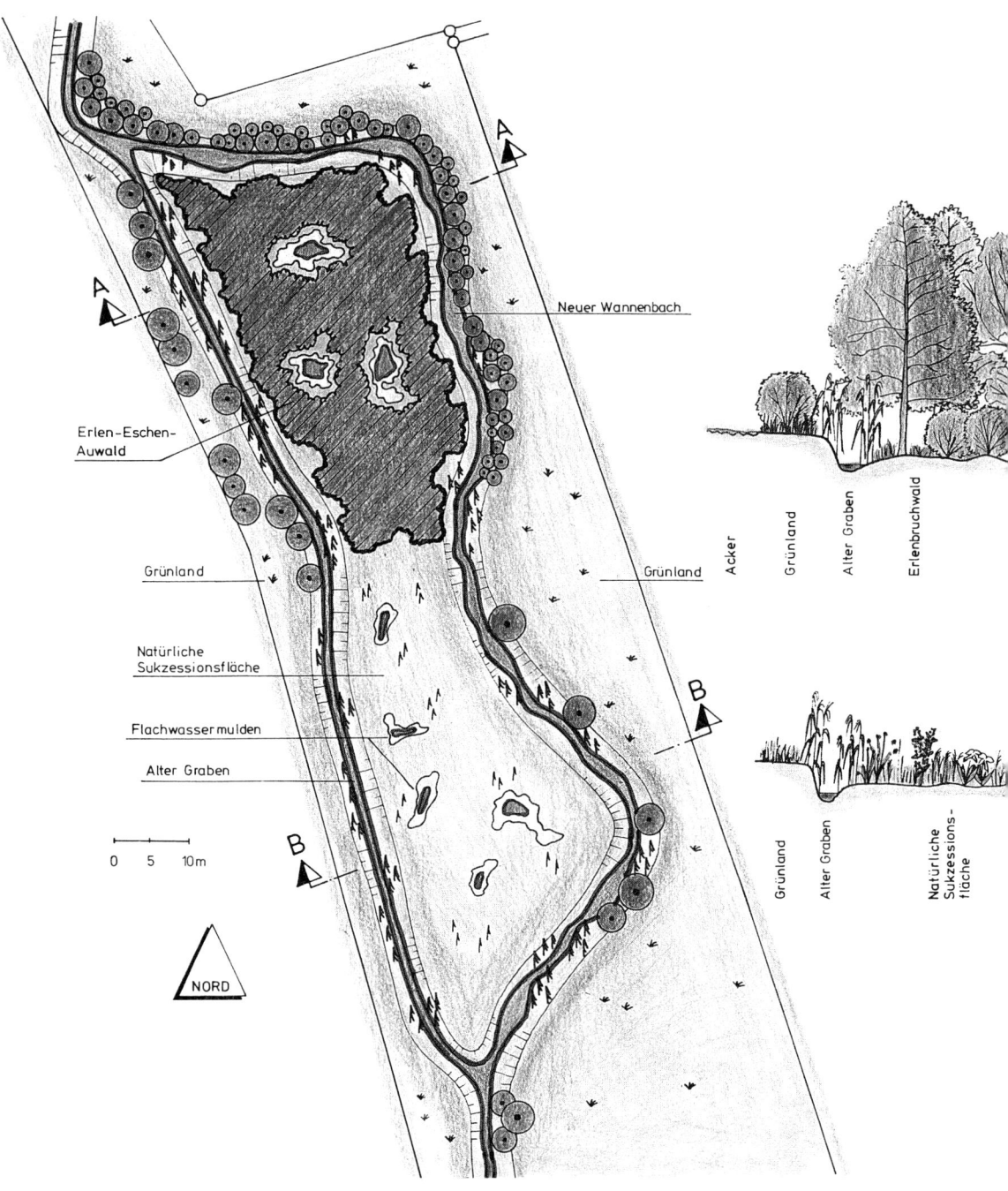

Schnitt A-A

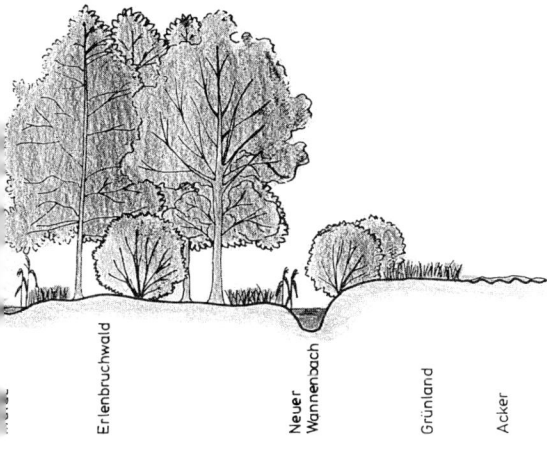

Schnitt B-B

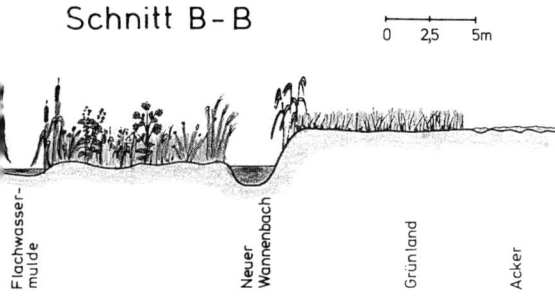

Lageplan und Querschnitte eines Erlenbruchwaldes mit Feuchtbiotop am Wannenbach bei Triesdorf. [Aus: Wasserwirtschaftsamt Ansbach, DAHL/ PREISLER, 1989]

Gräben als Lebensräume gestalten

Gräben sind schon ihrer ganzen Funktion nach häufig schnurgerade Gebilde, mit dem eindeutigen Ziel, das umliegende Land zu entwässern. Sie sollten möglichst schnell Oberflächenwasser und Speicherwasser des Bodens zum nächsten natürlichen Gewässer abführen. Daher sind die meisten mehr oder weniger tief ins Gelände eingeschnitten. Viele Gräben fallen periodisch trocken. Das Wirtschaftsland reicht unmittelbar an sie heran, höherer Bewuchs ist eher selten und Räumungen wie Böschungsmahd werden meist intensiv vorgenommen. All diese Merkmale schränken die ökologische Funktion eines Grabens stark ein. Trotzdem gibt es viele sinnvolle und relativ kostengünstige Möglichkeiten, Gräben zu Feuchtbiotopen auszubauen oder mit anderen Landschaftselementen zu verbinden:

- Ökologischer Ausbau im Zuge einer Flurbereinigung oder unter kommunaler Trägerschaft nach einem *Gesamtkonzept*.
- Teilausbau beziehungsweise *punktuelle* Erweiterung zu kleinen Feuchtbiotopen oder Verzweigung als meist kommunale oder private Maßnahme.
- Kleinflächige Veränderungen, vor allem im *Quellbereich* durch den Grundeigentümer oder einen Nutzungsberechtigten, wobei der Graben in seinem weiteren Verlauf nicht beeinflußt wird.

Der Grabencharakter kann insgesamt – wenn notwendig – bei allen drei Varianten erhalten bleiben; der Ausbau darf sich auf angrenzende, wirtschaftlich unbedeutende Flächen beschränken. Auch im Ausbaubereich besteht der ursprüngliche Graben weiter, er läuft durch. Da die Eigendynamik von Gräben vergleichsweise bescheiden ist, sind auch keine großen Landopfer notwendig.

- Bei Gräben, die periodisch trockenfallen, kann schon der Einbau von Sohlschwellen sinnvoll sein, durch den Restwassermengen gewährleistet und Sohleneintiefungen verhindert werden. Wasserschwankungen als solches erhöhen jedoch die ökologische Vielfalt; es sollen keine »Staustufen« entstehen.
- Kleine, sich an Gräben anschließende Feuchtbiotope entstehen durch Aushub des angrenzenden Geländes, mindestens bis auf den Niedrigwasser-Pegel (s. Seite 134).
- Umfangreichere Feuchtgebiete entstehen durch Verzweigung von Gräben (»Feucht-

inseln«; s. Seite 135) oder durch Drainageunterbrechung auf Einzugsflächen.

Kleinräumige Grabenausweitungen und Flachwassermulden sollten – im Gegensatz zu Fließwasserstrecken – nicht durch Uferbepflanzung beschattet werden, da sie sonst ihren Wert als Laichgewässer für Amphibien verlieren. Die meisten unserer Amphibienarten benötigen besonnte Laichplätze und für alle Arten sind solche zumindest vorteilhaft.

Den Gräben selbst würden schon beidseitige Schutzstreifen von 1 bis 1,5 m Breite dienen, deren Staudenbewuchs die Einwehung von Herbiziden und Handelsdünger reduziert. Ist eine Mahd im Grabenbereich (im Graben selbst, an der Böschung und im Schutzstreifen) nicht zu umgehen, sollte sie etappenweise erfolgen. Je nach Grabenbreite entweder nur eine Uferseite und die andere im nächsten Jahr oder bei schmalen Gräben in möglichst kurzen Abschnitten. Dadurch geht nur ein Teil der Kleinlebewesen verloren, ein Teil rettet sich in die ungemähten Bereiche. Somit bleibt immer ein ausreichendes »Startkapital« zu schneller Wiederbesiedlung erhalten.

Solche Kopfweiden sind unersetzlich; nicht weil ein paar Vögel in ihnen brüten und schon gar nicht wegen ihres Holzes – einfach ihrer Persönlichkeit wegen!

Überschwemmungen sind von der Natur durchaus vorgesehen und wichtig. Gefährlich werden sie in der Regel nur dort, wo der Mensch Auen in Siedlungsgebiete umfunktioniert...

Wurde im Kapitel über die Bachrenaturierung unbedingt der Erle das Wort geredet, sei für Gräben mit stehendem oder nur mäßig fließendem Wasser an die *Strauchweiden* erinnert. Es geht ja nicht primär um die Sicherung der Ufer vor Erosion.

Auch die hochwachsende *Silberweide* findet hier ihren Platz schon direkt am Ufer. Wenn sie auch nicht ein solch dichtes Wurzelnetz über das Ufer flechtet wie die Erle, so durchwurzelt sie den gesamten Uferbereich doch außerordentlich gut. Ihre Wuchsleistung ist enorm, ihre grobe Rinde Lebensraum für zahlreiche Insekten. Silberweiden können in unterschiedlicher Gestalt auftreten. Bei regelmäßigem Schnitt entstehen knorrige Kopfweiden von unersetzbarem Wert. Sie fügen sich in die Gesellschaft mit anderen Baumarten ein oder wachsen im Freistand zu prächtigen, landschaftsbeherrschenden Solitärbäumen aus.

Pappeln stellen hingegen auch an kleinen Feldgräben – ökologisch gesehen – keine optimale Bepflanzung dar. Allenfalls kann man sie (so Platz ist) in die zweite Reihe stellen, unterbaut mit Traubenkirsche und direkt am Grabenrand Erle.

Überhaupt gewinnen Gräben in der Kombination mit anderen Landschaftselementen wie Hecken und Altgrasstreifen ungemein an Wert (s. Seite 62).

Grabenufer müssen nicht immer und überall von Gehölzen gesichert sein. In Teilbereichen »zahmer« Gräben stellen auch Kleinflächen mit Rohrglanzgras eine brauchbare Ufersicherung dar. Sowohl aus ästhetischer wie ökologischer Sicht stellen Staudenbeete aus *Mädesüß*, *Gilbweiderich* und *Waldengelwurz* eine Bereicherung dar. Im Gebirge durchwuchert häufig die Pestwurz flache Uferbereiche. Unterbunden werden derartige Staudengesellschaften durch die weithin übliche Ufermahd. Diese fördert gerade jene Arten, die für die Ufersicherung *unbrauchbar* sind!

Landschaft für den Storch

Im Zuge einer schon 1973 angeordneten, auf einer Fläche von 10 000 Hektar durchgeführten Gruppenflurbereinigung im Mittleren Altmühltal, setzte sich die Flurbereinigungsdirektion Ansbach die Schaffung umfangreicher Lebensräume für Wiesenbrüter und Weißstorch zum Ziel. Dabei entstanden neben 99 flachen Tümpeln und Mulden auch »Storchengräben« in einer Gesamtlänge von 3 km, die nicht weniger als 2 ha Land in Anspruch nahmen. Zwei Mill. Mark ließ sich der Freistaat die Feuchtwiesen und Gräben kosten. Diese »Storchengräben« sind auch für zahlreiche andere Vogelarten interessant, von der Bekassine bis zur Krickente.

Der Brachvogel beansprucht feuchtes, spät gemähtes Grünland, ohne Büsche und Bäume. Nur die Flurbereinigung kann ihm helfen!

Woher das Land nehmen?

● Zunächst wurden vorhandene Grenzgräben ohne Vorflut, wie sie in vielen Wiesenlandschaften noch zu finden sind, unregelmäßig ausgebaut und durch Erdquerriegel unterbrochen. Dadurch bleibt das Wasser auch in Trockenzeiten lachenartig stehen, während es ohne Erdriegel bei absolut planer Sohle immer flacher wird und letztlich nur noch Schlamm übrig bleibt oder es läuft – wenn ein Gefälle vorhanden ist – auf *einer* kleinen Fläche zusammen. Durch die Querriegel entstehen in der Trockenzeit jedoch *viele* kleine Tümpel oder Pfützen. Es bleibt folglich weit mehr Fläche für größere Arten.

● Flutgräben wurden in wechselnder Tiefe und Breite ausgeweitet und die Ufer abgeflacht. Die Aufweitung brachte Hochwasserstauraum, die unterschiedliche Tiefe sorgt für Restwasser in Trockenzeiten.

Wer garantiert für die Erhaltung?

- Alle Gräben wurden in das Eigentum und die Unterhaltung der Gemeinden überführt. Hier wären andere Eigentümer, etwa Landwirte, Naturschutzverbände oder Jagdpächter, ebenso denkbar.
In den Grundbüchern wurden *Grunddienstbarkeiten* eingetragen, die u. a. vorsehen:
- Nutzung ausschließlich für Zwecke des Naturschutzes
- Verbot von Nutzungen, die den Bestand der Zweckbestimmung der Fläche gefährden
- Erhaltung der vorhandenen Oberflächenverhältnisse und des Bodenreliefs
- Verpflichtung zur mindestens einmaligen Mahd im Jahr – jedoch nicht in der Zeit vom 1. April bis 30. Juni – und zur Entfernung des Mähgutes

Diese Grunddienstbarkeiten könnten je nach Schutzzweck variiert werden. Es muß ja nicht der Weißstorch sein, um den es primär geht. Statt Pflicht zur Mahd kann auch Verbot der Mahd oder Mahd in mehrjährigem Turnus festgelegt werden.

Musterbeispiel »Wannenbach«

Die ökologische Grundsituation kleiner Wiesenbäche, häufig nur aus Drainagen gespeist, ist jener der Feldgräben recht ähnlich. Kennzeichen sind ein tonig-sandiges, stellenweise schlammiges Bett und geringe Fließgeschwindigkeit. Die meisten haben längst Form und Funktion von Gräben annehmen müssen: keine Mäander, strauchlos, lieblos...
Im Wasser wachsen *Bachbunge, Brunnenkresse*, am Ufer *Sumpfdotterblumen* und am Saum »schlagreife« *Brennessel*, Zeigerpflanze für hohen Nitratgehalt des Bodens.
Was im Rahmen einer Flurneuordnung (aber auch ohne eine solche) machbar ist, demonstrierte die Flurbereinigungsdirektion Ansbach im mittelfränkischen Triesdorf. Es ging dabei

Gelungener Umbau eines Grabens als natürliches Gewässer im Rahmen der ökologischen Flurbereinigung in Triesdorf (Mittelfranken). Der ursprüngliche Graben läuft weiter, wurde aber zu einem kleinen, verschlungenen Laichgewässer erweitert. Die nordseitige Weidenhecke bietet Windschutz, verhindert unerwünschte Eintragungen und schafft ein günstiges Kleinklima (links Winter; rechts Sommer, ein Jahr später).

um den *Wannenbach*, ein die Gemarkung auf 1,8 km Länge umrundendes, bereits zu Beginn dieses Jahrhunderts »kultiviertes« Gewässer III. Ordnung. Erreichen wollte man mit einer Renaturierung:
- eine Verbesserung der ökologischen Wirksamkeit des Gewässers,
- Regelung des gestörten Wasserhaushaltes durch *dezentrale* Rückhaltung des Oberflächenwassers sowie Förderung von Versickerung und Verdunstung,
- Bereicherung der ausgeräumten Landschaft durch ein vernetztes Biotopsystem, in dem die Gewässerauen eine Rückgratfunktion zu erfüllen haben.

Zur Festlegung der neuen Gewässerführung wurden Katasteraufnahmen aus der Mitte des vergangenen Jahrhunderts herangezogen. Durch Einlegung von Mäandern wurden Gefälle und Fließgeschwindigkeit gesenkt, was einer fortschreitenden Sohleneintiefung entgegen wirkt. Flache Böschungen schaffen wichtige Wechselwasserzonen und Raum für Hochwasser. Sohlschwellen fördern den Sauerstoffeintrag.

Um Schadstoffeinträge zu reduzieren, wurden zwischen Ackerflächen und Bach unbewirtschaftete Grünlandstreifen gelegt.

Zur Anlage von Feuchtbiotopen (Ausweitungen des Baches) wurden vor allem ungünstig (nicht maschinengerecht) ausgeformte landwirtschaftliche Flächen herangezogen. Damit trat kein spürbarer »Landverlust« ein.

Durch den Ausbau von Seitenarmen wurden tieferliegende Außenbereiche abgegrenzt, die neben der Artenvielfalt der Hochwasseraufnahme dienen.

Stauwasservernäßte Gley- bzw. Pseudogleyböden wurden durch sparsame Bedarfsdrainagen verbessert, gleichzeitig naturnahe Gräben geschaffen. Überspitzt ausgedrückt könnte man sagen: Drainagen im Wirtschaftsland zur Schaffung neuer Feuchtgebiete!

Insgesamt entstanden so aus einem 1,8 km langen »Kanälchen« 2,5 km naturnahe Kleingewässer und 1,2 ha Feuchtbereiche. Die Kosten überstiegen nicht wesentlich jene, die für einen herkömmlichen Gewässerausbau erforderlich sind.

Derselbe »Graben« ein Jahr später, Sommeraspekt. Gepflanzt wurde nichts; der Standort bestimmt sich den passenden Bewuchs selbst, Vögel und Säuger beschaffen das »Saatgut«. Derartige Ausweitungen leben mit der unterschiedlichen Wassertiefe. Neben seichten »Laichwannen« müssen auch einige tiefe »Überwinterungslöcher« vorhanden sein.

Neue Stillgewässer in die Landschaft

Zu den **Stillgewässern** gehören auch die Klein- und Kleinstgewässer, die oft nur während eines Teils des Jahres Wasser führen. Gerade im Wald entstehen **Kleinstgewässer** immer wieder neu, während bestehende vergehen. Die sich mit Wasser füllenden Radspuren der Holzrückemaschinen z. B. stellen wichtige Laichbiotope dar. Miniteiche, die durch Verschüttung temporär neben Gräben oder vor Durchlässen entstehen, gehören dazu.

Einen **Tümpel** kann man schon als *Kleingewässer* bezeichnen. Er ist kaum größer als 30 m², häufig nur 25 bis 50 cm tief und kann temporär trockenfallen.

Weiher schließen an und können durchaus 20 ha groß sein jedoch kaum tiefer als 3 m, das Licht fällt noch auf den Grund. Sie weisen eine ausgeprägte Zonierung auf.

Teiche stellen die »zahme« Form des Weihers dar. Es sind künstlich geschaffene Kleingewässer. Sie dienen der Fischzucht, als Freizeitanlage, dem, was sich »Fischwaid« nennt oder der biologischen Klärung von Abwässern. Der Natur dienen sie eher selten.

Größere Stillgewässer werden als **Seen** bezeichnet. Sie zeigen eine ausgeprägte Temperatur-, Licht- und Nährstoffzonierung, nicht überall dringt das Licht bis zum Grund. Davon gibt es aber auch einige wenige Ausnahmen; zu ihnen gehört z. B. der Neusiedler See, mit nirgends mehr als 2 m Wassertiefe.

Nichts als eine Wasserlache im Wald, aber in ihr leben mehr Arten als in manchen städtischen Grünanlagen.

Sie sind selten geworden

Es ist noch nicht so lange her, da hatte nahezu jedes Dorf seinen *Dorfteich*. Nicht weil das ökologische Verständnis früher größer gewesen wäre oder der Mensch auf materielle Dinge weniger Wert gelegt hätte als heute. Nein, im Gegenteil, man brauchte ihn einfach. Der Dorfteich war gewissermaßen nasse Almende; auf ihm schwammen und ernährten sich Enten und Gänse und er hatte teilweise »soziale« Funktion – er ersetzte das beheizte Freibad. Die meisten Dorfteiche und viele Weiher und Tümpel draußen in der Landschaft sind inzwischen verschwunden; sie wurden zugeschüttet. Bürgermeister funktionierten sie zu Müllkippen um und Landwirte schufen auf ihnen freie Bahn für finanzierte Traktoren ...
Heute geht der Trend eher in die entgegengesetzte Richtung. Von verschiedenen Stellen gibt es beträchtliche Zuschüsse zur Neuschaffung von Stillgewässern. In Niedersachsen bezuschußt das Landwirtschaftsministerium sogar den Ankauf von Kleingewässern bis 1 ha Größe mit bis zu 90% der Kosten. »Biotope« sind modern geworden, und noch höher bewertet als das bescheidene Stück Natur selbst wird sein »Erbauer«. Damit setzt man sich ins richtige Licht ... Viel von dem, was heute unter dem Etikett »Biotop« oder »Feuchtgebiet« firmiert, ist allerdings von eher bescheidenem Wert. Da baggern Jäger Wasserlöcher in feuchte Wiesen und bepflastern sie mit ganzen »Entenbruthaus-Siedlungen«, während am Ufer breit hingestreut die Überschüsse der EG-Getreideproduktion lagern. Das hat mit Feuchtgebiet nichts zu tun, noch weniger mit Naturschutz. Es ist im Gegenteil ein Armutszeugnis, ein Beweis für fehlendes Naturverständnis und für ganz einseitige, wenig nach der Natur fragende Interessen!
Mit dieser Meinung steht der Autor nicht allein. Auch der Landesjagdverband Baden-Württemberg, führend bei Anlage und Unterhaltung von Feuchtgebieten, postuliert in die gleiche Richtung. Geschäftsführer ERNST SCHNIEPP, zuständig für das Feuchtgebietsprogramm, schreibt in Deutsche Jagd-Zeitung 3/90: »*Grundsätzlich keine Nisthilfen (Entenbrutkörbe, -häuser) ausbringen. Die Stockente geht nicht in ein Bruthaus, wenn sie daneben ausreichend natürliche Nistgelegenheit findet. Unser Ziel muß ein gewachsener Lebensraum sein. ... Keine Fütterung, auf keinen Fall als Daueinrichtung.*«
In seinem Mitteilungsblatt »DER JÄGER IN BADEN-

Wenn Jagd angewandter Naturschutz sein soll, dann darf Hege nicht so ausschauen...

...sondern so! Enten brauchen keine Bruthütten und -körbe, sondern eine unbeschädigte, vitale Ufervegetation.

WÜRTTEMBERG« [7/88] schreibt derselbe Verband übrigens: »*Der Landesjagdverband hat sich schon vor Jahren gegen jegliche Fütterung von Wasserwild im Wasser ausgesprochen. Eine ›Entenzucht‹ in einem wertvollen Feuchtgebiet kann man nicht als ›jagdliche Hege‹ bezeichnen. Hier wird nicht nur ein Feuchtgebiet ver-, sondern auch die Position der Jägerschaft beschmutzt.*«

Wir wollen einen Teich schaffen

Das zentrale Problem ist immer das Wasser: seine Beschaffung, seine Qualität und die Sorge, es zu halten. Die meisten Teiche stehen daher in Verbindung mit einem Fließgewässer, das heißt, sie haben geregelten Zu- und Abfluß.

Steht das Grundwasser nahe unter der Bodenoberfläche, wird ein *Fließwasser*zulauf entbehrlich, es wird praktisch nur das Grundwasser »freigelegt«, der Wasserspiegel bleibt, außer bei starken Niederschlägen, konstant. Einen hohen Grundwasserspiegel erkennt man meist schon an der Vegetation, etwa am gehäuften Auftreten von Binsen.

Die dritte Möglichkeit ist der »Himmelsteich«, bei dem es weder einen *Fließwasser*zulauf noch *Grundwasser*zulauf gibt. Ein solcher Himmelsteich besteht lediglich aus einer »Wanne« mit guter Lehm- oder Lettenabdichtung, und wird nur durch Niederschläge gespeist. Zumindest im Sommerhalbjahr ist die Verdunstung zeitweilig größer als der Eintrag, und der Teich kann ganz oder teilweise trockenfallen. Derartige Himmelsteiche sollte man nur in *Tümpelgröße* bauen. Ab 30 m^2 aufwärts sind Teiche mit gesicherter Wasserzufuhr zu empfehlen.

Wo der wasserhaltende Untergrund fehlt, Kalkböden sind fast immer mit diesem Mangel behaftet, werden auch bis zu 600 m^2 große Folienteiche angelegt. Diese Methode hat aber viele Nachteile. Im Laufe der Jahre kann sich die Folie zersetzen und brüchig werden. Pflanzenwurzeln oder spitze Steine beschädigen sie und machen den Teich undicht. BARTH weist darauf hin, daß sie auch den Zusammenhang des Teichbodens mit dem Untergrund verhindern. Wo Teichböden ausnahmsweise doch mit Folie ausgelegt werden, muß diese mindestens 0,5 m stark mit Boden überdeckt werden. Das ist ein im Arbeitsablauf sehr zeitaufwendiges Verfahren.

Immer dann, wenn ein geplantes Gewässer Anschluß an ein Oberflächengewässer oder an das Grundwasser erhalten soll, muß zunächst ein *Planfeststellungsverfahren* nach § 31 des *Wasserhaushaltsgesetzes* (WHG) durchgeführt werden. Die einzelnen Bundesländer haben zusätzlich weitere Bestimmungen erlassen, welche vor Baubeginn beachtet werden müssen. In Nordrhein-Westfalen z. B. kann auch beim bloßen Tümpelbau ohne Zu- und Ableitung das Landschaftsgesetz greifen, wenn der Eingriff in die

Ein kleiner Waldteich entsteht: 4 Stunden Arbeit für den Raupenbagger, 40 Stunden Handarbeit für Feinplanie, Abfluß und Uferbepflanzung.

Landschaft 2 m oder mehr in Höhe oder Tiefe und mehr als 400 m² beträgt. In Bayern ist für Tümpel bis zu einer Größe von 300 m² keine wasserrechtliche Genehmigung erforderlich.

Um ein Genehmigungsverfahren wird man folglich nur bei sehr bescheidenen Maßnahmen herumkommen. Einverstanden sein müssen neben dem Grundbesitzer und den zuständigen Behörden auch die Eigentümer von Wasser- und Fischereirechten, deren Gewässer mit dem neu zu schaffenden in Verbindung stehen. Ein Lageplan ist erforderlich, Quer- und Längsschnitt durch das geplante Gewässer und eine Berechnung der Durchlaufmenge. Auskünfte erteilen die Wasserwirtschaftsämter.

Einige allgemeine Grundsätze:

- Auf keinen Fall Fließgewässer anstauen, sondern nur Minimalwassermengen ableiten und durch geregelten Überlauf wieder einleiten.
- Keine schützenswerten Feuchtwiesen in Teiche umwandeln.
- Wenn viel Platz zur Verfügung steht, lieber mehrere kleine Teiche statt einen großen anlegen.
- Keine Folien verwenden, sie sind teuer und problematisch, werden von einigen Pflanzenarten (Schilf) durchwurzelt und sind dann nicht mehr dicht.
- Möglichst keine Zuleitung aus der Feldentwässerung (Eutrophierung!).
- Bei grundwassergespeisten Teichen unbedingt an umgebende Schutzzone denken, die den Eintrag von Nährstoffen aus der Landwirtschaft verhindert. Ansonsten kommt es – mangels Wasseraustausch – schnell zur Eutrophierung.
- Keine Nutzung als Angelgewässer vorsehen.
- Bauarbeiten möglichst im Spätherbst oder Frühwinter durchführen. In dieser Zeit ruht die Vegetation und das aufgeschüttete Material kann noch ausfrieren und sich setzen.

Mögliche Zonierungen bei Stillgewässern. [Nach: E. SCHMIDT, 1974, verändert]

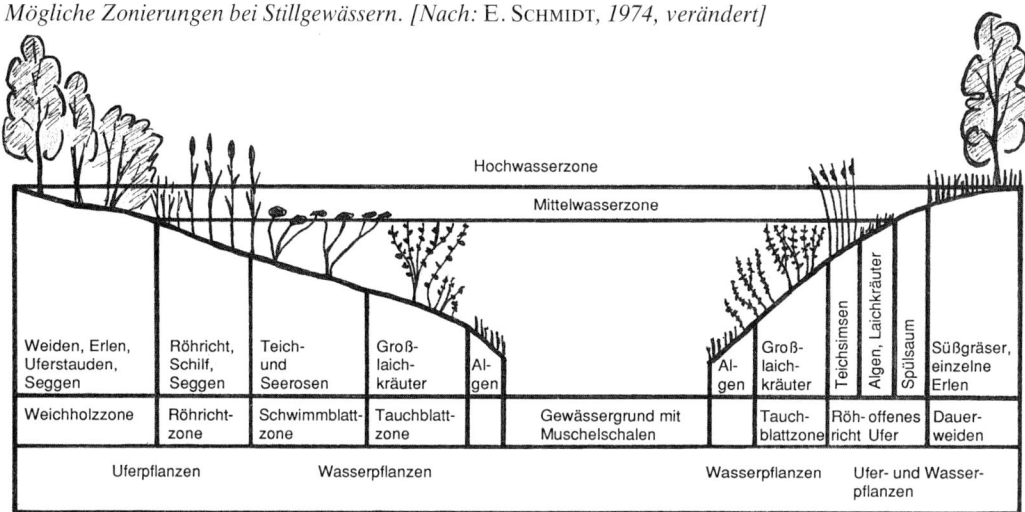

Darüber muß man sich vorher klar werden

Die Natur kennt kein Gewässer, das seine Größe, Form und Eigenschaften unverändert beibehält. Es ist das Schicksal aller Fließgewässer, ihre Form ständig zu verändern. Schicksal der Stillgewässer ist es, nach und nach zu verlanden. Diese Entwicklung droht in noch höherem Maße künstlich geschaffenen Teichen mit Zulauf. Jeder Zulauf trägt mineralische Bodenteilchen ein, die sedimentiert werden. Eingeschwemmte Nährstoffe sorgen für üppiges Pflanzenwachstum, während die absterbende Biomasse weitgehend im Teich bleibt; der wächst langsam zu. Teiche mit Wasserdurchlauf sollten daher, auch wenn sie relativ klein sind, immer einen geregelten Ab- und Überlauf haben, denn irgendwann wird man sie entweder reinigen oder aufgeben müssen. In diesem Zusammenhang sei allerdings auf BARTH verwiesen, der Ablaßmöglichkeit mit der Begründung ablehnt, bei jeder Trockenlegung würde das System empfindlich verletzt, Ablaßvorrichtungen würden zum Gebrauch verleiten.

In Fischteichen finden zwei unterschiedlich funktionierende »Mönche« Verwendung (Mönch = Ablaßvorrichtung), je nach dem, welche Wirtschaftsfische gehalten werden sollen. In Karpfen- und Schleienteichen werden Mönche eingebaut, die das Wasser *am Grund* abziehen, also das kalte Wasser. Forellenteiche hingegen sollen kühl (sauerstoffreich) sein. Daher wird die *oberste (wärmste) Wasserschicht* abgezogen. Da es uns nicht um Fischzucht geht, die verschiedenen Amphibien aber allesamt »warmes« Laichwasser lieben, ist ein Mönch mit Grundabzug der richtige. Um unliebsame Überraschungen zu vermeiden, muß der Mönch abschließbar sein.

Unverzichtbar ist auch ein Hochwasserschuß, am besten aus verfugten Bruchsteinen und nicht über den Damm, sondern nur über gewachsenen Boden.

Auf der Dammsohle müssen alle Wurzelstöcke, Humus- oder Kiesschichten abgeschoben werden. Es darf nur auf wasserhaltende Schichten geschüttet werden. Schüttmaterial muß frei sein von allen zu Fäulnis oder Verrottung neigenden oder wasserdurchlässigen Materialien, also wieder keine Wurzeln, Holz, Sand oder Kies, kein Bauschutt usw.. Dammkrone so breit planen, daß mit Maschinen verdichtet werden kann. Ist genügend Platz und Material vorhanden, kann man auch Dämme so gestalten, daß sie sich etwas dem natürlichen Relief anpassen und nicht mehr wie Dämme aussehen. An Zufahrtsmöglichkeit im Falle eventueller späterer Dammreparaturen denken. Höhe der Dammkrone mindestens 50 cm über der Normalwasserlinie.

Nicht ganz einfach ist es, einen geeigneten Fuhrunternehmer zu finden. Ausschreibung der Erdarbeiten führt nicht unbedingt zum preisgünstigsten Weg. Die zu bewegende Erdmenge läßt sich nur schwer und ungenau schätzen.

Vergebe ich eine bestimmte Bodenmenge zur Bewegung, wird der Unternehmer in jedem Falle bestrebt sein, diese vereinbarte, preislich abgesprochene Menge so »rational« als möglich zu bewegen. Er hat kein Interesse an zeitaufwendigen Modellierarbeiten zur Schaffung besonders flacher und linienreicher Ufer.

Nach Stunden lassen sich solche Arbeiten auch nicht vergeben, da man nie weiß, welche Schwierigkeiten während der Arbeit auftauchen.

Der Sache kommt man näher, wenn mit den infrage kommenden Unternehmern vor Ort abgeschätzt wird, wieviel Tage an Maschinenarbeit für das Projekt notwendig sind. Vereinbart wird dann nur der Stundensatz. Am preisgünstigsten arbeiten unterm Strich solche Unternehmer, die bereits über Erfahrung mit derartigen Arbeiten verfügen. Möglichst keine Abfuhr von Aushubmaterial. Damit springen die Kosten unnötig in die Höhe.

Auf alle Fälle ist es ratsam, während der Dauer der Maschinenarbeit anwesend zu sein und steuernd einzugreifen. Baggerfahrer sind gewohnt, »voll hineinzulangen« und »saubere« Arbeit zu leisten. Ihnen liegen gerade Linien und tiefe Löcher... Es besteht die Gefahr, die wasserhaltende Schicht irgendwo zu beschädigen, wenn zuviel gebaggert oder abgeschoben wird. Derartige Schäden werden vom Fahrer mitunter gar nicht bemerkt – der Ärger wird dann so alt wie der Teich selbst! Uferbereiche geraten schnell zu steil oder zu tief. Manche Baggerfahrer packen einen Teil des Aushubs einfach auf Inseln, das geht am schnellsten, sieht aber unmöglich aus.

Auf die Form kommt es an

Offene Wasserflächen mit vielen (zahmen) Enten darauf mögen von Hausfrauen und Rentnern im Park als besonders schön empfunden werden, artenreich sind sie kaum. Bei der Neu-

*Unterschiedliche Habitatansprüche
von Röhrichtbewohnern*

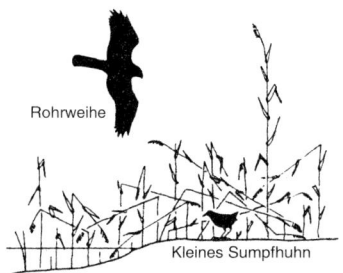

Stark dreidimensional strukturiertes Altröhricht

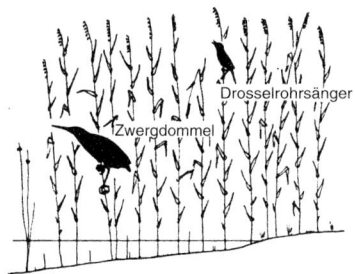

Gleichmäßig gewachsenes, wenig geknicktes Schilf

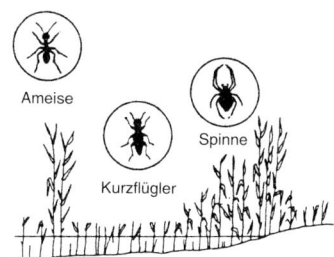

Offene, vorjährige Schilfhalme

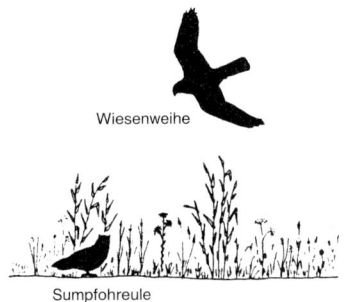

Schüttere, kleinwüchsige Schilfbestände an Land

schaffung von Stillgewässern sollten wir dagegen auf eine vielfältige Zonierung achten, bei der nur ein geringer Teil an freiem (tiefem) Wasser bleibt. Entenarten, die große freie Wasserflächen zur Planktonaufnahme suchen, etwa die sommerlichen Mausergesellschaften der Schwimmenten, sind mit $1000\,m^2$ ohnehin nicht zufrieden und auch die Scharen winterlicher Durchzügler suchen sich große, offene Wasserflächen, einfach wegen ihrer großen Fluchtdistanz. REICHOLF [1975] wies darauf hin, daß praktisch alle Wasservogelarten (außer Stokkente, Bläßhuhn und Höckerschwan) Fluchtdistanzen von rund 100 m haben, die sie auch gegenüber uferbegleitenden Baumkulissen halten.

Es sind ja auch gerade die Randbereiche, die Schwimmblatt-, Röhricht- und Weichholzzonen, die an vielen Gewässern fehlen oder nur unzureichend ausgebildet sind. Ein neugeschaffenes Gewässer wird jedoch nicht durch aufwendige Bepflanzung artenreich, sondern nur durch eine überlegte Zonierung und Profilplanung. Auf die folgenden Kriterien müssen wir achten:

- Keine glatten Uferlinien schaffen, sondern möglichst geschlungene. Dadurch entstehen die unterschiedlichsten Kleinstandorte (Ufer gegen die Sonne oder von ihr abgeneigt).
- Ufer nicht durchgehend in gleichem Winkel ansteigen lassen, sondern variieren. Dadurch werden unterschiedliche Bedingungen für die Pflanzenansiedlung geboten. Für Uferbereiche an größeren Neuanlagen, die von Schilfrohr erobert werden sollen, empfiehlt BLAB [1986] einen Neigungswinkel von 1:10, und zwar im Bereich von 1 m über bis 1 m unter dem mittleren Wasserstand.
- Innerhalb der Röhrichtzonen kleine, offene Wasserflächen mit einer Mittelwasser-Tiefe von etwa 1 m vorsehen, also Gumpen im Flachwasserbereich. Solche werden von einigen Arten, etwa dem Zwergtaucher, Moor- und Krickente bevorzugt angenommen.
- Teichprofil nicht als gleichmäßig flache »Schüssel« anlegen, sondern auch in den Flachwasserbereichen »Überwinterungssenken« einbauen, da ein Teil unserer Amphibien zu den sogenannten *Wasserüberwinterern* gehört. Wassertiefe mindestens 1 m, maximal 2 m.
- Keine Kies- oder Sandufer. Solche laden immer zum Betreten des Gewässers ein. Wo Kies vorhanden ist, diesen lieber als Insel

aufschütten (Brutplätze für Uferläufer und Regenpfeifer) oder als Zungen in den sonnigen Uferbereich hineinlaufen lassen.
- Uferbereich mit unterschiedlichem Substrat gestalten, also (soweit möglich) neben Mutterbodenauftrag sterile Kieszungen oder Bereiche mit Letten/Ton.
- Sonnseitig keine schattenwerfenden Baumkulissen einplanen, wenn schon vorhanden, auslichten.
- Schlickbänke im Bereich des offenen Wassers sind eine sinnvolle Zusatzstruktur. In künstlichen Stillgewässern mit stark schwankendem Wasserstand sollte man periodisch trockenfallende Schlickflächen (auch wenn sie sich begrünen) vorsehen, die nicht vom Ufer aus erreichbar sind.
- Wo es sich anbietet, besonnte Steilufer mit einbeziehen. Dabei ist zu beachten, daß Uferschwalben solche Wände nur als Niststandorte annehmen, wenn kein den Anflug störender Bewuchs davor steht. Eisvögel hingegen stören sich an überhängenden oder vorstehenden Ästen überhaupt nicht.
- Inseln erhöhen den Wert jedes Gewässers ungemein. Nach Untersuchungen von JOHNSON et al. [1978] in Dakota (USA) waren die Bruterfolge von Stockente, Rotkopfente und Kanadagans auf künstlich angelegten, durchschnittlich 25 m^2 großen Inseln um das 3- bis 4fache größer als in der Umgebung. Jeder dieser kleinen Inseln entwuchsen soviele Jungenten wie 21 ha zusammenhängendes Brutbiotop am *Land*ufer.

Brutwände für Eisvögel sind Mangelware

Eisvögel fanden früher ihre Brutwände vorwiegend im Bereich von Fließgewässern. Als Bäche und Flüsse noch frei und ungehindert mäandern durften, brachen sie immer wieder neue Uferabschnitte aus. Es entstanden auf befristete Zeit kleine, steile Abbrüche, in welche die Eisvögel ihre Bruthöhlen trieben. Derartig unbeschwert und unbeeinflußt dahinmäandernde Gewässer sind selten geworden. Auch die Lebendverbauung der Fließgewässer mit Erlen und Weiden will derartige Abbrüche verhindern. Wo aus Gründen der Hochwasserabwehr und Sohlenerosion renaturiert wird, legen die Wasserbauer eher auf ein möglichst schüsselförmiges Bett mit flachen Ufern wert, das möglichst viel Wasser

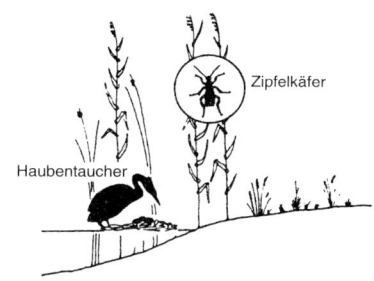
Breite von untergeordneter Bedeutung

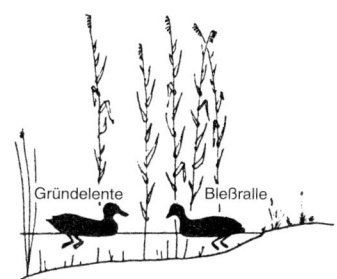
Relativ geringe Breite ausreichend

Breites Röhricht (mit Kontakt zu offenem Wasser)

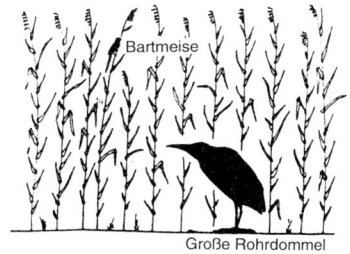
Breites Röhricht (Kontakt zu offenem Wasser fakultativ) [Aus: BLAB 1986]

Natürliche Eisvogelbrutwände müssen von der Natur immer wieder geschaffen werden: der Bach läßt Ufer abbrechen und er flacht sie nach und nach wieder ab. Künstliche Bruthöhlen der Firma Schwegler lassen sich leicht einbauen und werden gerne angenommen.

aufnehmen kann. Beim technischen Ausbau haben Eisvögel ohnehin keine Chance mehr.

Sandig-lehmige Steilwände müssen es sein, die so hoch sind, daß sie auch das Hochwasser nicht überfluten. Solche sind an Fließgewässern Mangelware. Wo hingegen Stillgewässer neu geschaffen werden, sollte man immer auch an Nistwände für Eisvögel denken.

Auch kleine Stillgewässer brauchen eine Zone tiefen Wassers, sonst wachsen sie rasch zu.

WALDSCHMIDT beschreibt in WILD UND HUND mehrere Verfahren, den Eisvögeln Wohnraum zu schaffen:
- Bau künstlicher Steilwände in sandig-lehmigen Uferböschungen mit andeutungsweise vorgebohrten Röhren.
- Einbau von mit sandig-lehmigem Bodenmaterial verfüllten vorgefertigten Nistkästen aus Holz, Holzbeton* u. ä. in bestehenden Böschungen.
- Einbau von Niströhren in Form von Betondurchlaßteilen u. ä. sowie von vorgefertigten Tonröhren, die mit entsprechendem Bodenmaterial versehen werden, in bestehenden Böschungen.
- Belassen von Lücken in gemauerten bzw. aus Beton gegossenen Steilböschungen, die ggf. locker mit lehmigem Sand gefüllt werden.

Noch auf ein weiteres Verfahren weist WALDSCHMIDT hin – auf den »Mündener Eisvogelnistblock«. Um stabile Steilwände zu erhalten, wird sandig-lehmiges (toniges) Bodenmaterial mit Branntkalk (CaO) bzw. Kalkhydrat ($CaOH_2$) miteinander gemischt. Einem m^3 Boden müssen

---

* Holzbeton Niströhren für Eisvögel stellt die Firma Schwegler in Schorndorf her.

Durch die Regulierung unserer Flüsse, durch Eintrag von Nährstoffen und »Zivilisationsfracht« gibt es immer weniger saubere – und ungestörte! – Kiesufer oder Kiesinseln, auf denen Limikolen brüten oder Salmoniden (unter Wasser) laichen können. Die Schaffung derartiger Kiesinseln gehört heute zu den Maßnahmen der künstlichen Biotopgestaltung.

Schlammflächen, die zeitweilig überflutet sein dürfen, erhöhen den Wert von Stillgewässern erheblich, nicht nur, wenn es sich um so große handelt wie auf dem Bild.

je nach Tongehalt 60 bis 100 kg Branntkalk zugefügt werden. Bei Verwendung von Kalkhydrat muß man ca. 50% mehr rechnen. Das gemischte Material wird am Einbauort in eine vorgefertigte Schalung gefüllt und festgestampft. Eine satteldachförmige Abdeckung aus demselben Material verhindert weitgehend das Eindringen von Feuchtigkeit. Zweckdienlich ist auch die Abdeckung mit Dachpappe oder Folien (über die dann eine Schicht Boden kommt).

Dieses Boden/Kalk-Gemisch verfestigt sich zwar, härtet aber nicht wie Beton aus. Die Vögel können immer noch selbständig ihre Niströhren graben. Mit diesem Verfahren lassen sich auch – ansonsten ungeeignete – grobe Kies- und Steinwände, etwa in Abbaugruben, eisvogelfreundlich umbauen.

Künstliche Eisvogel-Brutwände entstehen auch, wenn derartige Blöcke auf Mauern aus Bruchsteinen oder Beton gesetzt werden.

Aufgelassene Fischteiche umwandeln

In den letzten Jahren und verstärkt nach dem Anschluß der DDR wurden zunehmend Teichanlagen zum Kauf oder Pachtung angeboten oder liegen brach. Schuld sind der Preisverfall bei Speisefischen, sowie Probleme mit der Wasserqualität. Derartige Anlagen eignen sich meist zur Umgestaltung. Im wesentlichen geht es um drei Änderungen: Uferlinien müssen bewegt werden (keine geraden Linien), Ufer selbst müssen unregelmäßig abgeflacht werden, Inseln sollen entstehen.

Auch bei derartigen Vorhaben muß man sich über die beabsichtigten Ziele im klaren sein. Teiche, die primär einem vielfältigen Amphibien- und Insektenleben dienen sollen, vertragen keinen Fischbesatz und schon gar keine Forellen. Hier wird dagegenargumentiert, Fische *und* Amphibien hätten schon immer ihre Lebensräume miteinander geteilt. Das stimmt, aber wirklich naturnahe Gewässer unterscheiden sich elementar vom heutigen Durchschnittsgewässer:

- Die Wasserqualität war bedeutend besser.
- Die Zahl der Stillgewässer war fast zehnmal so groß wie heute, die ökologische Qualität von Still- und Fließgewässern war insgesamt wesentlich besser. Damit konnten sich Amphibien, aber auch viele Insektenarten ihre Laich- und Brutplätze aussuchen; sie mußten sich nicht konzentrieren und waren dadurch auch nicht konzentriert gefährdet.
- Die Zahl der Fischarten war bedeutend größer (keine »Monokulturen«). Damit war das Nahrungsspektrum auch ein völlig anderes.
- Die Fische wurden nicht nach »Altersklassen« gehalten; erwachsene Forellen fraßen junge Forellen usw. Heute werden fangfähige Fische eingesetzt und im gleichen Jahr wieder herausgefangen.

In der Regel sollten in neugeschaffene Gewässer keine Fische eingesetzt werden, aber es gibt Ausnahmen, etwa die Moderlieschen am Eisvogelteich oder die Jungforellen im Futtergraben für die Reiher.

Fische wurden ihrerseits in allen Altersklassen »reguliert«; der Eisvogel fraß die Brut, Reiher und Otter alles was sich bewegte und der Fischadler griff sich die großen.
Es kann durchaus sinnvoll sein, einzelne Teiche regelmäßig mit Jungfischen zu besetzen mit dem Ziel: Futterteich für Graureiher!
Warum nicht einen Weiher mit unverändert steilem Ufer gezielt mit Moderlieschen besetzen. Ziel: Futterteich für Eisvögel!
Im Grunde auch schon wieder ein sehr gekünsteltes Gebilde, das an den Kraftfutterautomaten für die hungernden Rehe (für deren Gehörne!) erinnert. Ob man den zahlenmäßig im Steigen begriffenen Reiher »füttern« muß, mag bezweifelt werden. Aber von Fall zu Fall wäre sicher auch eine Ablenkung vom benachbarten Amphibientümpel sinnvoll. Beim Eisvogel, so glaube ich, ist eine derartige Maßnahme sicher sinnvoll. Moderlieschen, Elritzen und andere Kleinfische werden immer weniger; der Eisvogel muß, wo es ihn noch gibt, auf Fischzuchten ausweichen. Dort wird er, das mag dementieren wer mag, auch heute noch rücksichtslos gefangen und geschossen. Damit sei nicht behauptet, dies geschähe in *allen* Fischzuchten.

Zuschüsse für naturnahe Stillgewässer

Der Freistaat Bayern erleichtert die Erhaltung naturnaher Stillgewässer und deren Pflege mit dem Förderprogramm »Pflege und naturnahe Bewirtschaftung ökologisch wertvoller Teiche und Stillgewässer«

Ziel der Fördermaßnahme:
Erhaltung und Verbesserung naturnaher Teiche und Stillgewässer als Lebensraum gefährdeter Pflanzen- und Tierarten.

Was wird gefördert?
Naturschonende Bewirtschaftung wertvoller Teiche und Stillgewässer zur Erhaltung des charakteristischen Zustandes; insbesondere Verlandungs- und Röhrichtzonen erhalten, Teilentlandungen nur mit Zustimmung der Naturschutzbehörde durchführen, auf Vertragsflächen nicht düngen, kalken und keine chemischen Mittel anwenden, den Teich vom 1. März. bis 15. Oktober nicht ablassen, pflanzenfressende Fischarten wie Grasfische nicht einsetzen und gegebenenfalls Zusatzleistungen erbringen.

Wer wird gefördert?
Eigentümer oder Nutzungsberechtigte* ökologisch wertvoller Teiche und Stillgewässer.

Wie wird gefördert?
Mit den Eigentümern oder Nutzungsberechtigten werden Grund- und Zusatzleistungen vereinbart. Der Vertragspartner erhält jährlich für
- die Grundleistung 450 DM/ha bei einer Verlandungszone von 20% der Teichfläche; dieser Betrag erhöht sich pro 10% größerer Verlandungsfläche um jeweils 10%;
- die Zusatzleistung bei der Pflege der Uferstreifen bis zu 0,10 DM/m^2, bei Verzicht auf Fütterung (der Fische) und ganzjähriger Wasserbespannung bis zu 100 DM/ha sowie bei zusätzlichem Verzicht auf Unterhaltungsmaßnahmen und vollständigem Nutzungsverzicht bis zu 200 DM/ha.

Das Gesamtentgelt darf 900 DM/ha und Jahr nicht überschreiten.

* Das können auch Jäger oder Naturschützer sein, die das Gewässer aus Schutzgründen gepachtet haben.

Wo ist der Antrag zu stellen?
Bei den Landratsämtern und kreisfreien Städten (untere Naturschutzbehörde).

Tümpel kann man sprengen

BARTH* [1997] beschreibt die Schaffung von grundwassergespeisten Tümpeln durch Sprengung, wenn der Grund so naß ist, daß ein Bagger- oder Raupeneinsatz nicht infrage kommt.
Methodik:
- 250 Bohrlöcher mit Schlepperzaunbohrgerät 1 m tief vorgebohrt
- Verdichtung der Sprengsätze erfolgte durch Wasser, das gleich in den Bohrlöchern stand
- in jedes Loch kam eine halbe 65er Ammon-Gelit-3-Patrone mit 1,25 kg (Versuche mit 2,5 kg Patrone hatten kein sichtbar besseres Ergebnis gebracht)
- Zündung mit Moment-Zündern
- herausgeschleudert wurde Material aus bis zu 1,5 m Tiefe
- rund 675 m³ Boden flogen in die Luft, kopfgroße Steine schleuderten bis 300 m weit.

Ergebnis: Frösche und Libellen am Rande dicht daneben liegender kleiner Tümpel (aus Testsprengungen) waren offensichtlich »unbeeindruckt«, da die Druckwelle v-förmig zum Himmel steigt.

Auch KALCHREUTER [1987] beschreibt die Tümpelsprengung und beruft sich dabei auf Goos [1979]. Demnach entstehen Tümpel mit einem Durchmesser von 5 bis 8 m, wenn 5 kg Dynamit in einer Bohrtiefe von 2 m gezündet werden.

In den USA schuf das Militär Entenbrutgebiete mittels Bombenabwurf! Ein unseren Rahmenbedingungen nicht angepaßtes Verfahren.

Tümpelsprengung kann besonders für die Forstverwaltung interessant sein, wird aber auch dort die Ausnahme bleiben. Immerhin wäre sie als ganz und gar kostenunauffällige, kaum Planung beanspruchende Maßnahme im Zuge von Wegebausprengungen denkbar. Warum auch nicht? Sie ließe sich sogar elegant verbuchen: Forstschutzmaßnahme zur Bereitstellung von Löschwasser neben Lkw-festen Wegen ...

Nach ENGESSER [1987] werden für den Aushub kleiner, genehmigungsfreier Tümpel mit einem Radbagger jeweils ca. 2 Stunden veranschlagt.

---

* Dr. WOLF-EBERHARD BARTH schuf als Leiter des Funktionsforstamtes Oderhaus im Naturpark Harz (Regierungsbezirk Goslar) über 650 (!) Stillgewässer.

Typische Feuchtgebietsflora

Es wurde weiter vorne schon gesagt, jede Pflanzaktion treibt die Kosten unnötig in die Höhe, vorausgesetzt, man bringt etwas Geduld auf und wartet die natürliche Sukzession ab. Wir neigen auch dazu – was zu einem gewissen Grade sogar richtig ist –, möglichst viele verschiedene Pflanzenarten einzubringen. Es soll ein »reichhaltiges Biotop, mit vielen seltenen Pflanzen« werden. Bei entsprechender Initialpflanzung kann sich ein Teich im ersten Jahr begrünen; im zweiten Jahr sieht man ihm seine Jugend kaum noch an. Eine Sukzession läßt sich damit nicht verhindern. Innerhalb weniger Jahre werden sich eben jene Arten durchsetzen (vielleicht nur ganz wenige), denen der Standort am besten zusagt; alle anderen Arten werden verdrängt. Die Vegetation des Gewässers wird dann eine ähnliche sein wie ohne Pflanzaktionen.

Das Vordringen von Binsen, Kalmus, Seggen und anderen Sumpfpflanzen hängt stark davon ab, wie weit das nächste Gewässer entfernt ist. Binsen und Seggen lassen sich problemlos durch »Abstecher« vermehren. Mit dem Spaten sticht man an benachbarten Gewässern kleine Teile ab und pflanzt sie ein.

Neu angelegte Stillgewässer sollten nur in Ausnahmefällen bepflanzt werden.

Merke:
Fließgewässer benötigen im Sommerhalbjahr Beschattung, im Winterhalbjahr Licht = Bepflanzung mit Laubbäumen (Erle und Baumweiden).
Stillgewässer wollen insgesamt Sonne, punktueller Schatten ist aber durchaus sinnvoll. Vor allem kleine Laichtümpel müssen nach Süden hin frei bleiben, damit sie sich im Frühjahr erwärmen. Zugewachsene Tümpel werden freigehauen.
Angebracht ist bei Stillgewässern die Pflanzung von Strauch- und Baumarten im *Schirmbereich*. Hier kommen für die Weichholzzone vor allem Erle, Grauweide und Faulbaum infrage. Strauchweiden fliegen fast immer schon im ersten Jahr an.
Die unmittelbare Uferzone wird zunächst von Pionieren wie Blutweiderich *(Lythrum salicária)*, Mädesüß *(Filipéndula ulmária)*, Nachtschatten *(Solánum dulcámara)*, Wasserdost *(Eupathórium cannábinum)* und Zottigem Weidenröschen *(Epilóbium hirsútum)* erobert.

Das Schwimmende Laichkraut (Potamogeton natans) ist charakteristisch für den Übergang von der Schwimmblatt- in die Unterwasserpflanzenzone. Und das dazwischen ist ein Wasser- oder Teichfrosch. Große Laichklumpen, mit bis zu 10 000 Eier legt das Weibchen, aus denen schon nach 7 bis 10 Tagen die Kaulquappen schlüpfen. Froschinvasion? Ganz und gar nicht, denn mehr als zwei, drei Jungfrösche überleben das erste Jahr kaum.

Wie Unkraut wachsen Gelbe Iris *(Iris pseudacorus)*, Igelkolben *(Sparganium erectum u. S. emersum)*, Kalmus *(Acorus calamus)* und Rohrkolben *(Typha angustifolia u. A. latifolia)*. Sie zeichnen sich durch mehr oder weniger dicke Wurzeln – Rhizome – aus, die stückweise abgestochen und verpflanzt werden können.
Während die bisher genannten Arten über kurz oder lang auch von Vögeln eingetragen oder durch den Wind zugeweht werden, empfiehlt sich bei Schilf *(Phragmites communis)* unbedingt Pflanzung. Ob Schilf jedoch überhaupt erstrebenswert ist, hängt weitgehend von der Gewässergröße ab. Alle »Röhrichte« haben den Nachteil, alljährlich viel Biomasse einzutragen und so die Verlandung zu fördern. Andererseits gibt es eine ganze Reihe von Arten, die sich nur im oder am Röhricht wohlfühlen und auch hier wieder ganz unterschiedliche Nischen besetzen. *Tüpfel-* und *Wasserralle* bewohnen das Schilfröhricht eher landseitig, wobei letztere wieder jene Bereiche mit flachstem, nur wenige Zentimeter tiefem Wasser bevorzugt. Die *Kleinralle* siedelt seeseitig und mag schon tieferes Wasser, während das *Grünfüßige Teichhuhn* im gesamten Röhrichtbereich anzutreffen ist.
Als einfachste Methode, Schilfbestände zu begründen, empfiehlt WEINZIERL [1968] Halmstecklinge, die sich schnell bewurzeln. Die im Frühjahr grün geschnittenen, mindestens 30 cm langen Stecklinge werden zu zwei Drittel in den Grund gesteckt (kein Kies). Pro Quadratmeter sollten mindestens 50 Stecklinge kommen. Es genügt jedoch, »horstweise« zu begründen.
Weniger Ausfall gibt es bei der Verpflanzung abgestochener Schilfrhizome, doch ist diese Methode auch wesentlich aufwendiger.
Gute, wüchsige Schilfpflanzen erhält man, wenn die Stecklinge in kleine, mit lehmigem Boden gefüllten Kunststoff-Blumentöpfen gesteckt werden. Diese werden im flachen Wasser (evtl. Folienteich im Garten) so aufgestellt, daß sie etwa 10 cm überspült werden. Im ersten Jahr schon wurzeln die meisten gut durch und können später ausgepflanzt werden.
»Schilfkulturen« sind durch Schwäne, aber auch durch Stockenten und Bisam hochgradig gefährdet. Einerseits wird das Schilf infolge der zunehmenden Wassereutrophierung vielerorts zum Problem, weil ganze Gewässer zuwachsen. Andererseits sterben – ebenfalls Folge von Eutro-

Höckerschwäne zerstören die Vegetation jedes neu angelegten Stillgewässers. Wir haben ein ganz brauchbares Kochrezept...

phierung Schilfbestände ab, weil sie von dicken Algenwatten regelrecht erstickt und umgeknickt werden. Am Bodensee gingen große Teile der ehemaligen Schilfbestände in den letzten Jahren verloren. Neben den Algenwatten erodieren die Uferzonen immer mehr, zusätzlich machen Berge von Treibgut dem Schilf zu schaffen.

Große Schilfflächen brauchen Kanäle

In eutrophen Stillgewässern und in nassen Uferbereichen kann Schilf auch zum Problem werden. Flache Teiche wachsen gelegentlich völlig zu. Die meisten Wasservogelarten wandern dann ab, weil es an Nahrungspflanzen oder Pflanzen für Nahrungstiere fehlt. Deshalb sollten bei der Neuanlage von Teichen unbedingt einige *tiefere* Wasserzonen geschaffen werden. Will oder muß man Schilf in Teichen zurückdrängen (unter Verzicht auf Chemie), ist die Unterwassermahd, während der Zeit des Austreibens im Frühjahr, am erfolgreichsten.

Große Schilfflächen mit Breiten von 100 und mehr Metern sind in ihrem Zentrum relativ artenarm. Aus diesem Grund wurde beispielsweise in einem der ältesten Naturschutzgebiete, dem 430 ha großen Wollmatinger Ried, schon 1976 ein ganzes Labyrinth von Teichen und Kanälen angelegt. Zwar war und ist dieses Projekt bei Naturschützern heftig umstritten, nicht hin-

Bestimmungsschlüssel für Amphibienlaich

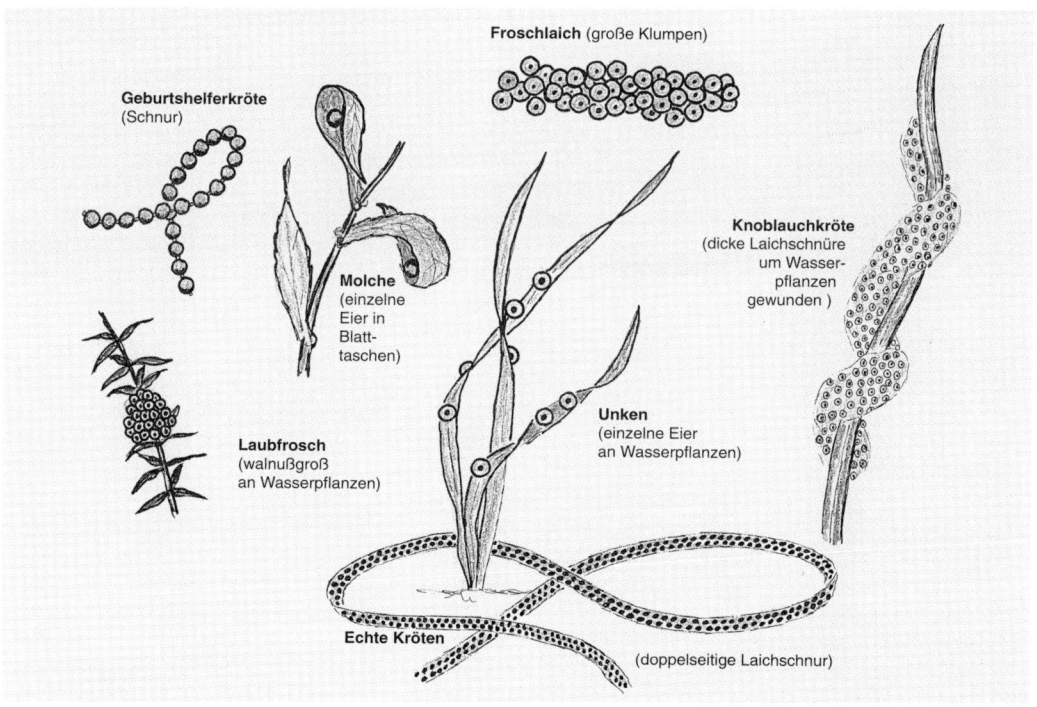

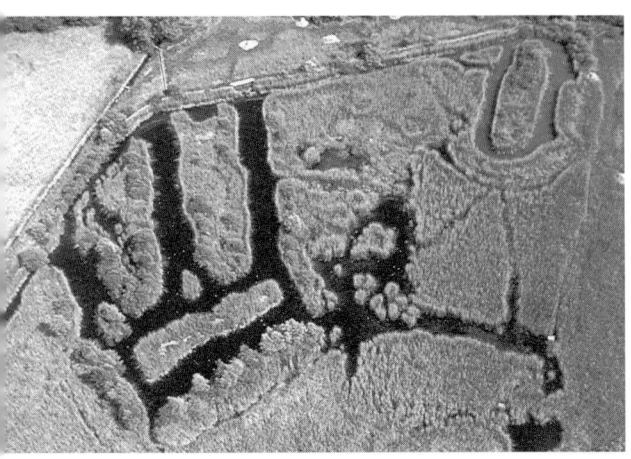

Baggernaturschutz positiv: In große, nur von wenigen Arten bewohnte Schilfgebiete werden Tümpel und Kanäle gebaggert. Dadurch entsteht wertvoller, vom Menschen ungestörter Lebensraum.

gegen bei so »raren« Vogelarten wie Kolbenente, Zwergtaucher und Wasserralle (und selbstverständlich zahlreichen anderen Arten). Stichgräben, die vom Ufer durchs Schilf ins offene Wasser führen, bereichern jeden schilfumstandenen Weiher oder See. Beträgt die Breite

Grasfrösche wandern bei mildem Wetter schon Ende Februar zu ihren Laichgewässern. Diese können bis zu zwei Kilometer vom eigentlichen Lebensraum entfernt liegen. Wußten Sie, daß Grasfrösche bis ans Nordkap vorgedrungen sind und im Gebirge selbst in Höhen von über 2500 m vorkommen? Ich auch nicht.

des Schilfgürtels 30 m und mehr, sollte man an unregelmäßige Verbindungskanäle denken. In schmalen Abschnitten, die nicht breiter als 2 m sind, bildet das von beiden Seiten überhängende Schilf fast ein geschlossenes Dach, unter dem alle Wasservögel ungestört der Nahrungssuche und Gefiederpflege nachgehen können. Sollen Kanäle zur Inselbildung führen, ist eine Mindestbreite von 2 m erforderlich; schmälere Kanäle werden vom Fuchs übersprungen.

Künstliche Fischteiche, die viele Hektar groß sein können, werden im Herbst, also zur Zugzeit der Enten und Limikolen in der Regel abgelassen. Entweder das anschließende *Bespannen* dauert (herbstliche Trockenzeit) viele Wochen oder die Teiche bleiben über den Winter ohnehin trocken liegen, werden häufig sogar gekalkt oder sollen zumindest ausfrieren. Hier sind isoliert ins Schilf gebaggerte Tümpel und gewundene Kanäle als Rückzugsgebiete für Wasservögel besonders wertvoll!

Das Gleiche gilt für Gewässer mit hoher Freizeitbelastung (Surfen, Segeln, Baden). Ihr Wert als Brut- und Mauserraum für Enten steigt mit der Rückzugsmöglichkeit auf freie – im Schilf liegende – Wasserflächen. Ein weiterer Aspekt für die Anlage derartiger Flächen ist die Minderung des herbstlichen Jagddruckes. Es geht dabei nicht um die meist *wenigen* erlegten Vögel, sondern um den unvermeidlichen Stör- oder Vertreibungseffekt: zwei Enten werden erlegt, 200 werden vertrieben ...

Baggerarbeiten im Schilf dürfen und können nur im Winterhalbjahr und nur bei Frost ausgeführt werden. Erforderlich ist ein Raupenbagger mit möglichst breitem Löffel. Der Aushub kann im verbleibenden Schilf entweder als flacher Wall oder inselartig aufgeschüttet werden. Auf diesen Schüttungen siedeln sich spontan Brennessel, Nachtschatten und Buschweiden an. Besonders letztere stellen innerhalb der Schilfflächen eine Bereicherung dar, die von vielen Vogelarten angenommen wird. Wie beim Teichbau darf man die Arbeit dem Fahrer nicht selbst überlassen.

Grundsätzlich ist zu beachten:
- Derartige Maßnahmen sind genehmigungspflichtig
- Möglichst unregelmäßige Formen einlegen
- Keine Verbindung schaffen zwischen Kleinteichen und Kanälen innerhalb des Schilfbereiches und solchen Fischteichen, die regelmäßig abgelassen werden.

Feuchtwiesen für Storch und Brachvogel

Was sind eigentlich »Feuchtwiesen«?

Die Biologen und Botaniker unterscheiden zwischen *Naß*- und *Feucht*wiesen. Zu ersteren werden *Kleinseggensümpfe, Großseggen-Riede, Binsen- und Simsen- oder Sumpfdotterblumenwiesen* gerechnet. Es sind Flächen, die von den Bauern wegen ihrer Nässe nicht *unbedingt* alljährlich, immer aber sehr spät im Jahr gemäht werden.

*Feucht*wiesen hingegen stehen in extensiver Bewirtschaftung. Wird diese eingestellt, ändern sie ihren Charakter sehr schnell. Entstanden sind sie weitgehend anthropogen. Der Mensch entwässerte *Naß*wiesen gerade soweit, daß er sie mit leichtem Gerät einmal im Jahr mähen und abfahren konnte. Aus *Naß*wiesen, die in besonders regenreichen Sommern überhaupt nicht gemäht werden konnten, wurden *Feucht*wiesen. Die ganzjährig überdurchschnittlich hohe Feuchtigkeit dieser Extensivwiesen bestimmte die Pflanzenzusammensetzung. Ein hoher Anteil an Seggen und Sauergräsern entwertete das Mähgut als Viehfutter; es wurde als Einstreumittel verwendet oder, wenn es von etwas besserer Qualität war, als *Roßheu*. Die Übergänge zwischen Naß- und Feuchtwiese sind jedenfalls fließend, und was hier gesagt wird, betrifft zumindest teilweise beide Standorte.

Zunächst war es die vom Staat geförderte Aufstockung des Viehbestandes und der damit einhergehende höhere Rauhfutterbedarf, der zur intensiven Entwässerung der *Feuchtwiesen* und damit zur *Fettwiese* führte. Durch die Umstellung der Rinderställe von Anbindehaltung mit *Fest*mist zu Anbindehaltung mit *Schwemm*-Mist oder Boxenlaufstall wurde der Aufwuchs von *Feucht*- oder *Naß*wiesen als Streumaterial überflüssig. In der Folge kam es entweder zu weiterer Entwässerung oder zu Hochstaudenfluren und schließlich zur Verbuschung der Feuchtwiesen, mangels Mahd.

Auch an *Roßheu* besteht kein großes Interesse mehr, trotz steigender Pferdebestände. Die heute gebräuchlichen Traktoren sind für weiche Böden meist zu schwer und von Hand, mit der Sense, mäht der Bauer höchstens noch unterm Koppelzaun oder an der Böschung.

Teilweise nimmt die Vernässung solcher Wiesen auch wieder zu, weil die Entwässerungsgräben nicht mehr offen gehalten werden. Egal ob näs-

Tabelle 20a Tagfalter- und Widderchenarten mit Verbreitungsschwerpunkt in Feuchtgrünland einschließlich ihrer Raupenfutterpflanzen und Ameisenwirte [nach BLAB u. KUDRNA 1982].

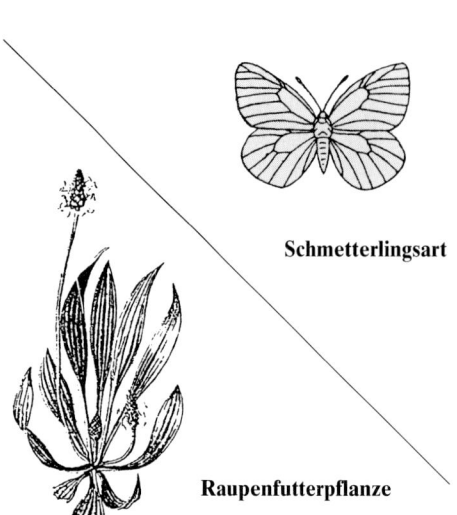

Schmetterlingsart / Raupenfutterpflanze

Raupenfutterpflanze	*Argynnis ino*, Violetter Perlmutterfalter	*Carterocephalus palaemon*, Gelbwürfeliger Dickkopffalter	*Coenonympha glycerion*, Rostbraunes Wiesenvögelchen	*Eumedonia eumedon*, Schwarzbrauner Bläuling	*Heodes alciphron*, Violetter Feuerfalter	*Heteropterus morpheus*, Spiegelfleck-Dickkopffalter	*Maculinea alcon*, Kleiner Moorbläuling	*Maculinea nausithous*, Schwarzblauer Moorbläuling	*Maculinea teleius*, Großer Moorbläuling	*Melitaea diamina*, Silberscheckenfalter	*Melitaea parthenoides*, Westlicher Scheckenfalter	*Palaeochrysophanus hippothoe*, Kleiner Ampferfeuerfalter	*Procris statices*, Gemeines Grünwidderchen
Aruncus dioicus, Wald-Geißbart	○												
Brachypodium sylvaticum, Wald-Zwenke		○				○							
Briza media, Gemeines Zittergras			○										
Bromus sp., Trespe		○											
Calamagrostis canescens, Sumpf-Reitgras		○				○							
Cynosurus cristatus, Weide-Kammgras		○	○										
Filipendula ulmaria, Echtes Mädesüß	○												
Gentiana pneumonanthe, Lungen-Enzian							●						
Geranium palustre, Sumpf-Storchschnabel				○									
Geranium pratense, Wiesen-Storchschnabel				○									
Geranium sylvaticum, Wald-Storchschnabel				○									
Melampyrum sp., Wachtelweizen											○		
Melica nutans, Nickendes Perlgras		○											
Molinia coerulea, Pfeifengras						○							
Plantago sp., Wegerich											○		
Plantago lanceolata, Spitz-Wegerich		○								○			
Plantago major, Breit-Wegerich		○											
Polygonum bistorta, Wiesen-Knöterich										○	○		
Rubus chamaemorus, Moltebeere	○												
Rumex acetosa, Wiesen-Sauerampfer					○							○	○
Rumex acetosella, Kleiner Sauerampfer													○
Sanguisorba officinalis, Großer Wiesenknopf	○							●	●				
Succisa pratensis, Teufelsabbiß										○			
Valeriana officinalis, Echter Baldrian										○			
Veronica chamaedrys, Gamander-Ehrenpreis										○			

● = monophag

Tabelle 20a Fortsetzung

»Symbiontische« Ameisen

Formica fusca, Schwarzgraue Ameise							?	?			
Myrmica laevinodis, Knoten-Ameise						O					
Myrmica ruginodis, Knoten-Ameise							?	O			
Myrmica scabrinodis, Knoten-Ameise						O	?	O			
Tapinoma erraticum, Schwarze Blütenameise							?				
Tetramorium caespitum, Rasenameise						O	O				

ser oder trockener, die Pflanzengesellschaft ändert sich. Orchideen, Mehlprimel, Enziane und Trollblumen verschwinden. Auch wieder ein Beispiel dafür, daß viele Landschaftselemente, die wir leichthin als *ursprüngliche Natur* und ähnlich betiteln, nur ein Ergebnis menschlicher Wirtschaft sind. Die Landwirtschaft auf schützenswerten Flächen *generell* verbieten, hieße nichts anderes, als den gewollten Charakter dieser Flächen vernichten.

In diesem Zusammenhang wird an vergleichende Untersuchungen von MEINECKE [1982] in oberschwäbischen Streuwiesen erinnert, nach denen viele an diese Wiesenform gebundene Falterarten gar nicht so sehr auf den Faktor Feuchtigkeit reagieren. Ausschlaggebend für eine Besiedlung ist die Extensivnutzung als einschürige Wiese, nicht der Feuchtigkeitsgrad.

Welche Insekten auf Pflanzenarten des feuchten Grünlandes angewiesen sind, zeigt (unvollständig) Tabelle 20 [nach BLAB & KUDRNA 1982].

Für wen überhaupt Feuchtwiesen?

In vom Menschen extensiv genutzten Feuchtwiesen bilden sich – abhängig von Feuchtigkeit und Substrat – ganz unterschiedliche Pflanzengesellschaften heraus. Hier wachsen zahlreiche Arten der Roten Liste, und von ihnen abhängig siedeln sich auch spezielle Tiergesellschaften an. Feuchtes Grünland ist Lebensraum von: *Brachvogel, Uferschnepfe, Bekassine, Kampfläufer, Rotschenkel, Kiebitz, Rohrammer, Sumpfrohrsänger, Teichrohrsänger, Feldschwirl, Braunkehlchen, Blaukehlchen, Wiesenpieper, Goldammer, Fasan* und vielen anderen mehr. Eine ganze Reihe von Arten brütet auch in Fettwiesen oder Getreideäckern – meist erfolglos. Fettwiesen werden gewalzt, wobei z. B. die meisten Kibitzgelege verloren gehen. Frühe Silomahd vernichtet die Gelege aller Wiesenbrüter. In den Getreidefeldern werden Bodenbrüter entweder direkt überrollt oder vom Herbizidregen vergiftet. Letztlich fehlt es auf fast allen intensiv bewirtschafteten Flächen an ausreichend Insekten und Sämereien.

Birkhühner wurden im Flachland und Mittelgebirge ursprünglich weniger, weil immer mehr Feuchtgebiete drainiert und in Ackerland oder Fettwiesen umgewandelt wurden. Es zog sich auf Restflächen zurück. Erst die völlige Aufgabe der feuchten Restflächen, die nicht mehr gemäht wurden und verbuschten, brachte vielen Inselpopulationen des Birkhuhns das Aus. Dämmung der Abzugsgräben und regelmäßige Mahd der genannten, langsam wieder feuchter werdenden Flächen, ist eine Grundvoraussetzung für die Rettung dieser Wildart, nicht der »Krieg« gegen Beutegreifer! Wo die Lebensraumqualität stimmt, steigen die Birkwildbesätze auch heute wieder – ohne »Raubzeugregulation«.

Eine vom Menschen nur mäßig beeinflußte Feuchtwiesenlandschaft, wie sie heute immer seltener zu finden ist: Rückzugsgebiet von Wachtel, Wiesenralle, Brachvogel und ungestörter Sommeraufenthalt der Rehe.

Auf was kommt es an?

Der Wert eines Feuchtwiesengebietes wächst mit seiner Größe. Während beispielsweise 10 kleine Hecken viel wertvoller sind als eine, wenn auch insgesamt vielleicht doppelt so große Hecke, ist das bei Feuchtwiesen im Prinzip umgekehrt.
Warum? Die Charaktervögel der Feuchtwiese sind – fast – ausschließlich Bodenbrüter und verlangen ein weites Sichtfeld, und sie haben zumindest teilweise eine hohe Fluchtdistanz. Aus diesem Grunde sollten Feuchtwiesen auch nicht mit *sichtversperrenden* Landschaftselementen wie Hecken, Gehölze, Dämme usw. kombiniert werden. Brachvögel z. B. scheuen Hecken in der Nähe ihrer Nistplätze und halten mindestens 150 m Abstand [MAGERL 1981]. Wege wiederum zerschneiden (halbieren) den *befriedeten* Raum der Arten. Eine ganze Reihe von Wiesenbrütern (Kiebitz, Uferschnepfe, Rotschenkel, Bekassine und Kampfläufer) brüten nicht im Bereich überspannender Freileitungen [HEIJNIS 1980]. Sind solche vorhanden, mindern sie den Wert eines Feuchtwiesengebietes.

Umgekehrt wirkt sich angrenzendes Intensivgrünland *im Vergleich mit Ackerland* positiv aus. Der eigentliche Feuchtbereich wird *optisch* ausgeweitet. Diese Überlegungen sind vor allem in Flurbereinigungsverfahren einzubringen.

Worauf wäre zu achten?

Periodische Überflutung, besonders durch die alljährlichen Winter- und Frühjahrshochwässer erhöht den Wert solcher Wiesen und ist für einige Insektenarten sogar Lebensvoraussetzung. Grundsätzlich kann man zwei Dinge sagen: 1. Je feuchter die Wiese insgesamt, umso höher ihr Wert. 2. Je variantenreicher die Feinstruktur innerhalb solcher Wiesen, umso mehr Arten fühlen sich wohl. Bei Neuanlagen (Flurbereinigung) sollte man daher auf ein ganz leicht welliges Bodenprofil achten, damit sich später auf engem Raum nasse, feuchte und trockene Stellen abwechseln.

● Wenn irgend möglich sollte – zumindest pfützenartig – das ganze Jahr über offenes, flaches Wasser vorhanden sein, weil sich manche Vogelarten wie *Rotschenkel*, *Brachvogel* oder *Uferschnepfe* bei der Brutplatzwahl stark an

solch seichten Flachwasser-Stellen (überflutete Wiesenbereiche) orientieren. Wo regelrechte Wasserbänke vorhanden sind, können sich auch *Knäck-, Löffel- und Spießente* einstellen.
- Jede Grundwasserabsenkung sollte vermieden, und auf keinen Fall Drainagen instandgesetzt oder gar neu verlegt werden.
- Wo sich Feuchtwiesen nur im Gemenge mit Ackerland ausweisen oder herstellen lassen, sollte ihr Anteil (gemessen am Ackerland) deutlich über 50% liegen. Unvermeidliche Maisflächen als Einsprengungen auf trockeneren Bereichen sollten nicht mehr als höchstens 40% der Gesamtfläche ausmachen. Kombination der *Feucht*wiesenbereiche mit *Naß*wiesen oder Hochstaudengesellschaften oder offenen Wasserflächen ist durchaus sinnvoll.
- Im Gegensatz zu Hecken sind einzelne vertikale Strukturelemente wie Zaunpfähle, Kopfbäume oder kleine Einzelbüsche dem Schutzzweck dienlich. Der seltene Wachtelkönig z. B. braucht zwar das weite offene Feuchtgrünland, sucht seine Rufplätze aber immer in der Nähe von Büschen [GLUTZ et al. 1973]. Die Siedlungsdichte der *Uferschnepfe* etwa läßt sich durch das Einbringen von Pfählen als Aussichtswarte steigern [BLAB 1986].
- Wo Feuchtwiesen mangels Mahd von Hochstaudengesellschaften erobert wurden (oder diese aus bestimmten Gründen gewollt sind), lohnt es sich, wenigstens einige kleine, wenige Quadratmeter große Teilflächen zu mähen, die gerne von der *Bekassine* als Nahrungs- und Brutplätze angenommen werden.
- Abschleppen der Wiesen oder Walzen nur vor dem 1. März, in Ausnahmefällen 15. März (meist ohnehin nicht möglich, da vorher überschwemmt), weil ab diesem Zeitpunkt die Bodenbrüter bereits auf den Gelegen sitzen.
- Verzicht auf Herbizideinsatz und Düngung.
- Mahd einmal, höchstens zweimal im Jahr und frühestens ab 15. Juni. Verzicht auf Beweidung. Es gibt sogar Wiesen, die nicht vor Ende Oktober gemäht werden dürften, weil sie Lebensraum von spätblühenden Pflanzen und Insekten sind, die in Symbiose leben, wie etwa der Kleine Moorbläuling *(Maculinea alcon)* auf den Lungenenzian *(Gentiana pneumonanthe)*. Es wäre bei solchen Vorkommen zumindest notwendig, einen Teil der Wiese mit früher Mahd zu verschonen. Überhaupt ist es – auch bei Mahd im späten Juni oder Juli – sinnvoll, entlang von Gräben oder innseiti-

Den Weißstorch stört es nicht, wenn in den Feuchtwiesen auch Baumgruppen enthalten sind, der Brachvogel hingegen meidet solche Bereiche.

gen Rändern einen 50 cm breiten Streifen ungemäht zu lassen; flugunfähige Limikolen flüchten bei Annäherung einer Störung (Traktor) bevorzugt in die äußersten Randbereiche.
- Wenn irgend möglich Mähgut beseitigen, damit der Standort langsam wieder *verarmt*, zumindest jedoch die Eutrophierung nicht zunimmt.
- Verzicht auf Grabenräumung.

Die Flurbereinigungsdirektion Ansbach hat für von ihr geschaffenen Wiesenbrüterbereichen noch zwei weitere Planungsgrundsätze erhoben:
- Ausweisung von Freizeiteinrichtungen (auch Sitzbänke) nur außerhalb von Überschwemmungs- und Feuchtwiesenbereichen.
- Gezielte Sperrung von ausgebauten Wirtschaftswegen für den nicht landwirtschaftlichen Verkehr während der Reviergründungs-, Brut- und Aufzuchtzeit, jeweils vom 1. April bis 30. Juni.

Auch die Salzwiesen an unseren Küsten sind gefährdete Feuchtwiesen mit einer sich in Jahrtausenden an die extremen Standortbedingungen adaptierten Flora. Überweidung mit Rindern zerstört sie, pflegliche Weide mit einer angemessenen Zahl Schafe erhält sie. Teilweise haben die Salzwiesen auch unter großen Mengen rastender Wildgänse zu leiden. Jagdverbote dienen nicht immer und grundsätzlich dem Naturschutz!

Naturschutz: Prothese mit Mängeln

Feuchtwiesenschutz ist in den letzten Jahren »modern« geworden. Bei Flurbereinigungsverfahren wird feuchtes Grünland ausgewiesen und Kommunen legen am Stadtrand ihre 0,5-ha-Biotope an. Schön, draußen einmal etwas anderes zu sehen als nur sechsmal im Jahr gegülltes und siebenmal gemähtes Intensivgrünland. Aber der Wert vieler »Feuchtwiesen« als Lebensraum für Wiesenbrüter bleibt eher bescheiden, einfach weil sie – siehe weiter oben – fast immer zu klein sind oder weil sie von Wegen zerschnitten werden. 250 bis 500 ha groß und möglichst zusammenhängend müssen Feuchtwiesengebiete sein, wenn sie den Kern eines Wiesenbrütervorkommens bilden sollen. Trittsteine, Inseln im »Strahlungsbereich« solcher Kerne dürfen immerhin nicht kleiner als 50 ha sein. Den meisten *neugeschaffenen* Feuchtwiesen kommt daher auch eher Alibi- oder Kosmetik-Charakter zu.

Das bedeutet keineswegs, man solle künftig auf ihre Ausweisung oder Anlage verzichten. Im Gegenteil: Je höher die Vernetzung solcher Trittsteine ist, um so kleiner können die einzelnen sein. Der Feuchtwiesenanteil in der Landschaft muß grundsätzlich wieder größer werden, dies nicht nur wegen einiger in ihrem Bestand bedrohter Limikolen. Es geht um Grundwasserreserven, um eine große (ungesehene) Zahl von Insekten, um Pflanzen und schließlich um die Qualität der Landschaft insgesamt.

Die Charaktervögel des Feuchtgrünlandes bevorzugen die extensiv bewirtschafteten, nicht oder nur minimal gedüngte, ein- höchstens zweimal gemähte Wiesen. Wird nicht mehr gemäht, wandelt sich die *Pfeifengraswiese* oder der *Flutrasen* in eine Hochstaudengesellschaft, in der meist das *Mädesüß (Filipéndula ulmária)* dominiert. Wiesenbrüter verlangen aber ungehinderte Sicht, vor allem im Brutbereich.

Da sind wir auch schon mitten im Problem: Der Bauer leistet sich den »Luxus« regelmäßiger, erschwerter Feuchtwiesenmahd nur, wenn ihm diese Arbeit subventioniert wird. Anderen Falles wird er entweder drainieren oder aufforsten. Großflächige Feuchtwiesenkomplexe werden daher nur zu erhalten oder wieder zu schaffen sein, wenn die Flächen entweder gleich in den Besitz von Kommunen oder Verbänden übergehen oder wenn mit den Bauern langfristige Verträge über eine gesteuerte, extensive Nutzung

mit entsprechender Entschädigung abgeschlossen werden.
Das muß in den meisten Bundesländern sogar der Gesetzgeber erkannt haben, denn er fördert den Schutz von Feuchtwiesen u. a. durch Erschwerniszulagen für die Bauern. Bayern hat den *Erschwernisausgleich* sogar in Artikel 36 a seines Naturschutzgesetzes festgeschrieben.
Auf alle Fälle ist der Eintrag von *Grunddienstbarkeiten* ein wichtiger Sicherheitsfaktor für den Erhalt des Feuchtwiesencharakters, gleichgültig ob eine Fläche im Zuge der Flurbereinigung neu verteilt wird oder ob sie von einer Kommune oder einem Verband angekauft wird.
Hier darf an ein Feuchtwiesenprojekt von nationaler Bedeutung erinnert werden, an die Wümmewiesen, nordöstlich von Bremen. Um sie vor Entwässerung und Umwandlung zu retten, kauft der World Wildlife Fund (WWF) die Wiesen seit 1985 nach und nach auf. Inzwischen hat er mit einem Aufwand von 4,1 Millionen Mark rund 200 ha zusammengekauft. Auch der BUND war schnell zur Stelle und sicherte sich seinen Anteil, für 2,50 Mark den Quadratmeter.

Ohne Technik kein Naturschutz ...

Örtlich haben inzwischen Naturschutzverbände, teilweise auch Jäger, die Pflege von in öffentlichem Besitz stehenden Feuchtwiesen übernommen. Dabei sind Flächen über 0,2 ha heute nicht mehr mit der Sense zu mähen. Es findet sich keiner, der es kann und macht.
Zur Pflege großer Feuchtflächen sind leistungsfähige Maschinen erforderlich. Es geht überdies nicht nur um die Mahd, sondern auch um die Beseitigung des Mähgutes. Ein zusätzliches Problem stellt die »Entsorgung« des Mähgutes, die Lagerung dar.
Die Anschaffung von Spezialmaschinen ist teuer und kommt für kleine Naturschutzorganisationen kaum infrage. Hier sind neben den Kommunen, die Landschaftspflegeverbände oder die staatlichen Forstverwaltungen gefordert, bei denen derartige Geräte überregional eingesetzt werden können.
Ausgedehnte Feuchtgebiete gibt es z. B. in Oberschwaben; für einen erheblichen Teil dieser Flächen ist die Forstdirektion Tübingen zuständig. Hier leitet schwerpunktmäßig Forstamtmann MERKLE vom Staatlichen Forstamt Wangen (Allgäu) die Pflege von Feuchtflächen unterschiedlicher Besitzart. Die nachstehenden

Die großflächige Mahd von Feucht- oder gar Naßwiesen ist nur mit Spezialfahrzeugen machbar. In einem Arbeitsgang wird gemäht und die Fläche geräumt.

Angaben entstammen seiner langjährigen Erfahrung:
Die Pflegeflächen liegen zwischen 0,2 und 20 ha (⌀ 2,5 ha), wobei die absoluten Parzellengrößen fast immer höher liegen. Jährlich stehen ca. 90 bis 100 ha Fläche zur Mahd an. Dabei handelt es sich neben *Streuwiesen* im eigentlichen Sinne auch um Flächen, auf denen Schilf oder Hochstauden zurückgedrängt werden sollen, um *Pfeifengras*- und *Seggen*-Standorte. Die Flächen sind größtenteils annähernd eben und der Untergrund für Radfahrzeuge problematisch.

Bezweckt wird:
● Erhaltung von Streuwiesen
● Reduzierung von dichtem Schilf
● Verhinderung von Verbuschung
● Entbuschung (bis 3 cm ⌀)

Gepflegt wird von September bis Dezember, wobei Dezembermahd nicht selten schon durch erste Schneefälle verhindert wird. Als Idealzeitpunkt erwies sich der Oktober, wodurch es in diesem Monat zu Engpässen kommt.
Grundlage dieser großräumigen Landschaftspflege ist ein *Pflegebuch*, in dem Pflegetermine, Art der Pflege und botanische/faunische Besonderheiten vermerkt sind. Amtlicher Naturschutz und Forstverwaltung arbeiten zusammen.
Nicht alle Flächen eignen sich für die Pflege mit einer rationell arbeitenden Mähraupe. Notwendig sind:

Tabelle 21: Wer fördert Feuchtwiesen finanziell? [Aus »Natur« *1*/91]

Land	Name	Ziele und Voraussetzungen	Höhe der Förderung	Zuständige Behörde
Bayern	Kulturlandschaftsprogramm Teil C	Umwandlung von Ackerland in Grünland in erosions- oder überschwemmungsgefährdeten Lagen	1000 DM/ha für die Umwandlung von Acker- in Grünland	Landwirtschaftsämter
Bayern	Wiesenbrüterprogramm	Kein Eggen und Walzen während der Brutzeit; Verschiebung des Mähtermins; Einschränkung von Düngemittel und Pestizid	478 DM/ha und Jahr	Landratsämter oder Bezirksregierung
Bayern	Erschwernisausgleich für Feuchtflächen	Erhalt von Streuwiesen und naturschonende Bewirtschaftungsformen	Wenn die Feuchtfläche mind. 100 m² mißt, 400 bis 800 DM/ha und Jahr	Landratsämter
Baden-Württemberg	Feuchtwiesenschutzprogramm	Keine Düngung und Pestizide; keine Beweidung; Mahd erst ab 15. 8.	180 bis 700 DM/ha und Jahr	Landwirtschaftsämter oder Naturschutzbehörde
Hessen	Ökowiesenprogramm	Erste Mahd nicht vor dem 15. Juni; keine Herbizide; keine Stickstoffdüngung; keine Veränderung der Bodenbeschaffenheit	Bei völligem Verzicht auf Düngung 300 bis 400 DM/ha und Jahr	Ämter für Landwirtschaft und Landesentwicklung (ALL)
Niedersachsen	Feuchtwiesenprogramm	Keine Pestizide; keine Gülle; keine Entwässerung; eingeschränkte Mahd je nach Vertrag (Vertragsdauer 1 bis 4 Jahre)	500 DM/ha und Jahr	Ämter für Agrarordnung
Nordrhein-Westfalen	Feuchtwiesenschutzprogramm	Angebot 1 (für Weide- und Mähnutzung): keine maschinelle Bearbeitung zwischen 15. 3. und 30. 6.; nicht mehr als 2 Rinder je Hektar; keine Gülledüngung Angebot 2 (für Wiesennutzung): keine maschinelle Bearbeitung; keine Düngung; keine Beweidung	300 DM/ha und Jahr; 450 DM, falls mehr als 50 Prozent der Fläche zwischen dem 15. 3. und 30. 6. eines Haupterwerbsbetriebes unter das Programm fällt	Höhere Landschaftsbehörde
Nordrhein-Westfalen	Programm zum Schutze der Wiesenvögel	Keine Pestizide; keine Bearbeitung vom 1. 4. bis 15. 6.; in dieser Zeit maximal 3 Rinder pro Hektar	950 DM/ha und Jahr	Ämter für Agrarordnung

Tabelle 21 Fortsetzung

Land	Name	Ziele und Voraussetzungen	Höhe der Förderung	Zuständige Behörde
Rheinland-Pfalz	Extensivierung von Dauergrünland	Keine Düngung; keine Pestizide; keine Veränderung der Bodenbeschaffenheit; Beweidung nicht vor dem 16. 6. und dann nur ein Rind pro Hektar	400 DM/ha und Jahr (Verträge über mehrere Jahre)	Landwirtschaftliche Beratungsstellen, Untere Landespflegebehörde
Saarland	Extensivierung von Dauergrünland	Erste Mahd nicht vor dem 1. 6.; keine Beweidung; Gülle und Stickstoffdüngung nur zwischen 1. 4. und 30. 6.; Phosphat- und Kalidüngung nur zwischen dem 1. 6. und 20. 4.; keine Pestizide; keine Entwässerung	(Vertrag läuft 5 Jahre) 300 DM/ha und Jahr	Landwirtschaftliche Beratungsstelle in Saarbrücken
Schleswig-Holstein	Wiesenvogelschutzprogramm	Nutzung der Fläche als Dauergrünland; keine Pestizide; organische Dünger nur vom 20. 4. bis 20. 6.: bis zum 20. 6 nicht mehr als 3 Rinder je Hektar	350 DM/ha und Jahr	Schleswig-Holsteinische Landesgesellschaft
Schleswig-Holstein	Brachvogelschutzprogramm	Nutzung der Fläche als Dauergrünland; kein Absenken des Wasserstandes; keine Pestizide; organische Dünger nur vom 15. 3. bis 5. 6.; keine Beweidung bis zum 5. 6. und danach nicht mehr als 3 Rinder je Hektar	300 DM/ha und Jahr und 100 DM pro Hektar zusätzlich für die Umwandlung von Acker- in Grünland	Schleswig-Holsteinische Landesgesellschaft
Schleswig-Holstein	Amphibienprogramm	Keine Pestizide; kein organischer Dünger vom 20. 4. bis 20. 6.; keine Düngung unter 20 Meter vom Gewässer entfernt; kein Absenken des Wasserstandes Beweidung mit nicht mehr als 2 Großvieheinheiten je Hektar	400 DM/ha und Jahr	Schleswig-Holsteinische Landesgesellschaft

- Flächengröße nicht unter 0,2 ha
- gute Befahrbarkeit (Nässe, Holz, Gräben, Abstiche usw.)
- tragfähige Zufahrten (Brücken, Überfahrten)
- die Verbuschung darf nicht zu weit fortgeschritten sein
- es muß ausreichend Platz für die Zwischenlagerung des Mähgutes vorhanden sein.

Das noch größere Problem war die Bergung des Mähgutes. Ursprünglich wurde es händisch auf Planen gepackt und herausgezogen (ABM-Kräfte oder Naturschutzmitglieder). Mahd und Räumung erfolgten häufig nicht gekoppelt (freiwillige Helfer haben nur am Wochenende Zeit). Daraus ergaben sich gravierende Nachteile. Mähgut wurde verregnet, wuchs bei frühem Schnitt im Herbst schon ein oder überschneite bei spätem Schnitt und wuchs im Frühjahr ein.

Wird das Mähgut gleich gehächselt, führt dies zur Eigendüngung und Verdrängung subtiler Arten; andererseits wird dabei eine Verbuschung verhindert oder zumindest erschwert.

Heute arbeitet man mittels Container im Huckepack-Verfahren, wobei die *maximale* Vorlieferdistanz zur Zwischenlagerung des Mähgutes 800 m beträgt. Denkbar ist Kompostierung; Abgabe als Gründung (Unterpflügen auf Äckern), was aber nur vor Mitte November geht; Mulchmaterial im Obstbau und für Sonderkulturen. Verwendung als Einstreu erfordert Trocknung, außerdem darf kein Schilf enthalten sein. Durchschnittlich fallen pro ha 50 m^3 Mähgut an, eine Menge, die Organisation erfordert.

1987 schaffte die Forstdirektion eine 145 PS starke »Meili« Mähraupe, mit eingebautem Hächsler und 7 m^3 fassendem Container an. Dieses Gerät hat nur 110 g Bodendruck pro cm^2 und bringt eine mittlere Leistung von 0,3 ha/h inclusive Räumung. Soweit die in umfangreicher Praxis gewonnenen Erfahrungen von Forstamtmann MERKLE.

Für Kleine Flächen und überall dort, wo sich die Anschaffung schwerer Spezialmaschinen nicht lohnt, kommt als Alternative der *Einachsmäher* mit *Doppelmähbalken* und *Zwillingsrädern* oder *Ballonreifen* infrage. Der Bodendruck läßt sich bei *Standardreifen* dadurch absenken, daß der Reifendruck auf ca. 0,8 bar reduziert wird. Problematisch wird es für Einachsmäher, wenn auf der zu mähenden Fläche schon Bülten entstanden sind oder mit stärkerem Holz gerechnet werden muß.

Hanglagen sollten, wenn irgend möglich, von Hand gemäht werden, da Maschinen für empfindliche Pflanzengesellschaften wenig pfleglich sind.

Unsere Moore trocknen aus

Zu den bedrohtesten Lebensräumen gehören die Hoch- und Flachmoore. Noch zu Beginn dieses Jahrhunderts waren weite Teile der norddeutschen Tiefebene von Mooren bedeckt. Birkwild und Brachvogel waren allgegenwärtig. In Niedersachsen, einst Deutschlands moorreichstes Land, blieben von 420 000 ha Moor (davon 350 000 ha Hochmoor) gerade noch 6000 ha in naturnahem Zustand übrig und in Schleswig-Holstein blieben von einst 45 000 ha lächerliche 100 ha intakt [BLAB 1984].

Während der ADENAUER-Ära, genau am 5. Mai 1950, wurde im Emsland die gewaltigste Moorzerstörung Europas in Gang gesetzt; sie dauert immer noch an, und wenn es nach dem Willen einiger Politiker geht, wird nach der Jahrtausendwende – abgesehen von ein paar kleinen Relikten – das Emsland weitgehend »moorfrei« sein. Nicht weniger als Zwei Milliarden Mark wurden dafür aus Bundes- und Landesmitteln ausgegeben.

Ob man aus diesem Wahnsinn etwas gelernt hat?

Noch im November 1991 bewertete Niedersachsens Landwirtschaftsminister KARL HEINZ FUNKE dieses gigantische Zerstörungswerk anläßlich eines Festaktes als »Vorzeigeobjekt« für den ländlichen Raum und bezeichnete die Bilanz als »eindeutig positiv«.

Der Landrat des Emslandes, JOSEF MEINERS zeigte sich bei derselben Veranstaltung erleichtert darüber, daß heute nicht mehr, wie vor 1950, »ausgedehnte Hochmoore und unabsehbare Heideflächen« das Bild bestimmen. Seine Erfolgsbilanz: »Moore kultiviert und Wälder aufgeforstet, Flüsse und Bäche reguliert...«

Es lebe Profit, Wählerstimmen und Gegenwart – nur ein Anarchist denkt an die Zukunft!

Wer heute ein paar Enzianblüten pflückt oder einen gesperrten Waldweg mit dem Auto befährt, wird mit einer Geldbuße belegt. Wer hingegen eine ganze Landschaft zerstören läßt, damit er von ein paar Bauern wieder gewählt wird, bekommt zumindest das Bundesverdienstkreuz!

Wer Millionen Menschen in den Großstädten die Trinkwasserreserven austrocknet, nur um sich zu bereichern, begeht »Vaterlandsverrat« – und wird mit Orden hoch dekoriert...

Wie entsteht ein Moor?

Alle unsere Stillgewässer neigen mehr oder weniger zur Verlandung. Nährstoffe werden eingetragen und sorgen für Pflanzen- und Algenwachstum. Die aufwachsende Biomasse stirbt regelmäßig ab und wird auf dem Gewässerboden von Bakterien und Kleinlebewesen abgebaut, dabei wird zunächst viel Sauerstoff verzehrt. Es kommt zu Sauerstoffmangel, und damit stocken die Abbauprozesse. Die Reste lagern sich einfach am Gewässerboden ab. Dieser Kreislauf wiederholt sich ständig. Die Gewässer verlanden und wachsen von den Rändern aus zu. Es entsteht ein eutrophes Flach- oder Niedermoor, an dessen Ränder sich Bruchwaldgesellschaften aus *Roterle*, *Birke* und *Weiden* ansiedeln, die langsam zur Mitte wandern.

Erst jetzt wandern Torfmoose ein, die den Flachmoortorf besiedeln, dem Wasser Mineralsalze entziehen und dafür Wasserstoffionen abgeben; der pH-Wert sinkt. Je höher die Jahresniederschläge, um so schneller wachsen die Torfmoose. Die Fläche vernäßt zusehends, der Bruchwald wandert wieder zurück, und langsam hebt sich der Hochmoorkörper uhrglasförmig nach oben.

Der Höhenzuwachs ist allerdings unglaublich gering. Mehr als 1 mm pro Jahr schafft das Moor nicht, vorausgesetzt, das Wasser wird ihm nicht entzogen.

Flachmoore leben von Grund- und Stauwasser, Hochmoore vernässen hingegen durch nährstoffarmes Regenwasser.

Atlantisch geprägte Hochmoore weisen *Bulten-Schlenken-Strukturen* auf. Zwischen den sich hochwölbenden Bulten liegen immer wieder kleine, offene Wasserflächen.

Montanen oder subalpinen Hochmooren fehlen diese Wasserschlenken weitgehend. Bulte überziehen den ganzen Kernbereich mehr oder weniger gleichmäßig. In höheren Lagen neigen auch naturbelassene Torf-Hochmoore zur Bewaldung.

Die Wiedervernässung von Hochmoorflächen darf nur schrittweise erfolgen, da empfindliche Pflanzengesellschaften den abrupten Wechsel vom ausgetrockneten zum vernäßten Moorkörper nicht schadlos überstehen würden. Bei dieser langsamen Vernässung geht die Bewaldung zunächst noch weiter, Birken erobern das Moor.

So verschwindet das Moor wieder

Naturbelassene Hochmoore sind nahezu baumlos, ausgenommen die Waldhochmoore im subkontinentalen Bereich. *Torfmoose, Flechten, Binsen, Pfeifen-* und *Wollgras,* dazwischen offene Wasserblänken, so sieht es aus, und so mögen es seine typischen Bewohner: *Birkhuhn, Brachvogel, Rotschenkel* und *Sumpfohreule.* Auch *Krick-* und *Knäckente* brüten gerne an nährstoffarmen Moorschlenken, auch wenn sie nicht unbedingt auf Hochmoore angewiesen sind.

Praktisch alle bundesdeutschen Hochmoore hat man in diesem Jahrhundert zu entwässern begonnen. Zumindest im Randbereich wurden Gräben entzogen. Selbst Moore, die mitten in großen Wäldern lagen, etwa im Alpenvorland, versuchte die eifrige Forstverwaltung auszutrocknen.

Dabei sorgt eindringende Luft zunächst für eine zunehmende Mineralisierung des Torfes, die Oberfläche wird nährstoffreicher. Die typische Hochmoorflora wird dadurch stark bedrängt. Dieser Prozeß wird durch Einwehung oder/und Einschwemmung von Nährstoffen noch beschleunigt.

Als Folge wandert die *Spirke* (aufrechte Form der Latsche) ein. Ihr folgen *Birke* und *Beerkraut.* Sie alle entziehen zusätzlich Wasser. Damit ist der Boden bereitet für die Fichte; das Hochmoor verwaldet.

Spätestens wenn die Fichte kommt, verschwinden Birkhuhn und Brachvogel – auch wenn wir noch so eifrig Habichte fangen!

Viele Jäger legen auch gar keinen Wert auf intakte Moore, denn Birkhähne wird man in Deutschland wohl nie mehr schießen dürfen, wohl aber Rehe. Die fühlen sich im Moor aber erst wohl, wenn seine Oberfläche trockener wird, wenn *Rausch-, Preisel-* und *Heidelbeere* einwandert, an trockeneren Stellen das *Heidekraut* und vor allem die Fichte. Allerdings – diese Sorte Jäger steht mit dem Birkhuhn zusammen auf der Roten Liste, sie wird aussterben!

Entwässerung war meist auch die Einleitung zur Abtorfung. Früher waren es fast nur die Bauern, die Torf stachen – als Brennmaterial. Damit konnte man leben. Nach dem Krieg traten an ihre Stelle die kommerziellen Torfabbauer und Blumenerdehersteller.

Im Blumenkübel stirbt das Moor!

Inzwischen läßt sich Gartenhumus auch aus anderen Stoffen rentabel herstellen, etwa aus Baumrinden, aber das Torfgeschäft läuft nahezu ungehindert weiter.

Und wie sind die Hochmoore zu retten?

Zunächst einmal muß gesagt werden, daß auch bereits abgetorfte Hochmoorkörper renaturiert werden können. Man muß im Prinzip nur den Wasserabfluß stoppen. Allerdings kann es Jahrzehnte dauern, ehe sich ein abgetorftes Moor wieder begrünt. In meinem ehemaligen Dienstbezirk im Kempter Wald hatte der Reichsarbeitsdienst Anfang der 40er Jahre von einem vielleicht 20 m breiten Hochmoorstreifen den Bewuchs entfernt. Torf sollte abgebaut werden. Dann aber war der Krieg zu Ende, die Angehörigen des Reichsarbeitsdienstes für Deutschlands Ehre gestorben...

Rund 35 Jahre später lag der vom Pflanzenbewuchs befreite Moorstreifen noch immer nahezu schwarz – ohne neuen Pflanzenbewuchs – in der Landschaft. Möglicherweise hätte er sich längst wieder mit Torfmoosen begrünt, wäre nicht nach wie vor das Wasser abgeleitet worden.

Das also ist die erste und wichtigste Maßnahme:

Samstagsarbeit im Gildehauser Venn: Jäger entfernen Birken und Kiefern aus den Glockenheidebeständen.

Zunächst setzte sich auf einem Moränenboden feinster Gletscherton ab – ein See entstand. In ihm setzt sich Schlamm ab (1), wodurch er von den Rändern her langsam zuwächst. Aus Seggen und Schilf entsteht Flachmoortorf (2), wir sprechen von einem Niedermoor. Mit zunehmendem Höhenwachstum trocknet der obere Moorkörper aus, Erlen, Birken und Faulbaum stellen sich ein, es bildet sich Bruchwaldtorf (3), wir sprechen von einem Zwischenmoor. Mit dem weiteren Wachsen verschwindet der Bruchwald wieder, es bildet sich Hochmoortorf (4) und ein nur noch vom Regen gespeistes, gewölbtes Hochmoor.

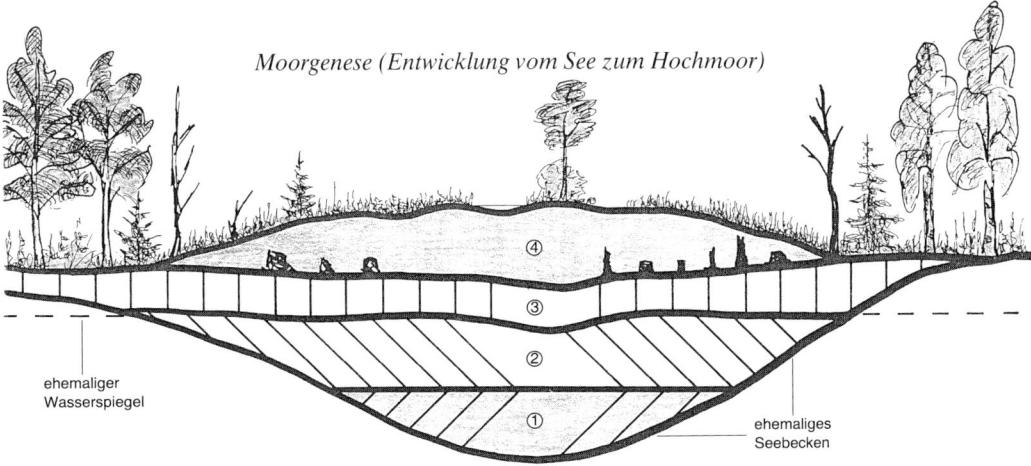

Moorgenese (Entwicklung vom See zum Hochmoor)

Ein erster (diskreter) Schritt, unsere Moore wieder zu vernässen, ist die Blockade der Abzugsgräben. Hinter solcher Verpflockung entwickeln sich dicke, wasserhaltende Polster aus Sphagnum-Moosen. Rohhumus blockiert bald den Wasserabzug.

Gräben blockieren. In Moorgräben ist das nicht so schwierig. Man versperrt den Abfluß einfach mit Rundhölzern. Diese überwachsen relativ schnell, und dahinter zieht das gestaute Wasser rechts und links in den Moorkörper. Diese Methode ist schonender wie der Einsatz eines Baggers, abgesehen davon, daß Baggereinsatz nur von tragfähigen Wegen aus erfolgen kann.

Wiedervernässung sollte aber immer etappenweise erfolgen, da die meisten Hochmoorpflanzen keine länger anhaltende Überflutung vertragen.

Es geht aber nicht nur darum, den *Abfluß aus dem Moor* zu unterbinden, mindestens genau so wichtig ist es, das *Eindringen von nährstoffreichem Wasser in das Moor* zu stoppen.

Als nächstes muß die Moorfläche entbuscht oder entwaldet werden. Umgesägte Gehölze eignen sich bestens zum kammerweisen Blockieren der Moorgräben; auf alle Fälle müssen sie von der Fläche geschafft werden.

Gegen landwirtschaftliche Flächen sollten Moorflächen durch einen dichten Gehölzgürtel abgegrenzt bleiben, als Schutz vor Nährstoffeinwehung.

Ein gutes Beispiel gab HEIKO SONNENBERG, Jäger und aktiver Naturschützer in Nordhorn (Niedersachsen). Er wollte sich mit der bloßen Unterschutzstellung eines Hochmoorgebietes nicht abfinden. Ganz in seiner Nähe liegt das rund 800 ha große Naturschutzgebiet »Gildehauser Venn«, dessen Wiedervernässung 1975 eingeleitet wurde. Dadurch erholten sich die nur noch als Reste vorhandenen Glockenheidebestände zunächst großflächig. Trotzdem machte ihnen der Aufwuchs von Moorbirke und Kiefer durch neuerlichen Wasserentzug und Beschattung zu schaffen.

Weil das Venn trotz Vernässung langsam aber sicher zuwuchs, wurde SONNENBERG bei der zuständigen Behörde vorstellig.

Der Kreis als Naturschutzbehörde war kaum in der Lage, die notwendigen Arbeiten auf seine Kosten durchführen zu lassen, zeigte aber Verständnis und Interesse. Also wandte sich SONNENBERG an den Vorsitzenden der Kreisjägerschaft Nordhorn, und trommelte mit dessen Unterstützung 130 arbeitswillige Jäger zusammen, die innerhalb von sieben Stunden einen Teil des Venns von Birken und Kiefern befreite.

Ein exakter »Schlachtplan« sorgte für unfallfreie Fällung; alles Holz wurde auf Schultern herausgetragen. Der Landkreis übernahm die Kosten für Verpflegung, das Rote Kreuz stellte die Feldküche.

Ohne die Jäger wäre die Maßnahme kaum durchgeführt worden. Der Einsatz regulärer Waldarbeiter hätte wohl um die 30 000 Mark gekostet. Der Einsatz von ABM-Kräften (also auf Kosten der Bundes-Arbeitsverwaltung) hätte mindestens ein Jahr gedauert, also auch ein Jahr permanente Störung.

Dieses Beispiel zeigt, was der Einzelne in Bewegung setzen kann, vorausgesetzt, er sieht die Probleme – und er will wirklich etwas tun!

Für die Jagdverbände wäre es sinnvoll, bei ihren Trophäenschauen statt toter Knochen derartige Aktionen zu prämieren. Das würde ihnen Glaubwürdigkeit zurückbringen.

Lebensraum Wald

Wald, nichts als eine Ansammlung von Bäumen?

Von den 35,7 Mill. Hektar Wirtschaftsfläche der Bundesrepublik (Stand 30. 10. 1990) sind 10,4 Mill. Hektar oder 29 Prozent Wald. Heute hat der Wald neben der Holzerzeugung weitere und unverzichtbare Funktionen zu erfüllen: Wasserschutzwald, Klimaschutzwald, Lawinenschutzwald und wichtigster Erholungsraum des Industriemenschen. Bedingt durch seine strukturelle Vielfalt und immer noch relativen Naturnähe, ist der Wald Lebensraum und Rückzugsgebiet für die weitaus größte Zahl der bei uns noch lebenden Tierarten, dies obwohl er zu fast 100 Prozent intensiv genutzt wird, trotz in der Vergangenheit nicht zimperlichen Chemieeinsatzes, trotz gewollter und bewußter Entmischung, gerade in empfindlichen Bereichen (Tilgung von Samenbuchen im Bergwald u. a.). Bei der Abwägung zwischen Holzproduktion und multipler Schutzfunktion tun sich die öffentlichen Waldbesitzer wesentlich leichter als private. Zwar *wirtschaften* auch kommunale und staatliche Forstbetriebe, ihr Überleben hängt aber in keiner Weise vom Wirtschaftserfolg ab. So sind die Aufwendungen für Erholungs- und Schutzfunktionen im öffentlichen Wald entsprechend hoch. Im Verbund mit einer meist aufwendigen Verwaltung führt dies seit Jahren zu negativen Betriebsergebnissen. 1988/89 fuhr der Staatswald in den alten Bundesländern ein Minus von 64 DM/ha ein, während im Privatwald noch ein Plus von 185 DM/ha erwirtschaftet wurde. Gerade in *einigen* Betrieben des Großprivatwaldes wird heute wenig Rücksicht auf den Wald als unverzichtbarer Lebensraum genommen. Einige wenige, entsprechend dem jeweiligen Standort »rentable« Baumarten werden »produziert«, rationalst und ohne hemmende waldbauliche Rücksichten geerntet: Im Feld der Mais, im Wald die Fichte; beides maschinengerecht in sauberen Linien, gleichaltrig – gedacht für die Gegenwart, nicht für die Zukunft! Gelegentlich wird das Betriebsziel auch erweitert. Zur Fichte kommt dann noch das sekundäre Geschlechtsmerkmal einiger Schalenwildarten. Über intensive Fütterung und ein paar Naturnähe vorgaukelnde Wildäcker sollen Trophäen produziert werden. Ob das eine Walde und das andere Jagde ist, mag ich bezweifeln – es ist einfach *Produktion*.

Selbstverständlich gibt es auch Privatforstbetriebe die in Sachen naturnaher Waldwirtschaft eher eine Vorreiterrolle spielen – und trotzdem oder gerade deshalb – gute Wirtschaftsergebnisse erzielen. Ganz sicher aber ist dem öffentlichen Wald mehr Rücksichtnahme auf Belange des Naturschutzes zuzumuten als dem Privatwald. In den alten Bundesländern dominiert der Privatwald, während in den neuen Bundesländern bis zur »Wende« 63% sogenannter Volkswald waren. Die endgültige Klärung der Besitzverhältnisse steht noch aus.

Besitzverteilung alte Bundesländer:

Staatswald der Länder	31%
Körperschaftswald	24%
Wald in öffentlichem Besitz	55%
Kleinprivatwald (<200 ha)	31%
Privatwald (200 bis 500 ha)	4%
Großprivatwald (>500 ha)	6%
Gemeinschaftswald (Rechtlerwald)	4%
Wald in Privatbesitz	45%

Nach Betriebsarten aufgeschlüsselt ergibt sich folgende Verteilung:

Hochwald	87%
Plenterwald	1%
Mittelwald	2%
Niederwald	3%
In Überführung stehender Mittel- und Niederwald	2%
Wirtschaftswald	95%

Hinzu kommen forstlich unproduktive Flächen:

Nichtwirtschaftswald (z. B. Schutzwälder)	2%
Nichtholzbodenflächen	3%

Besitzverteilung ehemalige DDR:

Volkswald	63%
Genossenschafts- u. Privatwald	29%
Kirchenwald (!)	1%
sonstige Besitzarten	7%

Der Wald hat viele Gesichter

Wie sieht der »naturnahe« Wald eigentlich aus, welche Merkmale hat er, aus was besteht der »deutsche« Wald?

Nun, er hat im Laufe der Jahrtausende sein Gesicht häufig gewechselt, und wird dies in späteren Zeiten – mit oder ohne uns Menschen – auch weiterhin tun. Die ungeheure Vielfalt an Baumarten, die sich noch im *Tertiär* in Mitteleuropa fanden, ging mit Beginn der Eiszeit drastisch zurück, viele verschwanden für immer. Mit dem Rückgang des Eises bestimmten mehr und mehr strauchwüchsige *Birken*, *Weiden* und *Aspen* das Bild unseres Kontinents. Erst nach und nach kehrten aufrechtwachsende Arten zurück. Wärmeliebende Bäumen mieden Mitteleuropa noch lange. Nur zaghaft drangen Nadelbäume vor, allen voran die frostharte *Bergkiefer*. *Birke* und *Hasel* dominierten. In der Jungsteinzeit eroberten die Eichen die Vorherrschaft, gefolgt von den *Buchen*.

Waren es ursprünglich vor allem langfristige klimatische Veränderungen, so hat in den letzten paar Jahrhunderten vor allem der Mensch Einfluß genommen. Auch was wir heute (zumindest verbal) anstreben, den baumartenreichen, sich natürlich verjüngenden Dauerwald, ohne abgegrenzte Altersklassen, ist *so* ein antropogenes Gebilde.

Bis nach dem 30jährigen Krieg dominierten zwei Waldformen: Weitab der menschlichen Siedlungsgebiete der fast unberührte Urwald, und im Umkreis dieser Siedlungsgebiete ein mit Schafen, Ziegen, Rindern und Schweinen beweidete, durch rücksichtslose Holznutzung parkartig verlichtete, durch Streu- und Grasnutzung weitgehend devastierter Wald.

Radikal geschlägert wurde überall dort, wo Metall verhüttet, Salz gesiedet oder Glas geblasen wurde. Der Harz z. B., heute als trostlose Fichteneinöde verschrieen, wurde *ursprünglich* nicht vom Wild entmischt, sondern für die Verhüttung radikal heruntergehauen, alles was außer Fichte neu anflog vom Vieh gefressen oder vom Menschen als Laubheu und Hausbrand genutzt. Hinzu kamen Grasschnitt und Streunutzung.

Jeder See verlandet mit der Zeit. Torfmoose wuchern über ihn hinweg. Sonnentau stellt sich ein, Niedermoor bildet sich. Um dieses herum entsteht oft ein Erlenbruchwald. Mit der Zeit hebt sich das Niedermoor kuppelartig zum Hochmoor. Wird diesem das Wasser entzogen, wandern Spirke und später Fichte ein; das Moor verwaldet.

Während Moore von der Natur selbst geschaffen wurden und werden, sind unsere Heideflächen ausschließlich ein Produkt extensiver Bewirtschaftung durch den Menschen. Erst holzte dieser die alten Wälder ab, dann verhinderte er mit Schafweide und Streunutzung die natürliche Sukzession. Auch die größte Heidelandschaft Europas, die schottischen Highlands, sind keineswegs »Natur pur«, sondern das Ergebnis von Kahlschlag und nachfolgender Beweidung.

Waldwege sind Lichtschächte in dunkler Nutzholzmonotonie. Wo sie breit genug aufgehauen wurden, finden wir üppige Beete mit Eisenhut und Kreuzkraut; im Randschatten blüht die Akelei und das Bleiche Waldvögelein; in feuchten Senken neben dem Weg leuchtet uns das stattliche Knabenkraut entgegen. Mit der Zeit verbuschen und verfichten die Wegaufhiebe; die Axt betreibt dann Artenschutz.

Anfangs überließ man die kahlgeschlägerten Hänge sich selbst, und innerhalb einiger Jahrzehnte baute sich über Vorwald wieder ein richtiger Mischwald auf. Später, als die Vorräte schrumpften, für den Vorwald die Zeit fehlte und zwangsläufig »geordnete Forstwirtschaft einriß«, wurde vor allem Nadelholz nachgepflanzt oder nachgesät. Noch ein Stückchen später kam die Reinlichkeit hinzu. Alles was nicht als Nutzholz anerkannt wurde, schlug man gnadenlos heraus.

Die Forstwirtschaft trudelte in die *Reinertragslehre*, die in nicht wenigen Forstbetrieben (gerade auch im Großprivatwald), allen Lippenbekenntnissen zum Trotz, bis heute nachwirkt und lebt! Heute freilich bekennt sich keiner mehr so richtig zu ihr. Leidenschaftliche Plädoyers für den »gesunden Mischwald« vernahm man in den letzten beiden Jahrzehnten auch aus Betrieben, die damit herzlich wenig im Sinn hatten.

Mit den Ansprüchen an den Wald wandelte sich auch sein Gesicht. Betriebsabhängige Waldformen, die bis heute bei uns bestehen, sind:

Der **Niederwald** (Stockausschlag, in 15- bis 25jährigem Umtrieb), der wohl am vielfältigsten genutzt wurde (Waldfeldbau, Waldweide, Brennholz, Holzkohle, Gerbrinde). Im *Brennholzniederwald* ging es primär um Brennholz. Im *Eichenschälwald* wurde vor allem auf einen hohen Eichenanteil zur Gewinnung von Rinde Wert gelegt. Im Bereich der Weinbaugebiete wuchs zur Rebpfahlerzeugung der *Eßkastanien-Niederwald*. Auf vernäßten Standorten wird heute noch teilweise der *Erlenniederwald* erhalten, der allerdings eine wesentlich höhere Umtriebszeit hat als alle anderen Niederwaldformen (bis 50 Jahre).

Der **Mittelwald** stellt den Übergang vom *Nieder*- zum *Hochwald* dar. Alle 20 bis 30 Jahre wird der Stockausschlag heruntergehauen (Brennholz). Dabei bleiben die besten Ausschlaglohden stehen, zusätzlich werden Heister dazwischen gepflanzt. Es entsteht somit über der *Unterschicht* eine oder mehrere *Oberholzstufen*.

Der **Schlaghochwald** (Kernwuchsbetrieb) entsteht sowohl aus *Pflanzung* wie aus *Naturverjüngung*. Aus beidem wird ein *Jungwuchs*. Hat sich der Bestand geschlossen und ist auf über 2 m hinausgewachsen, sprechen wir von einer *Dickung*. Sobald die natürliche Ästung einsetzt und

Aus Stockausschlag hervorgegangener Niederwald, der bereits durchwächst.

Altersklassenwald mit Buchenvorbau:
Forstlich die simpelste Methode ...

die Mehrzahl der jungen Stämme einen Durchmesser in Brusthöhe (daher Brusthöhendurchmesser = BHD) von 7 cm erreicht hat, handelt es sich um ein *Stangenholz*. Über 20 cm BHD ist von einem *Baumholz* die Rede, das in seiner letzten Entwicklungsphase, wenn es bereits Hiebsreife erreicht, als *Altholz* bezeichnet wird. Der **Plenterwald** ist ein mehrstufiger *Hochwald*, in dem alle Altersklassen vertreten sind. Da immer nur die reifen und/oder kranken Stämme genutzt werden, bilden sich Lichtinseln, auf denen eine neue Generation nachwächst. *Schläge* entstehen dabei nicht. Diese Nutzung kopiert im Prinzip das natürliche Werden und Vergehen im Urwald, allerdings in wesentlich schnellerem Ablauf und es kopiert nicht die natürliche Kalamitäten, die es auch im Urwald gibt. Beispiel: Im Urwald sorgen Blitzschlag und Sturm für »Kahlschläge«, im Altersklassenwald schaffen Kahlschläge ähnliche Bedingungen, nur wird die natürliche Wiederbesiedelung durch Pflanzung gerafft und gesteuert.

Je nach vorhandenen Baumarten werden heute allgemein 3 Waldtypen unterschieden: *Nadelwälder*, in denen bis zu 30% Laubholz wachsen kann; *Mischwälder*, in denen zwischen 30 und 50% Laubholz wächst und *Laubwälder*, in denen weniger als 50% Nadelholz wächst. Autochthone, d. h. standorttypische, naturgemäße Nadelwälder wachsen bei uns im wesentlichen nur in Hochlagen. Nach unten hin wird das Nadelholz immer weniger, das Flach- und Hügelland bildet die eigentliche Laubholzzone. Diese klare, natürliche Ordnung ist in der Praxis fast immer anthropogen vermischt.

Nichts ist mehr »Natur«, aber vieles knüpft an sie an

Heute reden alle, die mit dem Wald zu tun haben, von naturgemäßer Waldwirtschaft, von ökologisch stabilen Wäldern – und manche meinen das sogar wirklich ernst...

In Verruf geraten ist lange schon der Kahlschlag, obgleich er in Teilen der Bundesrepublik immer noch eine häufig praktizierte Hiebsart ist. Aber sind große Kahlschläge tatsächlich eine »ökologische Kathastrophe«? Oder sind sie – für eine bestimmte Zielgruppe – sogar eine »ökologische Starthilfe«?

Zunächst einmal entsteht beim Kahlschlag zwar nicht die gleiche, aber eine *ähnliche* Ausgangssituation wie sie auch von der Natur durch Feuer und Sturm geschaffen wird. Lediglich der weitere Entwicklungsgang ist ein anderer, schnellerer; die Natur wird sozusagen »angeleint« und zum Akkord verpflichtet.

Auf dieses »Grundmodell« Kahlschlag sind einige Tierarten durchaus angewiesen, die *Nachtschwalbe* z. B. Ebenso gibt es Pflanzenarten, die sich auf die – zeitlich befristete – Besiedlung von Kahlschlägen spezialisiert haben (auch wenn sie sich mit bescheideneren Möglichkeiten arrangieren). *Weidenröschen* und *Heidekraut* gehören dazu.

»Kathastrophen«, die im Großkahlschlag endeten, gab es zu allen Zeiten. Allein im Nürnberger Reichswald fraßen zwischen 1893 und 1896 die Raupen des *Kiefernspanners* 10 000 ha »auf einen Schlag kahl«. Schon ein paar Jahre früher hatten die Raupen des *Nonnenfalters* und Stürme ein Drittel des Ebersberger Forstes bei München »platt gemacht«.

Möglicherweise würde eine »schöne satte« *Kiefernspanner*- oder *Forleulen-Kalamität* in ähnlichen Ausmaßen wie um die Jahrhundertwende das gerade aussterbende Birkwild wieder – kurzfristig – »explodieren« lassen? Aus den Hoch-

Plenterwald mit überreicher Verjüngung. Voraussetzung: Waldgerechte Jagd!

lagen des Erzgebirges wird eine Zunahme der Birkhühner als Folge des dort flächig absterbenden Waldes (mit nachfolgender Pionierflora) gemeldet.
Also nur noch Großkahlschlag betreiben und Birkwild aussetzen?
Das Auerwild reagiert genau umgekehrt. Ihm sagt ein vielstufiger, gemischter Plenterwald oder zumindest ein **Bergmischwald** mit vielen eingesprengten kleinen Verjüngungsgruppen am besten zu.
Und unsere Rehe, die in den letzten Jahrzehnten eher mehr als weniger wurden, auch wenn man sie nicht mehr sieht? Die fühlen sich in Altersklassenwäldern mit vielen kleineren »Kahlhieben« und intensiver Bewirtschaftung und Nutzung am wohlsten.
Welcher Wald ist nun »Natur«?
Wenn man unter Natur die Komplexität eines großen Raumes versteht, den der Mensch zwar *nutzt* aber nicht tiefgreifend *manipuliert*, dann gibt es zumindest in Europa keine Natur mehr! Selbst unsere Nationalparke sind allenfalls noch der Versuch einer Erinnerung an Natur, der Versuch, Natur kulissenhaft zu rekonstruieren. Mehr nicht. Vom Menschen im wesentlichen unbeeinflußte Natur gab es in Mitteleuropa bereits im Mittelalter nur noch relikthaft.
Um nicht falsch verstanden zu werden: Der Autor will hier nicht für den Kahlschlag plädieren, sondern zum Nachdenken über unsere so schnell und häufig gebrauchten (meist mißbrauchten) Schlagworte anregen. Je kleiner die nicht direkt vom Menschen bewohnten oder versiegelten Bereiche werden, um so weniger Platz bleibt für Kathastrophen-Immitate à la Kahlschlag.

Auf der Roten Liste: Niederwald und Haselhuhn

Nur noch 3% der Waldfläche sind sogenannter Niederwald. Viele Jäger oder Naturfreunde wissen heute gar nicht mehr, um was es sich eigentlich handelt, aus was ein Niederwald besteht und welche Eigenheiten er hat. Sie kennen nur noch den Hochwald.
Laub-Buschwälder waren es, die (örtlich verschieden) alle 15 bis 25 Jahre schlagweise heruntergehauen und als Brennholz genutzt wurden. Aus den Stöcken wuchs die nächste Generation.
Im Siegerland und südlichen Sauerland sind es die sogenannten Haubergsgenossenschaften, welche ihren Besitz teilweise noch heute in dieser Form bewirtschaften, doch die Umwandlung in Hochwald geht fast ungebremst weiter. Inzwischen heizen nur noch wenige Haushalte mit Holz. Moderne Holzheizung setzt überdies auf Hackschnitzel. Die aber gewinnt man aus dem Durchforstungsmaterial der Hochwälder mindestens ebenso rentabel wie aus Niederwäldern, und dies nicht als Haupt- sondern nur als Nebennutzung. *Nutzholz* ist gefragt, möglichst frohwüchsig und massenreich.
Die meisten Niederwälder dienten aber nicht nur der Brennholzerzeugung. Auf den meist streifenweise abgetriebenen Flächen wurde zunächst die Grasnarbe abgelöst und zusammen mit dem verbliebenen Holz verbrannt, die Asche anschließend als Dünger verstreut, die Fläche flach gepflügt. Für 1 bis 2 Jahre wurde Roggen oder Buchweizen angebaut, dazwischen trieben die Stöcke wieder aus. Um die Stockausschläge zu schonen, mähte man mit der Sichel.
Danach blieb die Fläche wenigstens 4 Jahre ungenutzt liegen. Im Schutz von Besenginster und anderer Schlagflora wuchsen Eiche, Birke und Hainbuche soweit heran, daß sie vom Vieh nicht mehr verbissen werden konnten.
Vom 4. Jahr an wurden Schafe eingetrieben, die sich am Ginster gütlich taten, und ab dem 6. Jahr wurde mit Rindern und Schweinen beweidet.
Auch die Holzernte erfolgte in Abschnitten. Zunächst wurde das Stangenholz (ausgenommen Eichen) geschlagen und zu Holzkohle vermeilert. Einen Teil nutzte man als Brennholz. Anschließend wurden die verbliebenen Eichen geschält, die Rinde an Lohgerbereien verkauft und zuletzt auch die blanken Eichenstangen vermeilert, starke Hölzer wohl auch als Bauholz genutzt.
18 bis 22 Jahre war im Sieger- und Sauerland die übliche Umtriebszeit eines Niederwaldes.
Waldfeldbau, Gerbrinde und Kohlenmeiler gehören lange schon der Vergangenheit an. Geblieben ist – stark rückläufig – die Brennholznutzung. Gestiegen ist der Bedarf an *Nutzholz*.
Es ist aber nicht nur der Wunsch nach *Nutzholz*, der die letzten Niederwälder bedroht: Wo sie nicht mehr in der althergebrachten Form genutzt werden, verkommen sie, einzelne Bäume wachsen durch, es entsteht Mittelwald, der ungenutzte Unterstand verlichtet, bricht zusammen. Wo ausreichender Brennholzabsatz nicht mehr möglich und/oder die Werbung defizitär

Tabelle 22 Charakterisierung der aktuellen Haselwild-Habitate im Schwarzwald

	Habitat-Typ	Holzarten			
		Bäume		Sträucher	
		bestandes-bestimmend	begleitend	bestandes-bestimmend	begleitend
NIEDER- und SUKZESSIONSWALD	1. Haselbusch	–	Birke Kirsche Salweide Hainbuche Schwarzerle Eiche	**Hasel**	Strauchweiden Holunder
	2. Weidfeld-Sukzession	**Birke** Esche Kirsche (Fichte)	Salweide Aspe Schwarzerle Eiche Bergahorn Rotbuche Tanne	**Hasel** Strauch- weiden Faulbaum Grünerle	Holunder Stechpalme Weißdorn Wacholder
Überführung/Umbau	3. Überführungs-bestand	**Fichte** Douglasie	Salweide Birke Aspe Kirsche	**Hasel**	Strauch- weiden Faulbaum Hasel Holunder
	4. Großbestand a) nadelholz- betont	**Fichte** **Tanne** Douglasie Kiefer Rotbuche	Lärche Birke Salweide Vogelbeere Esche Bergahorn Schwarzerle Aspe	Strauch- weiden Faulbaum	Stechpalme Grünerle
	b) laubholz- betont	**Rotbuche** Bergahorn Esche Fichte Tanne	Kirsche Schwarzerle Hainbuche Aspe Salweide Linde (Ulme)	Hasel Holunder	
HOCHWALD	5. Vernetzte Kleinbestände	ähnlich wie Typ 4	ähnlich wie Typ 4	ähnlich wie Typ 4	ähnlich wie Typ 4

[Aus: »Haselwild in Baden-Württemberg«, Schutzgemeinschaft Deutscher Wald.]

Struktur vertikal	Struktur horizontal	Revier-mindest-größe ha	Entstehung	Flächen-entwicklungs-tendenz	Zahl der ermittelten Reviere	Habitateingang (bei Optimalbedingung) im Alter von ... bis ... mäßig	gut	sehr gut
einschichtig mit kleineren stufigen Partien	plätzeweise aufgelockert oder mit Baumtrupps durchsetzt	2–3	Gemisch aus Stockausschlägen und Kernwüchsen meist auf ehemaligem Reutfeld (z. T. fließende Übergänge)	– abnehmend – durch: – Überführung – Überalterung – Isolierung	10	7–10 35–40	25–35	10–25
zweischichtig (Birke über Hasel) bis mehrschichtig (mit Edellaubholz)	aufgelockert bis lückig (v. a. in jüngeren Partien)	2–5	natürliche, z. T. auch durch Holz- oder Weidenutzung beeinflußte Sukzession auf vormaligem Weidfeld	– abnehmend – durch: – Umbau – Isolierung – Überalterung	20	10–15 50–70	15–25 40–50	25–40
einschichtig bis stufig, bes. wenn die Pionierhölzer vorwüchsig sind	gleichmäßig, evtl. auf Sonderstandorten unbestockte Stellen	2–6	Nadelholzkultur auf geräumter Fläche von Typ 1 oder 2	– abnehmend – durch: – Überalterung – Nachlassen der Überführungs-aktivitäten – »rigorose« Pflege	20	25–40	20–25	10–20
einschichtig, stufige Partien auf Sonderstandorten und im Bereich von Säumen		4–8	zumeist gepflanzt (vgl. die sog. F-Hiebe der Nachkriegszeit)	– abnehmend – durch Einwachsen der Nachkriegspflanzungen in die Baumholzphase	50	10–15 25–40	15–25	–
	gleichmäßig Nadelholzreinbestände z. T. durchbrochen oder plätzeweise aufgelockert (Schneebruch u. ä.)	3–6	zumeist aus Naturverjüngung, ergänzt durch Nachbesserungen Edellaubholz auch großflächig gepflanzt	+ zunehmend + habitattauglich aber nur bei Einstellung der noch häufig praktizierten »rigorosen« Pflege	30	10–15 30–40	20–30	15–20
zumeist stufiges Mosaik verschiedener Bestandestypen mit Schwerpunkten der Dickungs- und Stangenholzphase; einschichtig nur innerhalb der einzelnen Kleinbestände gelegentlich auch unterholzreiche Plenterwald- und a.r.B.-Bestände	durch Säume und Gehölzstreifen vernetzte Dickichte inmitten aufgelockerter bis lückiger Waldungen	3–10	zumeist aus langfristiger Naturverjüngung z. T. in Kombination mit Pflanzbeständen, Sukzessionswald, Haselbusch oder Überführungsbeständen	+ zunehmend + habitattauglich aber nur bei Einstellung der noch häufig praktizierten »rigorosen« Pflege		nicht differenzierbar, überwiegend nur mäßige Eignung		

ist, muß Niederwald kostenintensiv gepflegt werden. Selbst die Beseitigung des anfallenden Holzes wird eigentlich zum Problem. Zwar kann es auch im Bestand bleiben, doch treten dadurch bereits wieder Änderungen in der Bodenflora ein. Dies ist aber wohl nicht das Hauptproblem. Der Saat fördert die Umwandlungen von Nieder- in Hochwald durch die privaten Waldbesitzer, nicht jedoch den Erhalt des Niederwaldes. Also hauen sie den Busch herunter und pflanzen Fichte. Damit es nicht zu neuem Stockausschlag kommt, werden die Stöcke teilweise sogar noch vergiftet.

Neben den Haubergsgenossenschaften und Privaten besitzen vor allem die Kommunen in nennenswertem Maße Niederwaldreste. Gerade die Kommunen wären »moralisch« an erster Stelle verpflichtet, wenn es um den Erhalt derartiger Relikte geht. Leere Gemeindekassen führen jedoch früher oder später in Umwandlung oder Sukzession. Es fehlt einfach am Geld, die Flächen regelmäßig von Gemeindearbeitern auf den Stock setzen zu lassen.

Über eine interessante Pflegemöglichkeit kommunaler Niederwaldflächen berichtet KAMMER [1992], Wildmeister in Waldsolms im Taunus. Dort verständigte sich die Jagdgenossenschaft mit der Gemeinde als Waldbesitzerin über die kostenlose Vergabe von Niederwaldhieben an *Selbstwerber*. Zwar ist das *Haselwild* aus den Waldsolmser Wäldern bereits ganz verschwunden, der Jagdgenossenschaft geht es aber um die Erhaltung der Niederwaldflächen für die übrigen Wildarten. Teilweise übernehmen die *Jäger* das Auf-den-Stock-Setzen, teilweise sind es am Brennholz interessierte Bürger, die gleichzeitig einen körperlichen Ausgleich suchen. Forstlich werden damit Fragmente »historischen« Waldes gepflegt und erhalten; Schalenwild erhielt Deckung und Verbißmasse; zahlreiche andere Tierarten profitieren von Knospen, Beeren und Samen dieser Waldform. Vielleicht wäre das »Waldsolmser Modell« *ein* Weg zur Erhaltung von vernetzten Niederwaldresten in Haselwildgebieten. Die verbliebenen Niederwälder sind grundsätzlich schützenswerte Relikte, und letzte Überlebensinseln und Trittsteine für das Haselwild. Der Rückgang dieser Vogelart hängt weitgehend mit dem Verlust der Niederwälder zusammen.

Nadelholzbetonter Großbestand im oberen Elztal (Schwarzwald) – Bergmischwald mit natürlich verjüngter Tanne und Rotbuche. Die Fichte wurde z. T. künstlich eingebracht. Auf Bestandslücken konnten sich Pionierholzarten und damit Äsungsträger für das Haselwild erhalten, die erst in den nächsten 10 bis 15 Jahren überwachsen werden.

Habitatmanagement für das Haselhuhn

Nicht nur Niederwälder stellen gute Haselhuhnbiotope dar. Im Gegenteil. Das ursprüngliche Brutareal dieser Vogelart deckt sich so ziemlich mit der nördlichen Nadelwaldzone. Erst als nach der letzten Eiszeit die Fichte nach Westeuropa einwanderte, kam auch das Haselhuhn mit, und stieß bis in reine Laubholzgebiete vor [SCHERZINGER 1977]. Die Fichte ist also absolut kein »Hinderungsgrund«. In relativ extensiv genutzten Bergwäldern, wie sie im Bayerischen Wald und Alpenraum zu finden sind, siedelt das Haselhuhn oft auf kleinsten Sukzessionsflächen, wenn die von ihm benötigten Elemente kombiniert sind. Voraussetzung ist eine mosaikartige Streuung solcher Flächen, die Kontakte und Austausch ermöglichen. Entlang von unverbauten Bächen, die nicht bis an die Ufer mit Fichten bepflastert wurden, durch Windwurf, Waldüberalterung, Lawinenabgänge usw. entstandene Kleinstandorte, mit verschiedenen Sukzessionsstadien. Das sind Haselhuhnbiotope. Mit *Himbeere* überwucherte Böschungen und Wegränder dazwischen, sonnige Blößen mit *Walderdbeeren*, Schlagränder mit reichlich Hirschholunder, vernäßte Partien dazwischen mit Birke, Erle, Aspe, Hasel, das sind Trittsteine. Hinzu kommen aufgegebene Almen und Talweiden, die von Pioniergehölzen erobert werden. Selbst sonnseitig breit aufgehauene Waldwege können den Charakter eines Haselhuhnbiotops annehmen, zumal trockene Erdwege auch zum Hudern und zur Aufnahme von *Magensteinchen* gebraucht werden. Gefährlich sind allerdings schnurgerade Wege, weil über ihnen der Habicht besonders erfolgreich anfliegen kann. Hier sollten zumindest alle 50 m ein paar höhere Bäume, am besten Nadelhölzer als Sichtblenden bis zum Weg vorstoßen. Überhaupt wäre es vorteilhaft, den Saum nicht exakt parallel zum Weg zu ziehen, sondern mit geringfügigen Buchten und Einsprüngen ins angrenzende Holz zu versehen.

Besonders in den Bauernwälder des Mittleren Schwarzwaldes, wo bis heute Haselwild zu finden ist, war es die *Reut- und Weidfeld-Wirtschaft*, die optimale Biotope schuf. Sie entsprach im Prinzip der Niederwaldwirtschaft, wurde aber etwas flexibler gehandhabt als im Siegerland und meist mit kürzerer Umtriebszeit.

In der zweiten Hälfte des vergangenen Jahrhunderts gaben die Bauern diese Waldnutzungsform mehr und mehr auf. Hochlagen wurden in Nadelholz überführt, Lagen unter 650 m gezielt in Eichenschälwald zur Gewinnung von Gerbrinde.

Gleichzeitig fielen auch viele Weideflächen brach und blieben sich zunächst selbst überlassen. Viehweiden verbuschten und gingen in Vorwald über. Ideale Haselhuhnbiotope entstanden – und verschwanden wieder, da die Sukzession nicht unterbrochen wurde.

Als schließlich auch im Schwarzwald für Gerbrinde kein Absatz mehr vorhanden war und immer mehr Nadelholz einwanderte, schwanden die guten Haselhuhnbestände.

Nur nach dem letzten Krieg »boomte« diese Vogelart noch einmal kurzfristig. Ursache waren die riesigen Reparationshiebe (Franzosenhiebe), die so schnell wie sie geschlägert wurden, gar nicht aufgeforstet werden konnten. Selbst zwischen dem später gepflanzten Nadelholz fanden sich für Jahre Weichhölzer en masse. »Pflegenotstand« sorgte dafür, daß die meist lichthungrigen Beihölzer nur langsam wieder verschwanden. Sie wurden nicht herausgehauen, sondern dunkelten aus. Hinzu kamen große Kalamitätsflächen, auf welchen die Entwicklung ähnlich verlief.

Doch mit dem Einwachsen der damaligen Kulturen in die Stangen- und Baumholzphase änderte sich der Lebensraum erneut grundlegend. Für Sträucher und zunächst mitwachsende Lichtholzarten wurde es zu dunkel im Wald.

Zur Überlebensstrategie des Haselhuhns gehören zwingend Deckung und kurze Fluchtwege. Sie rangieren offensichtlich noch vor der Nahrung. Deshalb werden hochstämmige Altersklassenwälder auch bei gutem Nahrungsangebot verlassen, einfach weil der Fluchtweg vom Boden in die Wipfelregion zu weit und zu gefährlich ist [SCHERZINGER 1977]. Auf neu entstehenden Kulturflächen regierte die reinigende Heppe und bald auch die Rückenspritze. Das Haselwild nahm rapide ab. Einen Tiefschlag versetzte den Schwarzwald-Haselhühnern noch 1973 das Landwirtschaftsministerium in Stuttgart. Es forderte in seinem »Schwarzwaldprogramm«:

»...die Umwandlung unbefriedigender Bestokkung, insbesondere von Niederwald, Mittelwald und sonstigem Stockausschlagwald.«

Naturschutz und Jäger sollten, wo eine Umwandlung von Niederwald oder Haselbusch in Hochwald nicht abzuwenden ist, alles daransetzen, wenigstens einige ins Bestandesinnere führende Streifen mit der ursprünglichen Bestokkung zu retten. Hier kommen Anpachtung oder Kauf infrage.

Was wäre wichtig?

In Anlehnung an ASCH u. MÜLLER [1989] von der Arbeitsgruppe Haselwild erscheinen folgende Punkte wichtig:

Maßnahmen oder Unterlassungen im altersklassenweise bewirtschafteten Hochwald
- Möglichst weite Pflanzverbände und frühzeitige Ausdünnung der Naturverjüngung bei Fichte und Tanne
- Erhalt aller Pionierholzarten *(Birke, Aspe, Weide, Erle und Vogelbeere)* bis zum Alter 35, entsprechend einer ohnehin bestehenden Empfehlung der baden-württembergischen Landesforstverwaltung. Danach bilden Hochwälder ohnehin keine Haselhuhn-Habitate mehr, da eine ausgeprägte Strauchschicht fehlt
- Großflächige, laubbaum- und strukturreiche Dickungen, in denen zumindest teilweise eine ausgeprägte Krautschicht vorhanden ist
- Gezielte Erhaltung und Förderung von kraut- und strauchreichen Lücken auf etwa 5% der Bestandesflächen
- Haselwildfreundliche Gestaltung der Wegränder
- Keine Pflegeeingriffe im Frühjahr
- Bei Pflegeeingriffen gezielter Erhalt von wenigstens stubengroßen »Dickichten«
- Verzicht auf Pestizid-Einsatz
- Bestandsdüngungen frühestens nach dem 15. Juli
- Keine Aufarbeitung kleinerer Schneebruchlöcher.
- Haselhuhnbiotope sollen sich nach Abschluß der Jungbestandspflege mindestens 10 bis 15 Jahre ungestört entwickeln können

Ein ehemaliges Weidefeld im Mittleren Schwarzwald, das auf dem Weg der Sukzession in Wald überführt wird. Zunächst dominiert noch die Birke, dazwischen stellen sich Edellaubhölzer und einzelne Fichten ein – ein idealer Lebensraum für Haselhühner.

So wie zahlreiche im Feld lebende Tierarten (*Rebhuhn, Brachvogel, Feldlerche* usw.) von der *extensiven* Landwirtschaft profitieren und bei Aufgabe der Bewirtschaftung ganz verschwinden oder nur noch in geringerer Dichte vorkommen, profitiert das Haselhuhn von bestimmten Formen der Waldbewirtschaftung. Uns besonders »naturnahe« erscheinende Waldformen können durchaus ungeeignet sein. So sind *standorttypische*, aus reicher Naturverjüngung hervorgehende Fichte-Tanne-Buchen-Wälder nur sehr bedingt für Haselhühner geeignet. Das Auerwild fühlt sich in ihnen wohl. Auch plenterartig bewirtschaftete Waldgesellschaften helfen dem Haselwild nur unter bestimmten Voraussetzungen. Hingegen erwachsen aus relativ großen, schachbrettartig über das Revier vernetzten und mit reichem Pionierholzanteil versehene Kahlschläge (ab 5 ha) haselwildtaugliche Habitate. Sie weisen eben während einer gewissen Entwicklungsphase Merkmale des bewirtschafteten Niederwaldes auf. Ja man kann die Kahlschlagwirtschaft auch als »anthropogene Kalamität« oder als »künstliche Katastrophen« betrachten. Schließlich vollzieht sich dort – durch Pflanzung beschleunigt – eine ähnliche Entwicklung wie auf großen Windwurfflächen des Urwaldes. Auch auf diesen entstehen gute, zeitlich begrenzte Haselhuhnbiotope.

Tabelle 23: Die wichtigsten Äsungspflanzen des Haselwildes*

Pflanzenart	als Nahrung dienende Teile (soweit bekannt)			Pflanzenart	als Nahrung dienende Teile (soweit bekannt)		
	Knospen, zarte Triebe, Blätter	Blüten	Samen Früchte		Knospen, zarte Triebe, Blätter	Blüten	Samen Früchte
Laubbäume				Schneeball			×
Ahorn	×		×	Seidelbast			×
Aspe	×	×		Wacholder			×
Birke	×	×		Weiden (div. Arten)	×	×	
Buche	×		×	Weißdorn	×		×
Eiche			×				
Elsbeere			×	**Gräser, Kräuter, Zwergsträucher**			
Erle	×	×		Brennessel	×		
Hainbuche		×		Buschwindröschen	×	×	
Kirsche			×	Ehrenpreis			×
Linde	×	×	×	Erdbeere	×		×
Mehlbeere	×		×	Gräser (div. Arten)	×		
Vogelbeere	×		×	Hahnenfuß		×	×
Wildapfel			×	Heidekraut	×	×	
				Heidelbeere	×	×	×
Nadelbäume				Klee	×		
Fichte	×		×	Mädesüß	×		
Kiefer			×	Mistel	×		×
				Moos (div. Arten)	×		
Sträucher				Preiselbeere	×	×	×
Berberitze			×	Rauschbeere	×	×	×
Brombeere	×	×	×	Salomonsiegel			×
Faulbaum			×	Sauerampfer	×		×
Hasel	×	×		Sauerklee	×		
Hartriegel			×	Schafgarbe	×		
Heckenkirsche			×	Scharbockskraut	×		
Heckenrose	×	×	×	Sternmiere	×		
Himbeere	×	×	×	Storchschnabel			×
Johannisbeere			×	Tollkirsche			×
Pfaffenhütchen			×	Veilchen			×
Schlehe	×		×	Wachtelweizen			×

* Entnommen mit freundlicher Genehmigung der Schutzgemeinschaft Deutscher Wald der Broschüre »Haselwild in Baden-Württemberg«.

Naturnahe Waldränder oder Fichtenmauern?

Die Forderung, Waldränder naturnah zu gestalten, ist keineswegs neu. Trotzdem besteht die Mehrzahl der Waldränder nur aus einer abschließenden, mehr oder weniger tief beasteten Baumreihe. Es dominieren die »Waldmauern«, steile, abgehackte Grenzlinien ohne fließende Übergänge: Links intensive Landwirtschaft, rechts intensive Forstwirtschaft. Am übelsten sind jene Ränder, bei denen ein breiter Asphaltstreifen als saubere Trennungslinie fungiert. BARTH [1987] schätzt, daß »sicherlich über 90 Prozent unserer Waldränder ökologisch nicht befriedigend aufgebaut« sind.

Prof. STOFFLER, Dozent für Waldbau an der Forstlichen Fachhochschule Rottenburg, bringt die Dinge auf den Punkt. Er schreibt in der ALLGEMEINEN FORST ZEITSCHRIFT 43/89:

»*Das Naturwissen vieler Forstleute hinkt dem allgemeinen Trend der Zeit nach. Dieses Wissen ist auch oft eher forstpolitisch, d. h. mehr nach außen zur Schau getragen als von innen her gewachsen und zuweilen tut Selbstgenügsamkeit ein übriges, um ein höheres Niveau abzublocken.*«

Die grüne Realität gibt ihm voll recht.

Die Waldrandlänge ist beträchtlich, wobei man zwischen *Waldaußen*ränder und *Waldinnen*ränder unterscheiden muß. Erstere grenzen den Wald zum Feld hin ab, letztere entstehen im Waldesinnern temporär. ZUNDEL [1992] ermittelte alleine für Hessen 25 000 km Waldaußenränder. Das sind 28 m Waldrand je Hektar Waldfläche. In einer Tiefe von nur 20 m naturnahe gestaltet, wären das – allein in Hessen – 50 000 ha »Naturschutzfläche«! Die bundesdeutschen Waldränder ergeben eine unvergleichlich größere Fläche als alle denkbaren Nationalparks. Naturnahe Waldränder hätten gegenüber den Nationalparks (die ich nicht infrage stellen möchte!), zumindest soweit sie im Besitz der öffentlichen Hand sind, den kolossalen Vorteil, nicht schon im Embrionalstadium an politischen Profilneurosen zu sterben oder lebenslänglich zu siechen. Man fände sie überall, nicht auf wenige Räume konzentriert. Sie zu errichten bedarf es keines Parteienstreites, keiner Sachverständigenanhörung und keiner Verbandseinsprüche; nichts, gar nichts ist notwendig als ein Forstamtsleiter (manchmal täts schon ein Revierleiter) und etwas Begeisterung für die Natur. Sie würden keinerlei Verwaltungsaufwand, keine zusätzliche Infrastruktur und keine Nutzungsbeschränkungen (außer auf dem schmalen Streifen selbst) erfordern. Allerdings, sie wären auch nicht im gleichen Maße wahlrelevant und nicht annähernd so medienwirksam wie Nationalparks; nicht einmal der Fremdenverkehr läßt sich mit ihnen ankurbeln.

Vermutlich werden viele Forstleute ihre Fichten, Kiefern oder Buchen auch weiterhin bis an die Straßen- oder Feldkante pflastern, auch wenn sie diese nach wenigen Jahren Schritt für Schritt zurücknehmen müssen. Stumpfsinn und Lieblosigkeit gestalten die Landschaft.

Wo es sich um kleinparzelligen Privatwald handelt, mag man noch ein gewisses Verständnis aufbringen, besser gesagt, man vermag die Haltung und Motive der Besitzer nachzuvollziehen, auch wenn sie nicht *immer* rational sind. Schließlich kann eine nur 15 Meter tiefe Randzone schon die Hälfte einer Bauernwaldparzelle ausmachen.

Absolut unverständlich ist es jedoch, wenn auch im Staats- und Kommunalwald völlig an dem »vorbeigepflanzt« wird, was Fachhochschule, Uni und letztlich ästhetisches Empfinden und Vernunft vorgeben.

Die Februarstürme des Jahres 1990 boten Grund genug für ein Umdenken; verändert hat sich bei der Wiederaufforstung indes wenig. STOFFLER [1989] schreibt hierzu treffend:

»*Weit verbreitet ist die Angst vor Produktionsausfällen. (Das wären ja meist Defizitausfälle; d. Autor.) Der überwiegend zu beobachtende »produktive« zusammengewachsene Fahnentrauf produziert jedoch nicht nur Sturmschäden hinter der Front, sondern auch lediglich astiges, meist schräges Schwachholz, das weder als Überhalt noch als Dauertrauf in Frage kommt und überdies meist vor Erreichen der Zielstärken kostenintensiv mit dem Räumungsrest abgetrieben wird.*«

STOFFLER weist darauf hin, daß im lockeren, naturnahen Dauertrauf durchaus einzelne Werthölzer wie Kirsche wachsen und genutzt werden können. In der Tat: einige wenige hochgeastete Edellaubhölzer in einem naturnahen Waldrand können ungleich mehr Erlös bringen als eine ganze, traufästige Fichtenmauer. Damit ist selbst der Hinweis auf die angeblichen Produktionsausfälle brüchig.

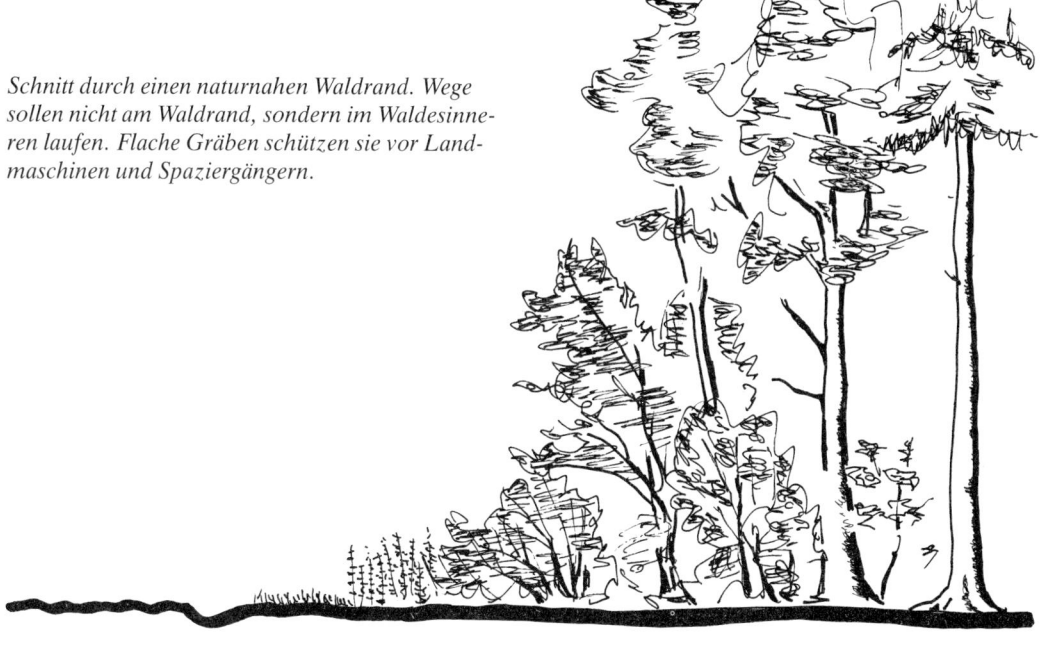

Schnitt durch einen naturnahen Waldrand. Wege sollen nicht am Waldrand, sondern im Waldesinneren laufen. Flache Gräben schützen sie vor Landmaschinen und Spaziergängern.

| Äcker | Graben als Schutz | Altgras- und Staudenstreifen | Strauchgürtel stufig und buchtenreich | Bäume 2. Ordnung als Übergang | Wirtschaftswald |

Welche Funktionen hat der Waldrand?

Naturnah aufgebaute, zonierte Waldränder stellen wirksame Sturmriegel dar. Diesem Aspekt kommt in den Fichtengebieten elementare Bedeutung zu.

Waldränder haben die Funktion von Vermischungszonen, welche die beiden getrennten Ökosysteme Wald und Feld miteinander verbinden. Vertikale und horizontale Stufigkeit schafft ganz unterschiedliche Kleinklimate, was die Artenvielfalt gegenüber dem geschlossenen Wald oder offenen Feld deutlich erhöht. Auf diesen Lebensraum sind eine ganze Reihe typischer »Waldrandbewohner« angewiesen. Gleichzeitig finden hier aber auch Bewohner der Feldgehölze und -hecken wie solche des Waldes eine Zuflucht.

TISCHLER [1955] unterscheidet die den Waldrand bewohnenden Tierarten in zwei Gruppen: *Ganzsiedler* und *Teilsiedler*. Zu ersteren werden Arten der Grenzlinien von Baum- und Buschvegetation gezählt. Hierzu gehören viele »Heckenvögel«, etwa die *Gartengrasmücke*, Säuger wie der *Igel* oder wärmeliebende Reptilien wie *Blindschleiche* und *Waldeidechse*. Zu den Teilsiedlern gehören jene Arten, die zur Aufzucht ihrer Jungen auf Baum- und Buschvegetation angewiesen sind, ihre Nahrung aber eher im Feld finden. Hierzu gehören neben anderen *Turmfalke, Neuntöter* oder *Goldammer*.

Gerade bei den Vögeln bevorzugen viele Arten den Waldrand, die wir gemeinhin den Waldbewohnern zurechnen, die aber im geschlossenen Wald nur bestimmte Grenzbereiche, etwa die Schnittstellen zwischen Hochwald und Kulturflächen, bewohnen. Nach TURCEK [1961] ist die Vogeldichte am Waldrand bis zum Zehnfachen höher als im Waldesinneren. Je höher nun Dichte und Vielfalt an Beutetieren, um so geringer ist der Einfluß der Beutegreifer auf einzelne Arten. Jäger, die häufig über den Einfluß von Rabenkrähe und Elster auf Junghasen und Rebhuhnküken klagen, wären gut beraten, statt um Abschußgenehmigungen, lieber für naturnahe Waldränder – und damit für Beutevielfalt zu kämpfen.

Naturnahe Waldränder haben in Siedlungsbereichen auch »Lichtschutzfunktion«. Sie schirmen das Waldesinnere gegen hell erleuchtete Siedlungsgebiete ab. Dadurch werden die dort lebenden nachtaktive Insekten nicht ans Licht gezogen und getötet.

In der Waldrandzone sucht auch der Dachs nach Nahrung, es lohnt sich dort.

Wie soll der Waldrand aussehen?

Das gilt für jede Biotopform: Je vielfältiger die Struktur, je zahlreicher die einzelnen Elemente, um so mehr Arten sind vertreten. Der ideale Waldrand ist stufig, hat zwischen seinen einzelnen Zonen geschwungene und keine geraden Linien. Er soll mit naturbelassenen Resten der angrenzenden Landschaftsformen beginnen.

Er beginnt am Feldrand zunächst mit einer Wildkrautzone beziehungsweise einem Altgrasstreifen. Diese Zone muß nicht exakt streifenartig verlaufen, sie kann auch buchtig einspringen. Das würde die *Nischenbildung* sogar fördern, erschwert andererseits notwendige Mäharbeiten.

In diesem Streifen finden Pflanzen und Tiere praktisch ähnliche Bedingungen wie im extensivst bewirtschafteten oder naturbelassenen Feld. Aber so, wie jedes Feld über kurz oder lang verbuscht und schließlich bewaldet, wenn es nicht mehr bewirtschaftet wird, verbuscht auch der Waldrand – schneller noch.

Derartige Wildkrautzonen müssen daher in zwei- oder dreijährigem Rhythmus gemäht werden, selbstverständlich nicht vor August, besser später. Unterbleibt die Mahd, dringen die Sträucher vor. Wird jedoch alljährlich (also zu oft) gemäht, entwickelt sich die Artenvielfalt unzureichend. Überhaupt ist es vorteilhaft, nur *abschnittsweise* zu mähen, also im Wechsel jedes Jahr ein anderes Stück. Dadurch kommen zumindest in den ungemähten Bereichen auch spätblühende Wildpflanzen zur Versamung; In-

Hier wurden die Fichten bis auf 0,5 m (!) an die Straße herangepflanzt. Nachdem sie wieder herausgerissen bzw. umgesägt wurden, entwickelte sich innerhalb von vier Jahren dieser Waldrand aus: Wildrosen, Haselnuß, Schlehe, Liguster, Berberis, Bergahorn, Vogelkirsche, Eiche und andere Arten. Welche Grenzabstände eingehalten werden müssen, bestimmen die einzelnen Bundesländer (s. S. 246). Nicht selten verstoßen Waldbesitzer und Förster gegen das Nachbarschaftsrecht, häufig zu ihrem eigenen Schaden.

sekten können sich ungestört fortpflanzen, Vögel und Säuger finden immer Nahrung.

Hinter der Saumzone soll der Waldrand pultförmig und trotzdem unregelmäßig aufsteigen. Also lichtbedürftige Sträucher und Kleinbäume vorne, dahinter Bäume II. Ordnung, unter welche schattenliebende Sträucher laufen. Ganz hinten, als Abschluß und Übergang, kommen stabilisierende Bäume I. Ordnung. Anders als im Wirtschaftswald dürfen sie ihre natürlichen Formen entwickeln (Protzen). Buchen dürfen wie Buchen aussehen und nicht wie lebendes Stammholz der »B-Qualität«. Eichen dürfen dürr werden und trotzdem stehen bleiben. Laubholz muß dominieren, besonders wenn der Wirtschaftswald dahinter aus Nadelholz besteht. Schließlich bleiben die Waldränder stehen, wenn dahinter geerntet wird. Schmale Nadelholzriegel (als Waldränder) wären aber besonders sturmgefährdet; sie würde nach dem Abtrieb des dahinter liegenden Waldes umfallen.

Ohne menschliche Eingriffe verändert sich der Waldrand ständig. Baumarten wachsen mit der Zeit durch und überschirmen die Straucharten, die sich dadurch ständig auf der Wanderung nach vorne befinden. Sie besiedeln – wenn kein Eingriff erfolgt – zunächst die Krautzone, dann das angrenzende Feld. Neue »Feldbereiche« entstanden in naturbelassenen Landschaften im Wald durch Brand, Windwurf, oder andere Kalamitäten, immer wieder neu. Immer jedoch auf Zeit, nie für die Ewigkeit.

Die Strauchzone soll – innerhalb ihrer Grenzen – weitgehend von der Sukzession geformt werden. Lediglich durchwachsende Bäume verlangen nach der Axt. **Es mag unser Sauberkeitsempfinden stören, aber Ringeln, mit dem Ziel langsamen Absterbens, ist »ökologisch« sinnvoller als Fällung.** Auf den Umbau aller unnatürlichen Waldränder zu hoffen wäre Utopie. Daher sollten Ränder in der Hauptwindrichtung (meist Westränder) bevorzugt umgebaut werden. Sie sind nicht nur am stärksten sturmgefährdet, sondern auch von der Sonne beschienen.

Sonderbiotop Lesesteinhaufen: Wie soll man es einem schon im Mutterleib vororganisierten und selbst auf dem letzten Gang unter die Erde rationalisierten und kommerzialisierten Menschen klarmachen, daß so ein simpler, »schmutziger« Haufen toter Steine für viele Tiere überlebenswichtig ist? Dieser hier ist übrigens ein Geschenk der Flurbereinigung.

Eine Breite von 30 m ist optimal, meist muß man mit weniger zufrieden sein. Waldränder in Nord- oder Nordostposition erfüllen ihre Funktion auch dann noch, wenn sie schmäler sind; die Artenvielfalt wird unabhängig von der Breite (ungünstigere Kleinklimate) geringer sein. SPERBER [1990] weist darauf hin, daß die notwendige Tiefe des Waldrandes umso größer sein muß, je *trockener* der Standort ist.

Den höchsten Effekt erreicht man mit Waldrändern, die *nicht* durch einen befestigten Weg vom Feld getrennt sind. Allerdings werden Krautzonen regelmäßig von rücksichtslosen Landwirten ignoriert und sukzessive unter Pflug genommen. Ein Graben als Abgrenzung zum Feld ist der einzig dauerhaft wirksame Schutz vor Maschinen. Wo die Ziehung eines Grabens (er kann ja trocken bleiben) nicht möglich ist, schützt auch ein der Krautzone vorgelagerter *Erd*weg, bringt aber zwangsweise wieder viel Unruhe an den Waldrand.

Generell haben Wege am Waldrand den Nachteil, daß Holz nach außen gerückt wird. Dadurch wird der Waldrand ständig beschädigt. Es sind nicht nur die direkten Rückeschäden, Saum- und Strauchzonen werden zwangsweise auch als Holzlagerplätze zweckentfremdet.

Der Weg gehört unbedingt *in* den Wald. Er sollte Lkw-fest sein und dem Waldrand in einem Abstand von 50 m (akzeptable Rückeentfernung) parallel folgen. Damit ist Rückung und Holzlagerung innerhalb des Wirtschaftswaldes sichergestellt und die Waldrandzone beruhigt.

Hinsichtlich der Wahl der verwendeten Arten, der Pflanzung und des anfänglichen Schutzes gegen Mensch und Wild gilt im Grundsatz das Gleiche wie für Hecken und Feldgehölze.

Bäume I. Ordnung, die in den Waldrand gehören, sind *Berg-* und *Spitzahorn, Esche, Kirsche, Rotbuche, Eiche* und *Linde.*

Zur II. Ordnung gehören *Hainbuche, Feldahorn, Vogelbeere, Mehl-* und *Elsbeere, Speierling* und *Birke.*

Gepflanzt werden sollte möglichst locker. Sträucher truppweise (mindestens 10 Stück) im Verband von 1,5 x 1,5 m, die Bäume II. Ordnung nicht enger als 2 x 2 m und die der I. Ordnung 3 x 3 m. Wir wollen ja kein Nutzholz erziehen, sondern kräftige, eher gedrungene Gestalten. Lockere Pflanzung ermöglicht zudem den Anflug oder Eintrag weiterer Arten.

Klein- und Sonderbiotope wie *Totholz-* oder *Lesesteinhaufen* bereichern jeden Waldrand. Warum also nicht auch einmal ein paar Wurzelstöcke aus dem Wald heraus- oder vom Obstgarten in den Waldrand hineinziehen und dort verrotten lassen. Alles Organische bedeutet Leben, und mit das Schlimmste für die Landschaft ist die Mentalität englischer Parkordnung! Finden sich Kleinstrukturen wie Reisighaufen, Stubben oder Steine jedoch in Wegnähe, führt das häufig zu (gewollten) Mißverständnissen und folgender Schuttablagerung. Auch daran sei gedacht.

Abbruchkanten, wie sie beim Wegebau entstehen oder als Folge von Materialabbau zurückbleiben, sind ebenfalls wichtige Biotopelemente; Kleinstandorte, die von der Pionierflora benötigt werden. Sie sind aber auch Niststandorte zahlreicher Insekten, »Solarien« für Reptilien usw. Der saubere, produktionsgetrimmte Mensch neigt dazu, hier zu rekultivieren. Der Forstmann drückt Pionierpflanzen *seiner* Wahl in den Boden, und der Jäger glaubt, jeden Quadratmeter in Äsungsfläche verwandeln zu müssen: Alles hat in unseren Hirnen Platz, nur die nackte, ungeschminkte Natur nicht mehr!

Tabelle 24 Spezialisierte pflanzenverzehrende Insektenarten auf wichtigen Baum- und Straucharten Mitteleuropas [Nach HEYDEMANN – Auszug]

Bäume und Sträucher	Insekten Gesamtzahl	davon Tiergruppe					
		Gallwespen	Rüsselkäfer	Bockkäfer	Borkenkäfer	Spannerfalter	Eulenfalter
Aspe	67	–	17	–	9	–	12
Weide (Gatt.)	218	–	16	38	6	23	25
Roterle	54	–	10	–	–	14	–
Birken	164	–	11	27	10	30	9
Hainbuche	59	–	3	23	14	–	–
Buche	96	–	6	38	19	7	4
Eiche	298	75	16	70	15	22	24
Vogelbeere	26	–	–	2	6	5	1
Fichte	150	–	10	44	44	11	2
Kiefer	162	–	16	42	54	6	1
Him-/Brombeere	32	1	2	2	–	5	10
Heidelbeere	40	–	–	–	–	18	16

Das gilt im Grundsatz auch für Kies- oder Sandflächen, wie sie gelegentlich auch an Waldrändern zu finden sind. Wozu hier Humus aufschütten oder krampfhaft pflanzen und säen? Im Gegenteil. Nichts fehlt uns heute mehr als *arme* Standorte. Wo es insgesamt paßt, kann sogar die kleinräumige Aufschüttung armer Substrate eine Bereicherung darstellen.

Woher die Flächen nehmen?

Zunächst sind die staatlichen und kommunalen Forstverwaltungen angesprochen. Alle Landesforstverwaltungen haben die Wohlfahrtswirkung des Waldes als Betriebsziel deklariert, nicht anders unsere Kommunen. »Unproduktive« Waldränder sind zudem nur dann wirklich defizitär, wenn der Wald dahinter dies *nicht* ist. Ganz anders sieht das im Privatwaldbereich aus, besonders im bäuerlichen Kleinstprivatwald. Die große Chance liegt hier im Flurbereinigungsverfahren (s. Seite 223).

In Mittelfranken beschäftigt sich auch der »Landschaftspflegeverband Mittelfranken« intensiv mit der Schaffung naturnaher Waldränder. Er kauft mit öffentlichen Mitteln Grundstücke auf, um sie aus der Bewirtschaftung zu nehmen. Daneben schließt er mit den Eigentümern geeigneter Grundstücke *Nutzungsvereinbarungen über 20 Jahre*. Als Entschädigung werden pro Hektar und Jahr 1200,– bis 1400,– Mark für Gestaltungszonen, 700,– Mark für die Pufferzonen und 545,– Mark für Waldflächen bezahlt.

Eine dritte Möglichkeit, die im Zusammenhang mit der Flurbereinigung zum Tragen kommt, ist die *Nutzungsvereinbarung bis zur Neuverteilung und anschließende wertgleiche Landabfindung*. In diesem Falle werden gegenwärtig 1000,– Mark für die Gestaltungsfläche und 700,– Mark für die Pufferzone bezahlt. Der Landschaftspflegeverband muß das Tauschland, welches bei der Neuverteilung eingesetzt wird, über die Flurbereinigung erwerben.

Zur Zielsetzung des Landschaftspflegeverbandes gehört auch die Beschäftigung der Landwirte mit landschaftspflegerischen Aufgaben. So wurden bei der Schaffung von naturnahen Waldrändern rund 40 Bauern, beziehungsweise deren Familienmitglieder, beschäftigt.

Das mittelfränkische Modell des Landschaftspflegeverbandes hat inzwischen zahlreiche Nachahmer gefunden.

In den nächsten Jahren werden im Zuge dauernder Flächenstillegung in der Landwirtschaft verstärkt Aufforstungsanträge gestellt werden. Schon jetzt, also ohne Gesetzesänderung, können solche Genehmigungen mit Auflagen verbunden werden. Viele Forstämter, die als Fachbehörde gehört werden, verlangen – wenn überhaupt – lediglich das Kaschieren des Randes mit einigen Laubhölzern. Die Fichte wächst dann vor, Ahorn, Esche oder Eiche gehen nach und nach ein oder werden beim ersten Sägedurchgang bewußt herausgeschnitten – Ende!

Es müßte selbstverständlich sein, daß Aufforstungsgenehmigungen für bisher landwirtschaftlich genutzte Grundstücke mit der Auflage ver-

Auch hier wurde die Fichte bis 50 cm an die öffentliche Straße herangepflanzt. Folgen sind regelmäßig Glatteis im Winter und verkehrsgefährdende Schneebrüche.

bunden werden, funktionierende Waldränder zu begründen. Das Mindeste wäre ein 20 m breiter Laubholzriegel.

Säge statt Spaten

Darüber, ob naturnahe Waldränder überhaupt gepflanzt werden müssen, sind die Meinungen durchaus geteilt. Wo das Kind in den Brunnen gefallen ist, weil wieder einmal bis zum Grenzstein vorgefichtet wurde, läßt sich ein gesunder Waldrand nachträglich schaffen. Die Wirtschaftsbaumarten werden vom Rand her in zwei bis drei Durchgängen zurückgenommen. Es entwickelt sich dann sukzessive ein Strauchsaum waldeinwärts. In aller Regel schlummert an den Bestandesrändern ausreichend Saatgut aller in der Umgebung vorkommenden Gehölzarten. Sobald Licht einfließt, beginnen Keimung und Wachstum. Diese »Naturverjüngung« kommt meist so üppig, daß Hasen und Rehe sie nicht totbeißen. Ein mäßiger Verbiß kann durchaus positiv sein.

Warum sollen Jäger oder Naturschutzgruppen nicht »Patenschaften« für derartige Waldränder übernehmen. Es bedarf keiner forstlichen Kenntnisse, um gedankenlos bis an den Weg- oder Feldrand gepflanzte Fichten mit etwas Gefühl zurückzudrängen; lediglich ein Förster muß her, der dem Ganzen wohlwollend gegenübersteht und sagt, wie vorzugehen ist. Warum nicht auch die Tagespresse vor den »Karren« spannen? Solche Beispiele sollen Schule machen.

Was tun, wenn der Trauf schon älter ist? Auch wenn die »trostlose Fichtenmauer« schon gezogen ist, läßt sich noch etwas besseres daraus machen. Zunächst gilt es, hinter der Mauer vorsichtig Licht zu schaffen und eventuell vorhandene Beimischungen zu begünstigen. Dann werden alle nach außen überhängenden Bäume entfernt; es entstehen erste Stufen. Im Grunde wird eine »negative« Selektion betrieben. Das heißt nichts anderes als forstliche Gepflogenheiten auf den Kopf zu stellen: Nadelholz verschwindet nach und nach, Laubholz (das ja meistens selbst kommt) bleibt stehen; Protzen dürfen durchwachsen; Lücken sind positiv usw.

Durch die vorsichtige Lichtregelung entsteht gewissermaßen in der zweiten Reihe ein neuer Teiltrauf, dadurch, daß sich dort plazierte Bäume nachträglich nach unten beasten. Vorne wachsen die begünstigten Laubhölzer hoch und hinten wachsen und senken sich die Fichtenäste nach unten. Die Axt genügt, so man Geduld hat, um steuernd einzugreifen – und sofern das Rehwild nicht von anfang an reinen Tisch gemacht hat.

Mit zunehmendem Bestandesalter reduzieren sich derartige Korrekturmöglichkeiten allerdings immer mehr. Im Baumholz geht schon nichts mehr.

Häufig weisen Waldränder ganz andere Standortbedingungen auf als die dahinter liegenden Waldflächen. Durch anthropogene Einflüsse wie Wegebau, Landwirtschaft, Wasserwirtschaft usw. können ausgesprochene Feucht- oder auch Trockenstandorte entstehen. Die Forstwirtschaft nutzt diese für den Anbau von Pappeln oder Eschen (im feuchten Grenzbereich) sowie Kiefer oder Douglasie (im trockenen Bereich), häufig mit zweifelhaftem Erfolg. Hier gehört wenig betriebswirtschaftlicher Mut dazu, auf den Anbau von Wirtschaftshölzer zu verzichten, und statt dessen sogar noch eine schmale Übergangszone für einen naturnahen, stabilen Waldrand vorzusehen.

Stabile Waldränder sind ein wesentlicher Beitrag der Forstwirtschaft zum Naturschutz!

Was wir so kaputt machen

Jeder von uns ist überzeugter Naturschützer, aber skrupelloser Naturzerstörer, wenn es an seine persönliche Interessen geht: Wanderer und Kleingärtner rotten den Frauenschuh aus; intensive Almwirtschaft bedrängt den Enzian; Schifahrer und Liftgesellschaften zerstören Alpenrosenfelder; Surfer lassen die Gelbe Mumel verschwinden.

...und die gleich mit dazu

Intensive Grünlandwirtschaft verdrängt die Silberdisteln; intensive Forstwirtschaft raubt den Frühlingsknotenblumen den Lebensraum; rücksichtslose Jäger rotten durch überhöhte Rehwildbestände den Türkenbund aus; intensiver Ackerbau macht den Rittersporn und viele anderen Wildblumen zu Raritäten.

Bäume, die meist im Wald wachsen

Eibengewächse (Taxaceae)
Eibe *(Taxus baccata)*: Ungemein schattenverträglicher Kleinbaum, der vielerorts durch Weidebetrieb, Forstwirtschaft und Wildverbiß nahezu ausgerottet wurde.
Vorkommen/Ansprüche: Ursprünglich in fast ganz Deutschland, von der Tiefebene bis in Lagen über 1200 m verbreitet, heute noch sporadisch in Bergwäldern der Nordalpenseite.
Eigenschaften: Sie kann über 2000 Jahre alt werden und treibt immer wieder neu aus dem Stock. Früchte (Scheinbeeren) und Nadeln sind giftig, werden aber von einigen Tierarten offensichtlich schadlos aufgenommen.
Verwendung: Wo immer der Standort halbwegs passend ist, im Halbdunkel größerer Gehölze, innerhalb von extensiv bewirtschafteten Waldrändern, in angehenden Buchenbaumhölzern usw. sollten wir die Eibe wieder pflanzen. Dabei wird man anfangs um Einzelschutz nicht herumkommen.
Pflanzgut: Ballenpflanzen 60 bis 80; Baumschulen liefern meist Zuchtformen; besser ist die Saatgutgewinnung an »wildlebenden« Eiben und Vorziehen (s. Seite 241).

Kieferngewächse (Pinaceae)
Fichte *(Picea abies)*: Baum, der bis 50 m hoch werden kann und standortgeprägte Lokalrassen entwickelt hat.
Vorkommen/Ansprüche: Zwar erstreckt sich ihr natürliches Verbreitungsgebiet von den Alpen bis nach Lappland, ursprünglich besiedelte sie aber nur die montanen Bereiche. Ihre Anpassungsfähigkeit hat dazu geführt, daß sie heute, mit Ausnahme der reinen Kiefergebiete, fast überall angebaut wird.
Eigenschaften: Auf verdichteten Böden, die nicht von ihr durchdrungen werden, ist sie stark sturmgefährdet. Hinzu kommt Spätfrostempfindlichkeit.
Nutzung*: Triebe werden vom Schalenwild verbissen, Zapfen von Kleinnagern und einigen Vogelarten genutzt.
Verwendung**: Unsere Landschaft leidet an zu viel, nicht an zu wenig Fichten. Daher sollte sie in der Reviergestaltung äußerst sparsam und überlegt eingesetzt werden. Wo sie in größeren Feldgehölzen in die Kernzone eingebracht wird, muß sie nach wenigen Jahren immer wieder geköpft werden, sonst wächst sie durch. Sind

Die hier hat schon erlebt, wie die Bauern wegen unerträglicher Wildschäden 1524/25 in den Krieg zogen...

ältere Fichten in solchen Anlagen vorhanden, ist zu überlegen, ob man sie nicht durch breites Ringeln bewußt zum langsamen Absterben bringt und als Totholz stehen läßt!
Sitkafichte *(Picea sitchensis)*: Immigrant aus Nordwestamerika. Sie mag feuchte Böden und kurzzeitig sogar stauende Nässe, ist aber auch spätfrostgefährdet.
Verwendung: Im Prinzip gilt, was bei der Fichte gesagt wurde. Einen Vorteil hat sie: Ihre Nadeln sind unangenehm hart und stechen; Sitkahorste werden von Menschen gemieden.

Weißtanne *(Abies alba)*: Schattenverträgliche Baumart, deren natürliches Verbreitungsgebiet

---
* Gemeint ist ausschließlich die Nutzung durch Tierarten.
** Gemeint ist immer nur die Verwendungsmöglichkeit im Rahmen der Reviergestaltung.

oberhalb 400 m liegt. Sie wurde durch die Forstwirtschaft (Kahlschlagbetrieb) auf großen Flächen verdrängt. Wo sie heute noch in den Altbeständen vorhanden ist, verhindert weitgehend das Schalenwild ihre erfolgreiche Verjüngung.
In der Reviergestaltung spielt sie kaum eine Rolle. WEINZIERL [1968] empfiehlt zwar die Anlage von Weißtannen-Verbißgärten, die zunächst gezäunt und dann geöffnet und dem Schalenwild geopfert werden sollen, doch gibt es hier weit geeignetere Verbißpflanzen und vor allem geeignetere Methoden.

Douglasien *(Pseudotsuga taxifolia virdis)*: Ebenfalls ein Immigrant aus Nordamerika, der erst gute 100 Jahre intensiver bei uns angebaut wird. Sie ist eine Halbschattenbaumart, die häufig dazu verwendet wird, »Löcher« im Bestand auszupflanzen. Mehrere zeitopportune Douglasienwellen in der Forstwirtschaft haben diesen Baum auch auf viele ihm überhaupt nicht entsprechende Standorte verfrachtet. Für die Reviergestaltung gilt das schon bei der Fichte gesagte. Douglasien sind überdies bis zu einer Stammstärke von 10 cm und mehr stark fegegefährdet.

Europäische Lärche *(Larix europaea)*: Lichtbaumart, die nur in höheren Gebirgslagen natürliche Bestände bildend vorkommt (z. B. inneralpin). Wo die Waldweide ausbleibt (Licht auf dem Waldboden) und die Forstwirtschaft schlagweise erntet hat sie Probleme, sich natürlich zu verjüngen. Lärchen werden bevorzugt verfegt und verschlagen.

Weymouthskiefer *(Pinus strobus)*: Immigrant aus Nordamerika, erst im 18. Jahrhundert bei uns verbreitet.
Vorkommen/Ansprüche: Sie bevorzugt frische und meidet trockene wie staunasse Lagen.

Schwarzkiefer *(Pinus nigra)*: Mag trockene, kalkreiche Standorte in kontinental gefärbtem Klima.
Verwendung: Sinngemäß wie bei Gemeiner Kiefer.

Gemeine Kiefer *(Pinus silvestris)*: Unser verbreitetster Nadelbaum, der in mehreren Standortrassen auftritt. Ausgesprochene Lichtbaumart.
Vorkommen/Ansprüche: Ursprünglich auf nährstoffarme Trockenstandorte des Norddeutschen Raumes und einige wenige süddeutsche Landschaften beschränkt, besiedelt sie heute, aufgrund ihrer hohen Anpassungsfähigkeit an Boden und Klima, auch eine ganze Reihe von Mittelgebirgen.
Eigenschaften: Die Kiefer bildet, wo sie nicht über Ortstein steht, in der Jugend eine starke Pfahlwurzel und neigt zu breitem protzenhaften Wachstum.
Nutzung: Sie wird teilweise stark verbissen; Rinde jüngerer Kiefern, die sogenannte Spiegelrinde, wird vom Rotwild geschält.
Verwendung: Für die Reviergestaltung hat sie nur beschränkten Wert, etwa bei der Rekultivierung von Abbaugebieten oder als sparsam eingesetzte Mischungspartner in den Kernzonen größerer Feldgehölze.

Bergkiefer *(Pinus mugo)* Wächst in Hochlagen als Latsche und auf Hochmoorflächen in aufrechter Form als Spirke.

Fast so heimisch wie der Fasan: Strobe aus Nordamerika.

Zypressengewächse (Cupressaceae)
Wacholder *(Juniperus communis)*: Ein immergrüner Nadelstrauch, der sich aber zu einem bis 12 m hoch werdenden Kleinbaum auswachsen kann. Er blüht zwischen April und Juni. Es entstehen *Beerenzapfen*, die erst nach 2 Jahren zur Reife gelangen. Da die in Scheinbeeren reifenden Samen keine Flügel haben, sind sie zur Verbreitung auf den Transport durch Vögel angewiesen.
Vorkommen/Ansprüche: Wächst vom norddeutschen Tiefland bis in extreme Hochlagen von 3700 m hinauf (Monte Rosa). In der Standortwahl ist er anspruchslos; er wächst flächig auf sauren Sandböden der Heiden wie auf Kalkhängen der süddeutschen Mittelgebirge. Beschattung erträgt er nur schwer und kümmert dabei.
Verwendung: Der Wacholder wird hier eigentlich nur der Vollständigkeit halber aufgeführt. Allerdings greifen die Landschaftsgestalter häufig auf ihn zurück, wenn es um die Bepflanzung trockener Böschungen u. ä. Standorte geht. Bei der Reviergestaltung findet er seinen Platz auf sekundären Trockenrasen, etwa im Bereich von Kies- oder Sandgruben.

Weidengewächse (Salicaceae)
Dieser Familie gehören neben den Weiden auch die Pappeln an. Beide neigen zur Bastardierung, so daß eine exakte Bestimmung auch manchem Fachmann schwerfällt. Alle Weidengewächse sind zweihäusig, das heißt, auf einem Baum oder Strauch finden sich entweder nur männliche Staubblüten oder nur weibliche Stempelblüten. Weiden- oder Pappelsamen werden vom Wind in großer Zahl gestreut, sind aber nur kurze Zeit keimfähig.
Hier sollen nur einige wenige Arten vorgestellt werden die von besonderer Bedeutung für die Landschaftsgestaltung sind, oder aus wirtschaftlichen Gründen häufig in Erscheinung treten. Weidengewächse werden fast ausschließlich vegetativ vermehrt.

Aspe, Zitterpappel *(Populus tremula)*: Bis 30 m hoch werdender Baum, der wahrscheinlich schon vor der Eiszeit in Mitteleuropa war.
Vorkommen/Ansprüche: Anspruchslos, wächst auf lehmigem Sand wie auf tonigem Lehm, auch auf flachgründigen Skelettböden, verkraftet frische bis nasse Standorte. Im Gebirge bis in 2000 m Höhe steigend.
Eigenschaften: Frostharter Baum, der auch leichte Bedrängung verträgt. Er ist windstabil und treibt reiche Wurzelbrut.
Nutzung: Wird von Nagern und Schalenwild stark verbissen. In der Reviergestaltung die am meisten verwendete Pappel.
Pflanzgut: Alle Pappeln: Heister 150 bis 200 oder Setzstangen 200 bis 250.

Schwarzpappeln *(Populus nigra)*: Bis 30 m hoch werdender Baum, der erst nach der letzten Eiszeit bei uns eingewandert ist. Bei den meisten Schwarzpappeln handelt es sich um Hybriden.
Vorkommen/Ansprüche: Tiefgründige, gut durchlüftete, dabei wasser- und nährstoffreiche, sandige bis lehmige Aueböden. Wächst aber als Pionier auch auf Kiesböden. Anbau bis in Höhen von 300 m, einzelne Exemplare steigen aber bis 1800 m.
Eigenschaften: Schnellwüchsiger und lichthungriger Baum, der sich im Feld wohler fühlt als im Wald. Erträgt zwar Frost, braucht aber hohe Durchschnittstemperaturen. Reiche Stockausschläge.
Nutzung: Wird verbissen und ist lange fegegefährdet.
Verwendung: In der Reviergestaltung mit Vorbehalt zur Gestaltung ehemaliger Kiesgruben oder Deponien.

Silberpappel *(Populus alba)*: Bis 40 m hoch und bis 400 Jahre alt werdender Baum, dessen Herkunft nicht eindeutig geklärt scheint.
Vorkommen/Ansprüche: Lagen unter 600 m, insbesondere periodisch überflutete, basen- und nährstoffreiche Aueböden, geht aber als Pionierholz auch auf trockeneren Standorten.
Eigenschaften: Neigt zu starker Wurzelbrut
Verwendung: Weichholzauen, im Bereich von Feuchtwiesen und in Gehölzen auf feuchten Standorten.

Graupappel *(Populus canescens)*: Bastard zwischen Silberpappel und Aspe.
Eigenschaften: Sie wächst außer auf Aueböden auch auf extrem trockenen Kiesböden und ist windfest. In der Reviergestaltung neben der Aspe die geeignetste Art.

Balsampappel *(Populus canadensis)*: Ein aus Nordamerika stammender Baum, von dem heute vorwiegend Hybridformen verwendet werden.
Vorkommen/Ansprüche: Geht in den Mittelge-

birgen bis 900 m hinauf und akzeptiert auch schwerere Lehm- und Tonböden, variabel bei der Nährstoffversorgung.
Eigenschaften: Anpassungsfähiger als die Schwarzpappel, kommt mit geringeren Temperaturen zurecht und ist weniger lichtbedürftig. Balsamhybriden sind teilweise windempfindlich. Hohes Stockausschlagvermögen.
Nutzung: Triebe werden von Nagern und Schalenwild gerne verbissen und überdies gefegt.
Verwendung: Zur Gestaltung von Feuchtgebieten (Weichholzaue), Kiesgruben und Deponien, im Flach- und Hügelland. In höheren Lagen ist ihr die Aspe überlegen.

Silberweide *(Salix alba)*: Unsere einzige Baumweide, Leitbaum der Weichholzaue, wird bis zu 25 m hoch und bis zu 120 Jahre alt.
Vorkommen/Ansprüche: Mag Schwemmsandböden im Uferbereich von Fließgewässern, überschwemmter Auen, kommt aber gelegentlich auch weit entfernt vom Wasser vor. In Lagen über 600 m ist sie schon sehr selten und über 800 m kommt sie überhaupt nicht mehr vor.
Eigenschaften: Raschwüchsig, braucht viel Licht, bringt reichen Stockausschlag und ersetzt auf kalkarmen oder nassen Standorten die Pappel. Bei regelmäßigem Rückschnitt entstehen prächtige Kopfweiden.
Nutzung: Insektenweide; Brutbaum für zahlreiche Höhlenbewohner; wird hin und wieder auch verbissen.
Verwendung: Silberweiden sind unverzichtbar bei der Gestaltung von Kiesgruben und Weichholzauen. In Knicks, entang von Gräben und um Koppeln herum finden sie ihren Platz.
Pflanzgut: Setzstangen 200 bis 250.

Walnußbaumgewächse *(Juglandaceae)*
Walnuß *(Juglans regia)*: Der bis 20 m hoch werdende Walnußbaum wächst in seiner Urheimat in lichten Wäldern. Neuerdings wird er seines wertvollen Holzes wegen auch in Europa von der Forstwirtschaft gepflegt.
Vorkommen/Ansprüche: Ursprünglich aus Armenien, dem Kaukasus und Persien zu uns eingewandert, liebt der Walnußbaum die Wärme. Daher ist er in Mitteleuropa fast durchwegs nur unter 700 m Meereshöhe anzutreffen. Seine Bodenansprüche sind relativ hoch, ebenso sein Lichtbedürfnis.
Verwendung: Für die Reviergestaltung im eigentlichen Sinne spielt er keine große Rolle. Allenfalls erinnert man sich seiner bei der Umgrünung von Aussiedlerhöfen und in seltenen Fällen bei der Bepflanzung von Alleen. Wunderschöne, viele Kilometer lange Nußbaumalleen findet man noch in der CSFR und in Ungarn.

Birken- und Haselgewächse *(Betulaceae)*
Hainbuche *(Carpinus betulus)*: Ein relativ kurzlebiger, bis 20 m hoch werdender Baum, dessen Name irreführend ist.
Vorkommen/Ansprüche: Frische bis frischfeuchte Auenböden, Lehmböden des Hügellandes. Sie ist zwar frosthart, liebt aber Wärme, und ist deshalb über 400 m Meereshöhe eher selten anzutreffen.
Eigenschaften: Ihr Herzwurzelsystem dringt auch in tonige Unterböden und verdichtete Staukörper ein; damit eignet sie sich auch für windexponierte Standorte. Auch radikaler Rückschnitt schadet ihr nicht.
Nutzung: Die Triebe, vor allem ihr reicher Stockausschlag wird gerne verbissen. Auch die Samen dienen einer ganzen Reihe von Tieren als Nahrung.
Verwendung: In Lagen bis 600 m ist sie ein Standardbaum für breitere Hecken und Feldgehölze. Wenn sie in der Jugend gekappt wird, entstehen sperrige, fast undurchdringliche Hecken, die man oben durchwachsen lassen kann.
Pflanzgut: Lohden 100 bis 150.

Schwarzerle, Roterle *(Alnus glutinosa)*: Ein kurzlebiger Baum, der (vor allem in höheren Lagen) gelegentlich auch als Strauch wächst und mit extrem wenig Sauerstoff im Wurzelbereich auskommt.
Vorkommen/Ansprüche: Begleitbaum der Gewässer, stau- oder grundnasse Bereiche im Wald, aber trockenen Halden, Grenzertragsböden usw. Saure Standorte wie Anmoor und Hochmoorränder sowie Lagen über 900 m meidet sie.
Eigenschaften: Die Schwarzerle dringt mit ihrem vertikal orientierten Herzwurzelsystem selbst in schwierigste Böden ein. Als echter Pionier erobert und erschließt sie auch mäßig trockene Standorte wie rekultivierte Deponien usw., wobei fehlende Feuchtigkeit durch sauerstoffreiche Bodenluft kompensiert wird. Sie besitzt ein enormes Stockausschlagvermögen, bringt aber keine Wurzelbrut wie etwa die Grauerle.

Nutzung: Die Samen ziehen im Winter große Zeisigflüge und andere Vogelarten an.
Verwendung: Unverzichtbar an Fließgewässern (s. Seiten 122, 129), Weichholzauen im Bereich von Feuchtgebieten, bei der Rekultivierung von Kiesgruben und Deponien, in der Hecke und im Feldgehölz. Insgesamt einer unserer interessantesten Bäume.
Pflanzgut: Lohden 100 bis 150.

Grauerle, Weißerle *(Alnus incana):* Wird als Baum bis 20 m hoch, wächst aber häufig in Strauchform und ist noch kurzlebiger als die Schwarzerle.
Vorkommen/Ansprüche: Sie ersetzt in Lagen über 800 m die Schwarzerle, gedeiht aber auch in der Ebene. Mit ihren Wurzeln dringt sie weniger tief ein, erobert dafür flachgründige, steinige Hänge und Trockenstandorte. Staunässe wird gemieden.
Eigenschaften: Typischer Rohbodenpionier, mit der Fähigkeit, Stickstoff zu speichern, absolut kälteunempfindlich, geeignet für Hochlagen.
Nutzung: Im Gegensatz zur Schwarzerle treibt die Grauerle überreiche Wurzelbrut, welche vom Wild verbissen wird. Ebenso sind die Samen begehrt.
Verwendung: Unverzichtbar auf Rekultivierungsflächen und überall dort, wo mit Stauforsten zu rechnen ist. In höheren Lagen muß sie an Gewässern die Roterle ersetzen.
Pflanzgut: Lohden 100 bis 150.

Weißbirke *(Betula pendula)* und **Moorbirke** *(Betula pubescens):* Nach der letzten Eiszeit erschlossen Birken als Pioniere (Lichtbaumarten) die Rohböden. Ihre Wurzeln dringen tiefer ein als die der Kiefer und machen selbst vor Pseudokleye nicht halt.
Vorkommen/Ansprüche: Geeignet auch für ärmste und stark versäuerte Standorte. Birken kommen aber ebenso mit nährstoffreichen, mit lockeren wie mit verdichteten Böden zurecht. Sie akzeptieren alle Feuchtigkeitsgrade, wobei die Weißbirke eher trockene und die Moorbirke eher die feuchten Standorte erobert.
Eigenschaften: Beide sind äußerst frosthart, tiefwurzelnde Baumarten, sie haben weder Wurzelbrut noch Stockausschlag; ihre Samen werden vom Wind über weite Strecken vertragen. Als Lichtbaumarten keimen Birken auf Hiebsflächen oft überreichlich, verschwinden aber spätestens wieder, wenn die Nadelhölzer in die Stangenholzphase einwachsen und das Licht schwindet.
Nutzung: Für viele Vogelarten (z. B. Hasel- und Birkhuhn) dienen Knospen und Samen der Birke als Winternahrung. Vom Wild werden sie eher selten verbissen.
Verwendung: Bei der Bepflanzung von Abbauflächen und Deponien (Rohböden), am Rande von Gehölzkernzonen und an Waldsäumen. Birken passen als optische Auflockerung und sparsam verwendet auch in die Hecke.
Pflanzgut: Heister 180 bis 250

Buchengewächse (Fageaceae)
Rotbuche *(Fagus silvatica):* Spätfrostempfindliche Schattenbaumart,
Vorkommen/Ansprüche: Die Buche ging flächenmäßig durch Bevorzugung der Fichte stark zurück. Sie mag tiefgründige, kalkreiche Böden, besiedelt aber auch flachgründige, wenn sie mit ihren Wurzeln in zerklüftetes Gestein eindringen kann. Gleichzeitig mag sie Wärme und hohe Luftfeuchtigkeit.
Eigenschaften: Mit ihrem ausgeprägten Herzwurzelsystem stabilisiert sie Waldbestände.
Nutzung: Jungpflanzen werden von Hasen besonders gerne verbissen; Blätter und junge Triebe verbeißt das wiederkäuende Schalenwild; Die Rinde wird vor allem von Schneehasen benagt; Rotwild schält an Buchenstangen und -baumhölzern; die Samen ziehen zahlreiche Vogelarten (z. B. Tauben), Schwarzwild und Kleinnager an.
Verwendung: Lassen wir die Buche der Forstwirtschaft und beschränken uns darauf, sie nur in Ausnahmefällen bei der Reviergestaltung zu pflanzen.

Edelkastanie *(Castanea vulgaris):* Dieser bis zu 30 m hoch werdende Baum gehört zu den Buchengewächsen, während die Hainbuche nun wiederum gar nichts mit dieser Familie zu tun hat. Bis zur Jahrhundertwende fand man in Slowenien und überhaupt auf dem Balkan in vielen Wäldern Maronenbäume mit bis zu 5 m Durchmesser!
Vorkommen/Ansprüche: In Deutschland wächst sie fast ausschließlich in Zonen mit Weinbauklima, etwa in Franken, der Pfalz oder in den unteren Schwarzwaldhängen. Sie ist auch frostempfindlich. Reine Sandböden und Rendzine meidet sie, ist ansonsten anspruchslos.
Verwendung: Für die Reviergestaltung ist sie

Blüten der Eßkastanie: Wer von uns »Kurzzeitwesen« kann schon glauben, daß es früher hohle Maronenbäume gab, in denen man wohnen konnte! Der Jägerdichter Friedrich von Gagern hat ihnen in vielen seiner Bücher ein Denkmal gesetzt. Heute steht noch ein einsames Prachtexemplar mit 53 m (!) Umfang am Ätna.

ohne Bedeutung, wenngleich die Früchte von einigen Tierarten gefressen werden und ein Maronenwald schlicht schön ausschaut. Früher fand man in Weinbaugegenden Eßkastanienwälder, die als Niederwälder primär zur Rebsteckenerzeugung bewirtschaftet wurden. Inzwischen werden weitgehend Betonpfähle verwendet.

Stieleiche *(Quercus robur)*: Die Eichen wanderten erst in der Wärmezeit von Süden her bei uns ein. Bis ins 19. Jahrhundert waren viele Eichenwälder eher lichte Haine, in denen Hausschweine nach Mast suchten.
Vorkommen/Ansprüche: Nährstoffreiche, tiefgründige, auch schwer zu erschließende Böden mit guter Wasserversorgung werden bevorzugt. Bis maximal 400 m.
Eigenschaften: Ein äußerst standfester Baum, der in der Jugend seine Pfahlwurzel auch in schwierige Unterböden treibt, später aber ein ausgeprägtes Herzwurzelsystem nachbildet. Sie braucht Wärme und ist spätfrostempfindlich, daher in höheren Lagen nur selten anzutreffen. Alle Eichen bringen reichen Stockausschlag und waren die wichtigste Baumart der Niederwaldwirtschaft.
Nutzung: Die Triebe werden vom wiederkäuenden Schalenwild, aber auch von Hase und Kaninchen stark verbissen; die Früchte dienen vielen Tieren – von der Maus bis zur Stockente – als Nahrung.
Verwendung: Als relativ langsam wachsender und weit ausladender Baum wird sie in Hecken und Feldgehölzen nur sparsam gepflanzt, ausgenommen norddeutsche Wallhecken, in denen sie die dominierende Oberschicht bildet.
Pflanzgut: Heister 150 bis 250

Traubeneiche *(Quercus petraea)*: beansprucht weniger Feuchtigkeit und gedeiht dafür auch auf sauren Böden.

Roteiche *(Quercus rubra)*: Ebenfalls ein Immigrant aus Nordamerika, der vor etwa 150 Jahren in Europa eingeführt wurde. Im Gegensatz zu den heimischen Eichen zählt die Roteiche zu den Halbschattenbaumarten.
Vorkommen/Ansprüche: Frische bis frischfeuchte, nicht verdichtete Böden mit guter Nährstoffversorgung des Flach- und Hügellandes. Nicht über 400 m, da wärmebedürftig.
Eigenschaften: Schnelles Wachstum; reiches Stockausschlagvermögen; fruchtet schon mit 20 Jahren und fast alljährlich.
Nutzung: Vom Wild (und von Nagern aller Art) wird sie stark verbissen und die Früchte gefressen.
Verwendung: Aufgrund ihres schnellen Wachstums und der guten Schnittverträglichkeit findet sie in niedrigen Lagen ihren Platz in Feldgehölzen und am Waldrand. Ihre intensiv rote Herbstfärbung macht sie auch unter landschaftsgestalterischen Gesichtspunkten attraktiv. In Gehölzkernzonen schafft sie durch Stockausschlag ihren eigenen Unterstand. Prinzip muß dennoch sein, bevorzugt heimische Baumarten zu verwenden, und nur ausnahmsweise und punktuell zur Roteiche zu greifen.
Pflanzgut: Heister 150 bis 200.

Ulmengewächse (Ulmaceae)
Berg-Ulme *(Ulmus glabra)*: Seit 1920 werden die Ulmen immer wieder von einer durch einen winzigen Pilz hervorgerufenen Krankheit, dem »Ulmensterben«, bedroht. Daher verzichtet die Forstwirtschaft – vorläufig – weitgehend auf den Anbau dieser ansonsten wertvollen Baumart.
Vorkommen/Ansprüche: Sie mag frische, nährstoffreiche Standorte im Bergmischwaldbereich, wo sie truppweise bis in Höhen von 1400 m vordringt. Für die Reviergestaltung ohne große Bedeutung.

Feld-Ulme *(Ulmus carpinifolia)*: Baum des Flach- und Hügellandes, der auch periodisch überschwemmte Standorte akzeptiert, aber Kälte scheut. Trotz vitalem Stockausschlag und Wurzelbrut ist sie für unsere Zwecke wenig zu empfehlen.

Flatterulme *(Ulmus laevis)*: Sie wächst meist als Kleinbaum, kann aber unter günstigen Voraussetzungen auch bis 35 m hoch werden.
Vorkommen/Ansprüche: In ihren Bodenansprüchen ist sie bescheidener als die Feldulme. Leicht saure Sandböden sagen ihr ebenso zu wie anmoorige Auwälder. Gebirgslagen meidet sie. Für die Reviergestaltung ohne große Bedeutung.

Rosengewächse (Rosaceae)
Holzbirne *(Pyrus communis)*: Bis zu 20 m hoch und 200 Jahre alt werdender Baum, der gelegentlich in der Strauchform verharrt.
Vorkommen/Ansprüche: Leichte bis mittelschwere, frische bis frischfeuchte, kalkreiche Böden der Ebene und Mittelgebirge, kommt aber gelegentlich bis in Höhen von 1600 m vor.
Eigenschaften: Frosthart, erschließt als Tiefwurzler auch Rohböden, braucht relativ lange um erstmals Früchte zu tragen.
Nutzung: Rehe und Hasen verbeißen die Triebe; die herben, harten Früchte werden von Vögeln und Kleinsäugern i. d. R. erst angenommen, wenn sie auf dem Boden anfaulen, vom Frost gesüßt oder vom Schnee konserviert wurden.
Verwendung: Entlang von Feldwegen, als Solitärbäume in der freien Landschaft, in der Kernzone von Gehölzen oder im Waldrand. Wildbirnen werden übrigens auch forstlich angebaut.
Pflanzgut: Heister 150 bis 200.

Holzapfel *(Pyrus malus)*: Wird nicht ganz so hoch wie die Holzbirne; Merkmale dieser ganz ähnlich. Wächst besonders gerne im Waldrand.

Vogelbeere, Eberesche *(Sorbus aucuparia)*: Mittelgroßer, 10 bis 12 m hoch werdender, lichthungriger Baum.
Vorkommen/Ansprüche: Wächst in ganz Europa, von der Ebene bis in Höhen von 2000 m hinauf. Die Vogelbeere bevorzugt frische, humose Standorte über Kalk, nimmt aber zur Not auch mit trockenen Sandböden vorlieb und ist frostunempfindlich.

Es gibt noch Förster, die sich des Holzapfels erinnern...

Eigenschaften: Blüht und fruchtet alljährlich überreich. Durch Vogelsaat erscheint die Eberesche auf Kahlschlägen gelegentlich in solcher Dichte, daß sie bei Wiederaufforstung zurückgedrängt werden muß, verschwindet aber von ganz alleine, sobald ihr benachbarte Bäume das Licht nehmen. Ihr Stockausschlag- und Wurzelbrutvermögen ist enorm; erst einmal Fuß gefaßt, verkraftet sie auch starken Wildverbiß. Allerdings werden bei hoher Schalenwilddichte häufig schon die Keimlinge totgebissen. Ihr vitales Wurzelsystem erschließt auch rohe Böden.
Nutzung: Blätter und Triebe werden vom Schalenwild verbissen, die Knospen auch von Rauhfußhühnern; die roten, vitaminreichen Früchte dienen zahlreichen Vogelarten und Säugern (vom Rotkehlchen, über das Haselhuhn, bis zum Reh) als Nahrung.
Verwendung: Nur wenige andere Gehölze sind in der Reviergestaltung so vielseitig verwendbar wie die Vogelbeere. Als Baum von geringer Höhe fügt sie sich in die Feldhecke ebenso ein wie in die Mantelzone größerer Gehölze oder in den Waldrand. Im Gebirge wurde die Vogelbeere früher häufig als Straßenbegleitbaum gepflanzt. In Hochlagen dient die Vogelbeere

heute als Piongehölz bei der Wiederbegründung immissionsbedingt abgestorbener Wälder.
Pflanzgut: Lohden 100 bis 150. Bei Saat muß erst das Fruchtfleisch entfernt werden (Mazeration) um die Samen keimfähig zu machen (s. Seite 69).

Mährische Eberesche *(Sorbus aucuparia, var. dulcis moravica)* und die **Schwedische Vogelbeere** *(Sorbus intermedia)*: Beides sind süßfruchtige Unterarten der Vogelbeere. Letztere ist auch unter der Bezeichnung **Schwedische Mehlbeere** zu finden, und kommt mit trockenen bis frischen Böden, ohne besondere Nährstoffansprüche zurecht. Sie eignet sich besonders für Windschutzpflanzungen in Küstengebieten, spielen aber sonst in der Reviergestaltung keine große Rolle. Im Gegenteil: Ihre zu Marmelade und Schnaps verwertbaren Früchte verleiten zur Ernte und damit zu Störungen.

Speierling *(Sorbus domestica)*: Ein bis zu 20 m hoch werdender Baum, der in Laub, Blüte und Wuchs der Vogelbeere ähnelt. Er hat aber keine roten runden, sondern grünrote und birnenförmige Beeren. Seine Blätter sind größer als die der Vogelbeere und seine Knospen nicht behaart.
Vorkommen/Ansprüche: Er bevorzugt Kalkstandorte und braucht Wärme, weshalb er kaum in Lagen über 700 m anzutreffen ist. In Deutschland beschränkt sich sein Vorkommen auf Süd- und Südwestdeutschland.
Eigenschaften: Bei uns findet man wirklich alte Speierling äußerst selten. Wo er Zeit hat alt zu werden, erreicht er aber Stammumfänge bis zu 4 m.
Verwendung: Der Speierling wurde von der Forstwirtschaft fast aus dem Landschaftsbild getilgt; in den letzten Jahren unternehmen aber verschiedene Landesforstverwaltungen große Anstrengungen, ihn wieder zu verbreiten. Sein Platz bei der Reviergestaltung ist der sonnig-warme Waldrand in milden Hügellagen; doch wird er in Hecken und Feldgehölzen nie eine große Rolle spielen. Er wächst einfach zu langsam.
Pflanzgut: Lohden 100 bis 120, am besten in selbstzersetzenden Bio-Containern; sind schwer erhältlich.

Elsbeere *(Sorbus torminalis)*: Auch sie gehört zu den Seltenheiten unserer Wälder, wird bis 20 m hoch und erreicht bis zu 180 cm Stammumfang.
Vorkommen/Ansprüche: Wie ihre vorgenannten Verwandten liebt sie Kalk, kommt aber auch mit Silikatböden zurecht. Ihre Wärmeansprüche sind etwas bescheidener, daher steigt sie im Alpenraum auch bis 1000 m hinauf, bevorzugt aber sonnenwarme Lagen.
Eigenschaften: Ihre Früchte schmecken säuerlich und wurden früher gebrannt.
Nutzung: Früchte werden von Vögeln aufgenommen.
Verwendung: Als eher seltener, im Wald bedrängter Kleinbaum, sollte die Elsbeere in Hecke und Waldrand Asylrecht finden. Rational gesehen, läßt sie sich durch andere Arten ersetzen, ideell nicht.
Pflanzgut: Wie Speierling.

Mehlbeere *(Sorbus aria)*: Bis 15 m hoch werdender Kleinbaum, der häufig nur als Strauch wächst.
Vorkommen/Ansprüche: Sie mag trockene und mineralkräftige Verwitterungsböden, gedeiht jedoch auch auf Rohhumus. Obgleich wärmeliebend, ist sie ausgesprochen frosthart und steigt bis zur Baumgrenze hinauf. In Norddeutschland fehlt sie weitgehend.
Eigenschaften: Im Gegensatz zur Vogelbeere fruktifiziert sie nicht jedes Jahr, wächst auch langsamer, fällt aber durch ein vitales Stockausschlagvermögen und Wurzelbrut auf.
Nutzung: Triebe werden verbissen, Früchte von Vögeln und Kleinsäugern aufgenommen.
Verwendung: Es gilt, was bei der Elsbeere gesagt wurde.
Pflanzgut: Lohden 100 bis 150, ebenfalls schwer erhältlich

Unterfamilie Steinobstgewächse *(Prunoideae)*

Vogelkirsche *(Prunus avium)*:
Vorkommen: Sie sucht ebenfalls Kalkstandorte, mag es mäßig frisch und hell.
Eigenschaften: Die nur erbsengroßen, süßen Früchte reifen schon im Juni/Juli. Für Kirschenstammholz werden gute Preise bezahlt.
Nutzung: Triebe werden vom Schalenwild und Hasen verbissen; Früchte werden von zahlreichen Vogelarten (auch vom Haselhuhn) aufgenommen. Auf diesem Weg – über den Vogelmagen – erfolgt größtenteils ihre Verbreitung.
Verwendung: Für die Reviergestaltung ist sie

Wo es zu viele Rehe gibt, kann sich die Mehlbeere nicht mehr verjüngen.

mehr von ästhetischem Wert, wenngleich die Kirschen von vielen Vogelarten gefressen werden. Sie dient als Blickfang in Feldgehölzen und am Waldrand. Bei Pflanzung wird Wildverbiß zum Problem.
Pflanzgut: Heister 150 bis 200.

Traubenkirsche *(Prunus padus):* Siehe »Sträucher« Seite 82.

Hülsenfrüchtler (Leguminosae)
Robinie *(Robinia pseudoacacia). 1601 von Nordamerika aus nach Europa eingeschleppter, im Freistand bis 30 m hoch werdender Baum.*
Vorkommen/Ansprüche: Sie besiedelt heute fast alle ihr zusagenden Standorte, und erschließt als echtes Pionierholz auch trockene, ja sogar kiesige Böden (Abraumhalden, Kiesgruben usw.) und ist gegen Trockenheit resistent. Herbstliche Frühfröste machen ihr zu schaffen, Spätfröste spielen dagegen keine Rolle, da sie sehr spät ausschlägt. Warmkontinentales Klima der Weinbaugebiete wird bevorzugt.
Eigenschaften: Durch überreichen Stockausschlag und Wurzelbrut wird sie gelegentlich zum Problem, obwohl diese vom Wild stark verbissen werden. Wo man sie einbringt, wächst kein »Kraut« mehr.
Nutzung: Ihre ungemein intensiv duftenden Blüten ziehen zahlreiche Insekten an (»Akazienhonig«); Schalenwild verbeißt die Triebe, äst Blätter; Kaninchen und Hasen nagen an Jungpflanzen zudem die Rinde ab. Für die in Schoten heranreifenden Samen interessieren sich Vögel und Kleinsäuger.
Verwendung: WEINZIERL [1968] plädiert nachdrücklich für ihre Verwendung. Trotzdem sollte die Robinie in der Reviergestaltung – wenn überhaupt – nur sparsam eingesetzt werden, etwa bei der Rekultivierung von Kies- und Sandgruben oder auf sonstigen, isolierten Trockenstandorten, wo andere Baumarten versagen. An von ihr eroberten Waldrändern ist ein stufiges Auf-den-Stock-Setzen sinnvoll.
Pflanzgut: Lohden 100 bis 150.

Ahorngewächse (Aceraceae)
Bergahorn *(Acer pseudoplatanus):* Bis zu 40 m hoch werdender Baum.
Vorkommen/Ansprüche: Der Bergahorn mag nährstoffreiche, tiefgründige, feuchte Lagen, liebt hohe Luftfeuchtigkeit und steigt bis 1600 m hinauf. Verdichtete und staunasse Böden sagen ihm nicht zu. In der Jugend ist er frostempfindlich.
Eigenschaften: Als Herzwurzler trägt der Bergahorn zur Stabilität des Waldes bei. Im Bereich von Quellhorizonten fliegt er oft überreich an

Robinien sind sehr raschwüchsig, dafür läßt mit 35 Jahren das Wachstum bereits nach.

und kann sich, da anfangs schattenverträglich, unter Schirm gut halten.
Nutzung: Alles wiederkäuende Schalenwild setzt ihm stark zu; die Samen dienen vielen Vogel- und Kleinsäugerarten als Nahrung.
Verwendung: Seine goldgelbe Herbstfärbung macht ihn auch zu einem Element der Landschaftsgestaltung. In die »normale« (schmale) Hecke paßt er ob seiner Größe nicht oder allenfalls auf eine Stirnseite. Aber in die Kernzonen von Gehölzen und den Waldrand gehört er unbedingt.
Pflanzgut: Lohden 120 bis 150, besser Heister 150 bis 200.

Spitzahorn *(Acer platanoides)*: Baum, der selten höher als 30 m wird.
Vorkommen/Ansprüche: Hinsichtlich seiner Standortansprüche ist er genügsamer als der Bergahorn, besiedelt auch flachgründige, steinige Böden, liebt kühle Temperaturen, meidet aber in den Mittelgebirgen trotzdem Lagen über 500 m.
Eigenschaften: Der Spitzahorn verträgt ganz gut Beschattung und hält sich – mehr Strauch als Baum – lange Zeit im Unterstand. Während sich die Blätter des Bergahorns im Herbst goldgelb färben, leuchten die des Spitzahorns rot oder orange.
Nutzung: Seine alljährlich überreichen Blüten ziehen ungezählte Insekten an; zudem wird er stark verbissen.
Verwendung: Wie der Bergahorn spielt der Spitzahorn bei der Reviergestaltung keine übergroße Rolle.
Pflanzgut: Wie bei Bergahorn.

Feldahorn *(Acer campestre)*: Siehe »Sträucher« Seite 85.

Roßkastaniengewächse (Hippocastanaceae)
Roßkastanie *(Aesculus hippocastaneus)*: Erst Mitte des 16. Jahrhunderts wurde dieser prächtige, bis 30 m hoch werdende Baum aus Kleinasien zu uns eingeschleppt.
Verbreitung/Ansprüche: Die Roßkastanie sucht nährstoffreiche, tiefgründige Böden, ist spätfrostempfindlich und will viel Licht und Wärme.
Eigenschaften: Roßkastanien blühen und fruchten alljährlich überreich.
Nutzung: Die Früchte – Kastanien – werden vom Rot- und Damwild ganz gerne geäst, gelegentlich auch von Rehen.

Verwendung: In der Reviergestaltung spielt sie fast nur als Alleebaum im Wald eine Rolle, wo sie alljährlich große Mengen Kastanien schüttet. Selbst in größeren Feldgehölzen oder im Waldrand sollte sie nicht gepflanzt werden, da ihre dichte, weitausladende Krone den Boden völlig beschattet und keine anderen Strauch- oder Baumarten aufkommen läßt.
Pflanzgut: Heister 200 bis 250. Jungpflanzen lassen sich leicht selbst nachziehen.

Lindengewächse (Tiliaceae)
Sommerlinde *(Tilia platyphyllos)* Bis 40 m hoher Baum, der ungeheuer alt werden kann (in der Vergangenheit konnte . . .). QUARTIER [1974] berichtet von mindestens 2500 Jahre alten Linden. Die von uns in wenigen Jahrzehnten skrupellos aufgebaute Luftverschmutzung überstehen inzwischen wesentlich jüngere Linden auch nicht mehr!
Vorkommen/Ansprüche: Das Verbreitungsgebiet deckt sich mit dem Bergahorn. Die Sommerlinde liebt frische, tiefgründige Lehmböden, hat aber wenig Probleme, selbst extrem trockene, flachgründige Mineralböden zu besiedeln. Im Alpenraum steigt sie vereinzelt bis auf 1500 m hinauf. Trotzdem mag sie es wintermild.
Eigenschaften: Mit 20 bis 25 Jahren beginnen die Linden alljährlich überreich zu blühen und zu fruchten. Ihre späte Blütezeit (Juni/Juli) schützt sie vor Spätfrösten. In der Jugend ist Halbschatten erwünscht, später wird auch Freistand ertragen.
Nutzung: Die Blüten sind eine ausgezeichnete Bienenweide (Lindenhonig) und werden vielerorts vom Menschen als Tee gesammelt. Linden haben ein hohes Stockausschlagvermögen und werden stark vom wiederkäuenden Schalenwild verbissen. Auch die Fruchtstände werden teilweise aufgenommen.
Verwendung: Durch ihr ausgeprägtes Herzwurzelsystem eignen sich beide Linden als Stabilisatoren für die Kernzonen windbelasteter Feldgehölze. Schattenverträglichkeit und Stockausschläge sorgen für Unterwuchs.
Pflanzgut: Heister 150 bis 200.

Winterlinde *(Tilia cordata)*:
Vorkommen: Das Verbreitungsgebiet der Winterlinde deckt sich ziemlich genau mit dem des Spitzahorn. Sie steigt also kaum über 600 m hinauf, ist aber in ihren Standortansprüchen bescheidener als die Sommerlinde. Kurzzeitige

Überflutungen verkraftet sie, kommt mit mäßig trockenem Sandboden und mit Hangschutt zurecht, akzeptiert saure wie basenreiche Böden.
Verwendung: Winterlinden eignen sich gut als Füllung und Unterbau zwischen Pappelpflanzungen und werten diese erheblich auf. Ansonsten wie Sommerlinde.
Pflanzgut: Heister 150 bis 200.

Ölbaumgewächse (Oleaceae)
Esche *(Fraxinus excelsior)*: Baum, der bis 40 m hoch wird und spät im Jahr austreibt.
Vorkommen/Ansprüche: Eschen mögen tiefgründige, nährstoffreiche, feuchte bis nasse Böden und hohe Luftfeuchtigkeit. Auf Kalkstandorten können sie ihren Wasserbedarf reduzieren. Während in der Jugend volle Beschattung ertragen wird, verlangen sie aber schon im Stangenholzalter Licht.
Eigenschaften: Auf Freiflächen (Kaltluftsee) machen ihnen Spätfröste zu schaffen; zurückgeschnitten treiben sie verstärkt aus. Ansonsten sind Eschen frosthart und steigen bis 1400 m hinauf. Ihr ausgeprägtes Wurzelsystem mit kräftigen Seitenwurzeln und langen Absenkern prädestiniert sie für sturmgefährdete Lagen im Feld.
Nutzung: Eschen werden von allen wiederkäuenden Schalenwildarten, von Hase und Kaninchen verbissen. Rot- und Damwild schält an ihnen, doch überwallen sie außergewöhnlich gut.
Verwendung: Durch großes Ausschlagvermögen, Neigung zur Verheckung und rasches Jugendwachstum eignen sie sich – bei rechtzeitigem und regelmäßigem Rückschnitt – auch für breitere Feldhecken. Insgesamt sollten wir sie eher sparsam verwenden und lieber der Forstpartie überlassen.
Pflanzgut: Lohden 150 oder Heister 150 bis 170.

Eine 1,9 Kilometer lange Allee 400jähriger Linden bei Marktoberdorf im Allgäu. Wenn morgen New York in Schutt und Asche fällt, läßt es sich übermorgen wieder aufbauen. Aber derartige Baumgestalten sind unersetzlich, unsere Enkel werden sie nicht mehr erleben. Die alten Riesen sterben an der zunehmenden Luftverschmutzung, und die heute neugepflanzten jungen Bäume werden viel früher sterben. Alle Maßnahmen zur Schadstoffreduzierung sind reine Augenwischerei, solange die Menschheit sich rattenhaft vermehrt und »Wohlstand« oberstes Lebensziel bleibt.

Forstliche Maßnahmen als Naturschutz

Zweifellos stellen Wälder gegenüber den Agrarflächen die belebteren Landschaftsteile dar. Insgesamt sind aber auch sie geprägt vom wirtschaftenden Menschen. Der Wirtschaftserfolg steht immer noch im Vordergrund, Naturschutz wird häufig nur als Kosmetik aufgetragen, und manchmal erschöpft er sich in Nistkästen, Wildwiesen und einem Tümpel mit Parkplatzschild ...

Auf wirtschaftliche Rendite ausgerichtete Forstwirtschaft kann ohne Zweifel viel für den Naturschutz leisten – sie kann »naturerträglich« werden. In Wäldern gilt es Trittsteine und Korridore zu schaffen, Möglichkeiten bieten sich viele. Da sind die mit Fichten zugepflasterten Bachauen, die wieder zu natürlichen Wanderstraßen werden, wenn ein minimaler Freiraum für Stauden und anschließendem Laubholz bleibt. Da sei an die Waldränder erinnert, deren Mehrzahl in ihrer Lieblosigkeit an überdimensionierte Maisäcker erinnern, bei gutem Willen aber ökologische wie ökonomische Qualitätsprodukte sein könnten, gewissermaßen »obligate Naturschutzgebiete ohne Rechtsverordnung«.

Dabei darf nicht verschwiegen werden, daß *mancherorts* gerade die Jäger – die für sich in Anspruch nehmen, die allerersten und allerbesten Naturschützer zu sein – Artenvielfalt im Wald verhindern. In Rheinland-Pfalz etwa wurde Forstbeamten sogar mit Versetzung gedroht, weil sie es wagten, im Kommunalwald dringend notwendige und längst überfällige Durchforstungen durchführen zu lassen. Die betroffenen, durch ihre Finanzkraft einflußreichen Jagdpächter fürchteten um »ihr« bis dahin in nachtdunklen Hunger-Einständen vegetierendes Rot- und Schwarzwild und opponierten auf dem politischen Weg gegen die ihre Pflicht ausübenden Beamten. Zu jenen, die ungestörte Jagd weit höher bewerteten als Waldpflege und Sozialfürsorge gehörte auch ein bundesweit hochangesehener Beamtenfunktionär ...

Dabei hätten die »Ellenbogenheger«, mit einem Minimum an Sachverstand und Verständnis für die Kreatur, forstliche Pflegemaßnahmen dankbar begrüßen müssen!

Irgendwo in Deutschland beschwere sich der Präsident eines Landesjagdverbandes beim zuständigen Minister, weil ein Forstamtsleiter gewagt hatte, Alttier und Kalb zu erlegen, während der Herr Präsident im selben Forstamt auf einen klotzigen Kronenhirsch »waidwerkte« – freilich in einem anderen Dienstbezirk. Auch in diesem Falle wurde, zumindest extern, die Versetzung des Amtsvorstandes diskutiert; ungestörtes Trophäensammeln rangiert in manchen

Hirnen immer noch vor Abschußerfüllung und naturnahem Wald. **Was für ein Glück, daß die Mehrheit der Jäger anders denkt!**
Dabei kann der Jäger – auch bei größtem Kostenaufwand – niemals jenes Maß an Äsung in den Wald zaubern wie es der Förster durch weiträumige Pflanzung, rechtzeitige Dickungspflege, frühzeitige Durchforstung und andere forstlichen Maßnahmen schaffen kann. Von der Wildfreundlichkeit eines naturnahen – und trotzdem ertragreichen – Waldbaues ganz abgesehen.
WEIS [1987], ein Pionier und Verteidiger der Äsungsverbesserung, beziffert die dem Schalenwild auf Wildäckern durchschnittlich zur Verfügung stehende Äsungsmasse zwar auf durchschnittlich 3000 kg/ha Trockenmasse (Trm), die in einem flächendeckend von Brombeere unterwachsenen Fichtenaltholz auf *nur* 693,6 kg Trockenmasse (Trm.)/ha (s. Seite 209). Dabei ist jedoch zu berücksichtigen, daß Äsungsflächen immer nur einen verschwindenden Bruchteil der Gesamtwaldfläche ausmachen können. In sicher über 90% aller Privatreviere wäre schon die Umwandlung von einem Prozent der Wald- in Äsungsflächen und deren fachgerechte Bestellung – auch wenn die Flächen zur Verfügung stünden – reine Utopie.
Es kann auch nicht das Ziel eines Wildtiermanagementes sein, ein gesundes Wald/Wild-Verhältnis durch teure »Krücken« so zu verteuern, daß der Durchschnittsjäger dieses »Management« finanziell nicht mehr verkraften kann und somit von der Jagd ausgeschlossen wird.
Eine Kommune in Südwürttemberg beschloß 1987, den Pächtern ihrer Reviere Waldflächen für die Wildäsung zur Verfügung zu stellen. Ziel war die Entschärfung der Verbißsituation. Im Haushaltsplan wurden 10000 DM ausgewiesen, denn den Pächtern sollten nicht nur die Flächen zur Verfügung gestellt werden. Die Kommune übernahm auch die Rodungsarbeiten samt anschließender Planie. Das Interesse der Jäger war allerdings denkbar gering, und so schlief »der neue Weg« wieder ein – mangels Interesse.
Doch auch die »Forstpartie« trug in der Vergangenheit mancherorts ihren Teil zur Erhöhung der Verbißbelastung bei. So wurde ernsthaft propagiert und in der Praxis tausendfach durchgeführt, Jungkulturen jährlich zu düngen, damit die Pflanzen schneller aus dem Äserbereich wachsen sollten. In wildfreien Zäunen, etwa in Laubholzkulturen, trifft dies zweifellos zu; außerhalb der Zäune, zumal an der Fichte, tritt genau das Gegenteil ein. Gedüngte Forstpflanzen werden verstärkt verbissen und brauchen viel länger, um dem Äser zu entwachsen! Dünger statt Patronen mag da gelegentlich der Hintergedanke gewesen sein.

Weite Pflanzverbände für Reh und Schmetterling

Noch vor zwei Jahrzehnten (mancherorts heute noch) wurden die Fichten im Verband von 1×1 m gepflanzt. Die Pflanzen beschatteten sich frühzeitig selbst, wodurch die Seitentriebe nurmehr ungern verbissen wurden; innerhalb weniger Jahre schlossen sich die Kulturen. Die Schlagflora war dann erstickt, auf dem Boden wuchs kein Halm mehr. Heute wird in wesentlich weiteren Abständen gepflanzt, mit dem Erfolg, daß es oft über ein Jahrzehnt dauert, ehe sich die Kultur schließt. Über diesen Zeitraum hinweg, behauptet sich – wenn auch in ständiger Sukzession und Reduktion befindlich – die Schlagflora.
Weitere Pflanzverbände bringen ein enormes Mehr an Äsung. Während sich die Fichten bei Pflanzung von 1×1 m bereits bei einer Größe von 1 bis 1,3 m schließen, erfolgt der »Schluß« bei einem Reihenabstand von 2,5 m frühestens,

Weite Pflanzverbände ermöglichen eine artenreichere Schlagflora, und bieten für einen deutlich längeren Zeitraum Schalenwildäsung, als enge Pflanzverbände.

wenn die Fichten 2,5 bis 3 m hoch sind. Das entspricht einem Zeitraum von 3 bis 4 Jahren, durch die die Fläche länger offen bleibt. Mit dem Eintritt in die Dickungsphase »kippt« sie praktisch um (s. Abb. 208).

Forst wurde umweltverträglich

Der Kulturbetrieb wurde in vielen Forstrevieren deutlich extensiviert. Während früher, bei engen Pflanzverbänden, zunächst die Hiebsfläche fast peinlich von Astholz gereinigt, Reste zusammengeschoben und verbrannt wurde, bleibt im »modernen« Forstbetrieb fast alles liegen. Statt »verbrannter Erde« organische Masse als Deckung für Junghasen und Igel. Motor dieser Entwicklung war und ist weniger ein forstökologisches Verständnis sondern Kostenersparnis.

In den neuen Bundesländern, im Umgang mit Giftstoffen ohnehin unbeschwert, war massiver Chemieeinsatz vor Begründung neuer Kulturen gang und gäbe. Maschinenbepflanzbarkeit war allgemeines Ziel [FRAITSCH 1991]. Die Flächen wurden geräumt und alle Stöcke vergiftet, damit ja kein Stockausschlag entstehen konnte. Das war die Methode jener Nomenkladura, die neben der Kiefer das klobige Hirschgeweih als oberstes Betriebsziel kannte – und die viele westdeutsche Jäger hinter vorgehaltener Hand darob still bewundern...

Ziele, wie sie heute – zumindest in den alten Bundesländern – allgemein anerkannt sind und im öffentlichen Wald weitgehend beherzigt werden, beschreibt ROSENSTOCK, Leiter des Hessischen Forstamtes Darmstadt in der ALLGEMEINEN FORST ZEITSCHRIFT 19/91:

● Keine Reisigräumung mit der Reisiggabel, da vollflächiges Befahren unerwünscht ist und die Reisigauflage das Waldbodengefüge erhält.
● Kein Verbrennen von Schlagabraum, da hierdurch der Stoffumsatz und damit das Wachstum der Konkurrenzflora begünstigt und die Bodenlebewelt vernichtet wird.
● Keine Flächenvorbereitung durch Pflügen, Scheibenegge, Stockroden, Fräsen oder Hakken, da hierdurch das gesamte Bodengefüge unnötig gestört wird.
● Verwendung von Großpflanzen in Weitverbänden als Anreicherungspflanzung ins Reisig; den Rest besorgt die Natur.
● Raum lassen für Begleitvegetation.

Im bäuerlichen Wald läuft das alles noch ein bißchen langsamer. Der Bauer hat keine ihn informierende und weiterbildende Forstzeitschrift und er fährt nicht von einer Waldbauexkursion zur anderen. Er hat irgendwann einmal in der Landwirtschaftschule und später beim Waldbauerntag gelernt wie es gemacht wird, und daran hält er sich: Enger Pflanzverband; Laubholz und Tanne heraus und vorsichtshalber einen Zaun darum herum!

Wäre es da nicht ein Stück Reviergestaltung, wenn der Jagdpächter und seine Mitjäger auch einmal eine Exkursion für die Waldbauern organisieren würden. Wäre ja auch nicht teurer als das obligate Reh-Essen für sämtliche Jagdgenossen samt Ehefrauen plus der inoffiziellen Zuwendungen an Jagdvorsteher und »Informelle Mitarbeiter«. Wenn wir Geld genug haben für sogenannte Hegeschauen und Medaillen, warum dann nicht für die *wildgerechte Weiterbildung* bäuerlicher Waldbesitzer?!

Und wenn der Kahlschlag sich nicht vermeiden läßt ...

In der ALLGEMEINEN FORST ZEITSCHRIFT 38/90 berichtet REINECKE über Versuche mit Nutzpflanzeneinsaaten auf Kulturflächen. Nun ist dieses Verfahren seinem Prinzip nach nicht neu, es war im Gegenteil früher mancherorts – etwa bei der Niederwaldwirtschaft – die Regel (s. Seite 169). Trotzdem sei es hier in Erinnerung gebracht.

REINECKE ging es bei seinen Versuchen um eine verträgliche Begleitflora, besonders in Laubholzkulturen, aber auch zwischen Nadelhölzern. Von Jägerseite wurde in der Vergangenheit immer wieder Äsung auf Kulturflächen reklamiert und behauptet, damit würde Verbiß an Forstpflanzen verhindert oder zumindest stark *reduziert*. Von forstlicher Seite wurde eher das Gegenteil befürchtet, nämlich daß damit Verbiß erst *provoziert* würde. REINECKE hingegen stellte folgende Fakten fest:

● Auch attraktive Einsaaten konnten nicht verhindern, daß Laubholz verbissen wurde. Lediglich bei einer Mischkultur aus Eiche/Buche konnte erfolgreich auf einen Zaun verzichtet werden. Allerdings wurden auf dieser 1 ha großen Fläche auch 12 Rehe in einem Jagdjahr geschossen.
● Auf ungegatterten Nadelholzkulturen wurde der Verbiß durch die Einsaaten aber auch nicht erhöht.

Tabelle 25 Vorkommen gefährdeter Arten auf Kahlschlägen im nordwestdeutschen Flachland [J. Blab]

	Gefährdungs-stufe	Bodenfeuchte		Boden-bearbeitung
		Trocken	Feucht/Naß	
Vogelarten				
Brachpieper	1	*		*
Steinschmätzer	2	***		**
Ziegenmelker	2	***		*
Raubwürger	1	*		
Schwarzkehlchen	2	*	*	
Braunkehlchen	2	**	*	*
Neuntöter	2	**	*	*
Heidelerche	3	***	*	
Schlagschwirl	4		*	
Heuschrecken				
Blauflüglige Ödlandschrecke	1	*		*
Rotleibiger Grashüpfer	2	*		*
Panzers Grashüpfer	3	*		*
Reptilien				
Kreuzotter	3	*	*	
Schlingnatter	2	*		
Gefäßpflanzenarten				
Bärentraube	2	**		***
Weiße Waldhyazinthe	2		*	***
Englischer Ginster	3	**		*
Tausendgüldenkraut	3	*	*	
Oeders Gelb-Segge	3		*	
Mittlerer Sonnentau	3		**	**
Rundblättriger Sonnentau	3		*	*
Sumpfbärlapp	2		*	**
Weißes Schnabelried	3		*	**

* = Maß der Häufigkeit

Welche Auswirkungen die Einsaaten in einem Rotwildrevier gezeigt hätten ist nicht verbürgt. Wahrscheinlich wäre das Ergebnis dasselbe gewesen. Allerdings fanden die Versuche in Niedersachsen statt, wo die Schalenwildbestände allgemein ungleich höher sein dürften als in Süddeutschland. Immerhin gibt es in Süddeutschland inzwischen Reviere, in denen Laubholz auch ohne Zaun hochkommt.
Trotzdem: Welches Interesse soll der Jäger an diesem offensichtlich nicht wildschadensmindernden Verfahren haben?
Schalenwildbestände werden in der Zukunft noch schwerer bejagbar sein als jetzt schon. Dies gilt besonders für Reviere, in denen sich große Dickungskomplexe entwickeln, wie dies nach Kalamitäten häufig der Fall ist. Saaten zwischen den Pflanzenreihen – fliegende Wildäcker – können den Abschuß erleichtern, und sie ermöglichen ihn häufig unter besseren Lichtverhältnissen!

Wo funktioniert das Verfahren?
- Bei allen Erstaufforstungen.
- Auf Hiebsflächen, die noch nicht übermäßig vergrast sind.
- Bei Saumhieben auch unter lichtem Schirm (Überschirmung 50%) und mit starkem Leistungsabfall auch noch bei einer Überschirmung bis 80%.

Nutzpflanzen können eine bereits vorhandene Schlagflora nicht zurückdrängen. In einem solchen Falle wäre eine chemische Vorausbehandlung notwendig, und die wollen wir nun wirklich nicht proklamieren.
Der erste – unumgängliche – Schritt ist eine Bodenanalyse. Die meisten Waldböden sind stark versauert und müssen entsprechend aufgekalkt werden. Diese Aufkalkung kommt auch den Forstpflanzen zugute. Reinecke empfiehlt, langsam wirkende Handelsdünger wie kohlensaurer Mg-Kalk oder Thomasphosphat schon im Jahr vor der Kultur auszubringen und parallel

zur Saat/Pflanzung die leicht löslichen. Daß gedüngte Forstpflanzen nachhaltig verbissen werden, wurde allerdings weiter oben schon gesagt. Unerwünscht ist eine intensive Bodenbearbeitung. Häufig genügen bereits die von den Rückemaschinen verursachten Bodenverwundungen. Wo die Verhältnisse Bodenbearbeitung erfordern, genügt es, streifenweise zu fräsen. Tiefe Bodenbearbeitung führt im Wald außerdem zu Nährstoffverlusten. Unbefriedigend entwickeln sich Einsaaten auf eine unverletzte *Rohhumusschicht*.

Zum Saatzeitpunkt soll der Boden bereits feucht sein und Regen in Aussicht stehen. Besonders nachteilig (das gilt auch für den Wildackerbetrieb) wirkt sich aus, wenn der Boden trocken ist, die Saat aber anschließend kurzfristig Feuchtigkeit erhält, der eine ausgeprägte Trockenheit folgt. Die Samen keimen dann zwar, vertrocknen aber anschließend wieder.

Gesät werden kann von der Schneeschmelze bis in den August hinein, am besten mit einem Düngerstreuer oder bei kleineren Flächen mit der Kleegeige. Welche Mischungen sich – unter norddeutschen Bedingungen – bewährt haben, zeigt Tabelle 26.

Die hier beschriebenen Standardmischungen sind bei der Deutschen Saatzucht Vereinigung (DSV) in Steinhorst bei Celle erhältlich. REINECKE schreibt zur Aussaatdichte:

● Ehemals landwirtschaftlich genutzte Flächen, solche mit flächendeckender Bodenbearbei-

Tabelle 26: Standardmischungen für Nutzpflanzendecken

Für Saaten und Pflanzungen mit kleinen Pflanzen bis ca. 40 cm Wuchshöhe.	**Für Pflanzungen mit Pflanzen über 40 cm Wuchshöhe**	**Für Pflanzungen mit Pflanzen über 30 cm Wuchshöhe auf Standorten mit pH-Werten unter 3,5 KCl**
Auf allen Standorten – ausgenommen solche mit besonders niedrigen pH-Werten (unter 3,5 KCl)		
A	G	J
Erdklee (*Trifolium subterraneum*) Fadenklee (*Trifolium minus*) Gelbklee (*Medicaso lupulina*) Weißklee (*Trifolium repens*) Phacelia (*Phacelia tanacetifolia*)	Hornschotenklee (*Lotus corniculatus*) Perserklee (*Trifolium resupinatum*) Rotklee (*Trifolium pratense*) Schwedenklee (*Trifolium hybridum*) Fadenklee (*Trifolium minus*) Weißklee (*Trifolium repens*)	Schwedenklee (*Trifolium hybridum*) Sumpfschotenklee (*Lotus uliginosus*) Weißklee (*Trifolium repens*)
Zumischung für alle Grundmischungen je nach Kultur als Flächen- oder Reihensaat: Dauerlupine (*Lupinus perennis*) Varianten: Reduzierte Grundmischung + Zusatz von Nichtleguminosen.		
A 1	G 1 Buchweizen (*Fagopyrum esculentrum*) Rübsen (*Brassica campestre*) Senf (*Sinapsis alba*) Roggen (*Secale cereale*) Lein (*Linum usitattissimum*) Hafer (*Avena sativa*) Ölrettich (*Raphanus sativus*)	J 1

Die Mischungsverhältnisse sind aufeinander abgestimmt. Die Einsaatdichte richtet sich nach dem jeweiligen Anwendungsbereich.

tung, Standorte mit geringem Wasserangebot und sehr gut nährstoffversorgte Flächen sind mit einer Aufwandmenge von 50 bis 75 % der Grundmenge ausreichend dicht eingesät.
- Auf Waldflächen mit intensiver Bodenbearbeitung sind in der Regel Aufwandmengen von 100 bis 125 % der Grundmenge einzusetzen.
- Die Mengen sollen auf 150 bis 200 % gesteigert werden, wenn der Boden kaum bearbeitet werden konnte oder starke Beschattung durch Schirm gegeben ist.

Wohlgemerkt, bei den genannten Versuchen ging es nicht um Wildäsung, sondern um Begleitflora für Forstkulturen. Sie können aber dem Jäger und Forstmann Anregung zur Bewältigung des einen oder anderen Problems sein. Ganz sicher darf es nicht unser Ziel sein, auch noch die autochthone Schlagflora aus dem Wald zu verbannen (was wir auch nicht schaffen würden). Ohne Zweifel kommen die eingebrachten und mit der Sukzession wieder verschwindenden Leguminosen nicht nur den Forstpflanzen entgegen, sie sind eine vorzügliche Insektenweide.

Die Axt bringt Licht und Bodengrün

Schon die Dickungspflege in Nadelholzbeständen, insbesondere der Fichte, bringt wieder ein Minimum von Licht und Wärme in die zugewachsenen Einstände. Die umgeschnittenen und meist ungenutzt herumliegenden Jungbäume erregen zwar Ärgernis bei »Sauberkeitsphantasten«. Sie stellen die durchgepflegte Fläche aber auch weitgehend ruhig. Pilzsammler und Beerensucher meiden sie. Gleichzeitig entsteht im untersten Bereich wieder Sichtschutz. Totholz hat überdies eine große ökologische Bedeutung: Rückführung von dem Boden entzogenen Nährstoffen, Brutraum für zahlreiche Insekten und Nahrungsraum für zahlreiche Insektenfresser, Schutz für Gelege von Bodenbrütern, sicherer Ablegeort für Kälber und Kitze usw. Gleichzeitig werden Minderheiten begünstigt bzw. erhalten, mit allen positiven Folgen für Fauna und Flora.

Dickungspflege erhält auch Minderheiten (Laubholz in Nadelholzdickungen), schafft mitwachsenden Lichtbaumarten Luft, und entscheidet so schon darüber mit, ob im späteren Altbestand auch ein paar masttragende Bäume stehen oder nur noch Fichten.

Eine Eichenkultur mit Roggenuntersaat.

Dickungspflege erleichtert mitunter auch den Jagdbetrieb: Die Dickungen können wieder getrieben werden, Nachsuchen werden erleichtert, man sieht stellenweise wieder hinein.

Was für die Dickungspflege gilt, gilt in verstärktem Maße für die Durchforstung in allen Altersklassen. Es dringt wieder Licht zum Boden durch.

Auch das Schwarzwild mag sonnige Bestände viel lieber als dunkle, nahrungslose Dickungen; der Reisighaufen im Vordergrund diente als Wurfkessel.

Wenn man sich draußen aufmerksam umsieht wird man häufig feststellen, daß Pflege- und Durchforstungsrückstände einhergehen mit großer Zaunlänge. Es sind nämlich gerade die aus Kostengründen oder Desinteresse, vernachlässigten Waldungen, in denen Kulturen weitgehend gezäunt werden müssen. Wie sollte es auch anders sein? In Stangenhölzern ist es fast Nacht, kein Halm wächst und in Baumhölzern kommen allenfalls Moose und Farne. Zu Beißen gibt es nur auf den Kulturflächen.

In vorher bodenkahlen Baumhölzern dringt nach der Durchforstung Licht. Das Hinarbeiten auf Überhalt und Einzelstammnutzung verbessert neben den Licht- auch die Feuchtigkeits- und Wärmeverhältnisse im Bodenbereich. Wipfel und Äste bleiben liegen, dadurch entstehen Brutbiotope für Insekten und Vögel, Überwinterungsmöglichkeiten für Igel und Reptilien und nicht zuletzt schieben sich die Sauen in solche »Abraumhaufen« besonders gerne ein. Nach eigenen Erfahrungen in einem hessischen Schwarzwildrevier fanden sich rund die Hälfte aller Wurfkessel der Bachen in mehr oder weniger frisch durchforsteten Baum- oder Althölzern, gefolgt von vergrasten Freiflächen *(Calamagrostis)*. In Dickungen frischten die Bachen eher selten und überhaupt nicht in solchen, die noch *undurchforstet* und bodenkahl waren!

Oder: Die Axt bleibt draußen!

Was dem Wald – nicht als Holzacker, sondern als Lebensraum – heute weitgehend fehlt, ist starkes Totholz. Alte Buchen, Eichen oder auch Fichten, die stehen bleiben dürfen, »bis daß der *natürliche* Tod uns scheidet«. Die schweren Schneebruch- und Windwurfkatastophen der letzten zwei Jahrzehnte und die regelmäßig nachfolgende Borkenkäfervermehrung, haben in vielen Forstleuten ausgesprochene Allergien gegen Totholz entstehen lassen.

Aber betrachten wir es einmal ganz abstrakt (oder muß es heißen: ganz sachlich?). Da gibt es dieses winzig kleine Vieh, genannt *Yps typographus* und etliche seiner Kollegen, sicher schon so lange wie den Wald selbst. Wo im Wald die Fichten oder die Kiefern plötzlich unter sich sein wollten und keine anderen Arten mehr zwischen sich duldeten, da kam der *Yps* und Co. und sorgte für Ordnung: Fichten und Kiefern starben ab. Totholz entstand und in diesem richteten Specht, Kleiber, Meise und Wendehals ihre Zweigstellen ein. Auf den Kahlflächen feierte das Birkhuhn seine Orgien, bis ihm diese von einem neuaufstrebenden Vorwald aus Holunder, Vogelbeere und anderem forstlichen Unrat verleidet wurden. Im Schutze solchen Vorwaldes schoben sich – meist in bunter Mischung – wieder Waldbäume im eigentlichen Sinne empor, *Yps* und Genossen waren längst arbeitslos und abgewandert. Aber ohne sie wären diese ständige Methamorphosen des Waldes nicht denkbar gewesen!

Und heute? Wurde Waldbau nicht lange Zeit durch Käferfallen ersetzt? Ehrlich: Haben die Forstleute teilweise nicht eine ähnliche Mentalität entwickelt wie wir Jäger. Wo sich statt Landschaft nur noch Mais- und Weizeneinöden erstrecken, stellten wir unsere Wiesel- und Fuchsfallen zur Rettung des Niederwildes, das ohne Lebensraum mit keiner Falle der Welt zu retten ist – wir kurieren (vergeblich) an Symptomen und machten uns als Naturschützer gleichzeitig unglaubwürdig! Was im Feld Mais und Weizen, das sind im Wald Fichte und Kiefer, mit allen Problemen labiler Monokulturen – flurbereinigt sozusagen, in der maschinengerechten Großparzelle. Die Wieselfalle wird gegen die Borkenkäferfalle ausgetauscht.

Ob ich es mir jetzt *auch noch* mit den Forstleuten verscherzt habe? Das würde mir aufrichtig leid tun!

Um *Totholz* und überhaupt um *altes* Holz geht es hier. Höhlenbrütende Arten tun sich schwer im Wald. Dabei wäre der wirtschaftliche Verzicht oder die den Betriebsablauf erschwerende Rücksichtnahme gar nicht so groß. Schon 2 bis 3 überständige Altholzinseln pro Forstrevier wären segensreich. Einige Arten beanspruchen ohnehin außerordentlich große Reviere; der Schwarzspecht beansprucht zwischen 400 und 800 ha Wald für sich. Da dürfte es doch überhaupt keine Frage sein, ob der Brutbaum des Schwarzspechtes stehen bleibt oder nicht. Dohlen hingegen suchen die Gemeinschaft und brüten am liebsten in Kolonien. Aber wenn sich eine Kommune das Rathaus samt Markplatz verscheißen läßt (das kostet ja auch Geld), darf man dann – zumindest dem öffentlichen Wald – nicht auch den Verzicht auf die Nutzung von fünf Hektar Altbuchen oder zumindest ein großzügiges Hinausschieben der Ernte erwarten? Gewiß, es gibt Forstverwaltungen, die in schwindelnder Höhe Nistkästen für Dohlen, Hohltauben und Waldkauz aufhängen – auch wieder ein Kurieren an Symptomen! Mag sein, daß dieses Kurieren im Einzelfall zur lokalen Rettung bedrohter Arten notwendig ist. Sinnvoll ist es sicher nur dann, wenn gleichzeitig die eigentlichen Ursachen beseitigt werden – der Mangel an altem und totem Holz. Wenn der Staatswald der alten Bundesländer inzwischen durchschnittlich 64 Mark Minus pro Hektar einfährt und ohnehin rund die Hälfte des bei uns verarbeiteten Holzes importiert wird, dann kann es doch nicht ernsthaft auf etliche Hektar Altholz ankommen.

Einige Landesforstverwaltungen – und noch mehr Forstamtsleiter – haben dies längst erkannt und in die Tat umgesetzt. Hier sei die Hessische Staatsforstverwaltung genannt, die Altholzinseln von 0,5 bis 5 ha Größe dadurch sichert, daß die Nutzung von mindestens 140 Jahre alten Buchenbeständen hinausgeschoben wird. Damit will sie dem Schwarzspecht und in seinem Schlepp Hohltaube, Dohle, Rauhfußkauz und Fledermäusen helfen. Wären noch die Wildbienen zu erwähnen und die Hornissen, die aus Wohnungsmangel schon unter die Hochsitzdächer nisten.

Der saubere Mensch nimmt Anstoß an diesem »Saustall«. Dabei müßte jeder Naturfreund sich darüber freuen, egal ob er Rehbock oder Zaunkönig zu seinem Maskottchen gemacht hat.

Wegebau als Artenschutzprogramm?

Nicht nur Jäger, auch das Gros all jener, die sich als »Naturschützer« oder zumindest als »Naturfreunde« begreifen, stehen dem Waldwegebau eher kritisch gegenüber. Der »gemeine« Naturschützer aus einem gewissen Prinzip heraus, der Jäger, weil er um seine ungestörte Jagdausübung bangt, und der Rest, weil es opportun ist. Was den grundsätzlichen Schutz der Natur betrifft, so sei die schüchterne Frage erlaubt, was ihr denn wohl näher kommt: bodenkahle Fichtenstecken im Großblock oder ein lichtdurchfluteter Wegeaufhieb mit Staudengesellschaft am Rande und durchwachsenden Laubhölzern?

Und mit der Jagd ist das auch so eine Sache. Der in die großen geschlossenen Bestände hineinpirschende, in und an ihnen herumhockende Jäger »stört« weit, weit mehr als die sich auf Waldwegen durchplaudernden Erholungsfreaks. Auch starker und stärkster Publikumsverkehr wird selbst vom Rotwild toleriert, solange er sich auf die Wege beschränkt (Beispiel Schönbuch). Im übrigen muß ein Waldweg ja nicht zwingend zum Wanderweg gemacht werden.

Es soll hier nicht so getan werden als hinge das Überleben der Natur vom Waldwegebau ab. Ohne Zweifel haben Waldwege auf einige Tierarten auch negative Auswirkungen. Sie zerschneiden Lebensräume und bilden un- oder nur schwer überwindbare Hindernisse. Darüber haben wir uns schon bei den Feldwegen (s. Seite 64) unterhalten. Doch selbst für so »große« Säuger wie Gelbhals- und Rötelmäuse bilden Waldwege Hemmnisse, die nur ungern überwunden werden. Das ergaben Versuche von MADER und PAURITSCH [1981, zit. AFZ 46/90] mit Drahtgitterfallen, bei denen die genannten Arten gefangen, markiert und durch mehrmaligen Wiederfang ihre Bewegungen rekonstruiert werden konnten.

Waldwege haben zweifellos einen *Trenneffekt*. Sie zerschneiden beispielsweise homogene Licht- und Klimabereiche. Während an einem Sonnentag auf einem Waldweg bis 20 000 Lux gemessen werden, betragen die Strahlungswerte im Bestandesinnern nur wenige hundert Lux [MADER 1990]. Wege bilden mitunter »Windkanäle«; dadurch kommt es zur Austrocknung der Bodenoberfläche. Die nächtliche Abstrahlung der Bodenwärme führt zu erhöhter Auskühlung gegenüber dem Waldesinnern.

Aber all' diese Veränderungen schaffen auch wieder günstige Bedingungen für Arten, die sich im Waldesinnern eben nicht so wohl fühlen.

Nun ist ja Waldweg nicht gleich Waldweg. Asphaltierte Waldwege sind wunderschön zu befahren, ansonsten eine Katastrophe! Sandige

Waldwege hingegen können – innerhalb des Waldes – Überlebensvoraussetzung für sandbewohnende Tierarten wie *Sandlaufkäfer, Ameisenlöwen, Wollschweber* und *Wegwespen* sein. Auch *Nachtschwalben* suchen solche Sandwege auf.

Der ökologische Wert eines Weges steigt mit der Aufhiebsbreite. Besonders im Privatwald wird hier kleinlicher vorgegangen wie im öffentlichen Wald. Gerade die Jäger sollten nicht gegen den Waldwegebau polemisieren, sondern auf möglichst breite Wegaufhiebe drängen und selbst aktiv Gestaltungsmöglichkeiten nutzen. Zumindest die befestigten Wege müßten beidseitig von 5 m breiten *Nichtholzboden-Streifen* begleitet werden. Darauf weisen übrigens die meisten Landesforstverwaltungen in Erlassen und Merkblättern hin.

Das muß ja auch nicht starr gehandhabt werden. Dort wo es sich aufgrund der Exposition lohnt, wird breiter aufgehauen, dort wo es nichts bringt, schmäler. Breite Wegaufhiebe haben auch für den Forstbetrieb selbst Vorteile:

● Die Wege apern schneller aus und sind damit früher befahrbar.
● Sie trocknen schneller ab und verursachen dadurch wesentlich geringere Unterhaltskosten.
● Sie bieten jederzeit Lagerraum bei der Holzernte.

»Krötenschutzzaun« aus Winkel-Betonsteinen und integriertem Einstieg auf der einen und Austieg auf der anderen Straßenseite. Eine aufwendige und sicher mancherorts notwendige Artenschutzmaßnahme. Aber fürs gleiche Geld könnte man im Wald eine ganze Reihe neuer Laichtümpel schaffen – nicht nur für Erdkröten, auch für Libellen und kranke Großstadtseelen!

● Sie wirken bis zu einem Grade auch als Feuerschutzstreifen.

Breite Wegaufhiebe können durchaus *Naturschutzcharakter* haben. Eine ganze Reihe von bedrohten, im Wald beheimateten Pflanzenarten findet vorwiegend in diesen Bereichen zusagende Standorte. Erinnert sei an den *Blauen* und *Gelben Eisenhut*, an *Türkenbund, Akelei* und *Seidelbast*. In niederschlagsarmen Gebieten werden die mit Wasser gefüllten Radspuren auf den Waldwegen zu seltenen Tränken für Vögel, Igel, ja selbst für Schalenwild.

Für *Fledermäuse* stellen Waldwege zwischen Fichtenblöcken überlebenswichtige Räume dar. Zwar bieten ihnen lockere Buchenalthölzer, wenn möglich mit kleinen Verjüngungsgruppen und Blößen ebenfalls ergiebige Jagdreviere, Fichtenalthölzer und überhaupt Stangen- und noch engstehende Baumhölzer bauen sich ihnen als fast unüberwindbare Barrieren auf. Breit aufgehauene Wege mit entsprechender (insektenfreundlicher) Begleitflora sind nicht nur Jagdrevier, sondern auch »Fernwechsel« zur Besiedlung neuer Räume.

In der Schweiz dokumentierte HANDSCHIN [1950 zit. AFZ 42/90], wie ein abgelegenes Alpental im Unterengadin erst durch den Bau einer Straße von verschiedenen Schmetterlingsarten besiedelt wurde; Arten, die dort hinten vorher nicht lebten und die menschliche Straße zu ihrer eigenen machten!

Schon beim Bau eines Waldweges entstehen rechts und links die unterschiedlichsten Standorte. Beim Abtrag von Kuppen wird Material beiseite geschoben. Feuchte Senken entstehen, wo der Weg erhöht verläuft. Begleitende Gräben können ohne nennenswerten Mehraufwand zu sonnenbeschienenen, flachen Laichtümpeln, ja zu kleinen »Feuchtwiesen« erweitert werden. Mag sein, daß auf dem Waldweg auch ein paar Amphibien überfahren werden, insgesamt ist die Schaffung derartiger Laichgewässer im Wald trotzdem ungleich sinnvoller als das alljährliche Absammeln von Kröten an den Plastikzäunen entlang der öffentlichen Straßen.

In diesem Zusammenhang sind Angaben von JEDICKE [1990] interessant. Demnach kann der Aktionsradius einer *Erdkröte* über 2,2 km betragen. Laichgewässer erreichen damit ein Einzugsgebiet von bis zu 1500 ha!

Wenn man so will: Kröten fängt man mit dem Bagger leichter als mit dem Plastikzaun!

Je nach Exposition kann sich aus einer Böschung

ein »Trockenrasen« entwickeln. Wegaufhiebe, wenn sie breit genug sind, haben auch *Waldrandcharakter* und ziehen jene Vogelarten an, die auch Waldränder als Brut- oder Nahrungshabitat bevorzugen.

Selbst wildökologisch wie rein jagdlich sind Wegaufhiebe nicht ohne:
- Rehwild orientiert sich stark an *Grenzlinien* und meidet den geschlossenen Wald. Erst die Erschließung und stärkere Nutzung zog die Rehe ins Waldesinnere.
- Proßhölzer wie Weiden, Vogelbeere, Weißdorn usw. wachsen (außer auf Kulturflächen) fast nur entlang der Wege und werden stark verbissen.
- Wegaufhiebe können relativ kostengünstig in Dauergrün für Rotwild umgewandelt werden.
- Im Sichtbereich der Waldwege (am Weg oder vom Weg aus) ist Schalenwild regelmäßig beobachtbar – und bejagbar.

Feuerschutzschneisen

Besonders in den trockenen Kiefergebieten Norddeutschlands und Frankens, aber durchaus nicht nur dort, wurden spätestens nach den verheerenden Bränden im Sommer 1974 verstärkt Feuerschutzschneisen angelegt. Sie können ihren Zweck (wenn überhaupt!) nur ab einer Mindestbreite von 15 m erfüllen. Ohne Wert sind dabei Feuerschutzstreifen mit leicht brennbarem Bodenbewuchs. Zumindest Einsaat, verbunden mit regelmäßiger Mahd oder Mulchen ist daher angesagt.

Es gibt aber, je nach Standort, auch noch eine ganze Reihe anderer »Nutzungsmöglichkeiten«. Wo in Feuerschutzstreifen bereits naturnahe Elemente wie Blänken, Seggenwiesen, Tümpel usw. enthalten sind, wäre es eine Sünde, diese zu beseitigen. Im Gegenteil, hier ist weiterer Ausbau und Biotopverbund naheliegend. Wo das Grundwasser hoch genug steht oder ansonsten Wasser zuläuft, wäre ein »antipreußischer« (also kein schnurgerader, gleichmäßig breiter) Grabenaushub entlang solcher Feuerschutzschneisen auf jeden Fall eine Bereicherung – im Sinne von Brandschutz *und* Naturschutz. Entsprechende Öffentlichkeitsarbeit vorausgesetzt, lassen sich derartige Vorhaben sogar kostenlos oder zumindest sehr preisgünstig durchführen: Es findet sich fast immer ein Fuhrunternehmer, der einen Samstag lang zum Selbstkostenpreis – oder kostenlos – baggert, wenn sein Firmenname dafür in die Medien kommt.

In Rotwildgebieten wird man bestrebt sein, derartige Schneisen als Dauergrünland zu pflegen. Hierbei im Einzelfall notwendig werdende kleinflächige Entwässerungen lassen sich in der Regel mit neuzuschaffenden Feuchtelementen kombinieren. Sprich: Die feuchte Schneise wird zwar teilweise trockengelegt, daneben entsteht aber ein umso feuchterer Teilbereich.

Die eigentliche, von derartigen Grünlandflächen ausgehende »Belastung« ist die regelmäßige Mahd; sie kostet Geld und überdies ist es nicht immer leicht, überhaupt einen Landwirt zu finden, der diese Arbeit übernimmt. Schon aus dieser Sicht ist eine üppige Düngung nicht angesagt. WEIS [1983] kommt bei umfangreichen Untersuchungen von Dauergrünland in bayerischen Revieren zu dem Ergebnis, daß für *Waldstandorte* eine Phosphor- oder Phosphor-Kali-Düngung (Thomaskali, Phosphatkali, Hyperphos u. a.) nicht nur zur Pflanzenernährung, sondern auch zur Umwandlung vorhandener Pflanzenbestände ausreichend ist.

Für die Praxis heißt das: Schneisen (überhaupt Grünland) müssen nicht unbedingt umgebrochen und neu eingesät werden, um sie in die Qualität von Äsungsflächen zu versetzen. Es genügt, neben anfangs etwas häufigerer Mahd Düngung wie oben erwähnt, um zur Verholzung neigende Obergräser zurückzudrängen und die Leguminosen- und Kräuteranteile zu steigern. Grundsätzlich muß bei starker Beäsung immer mit einem kontinuierlichen Rückgang der Kräuteranteile gerechnet werden. Dieser erfolgt umso schneller, wenn neben Rot- und/oder Damwild auch noch das selektierende Rehwild auf die Flächen zieht.

Wo der Verbißdruck so stark ist, daß ohne Stickstoffzufuhr nichts mehr zuwächst, müssen die Wildbestände (dramatisch) hoch sein. Äsungsverbesserung kurbelt dann zunächst die Überlebensraten und die Vermehrung des Wildes an, ohne die Waldvegetation irgendwie zu entlasten!

Wo Umbruch und Neueinsaat – aus welchen Gründen auch immer – unumgänglich sind, eignen sich die auf Seite 213 aufgeführten Ansaatmischungen. In der Regel genügt es aber völlig, beim örtlichen Lagerhaus nach einer Grünlandmischung für die lokalen Standortbedingungen zu fragen und eine solche zu verwenden.

Nach Möglichkeit sollten Feuerschutzschneisen,

die dem Rotwild gleichzeitig als Äsungsflächen dienen, mit Sichtblenden versehen sein. Entweder es werden am Anfang und am Ende dichte, versetzte Strauchriegel eingeschoben oder die Schneise muß – was grundsätzlich schöner ist – eine gekrümmte Form haben oder an den Enden abgewinkelt sein.

Schneisen sind »Ersatz-Kahlschläge«

In den norddeutschen Kiefergebieten sind breite, besonnte Schneisen häufig mit Heidekraut bewachsen. Ihnen kommt eine ähnliche Funktion zu wie den Kahlschlägen. Sie sind nämlich bevorzugter Lebensraum einer ganzen Reihe von Tieren, die sich im kahlschlaglosen, naturnah bewirtschafteten Wald gar nicht so wohlfühlen. Schon deshalb und ganz abgesehen davon, daß auch die Heide *(Calluna vulgaris)* ganz gerne vom Schalenwild verbissen wird, kann es angebracht sein, derartige Schneisen nicht nur zu erhalten, sondern zu verbreitern. Wenn zumindest im Randbereich des Waldes zur *Kiefer* noch *Birke, Eiche* und *Traubenkirsche* treten und im »Untergeschoß« die *Heckenrose* oder wenn sich neben der Schneise noch ein Kahlschlag befindet, dann entsteht ein für eine ganze Reihe von Arten typischer Lebensraum. Hier finden wir *Ziegenmelker, Raubwürger, Neuntöter, Braunkehlchen, Heidelerche* und nicht zuletzt das *Birkhuhn*.

Verheidete, breite Schneisen sind folglich besonders dort notwendig, wo ertragsarme und schlagweise bewirtschaftete Kiefernwälder in naturnahere Waldgesellschaften umgewandelt werden. Sollen sie das Überlaufen von Bodenfeuern verhindern, müssen sie von einem nassen, besser einem wasserführenden Graben begleitet werden.

Die Besenheide degeneriert nach 25 bis 30 Jahren und verschwindet auch, wenn sie nicht regelmäßig verjüngt wird. So befindet sich die Heide in nichts anderem als einem vom Menschen immer wieder zurückgedrehten Sukzessionszustand.

Heidekraut braucht mineralischen Boden als Keimbett, während sein Hauptkonkurrent, die Drahtschmiele *(Deschampsia flexuosa)* ein ausgesprochener »Rohhumuskeimer« ist und zur Keimung Licht braucht. Überalterte Heide verlichtet nun, unter ihr hat sich im Laufe der Jahre eine Rohhumusschicht aus eingetragenem Material gebildet, auf die jetzt Licht fällt, und schon sprießt die Konkurrenz.

Die Samen des Heidekrautes bleiben allerdings über Jahrzehnte keimfähig. Wird die Rohhumusschicht beseitigt, erwachen sie. Die Samen der Konkurrenzpflanzen sind hingegen nur relativ kurz keimfähig.

Querschnitt durch eine Äsungsschneise. Beidseitige Gräben als Entwässerung und »Feuchtlebensraum«. Besonders saumseitig breiter Aufhieb, keine glatte Baumfront bilden.

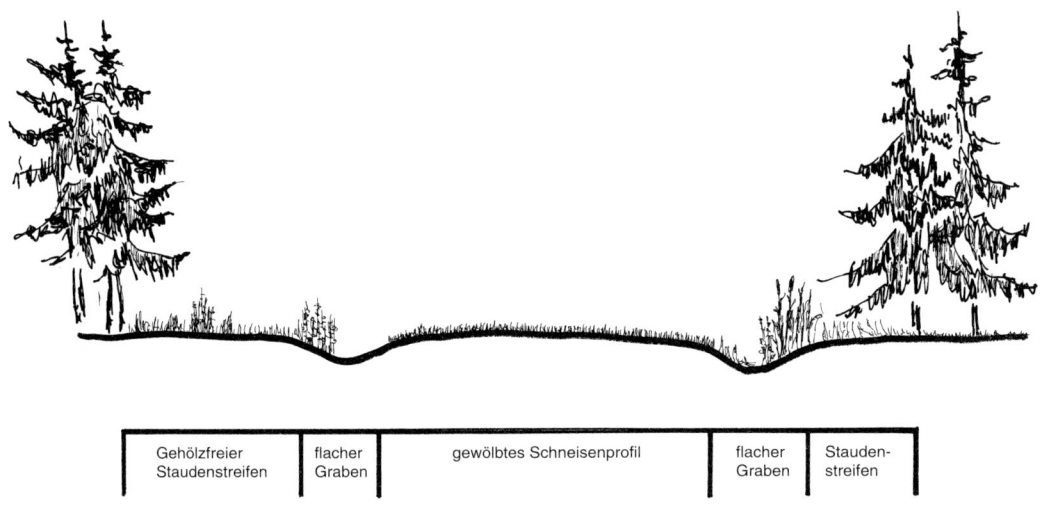

| Gehölzfreier Staudenstreifen | flacher Graben | gewölbtes Schneisenprofil | flacher Graben | Staudenstreifen |

Selbst Immissionen scheinen eine nicht unwesentliche Rolle beim Rückgang von Heidekrautbeständen zu spielen. Stickstoffeintragungen begünstigen nicht nur bedrängende Arten, sondern führen bei Heidekraut zu »Streß«! Extreme Situationen wie Trockenheit oder Frost können ihm dann gefährlich werden [LINDEMANN 1989]. Früher sorgte der Bauer mit seinen Schafen und durch das »Plaggen« für Erhalt (ja für die Entstehung!) von Heiden. Heute muß größtenteils die Landschaftspflege einspringen.

Wie schwierig es ist, bei der Beweidung die richtige »Balance« zu finden, zeigen Untersuchungen in Schottland. Dort ging das Heidekraut bei einer Beweidung mit 3,3 Schafen/ha kontinuierlich zurück, während bei 2,2 Schafen/ha eine Zunahme zu verzeichnen war. Bei Auftrieb von 5 Schafen/ha schrumpfte der Heideanteil innerhalb von 4 Jahren von 80% auf ganze 9% [AID, Biotope pflegen mit Schafen, 1988]. Hinzu kommt, daß die im Stall zugefütterten Schafe mit ihrem Kot auch nicht unerhebliche Nährstoffmengen in die Heide tragen und damit das Wachstum heidebedrängender Pflanzenarten *(Drahtschmiele, Pfeifengras, Schafschwingel* u. a.) ankurbeln.

Auf Waldschneisen, wo Beweidung ja kaum infrage kommt, muß die Heide alle 10 Jahre gemäht werden. Das sollte tunlichst etappenweise und zwar in parallelen Streifen erfolgen. BLAB [1986] empfiehlt, nie mehr als 25% der Fläche auf einmal zu mähen, damit alle Altersstufen nebeneinander vertreten sind. Das bedeutet alle 2 bis 3 Jahre eine Mahd. Diese soll mit einem Schlegelmäher durchgeführt werden, und zwar so tief als irgend möglich, um den Charakter eines flachen Plaggens zu erreichen [TÖNNIESSEN 1992 mündlich]. Anschließend muß das Mähgut herunter, damit offener Boden zum Vorschein kommt. Das ist wichtig, denn wo die Humusauflage bleibt, kann sich die Heide nicht generativ vermehren, wohl aber die Drahtschmiele. Die Mahd von Heidebestände, die 20 und mehr Jahre alt sind, ist ohnehin fragwürdig. Durch sie werden die Gräser eher begünstigt wie die Heide. Früher plaggten die Bauern alle 20 bis 40 Jahre. Dabei wurde die gesamte Humusschicht mit beseitigt – ideal für *Calluna vulgaris*. Die Schotten brennen ihre Heiden ab und erreichen dadurch ebenfalls eine Verjüngung, nur ist diese Methode im Wald unbrauchbar und überdies stößt sie gegen emotionale Barrieren in der Bevölkerung.

Eine »rationale« Methode ist das Abschieben solcher Schneisen – und anderer Heideflächen – mit einem *Grader*, wie er im Wegebau eingesetzt wird (Kosten 500 DM/ha). Wesentlich teurer ist dabei die Materialabfuhr (5000 DM/ha). Derartig geräumte Flächen benötigen allerdings mehrere Jahre, ehe sie wieder mit Heide bestockt sind.

WEINZIERL [1968] berichtet über gute Erfahrungen mit Heide-Ansaat. So entstanden auf norddeutschen Truppenübungsplätzen, auf von den Panzerketten abgehobelten Sandböden nach Aussat von 1 kg/ha Heidesamen wieder geschlossene Bestände. Die Panzer hatten dort dieselben Keimbedingungen geschaffen wie sie beim Einsatz eines Graters entstehen. Woher der Heidesamen zu beschaffen ist, soll offen bleiben. Eine Möglichkeit ist die, abgeschobene Flächen einfach mit gemähten samentragenden Heidesträuchern zu belegen, und die Samen ausfallen zu lassen.

Feuerschutzschneisen müssen hin und wieder auch befahren werden, egal ob sie nun als Dauergrünland oder als Heide gepflegt werden. Die dabei entstehenden, sandigen Fahrspuren sind ökologisch durchaus sinnvoll. Auf ihnen läuft bevorzugt der Hase, hudert das Birkhuhn und jagt der Würger. An den bis auf den Boden besonnten Spurrändern siedeln Ameisen und zahlreiche andere Insekten.

Dauergrünland für Schalenwild und Landschaftsbild

Rehwild-Äsungsflächen sind im Wald in aller Regel nicht notwendig und schon gar nicht während der Vegetationszeit. Wälder, die zwischen April und Dezember dem Reh nichts mehr zu fressen bieten, wurden – häufig genug – von diesem selbst schon gefressen! Damit wird nichts gegen Wildäcker im Feld gesagt (s. Seite 49), im Gegenteil. Auch kleine *Kirrflächen* im Wald haben ihre Berechtigung, erleichtern die Bejagung, ermöglichen ein Minimum an Selektion und senken den Jagddruck; das ist ihre Bestimmung.

Daß auch umfangreichste Äsungsverbesserung im Wald nichts an der Verbißbelastung ändert, zeigten jahrelange, umfangreiche Versuche in mittelfränkischen Rehwildrevieren durch die Bayer. Forstliche Versuchs- und Forschungsanstalt, oder die Versuche mit Nutzpflanzendecken auf Hiebsflächen in Niedersachsen (s. Seite 198). Das liegt einfach daran, daß Rehe zum einen nicht *grasen*, sondern *selektieren*, und zum anderen recht territorial veranlagt sind. Sie ziehen eben *nicht* über größere Strecken im Rudel zu einem Wildacker, und wo auf einem solchen größere Sprünge zu beobachten sind, muß es verdammt viel Rehe geben!

Sachlich kann man trotzdem nichts einwenden, wenn in Rehwildrevieren Waldwiesen mit »rehwildfreundlicheren« Gräser-Kräuter-Leguminosen Mischungen eingesät werden, statt sie aufzuforsten (s. Seite 215).

Anders verhält es sich mit dem Rotwild und erst recht mit Dam- und Muffelwild. Sie *grasen* und sie ziehen im Rudel viel weiter umher als das heimliche Reh, in seiner relativ kleinen *home-range*.

Es ist einfach eine Grundsatzfrage: **Wenn ich in geschlossenen Waldrevieren ja zum Rotwild sage, muß ich auch ja zur künstlichen Äsungsfläche sagen.**

Ausgenommen davon sind Regionen wie die Allgäuer Alpen, wo dem Rotwild während der Vegetationszeit weit mehr Grünland zur Verfügung steht als es überhaupt nutzen kann. Schon in Oberbayern und in manchen Teilen Österreichs sieht das anders aus. Wo die Almen nach und nach aufgegeben und zugefichtet werden, bleibt dem Rotwild gar nichts anderes übrig als tagsüber in den Einständen zu schälen und zu verbeißen (dann mangels Masse in selektierender Form) und nachts auf Verjüngungsflächen. Ähnlich sind die Verhältnisse in den meisten Mittelgebirgen und in der norddeutschen Kieferneinöde.

Man kann darüber diskutieren ob man Rotwild will und braucht, aber man kann nicht darüber diskutieren, ob dieses auch etwas fressen muß! Und noch etwas: Äsungsflächen im Rotwildrevier sind in Verruf gekommen, weil sie in vielen Fällen mit dem Hintergedanken an die Zementierung standörtlich überhöhter Wildbestände installiert wurden und werden und nicht parallel zu einer zielführenden Reduktion!

Wieviel Äsung produziert der Wald?

Welche Masse an »schalenwildtauglicher Äsung« im Wald wächst, hängt primär von zwei Faktoren ab: Von der Wilddichte und von der Art der forstlichen Bewirtschaftung, wobei letztere in ihrer Handlungsfreiheit vielfach wieder durch die Schalenwilddichte limitiert wird. WEIS [1983] und BAUERNFEIND [1984] unternahmen den Versuch, die Äsungskapazität in unterschiedlichen Waldtypen zu erfassen. Dabei ging es nicht etwa um den Nachweis, daß im Wald genug natürliche Äsung wächst, sondern um den

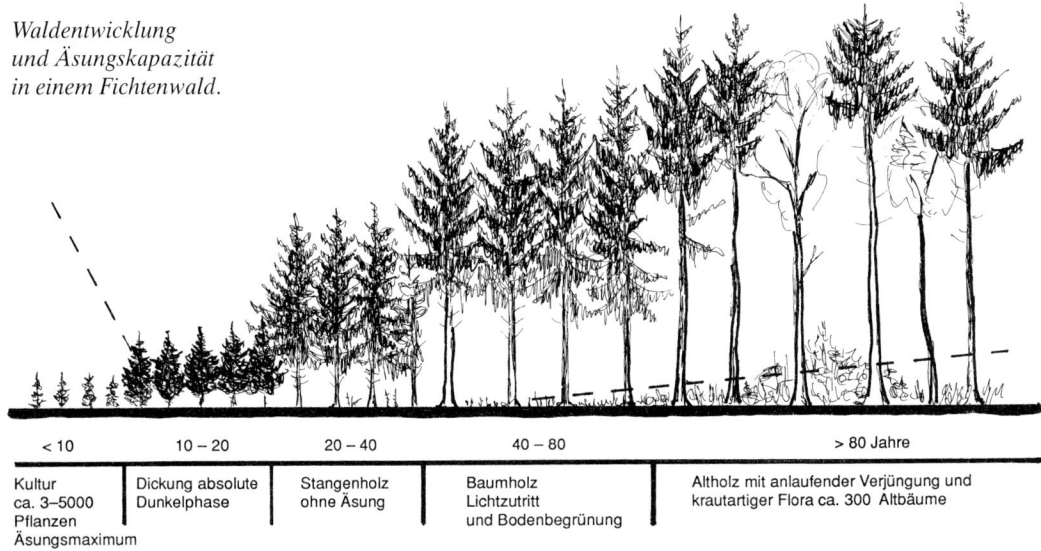

Waldentwicklung und Äsungskapazität in einem Fichtenwald.

Nachweis der Notwendigkeit von künstlichen Äsungsflächen. Auf den ersten Blick sprechen die Zahlen in Tabelle 27 für sich.

Tabelle 27: Vom Schalenwild aufnehm- und verwertbare Pflanzenmasse in unterschiedlichen Waldbeständen (in Anlehnung an WEIS und BAUERNFEIND)

Nr.	Flächentyp	kg Trm./ha
1	Fichtenaltbestände mit *sehr hohem* Gehalt an flächendeckender Brombeere	693,6
2	Fichtenaltbestände mit *mittlerem* Gehalt an flächendeckender Brombeere	253,6
3	Fichtenaltbestände mit *geringem* Gehalt an flächendeckender Brombeere	80,0
4	Bestandesteile mit flächendeckenden jungen Laubhölzern (Windwurfflächen, Waldränder)	13,2
5	*typische* Laubholzbestände (Buche), <50 Jahre	0,4
6	*typische* Nadelholz-Endnutzungsbestände, >80 Jahre	4,8
7	*typische* Nadelholz-Altdurchforstungsbestände, 40 bis 80 Jahre	2,0
8	*typische* Nadelholz-Jungdurchforstungsbestände, 20 bis 40 Jahre	0,4
9	*typische* Nadelholz-Jungpflegebestände, 10 bis 20 Jahre (Dickungen)	0,0
10	Flächen mit junger Fichtenbestockung, <10 Jahre (Kulturen)	414,8

Bei genauerer Betrachtung entsteht ein ganz anderes Bild. In einem 100 ha großen Waldgebiet mit vorwiegend Nadelholz gehören bei einer Umtriebszeit von 120 Jahren 60 ha Fläche zumindest dem Flächentyp 3 an: 80 kg Trm. × 60 = 4800 kg Trm.
Hinzu kämen 8,3 ha Kulturen (Bestände <10 Jahre): 414,8 kg Trm × 8,33 = 3456,5 kg Trm.
Das sind zusammen und unter Vernachlässigung aller sonstigen, mit Äsung bestockter Flächen rund 8256 kg Trm., was dem durchschnittlichen Aufwuchs von 2,75 ha Wildacker entspricht.
Lassen die Wildbestände – und die forstliche Wirtschaftsweise – einen Wald *plus* autochtoner Bodenflora wachsen, steigt die natürliche Äsungskapazität sprunghaft an.
Attraktive Äsungsflächen ziehen zweifellos Wild an. Wird dieser »Sog« nicht durch höhere Abschußquoten kompensiert, muß der Druck auf die natürliche Waldvegetation größer werden. Eine Entlastung ist nur für die relativ kurzen Zeiträume gegeben, in denen das Wild seinen Bedarf – auch während des Tages – auf den Wildäckern oder Dauer äsungsflächen decken kann. Ist der Acker leer, stürzt sich ein erhöhter Wildbestand auf die Waldvegetation.
Was nachstehend über Dauer äsungsflächen und Wildäcker im Wald ausgeführt wird, unterstellt, daß die Konsequenzen aus diesen Grundüberlegungen im Einzelfall berücksichtigt werden.

Zugängliches Dauergrünland

WEIS fordert von »schalenwildgerechtem Grünland« etwa folgende Artenzusammensetzung:
60 bis 65 % Süßgräser
20 bis 30 % Kräuter
10 bis 20 % Leguminosen
Maschineneinsatz, als Vorbedingung völliger Neueinsaat, ist im Wald häufig problematisch bis unmöglich und zusätzlich teuer. WEIS [1983] verweist daher auf die Möglichkeit, über zielgerichtete Düngung bereits vorhandene Pflanzengesellschaften umzubauen. Solche Möglichkeiten bieten z. B. Erdwege, wenn sie breit genug aufgehauen wurden/werden, insbesondere solche, die in Nord/Süd- oder Nordost/Südwest-Richtung verlaufen. Voraussetzung ist ein »Grundkapital« an geeigneten Äsungspflanzen. In den meisten Fällen muß zunächst – abhängig vom pH-Wert – kräftig aufgekalkt werden (<10 dt/ha Branntkalk). Über jährliche Gaben von ca. 10 dt/ha eines physiologisch basischen PK-Düngers (z. B. Thomaskali, Phosphatkali, Hyperphoskali) und bei Vermeidung von Stickstoffgaben ändert sich innerhalb einiger Jahre das Artenspektrum. Sauergräser und ein Teil der Kräuter werden zurückgedrängt, die Leguminosenanteile und Süßgräser gefördert.
Wem das zu langsam geht (oder wenn die Bestockung lückenhaft ist), kann mit oberflächiger Einsaat, ohne Bodenbearbeitung, nachhelfen. Ich habe mich im eigenen Revier auf die Zusaat von Rot- und Weißklee beschränkt, und damit gute Erfolge erzielt. Nicht mit dem Naturschutzanspruch der Jäger vereinbar ist die Düngung von Trockenrasen usw.
Mindestens ebenso wichtig wie zielgerichtete Düngung ist regelmäßige Mahd. Unerwünschte Arten dürfen keine Chance haben, sich zu versamen, ihre Blattmasse muß regelmäßig zurückgedrängt werden. Wo die Mahd unterbleibt, kann

man kiloweise Samen hinwerfen; er kann aus Lichtmangel nicht keimen.

WEIS beschreibt auch die Ansaat auf unbearbeiteten Waldböden, wobei lediglich die Nadelstreu leicht aufgeraut bzw. dicke Buchenlaubschichten beseitigt wurden. Die saure Rohhumusauflage wird gekalkt (ca. 10 dt/ha Branntkalk) und mit der gleichen Menge Phosphat- oder Thomaskali gedüngt.

Wie soll die ideale Daueräsungsfläche im Wald aussehen?:
- Lage möglichst in den Einständen. Entweder die Dickungen müssen unmittelbar an die Fläche reichen (das geht immer nur auf Zeit) oder sie muß in einer »verkehrsberuhigten« Zone liegen, so daß sich das Wild zumindest am frühen Morgen noch bei Tageslicht auf ihr bewegen kann ohne gestört zu werden. Das Beste wäre die Ausweisung des Umfeldes, ca. 5–10 ha als Wildschutzgebiet.
- Größe – je nach Exposition und Form – mindestens 0,1 ha und nicht größer als 0,5 ha. Kleine Flächen erfordern einen hohen Bewirtschaftungsaufwand und leiden unter hohem *Randschattenanteil*. Große Flächen werden vom Wild nur unzureichend genutzt.
- Eher schmale und dafür langestreckte Flächen werden vom Rotwild bei Tage wesentlich lieber angenommen als große Flächen mit ähnlichen Kantenlängen, weil das Wild auf beiden Seiten die schützende Dickung möglichst nahe haben will.
- Die Fläche soll möglichst keine »glattgeschnittenen« Kanten haben. Rotwild zieht früher und vertrauter aus, wenn die angrenzenden Bestände buchtenreich verlaufen. Lieber einen breiten, buchtenreichen Aufhieb neben der eigentlichen Fläche, auf der sich eine standortübliche Vegetation entwickeln darf; also un- oder nur wenig beeinflußte Stauden- oder Strauchsäume
- Eine derartig plazierte Fläche muß – im Prinzip – auch jagdlich tabu sein.
- Sie muß mit Maschinen trotzdem gut erreichbar und selbst problemlos befahrbar sein; Zufahrtswege gehören für den Publikumsverkehr gesperrt oder zumindest als Sackweg geführt und ausgeschildert.

Solche Flächen zu finden ist in »Friedenszeiten« oft schwer. Die Februarstürme 1990 boten hierzu jedoch einmalige Chancen, die nur sparsamst genutzt wurden.

Zu ursprünglichen Waldwiesen führen immer ausgebaute Wege; Wanderwege wurden in der Vergangenheit bevorzugt an derartige »Auflockerungen« herangeführt. Daher wird man um Kompromisse selten herumkommen. Das heißt, wir müssen uns mit Flächen begnügen, die von ihrer Lage her nicht gerade ideal sind, auf die das Wild nur während der Nachtstunden ziehen kann. Es steht dann auch nichts dagegen, sie zusätzlich mehr oder wenig intensiv jagdlich zu nutzen.

Feuchtwiesen umwandeln?
Feuchtwiesen quasi aus »Naturschutzgründen« zu entwässern und in Wildäcker oder -wiesen umzuwandeln, ist ein unverzeihlicher Anachronismus. Das betrifft freilich nicht jede vernäßte Wiese, auf der neben Gräsern nur Binsen wachsen.

Schon die Beschattung durch Randbäume sorgt dafür, daß Waldwiesen oder Schneisen mit der Zeit vernässen, wird das Wasser nicht abgeleitet. Um Entwässerung wird man daher in den meisten Fällen nicht herumkommen. Unterbleibt sie, muß mit dem Maschineneinsatz beim Walzen und Mähen zu viel Rücksicht genommen werden. Solche Flächen sind erst nach längerem Abtrocknen befahrbar.

Die Tiefe der Entwässerungsgräben hängt in erster Linie von der Exposition des Geländes und seinem Untergrund ab. In der Mehrzahl der Fälle wird eine Grabentiefe zwischen 40 und 60 cm ausreichend sein. Wo schon gebaggert wird, soll nicht nur Wasser abgeführt, sondern in Restmengen auch gehalten werden. Gräben entlang von Äsungsflächen müssen folglich beidseitig flache Ufer haben und eine variable Sohltiefe. Ein ca. 40 cm tiefer Graben erhält dabei einen Querschnitt von 1,5–1,8 m. Flache Ufer und Mulden in der Sohle machen so aus einem Entwässerungsgraben einen attraktiven Laich- und Überwinterungsbiotop für Amphibien, Brutplatz für Libellen und Rückzugsgebiet für jene Pflanzen, die durch Entwässerung und Bewirtschaftung von der Äsungsfläche verdrängt werden.

Wo es geländemäßig zu machen ist, bietet sich auch die Anlage eines kleinen Tümpels an, der stark wechselfeucht sein darf.

Gräben sind aber nur dort akzeptabel, wo nicht gemäht werden muß. Innerhalb der Flächen kommen nur Drainageschläuche infrage, wie sie inzwischen auch die Landwirtschaft verwendet.

Tabelle 28 Der Äsungswert verschiedener Wildackerpflanzen für Reh- und Rotwild
[Aus: »Die Pirsch« 5/90 Dr. G. B. Weiss]

Pflanzenart	Bevorzugungsgrad bei Rotwild			Blattäsungspflanze für Rehwild		
	hoch	mittel	gering	hoch	mittel	gering
Getreidearten						
Hafer	×	–	–	–	(×)	×
Sommerweizen	–	×	–	–	–	×
Winterweizen	–	×	–	–	×	–
Sommergerste	–	–	×	–	–	×
Wintergerste	×	–	–	×	–	–
Sommerroggen	–	(×)	×	–	–	×
Winterroggen	×	×	–	(×)	×	–
Waldstaudenroggen	×	×	–	(×)	×	–
Hirse-Arten	–	–	×	–	–	×
Buchweizen	×	–	–	×	–	–
Kreuzblütler						
Sommerraps	×	–	–	×	–	–
Winterraps	×	–	–	×	–	–
Sommerrübsen	–	–	×	–	–	×
Winterrübsen	–	(×)	×	–	(×)	×
Marktstammkohl	×	×	–	×	×	–
Blattstammkohl	×	×	–	×	×	–
Westf. Furchenkohl	×	×	–	×	×	–
Ölrettich	(×)	×	–	(×)	×	–
Weißer Senf	–	–	×	–	–	×
Kohlrübe	–	×	–	–	×	–
Stoppelrübe	–	–	×	–	–	×
Hülsenfrüchte						
Ackerbohne	–	–	×	–	–	×
Futtererbse	×	–	–	(×)	×	–
Sommer-/Winterwicke	–	×	(×)	–	–	×
Gelbe Süßlupine	×	–	–	×	–	–
Ausdauernde Bitterlupine	–	–	×	–	–	×
Sojabohne	–	×	–	–	×	(×)
Kleinkörnige Leguminosen						
Perserklee	×	–	–	×	(×)	–
Alexandrinerklee	–	×	–	–	(×)	×
Inkarnatklee	–	(×)	×	–	–	×
Ackerrotklee (tetraploide Sorten)	×	–	–	×	–	–
Schwedenklee	(×)	×	–	–	×	(×)
Luzerne	–	×	(×)	–	×	×
Esparsette	×	–	–	×	(×)	–
Serradella	(×)	×	–	–	×	–
Gelber/Weißer Steinklee	–	–	×	–	–	×
Weißklee	×	–	–	–	–	×
Hackfrüchte						
Mais	×	–	–	–	–	×
Kartoffel	–	(×)	×	–	–	×
Futter-/Zuckerrübe	×	–	–	×	–	–
Comfrey	–	–	×	–	–	×

× = zutreffend   (×) = bedingt zutreffend   – = uninteressant   *Fortsetzung Tabelle n. Seite*

Tabelle 28 Fortsetzung

Pflanzenart	Bevorzugungsgrad bei Rotwild			Blattäsungspflanze für Rehwild		
	hoch	mittel	gering	hoch	mittel	gering
Gräser						
Welsches Weidelgras	×	–	–	–	(×)	×
Einjähriges Weidelgras	×	–	–	–	(×)	×
Wiesenlieschgras	×	–	–	–	(×)	×
Knäulgras	×	–	–	–	×	(×)
Wiesenschwingel	–	×	–	–	–	×
Sonstige Futterpflanzen						
Futtermalve	–	×	–	(×)	×	–
Topinambur	×	(×)	–	–	(×)	×
Sonnenblume	×	(×)	–	–	(×)	×
Phazelia	–	–	×	–	–	×

Die Abstände zwischen Gräben oder Entwässerungsschläuchen sollen 25 m nicht übersteigen, ansonsten bilden sich schnell feucht bis nasse Mulden.
Den Grabenaushub nie auf der Waldseite deponieren, sondern zu Aufschüttmaterial für die Äsungsflächen umfunktionieren. Schneisen bekommen dadurch ein gewölbtes Profil, das punktueller Vernässung vorbeugt.

Stockrodung, die teuerste Variante:
Die Kosten für die Einrichtung derartiger Dauergrünflächen sind erheblich. UECKERMANN [1988] ermittelte in 3 Forstämtern des Landes Rheinland-Pfalz Durchschnittskosten für die Herstellung des Planums (Rodung, Entfernen von Oberflächengestein und Planie) von 3560 DM/ha. Dabei schwankten die Kosten örtlich – je nach Schwierigkeitsgrad – ganz erheblich. Sie betrugen im günstigsten Falle 1200 DM/ha und im ungünstigsten 12 400 DM/ha. Inzwischen sind die Maschinen- und Lohnkosten bereits erheblich gestiegen.
Wo sich der Waldbesitzer zur Neuanlage von Äsungsflächen auf Holzboden entschließt, sollte er prüfen, ob die Räumung eines Stangenholzes mit anschließendem Stockfräsen-Einsatz unterm Strich nicht preisgünstiger ist als Stockrodung und -beseitigung mittels Bagger auf der Hiebsfläche eines Altholzes. Die Ansaat von Dauergrünland lohnt sich auf einer derart vorbereiteten Fläche nur nach 2 bis 3 Jahren meliorativen, abwechselnden Anbaus von Getreide – vor allem Hafer – und Kreuzblütlern, um auch den Unterboden wenigstens etwas aufzuschließen.
In nahezu allen Fällen muß bei Waldböden zunächst der pH-Wert verbessert werden, ehe sie als Dauergrünland genutzt werden können. Dazu ist eine Grundkalkung von 50 dt/ha Branntkalk vor der Ersteinsaat notwendig. Auch in den Folgejahren muß noch regelmäßig gekalkt werden.
Auf schwierigen Böden ist nach Stockrodung und Vollumbruch zudem ein meliorativer Voranbau mit Hafer und/oder einer Zwischenfrucht (s. Seite 27) notwendig.
Alles in allem entstehen aktuelle »Startkosten« zwischen 2500 und 24 000 DM/ha. Unterstellt man für ein 1000 ha großes Waldrevier die Notwendigkeit von 4 ha Daueräsungsfläche, so kostet deren Ersteinrichtung (ohne Ansat) im schlimmsten Falle fast 100 000 DM!

Dünger im Wald?
Man kann über den »chemieverseuchten« Zustand unseres Planeten im allgemeinen und über den trostlosen Artenschwund als Folge von Immissionen im besonderen philosophieren wie und solange man will, aber über einige grobe Felsen steigt man mit aller Philosophie nicht hinweg: Alles, total alles auf diesem Planeten ist »Chemie«, selbst ihre überzeugtesten Gegner, in ihrer gesamten Stofflichkeit. Und wo ich einem Boden über den Anbau von Pflanzen Nährstoffe entziehe, muß ich ihm wieder welche zuführen – oder die nächste Pflanzengeneration hat weniger Nährstoffe zur Verfügung.

Waldböden leiden selten Mangel an Stickstoff, sie zeigen aber neben einer schon chronischen Versauerung in vielen Fällen deutliche Mängel in der Phosphor-, Kali- und Magnesiumversorgung. Gelbnadlige Fichtenkulturen, selbst Vergilben älterer Nadelhölzer und entsprechende Analysen zeigen dies.

Nun mag der über Immissionen eingetragene Stickstoff (durchschnittlich ca. 40 kg/ha) zur Versorgung der Wildwiese absolut genügen; er wird aber nach dem *Gesetz des Minimums* überhaupt nicht oder allenfalls negativ wirksam, wenn es an den übrigen Nährstoffen fehlt. Auch vom Wild wandert in Form von Urin und Kot in erster Linie wieder Stickstoff zurück, während andere Nährstoffe wie Kalk, Phopsphor oder Kali beispielsweise in den Knochen des Wildes deponiert werden. Die aber wandern eher in die Müllverbrennung denn auf die Wildwiese.

Mit Kompostierung kann man all diese Nährstoffe ziemlich risikolos wieder zurückführen, aber gibt es in der Bundesrepublik tatsächlich noch einen Förster, Jäger oder sonstigen Naturfreund, der Zeit hätte, 4 ha Wildwiesen ausreichend mit Kompost zu versorgen?

Also: Düngung muß sein, doch in Maßen!

Ohne Vorratsdüngung geht nichts

Der erste Schritt bei der Neuanlage einer Äsungsfläche wird und muß immer die Bodenanalyse sein. Wir wissen somit – ehe Bagger und Traktor anrollen –, was dem Boden fehlt und wieviel wir ihm zuführen müssen. Während die Kalkung schon unmittelbar nach der Planie erfolgt (meist im Spätsommer oder Herbst), hat es mit der Vorratsdüngung Zeit bis zur Aussaat im Frühjahr. Als ganz groben Anhalt dürfen wir (ungeachtet der Bodenanalyse) einem Bedarf (und entsprechenden Kosten) von 5 bis 7 dt/ha Phosphordünger und 4 bis 5 dt/ha Kalidünger oder die weiter oben schon genannten 10 dt/ha kombinierten PK-Dünger kalkulieren.

Pflügen-Fräsen-Fluchen...

Besonders in Gegenden mit reiner Grünlandwirtschaft sind schwere Bodenbearbeitungsmaschinen nicht immer greifbar. Zwar findet sich im Umkreis von 40 km fast überall in Deutschland ein Maschinenring, aber in den besten Zeiten, wenn die Böden schön abgetrocknet sind, werden Mitglieder eines solchen Ringes allemal bevorzugt bedient. Wir müssen warten, warten bis es regnet und der Waldboden wieder zur Schmierseife wird. Eine wirkliche Tiefenbearbeitung scheidet dann aus.

Doch auch unter witterungsmäßig günstigen Voraussetzungen ist manchmal nur eine flache Pflugfurche oder nur ein Fräsgang möglich. Im Boden zurückgebliebene Wurzeln und oben anstehender Ortstein sorgen dafür. Diese Unwägbarkeiten machen es schwer, die Kosten für eine solche Bodenbearbeitung abzuschätzen.

Dem Pflug auf Waldböden meist überlegen ist ein sogenannter *Schwergrubber*, wie ihn die Landwirte heute schon bevorzugt für die Stoppelbearbeitung einsetzen. Unterschieden wird, entsprechend der verschiedenen Aufgabenstellungen zwischen *Schäl-, Pflug- und Tiefgrubber*. Letztere sind besonders geeignet, in Waldböden Verdichtungshorizonte aufzubrechen. Auf alle Fälle hinterlassen Grubber ein krümeligeres Substrat als der Pflug. Über Winter friert das von ihm hinterlassene Beet aus und zerfällt. Wird erst im Frühjahr vor der Saat gegrubbert, sorgt eine Egge als Nachläufer, in einem Arbeitsgang, für ein saatfähiges Beet. Je nach Qualität der Planie kann es sinnvoll oder auch notwendig sein, die gegrubberte Fläche vor der Einsaat noch abzuschleppen.

Die *Fräse* arbeitet nicht so tief, ist aber oft die einzige Alternative zum Pflug und hinterläßt eine gute Krümelstruktur.

Welche Mischung für welchen Standort?

Um jeder Illusion vorzubeugen: Wildwiesen werden bei starker Beäsung durch »Graser« innerhalb weniger Jahre entmischt. Will man zur ursprünglichen Pflanzengesellschaft zurückkehren, ist spätestens nach 5 Jahren eine Neuansaat notwendig. Während Rehe die einzelnen Kräuter zwischen den Gräsern herausselektieren und letztere weitgehend verschmähen, »fressen« Rot-, Dam- und Muffelwild die Fläche wahllos ab. Die Oberschicht wird entfernt, Untergräser und Kräuter erhalten Licht. Inwieweit letztere dadurch wirklich begünstigt werden, hängt von ihren Ansprüchen und von der Höhe des Äsungsdruckes ab. Wir sollten die Dinge keinesfalls komplizierter machen als sie sind. Je weniger wir über den Standort und die Ansprüche der einzelnen Gräser und Kräuter wissen, um so artenreicher mischen wir.

Die Firma APPEL in Beerfelden-Gammelsbach führt eine unkomplizierte Wiesenmischung im Angebot, mit der man auf den meisten Standorten zurechtkommt:

Sedamix-Wildäsung
Dauerweide für Rotwildreviere, alle Standorte
  20,0 % Deutsches Weidelgras *Maprima*
  20,0 % Knaulgras
  20,0 % Lieschgras
  20,0 % Wiesenrispe *Alsa*
   5,0 % Weißes Straußgras
   7,0 % Weißklee *Huia*
   4,0 % Rotklee
   4,0 % Hornschotenklee

100,0 %

Aussaat: Frühjahr bis Herbst
Saatgutbedarf: 40 kg/ha
Preis: 10 DM/kg (Stand März 92)

Diese Mischung soll nicht als das Nonplusultra dargestellt werden. Es gibt mehr als ein Dutzend ähnlicher und ständig werden neue ausgeklügelt – der Mensch hat Zeit und Muse... Gelegentlich wird dringend die Zugabe einer »Wildkräutermischung« empfohlen. Wozu eigentlich? Entweder der Wildbestand steht in einem angemessenen Verhältnis zur vorhandenen Nahrung, dann bedarf es dieser »Tricks« nicht (zumindest nicht im Wald) oder er ist zu hoch, dann hilft weder die Aussaat von Wegerich und ähnlichen Schönheiten, noch irgend eine andere Maßnahme in dieser Richtung.

Was letztlich wächst, wohin sich die ursprüngliche Pflanzengesellschaft verschiebt, hängt von vielen Faktoren ab, am wenigsten von einer gewürzartigen Kräuterbeisaat: Standortfaktoren, Beäsungsintensität, Nährstoffeintrag über Kot, Urin und Immissionen, Handelsdünger und letztlich Pflegemaßnahmen wie Walzen,

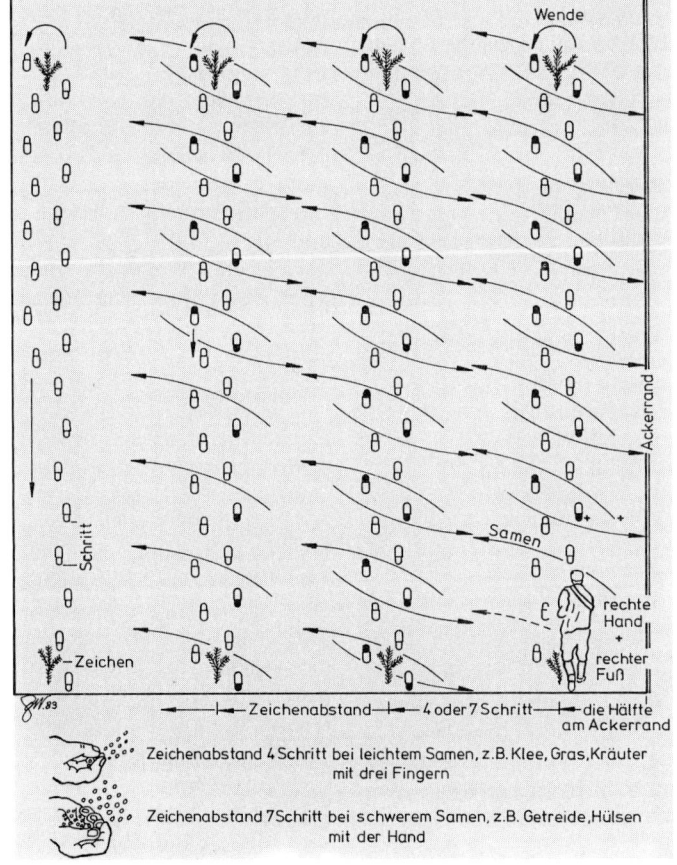

[Aus: »Die Pirsch« 6/90 G. WANDEL]

Eggen, Mähen, einschließlich Bodendruck durch Maschinen.

Kräuterwiese im Rehwildrevier
Eine Einschränkung zu dem oben Gesagten sei erlaubt: Waldwiesen in reinen Rehwildrevieren, die erhalten werden und gleichzeitig für das Rehwild attraktiv sein sollen. Rehwild ist kein »Grasfresser«! Mehr als 20 Rehe ziehen auch kaum auf ein und dieselbe Wiese, schließlich leben sie nicht im Rudel, sondern *einzeln* und *territorial*. Ein Großteil des Aufwuchses wird daher gemäht und beseitigt werden müssen. Schon aus diesem Grund erübrigt sich laufende Düngung. Je nach Standort reduzieren sich die ausgesäten Arten mit der Zeit wieder. Trotzdem ist eine Neueinsaat – wenn überhaupt – nur in größeren Zeitabständen notwendig.
Bunte Kräuterwiesen sind großartige Insektenweiden und in ihrer Blütenpracht ein erfrischender Anblick. Schon aus diesem Grund ist sachlich nichts gegen sie einzuwenden. Die unten vorgestellte Mischung ist ebenfalls über die Firma Appel KG in Beerfelden-Gammelsbach zu beziehen.

SEDAMIX-Kräuterweide:
Gräser-Arten:
    Wiesenschwingel
    Deutsches Weidelgras
    Knaulgras
    Wiesenrispe
    Lieschgras
    Rotschwingel
    Goldhafer

Klee-Arten:
    Esparsette
    Rotklee
    Weißklee
    Hornschotenklee
    Schwedenklee
    Wundklee
    Gelbklee

Kräuter-Arten:
    Bibernelle, Kümmel, Pastinake, Wegwarte, Ringelblume, Hirtentäschel, Kamille, Petersilie, Schafgarbe und Wegerich

Saatzeit: Frühjahr bis Herbst
Saatgutbedarf: 40 kg/ha
Preis: 12 DM/kg (Stand März 92)

Mit der Kleegeige lassen sich feine Sämereien (Klee, Raps usw.) gleichmäßig verteilen.

Wie und womit wird gesät?
Auf kleinen Flächen, so bis 0,2 ha, oder bei weiten Anfahrtswegen kann von Hand gesät werden. Hat man das prinzipiell vor, ist es besser, die Ansaat-Mischungskomponenten selbst zusammenzustellen und Gräser- und Kleearten getrennt zu säen: die Gräser mit der Hand und die feinen Kleesamen mit einer *Kleegeige*.
Bei größeren Flächen oder wenn mehrere kleine am gleichen Tag eingesät werden sollen, lohnt der Einsatz einer Maschine. Anschließendes Walzen gibt dem Saatgut den notwendigen Bodenschluß und beschleunigt die Keimung.

Wildfutterwiese: Masse statt Klasse?
Früher hatte jedes »richtige« Hochwildrevier seine Wiesen zur betriebseigenen Rauhfuttergewinnung. Möglichst viel Masse mußte aufwachsen, damit die Werbung von Heu und Öhmd halbwegs rentabel war. Heute sind die Löhne von Waldarbeitern, Aushilfskräften und selbst die der »leibeigenen« Berufsjäger so hoch, daß die Eigenwerbung nicht mehr lohnt. Hinzu kommen alle Unwägbarkeiten des Wetters.
Schon in den 70er Jahren, während meiner Dienstzeit bei der Staatsforstverwaltung, war das selbstgeworbene Rauhfutter – bei realer Verbuchung der anfallenden Löhne – mehr als dreimal so teuer wie das angekaufte! Seither sind die Löhne prozentual mehr gestiegen als die Rauhfutterpreise. Wenn man Pech hat, sitzt am Ende ein durch zwei Wochen verregnetes Futter

terabhängigkeit geringer, und es sind weniger Arbeitsgänge auf der Wiese. Umgekehrt steigen die Kosten mit der Entfernung zwischen Wiese und Silobehälter. Manche Wiese müßte allerdings zugepflanzt werden, würde sie nicht zur Futtergewinnung genutzt.

Wildäcker im Wald oder Wildschäden im Feld?

Was haben wir uns in der Vergangenheit nicht schon alles für Hoffnungen gemacht: Äsung braucht das Wild im Wald, wenn es nicht zu Schaden gehen soll...

Erfolgsmeldungen waren überall zu lesen, aus der Heide, aus dem Hunsrück und sonst wo her. Aber schaut man sich jene durch massive Äsungsverbesserung angeblich wildschadensfrei gewordenen Reviere einmal genauer an, folgt die Ernüchterung schnell: Wo außer Kiefer nichts wächst (weil schon im Keimlingsstadium alles totgebissen wird!) findet man weder verbissene Eichen noch geschälte Eschen. Und wo auf besten Standorten die reine Fichtenwirtschaft im Kahlschlagsverfahren betrieben wird – lieblos und unverantwortlich –, wo auch Wiebke kein Umdenken erzwungen hat (oder ein kapitalkräftiger, politisch einflußreicher Jagdpächter solches nicht gestattet), dort mögen durch massive Äsungsverbesserung und Ruhe Schälschäden zurückgegangen sein. Sie wären wahrscheinlich überhaupt nie zur Überlebensfrage des Waldes geworden, wenn *Wald* möglich gewesen wäre und nicht nur *Fichte!*

Trotzdem, es gilt, was auf Seite 209 gesagt wurde: Wenn man in großen, geschlossenen Waldungen ja zum Rotwild sagt, muß man auch ja zu seiner Nahrung sagen. Ich kann einen Steppenbewohner nicht dauerhaft in Dunkelställe aus Nadelholz oder Buche sperren, und mich über die Konsequenzen wundern. Und die Säwanne hat ihren Sinn, wenn ich zwischen Hafer und Klee noch ordentlich »8 × 57« mische, eher zuviel als zuwenig... **Aber es läßt sich ein zu geringer Abschuß nicht durch mehr Äsung kompensieren; das muß in die Hosen gehen.**

Noch ein Argument gibt es: Wildäcker im Wald sollen das Rotwild, nebenbei auch die Wildsauen, von landwirtschaftlichen Flächen abhalten – und diese Funktion erfüllen sie in hohem Maße!

Auch der ist sinnvoll: Mais-Wildacker im Kottenforst bei Bonn, der das Schwarzwild von den umliegenden Feldern abhalten soll; auf dem sonnseitigen Rand wurden Roßkastanien für das Damwild gepflanzt.

So schaut es aus, wenn Schwarzwild in die Felder zieht, weil es im Wald nicht genug Fraß findet.

im Stadel. Beim Ankauf von Ballenheu entscheidet der Jäger selbst – nicht der »Liebe Gott« – ob verregnetes »Seegras« oder sonnengetrocknetes, blattreiches Heu bzw. Öhmd verfüttert wird.

Anders ist das mit der Gewinnung von Wiesenaufwuchs zur Silagebereitung. Hier ist die Wet-

Wildäcker sollen größer sein als Dauergrünland

Das meiste, was im Kapitel über Daueräsungsflächen gesagt wurde, hat auch für im Wald gelegene Wildäcker Gültigkeit – ausgenommen die Größe.

Beim Dauergrünland geht es ja darum, zu einem möglichst engen Verhältnis zwischen Aufwuchs und Nutzung durch das Wild zu kommen. Sind die Flächen zu groß, muß ständig gemäht werden, wobei die Fläche nach jeder Mahd einige Zeit ausfällt. Die abgeäste oder gemäht Grünmasse wächst während der Vegetationszeit ständig nach.

Wildäcker sind vielfach nur während einer bestimmten Zeit attraktiv, je nach dem, was angebaut wird. Mitunter werden auch nur Teile der angebauten Pflanze verwertet, etwa die Ähren beim Getreide, während die Halme weitgehend ungenutzt bleiben. Was zertreten wird, wächst meist nicht mehr so gut und schnell nach wie Gräser und Kräuter. So macht ein Wildacker optisch viel her, unterm Strich liefert er bei gleicher Fläche nicht selten weniger verwertbare oder verwertete Biomasse als eine simple Wiese. Wildackerpflanzen können aber auch weit attraktiver sein als Gräser und stehen somit von Anfang an unter einem hohen Äsungsdruck. Kleine Flächen werden dann ruckzuck kahlgeäst und die Sache hat sich. Wildäcker werden zudem nicht nur von Schalenwildarten angenommen, sondern, wiederum je nachdem was angebaut wird, auch von vielen anderen Arten: Tauben, Finkenarten, Häher, Dachs, Waschbär, Hamster, ja selbst von Rauhfußhühnern. Hinzu kommt, daß der schwächende Einfluß des angrenzenden Waldes auf das Wachstum im Randbereich des Wildackers größer ist als auf der Wiese. Schon deshalb streben wir größere Flächen an.

Wildgetreide: Chance auch für Wildkräuter

In den letzten Jahren keimte in manchen Köpfen (oder warens nur die kopflosen Herzen?) so etwas wie eine »Ideologie des reinen Waldes«. Wald hat gefälligst die Kombination möglichst vieler Baumarten zu sein, plus allem, was am oder unterm Baum wächst. Und wenn Wild als Preis jägerischer Nostalgie unbedingt sein muß – bitteschön. Aber nicht zuviel und nicht zum Lustgewinn »grüner Psychis«!

Markstammkohl im Wald? Ob eine Blautannenkultur unter der Hochspannungsleitung ökologisch viel interessanter wäre?

Markstammkohl statt Händelwurz oder Waldstaudenroggen statt Ahornjugend und Seidelbast(?) – das kann doch überhaupt nicht die Frage sein, auch wenn sie gelegentlich so provozierend gestellt wird. Man kann den Spieß nämlich auch umdrehen: *Calamagrostis* statt Feldrittersporn oder: noch einige tausend Fichten mehr statt blühendem Raps mit Bienen?

Also laß es uns auf den Punkt bringen: Wildäcker im Wald sind nicht unbedingt standortfremd und sie helfen auch nicht *nur* den im Wald lebenden Produzenten und Lagerhaltern von Jagdtrophäen. Es provitieren – wenns richtig gemacht wird – mehr davon, auch bedrohte Pflanzenarten, womit wir endlich beim Getreide wären.

Warum gerade Getreide im Wald und wenn schon, welches?

Früher – noch in den 50er Jahren – wurde Getreide in allen Mittelgebirgen bis in die Hochlagen angebaut. In Teilen Österreichs wird der Hafer von den Landwirten heute noch in 1000 m Seehöhe geerntet.

Auch Dinkel oder Waldstaudenroggen kommen mit rauhen Standorten gut zurecht und bleibt nur wenig hinter Hafer zurück. In Lagen unterhalb 600 m wächst jede unserer Getreidearten, wenn nur der Boden halbwegs paßt.

Auf dem Wildacker ist »Unkraut« – Ackerwildkräuter – nicht unerwünscht. Getreide wird daher auch nicht gespritzt. Die Düngung beschränkt sich auf das absolut notwendige Maß.

Der Einsatz von sogenannten *Halmverkürzern*, wie er in der Landwirtschaft hauptsächlich bei Weizen, Roggen und Wintergerste stattfindet, unterbleibt völlig. Die mechanische Beschädigung von Wildkräutern durch mehrfaches Befahren der Fläche (Spritzung, Düngung) tritt auch nicht ein. Unter diesen Umständen sind Getreide-Wildäcker ideale Rückzugsgebiete für bedrohte Arten!

Größere Getreideflächen im Wald oder auch kleinere (so um die 0,5 ha), wenn sie abseits liegen, werden vom Rot- und Damwild häufig kurzerhand als Tageseinstand umfunktioniert. Das Wild liegt auch tagsüber im Hafer oder im Weizen. Mehr kann man eigentlich nicht verlangen. Im Hafer darf es »schälen«! Auch die Rehe beziehen im Hafer gerne ihr Sommerquartier.

Wie ist das mit der Fruchtfolge?
Getreideanbau ohne Fruchtwechsel ist nicht möglich. Vor allem Weizen wird beim wiederholten Anbau auf gleicher Fläche schnell von der Halmbruchkrankheit, von Schwarzbeinigkeit und Nematoden befallen. Auch die Gerste ist empfindlich, spielt aber für uns keine Rolle. Roggen gilt bis zu einem gewissen Grad als *selbstverträglich*, wird aber bei ununterbrochenem Anbau von Stockälchen befallen. Man muß also die Getreide*arten* (nicht zu verwechseln mit den Getreide*sorten*) alljährlich wechseln.

Lediglich der unverwüstliche Hafer – der als gute Vorfrucht zu den übrigen Getreidearten gilt – pfeift auf Halmbruch und ähnliche Gebrechen. Ihn kann man – bei gleichzeitiger Untersaat von Leguminosen – einige Jahre auf derselben Fläche anbauen.

Ein Anbauschema für die Kombination Wintergetreide (Dinkel) mit Kleeuntersaat sowie Hafer mit nachfolgender Zwischenfrucht zeigt Tabelle 29.

Gemenge auch für Herbst und Winter

Wildäcker sollen in weniger schneereichen Lagen auch die Winterfütterung ersetzen, und möglichst bereits im zeitigen Frühjahr wieder Grünmasse liefern.

Die meisten dieser Mischungen haben den Nachteil, gegattert werden zu müssen. Im Grundsatz gilt: Je beliebter die angebauten Pflanzen beim Wild sind, um so größer muß die Fläche sein. Ansonsten steht nach wenigen Wochen nichts mehr, es sei denn, man gattert.

Ein Gemenge, das nicht gegattert werden muß und – im Spätsommer gesät – Herbst-/Winteräsung und einen raschen Aufwachs im zeitigen Frühjahr liefert, ist der von den Landwirten als Zwischenfrucht angebaute sogenannte Wick-Roggen, der schon auf Seite 28 ausführlicher beschrieben wurde.

Wo es nur um Sommer- und Herbstäsung geht, oder als Vorfrucht zu im Herbst gesätem Wintergetreide, hat sich die Mischung von 100 kg/ha Futtererbsen + 60 kg/ha Hafer bewährt. Im zeitigen April gesät, liefert sie den ganzen Sommer Äsung.

Eine weitere, in vielen Mittelgebirgsrevieren erprobte Mischung ist die **SEDAMIX-Winteräsung**. Sie wird von der Appel KG in Beerfelden-Gammelsbach vertrieben:

SEDAMIX-Winteräsung
Winterraps
Blattstammkohl
Markstammkohl
Wintererbsen
Winterwicken
Winterrübsen

Saatzeit: Juli/August
Saatmenge: 20 kg/ha

Tabelle 29: Fruchtfolgeplan für mehrjährige Wildäcker

1. Jahr J F M A M J J A S O N D	2. Jahr J F M A M J J A S O N D	3. Jahr J F M A M J J A S O N D	4. Jahr J F M A M J J A S O N D
Hafer Dinkel	Rot- + Weißklee	Hafer	Hafer Raps + Rübsen
Dinkel+ Klee	Hafer Raps + Rübsen	Hafer Dinkel Raps + Rübsen	Rot-+Weißklee

Im Herbst des 3. Jahres werden die nebeneinander liegenden Flächen gewechselt; der Hafer wandert auf die Dinkelfäche und umgekehrt.

Erbsen-Raps-Gemenge: hervorragende Äsung im Herbst und Winter, erträgt Frost bis −20 °C.

Die Mischung ist so konzipiert, daß die einzelnen Arten in zeitlichen Abständen für das Wild attraktiv werden. Wenn man die Aussaatmenge um etwa 20% reduziert und dafür noch ca. 20 kg/ha Roggen zugibt, produziert sie Äsung bis ins späte Frühjahr hinein.

Tabelle 30: Günstige pH-Bereiche für Wildackerpflanzen [nach GEISLER 1980]

pH-Bereich	Pflanzenart
4,80–6,2	Kartoffel, Topinambur, gelbe Lupine
5,38–7,0	Weizen, Hafer, Roggen, Mais, Hirse, Ackerbohne, Buchweizen, Sojabohne, Wicken, Sonnenblumen, Seradella
5,68–7,3	Raps, Rübsen, Senf, Kohlarten, Futtererbsen, Rotklee, Ölrettich
5,88–7,5	Zucker- und Futterrüben
6,88–8,0	Luzerne, Esparsette, Steinklee

Mehrjährige Wildäcker sind gefragt

Wirklich mehrjährige Wildackerpflanzen gibt es herzlich wenig. Da steht ganz vorne der Topinambur, der schon auf Seite 44 ausführlich besprochen wurde. Im Grunde ist es so, daß – mit wenigen Ausnahmen – nur solche Pflanzen mehr als zwei Vegetationsperioden überleben, die beim Wild nicht besonders beliebt sind, am langlebigsten ist zweifellos der Topinambur! Eine Ausnahme bilden Klee und Luzerne und deren Mischungen mit Gräsern. Derartige Gemenge haben sich in Schwarzwildrevieren ganz gut bewährt. Viele Jäger scheinen gar nicht zu wissen, das Schwarzwild – bei zusagendem Aufwuchs – genau so intensiv weidet wie die Wiederkäuer.

Schwarzwildwiesen sollten aber dringend im Frühjahr und nach jedem Schnitt gewalzt werden. Das Mähgut muß restlos von der Fläche. Geschieht dies nicht, nisten sich schnell Mäuse ein, mit der Folge, daß die Wiesen regelmäßig umgebrochen werden.

Das nachstehende Klee-Gras-Gemenge gedeiht auch in höheren Gebirgslagen und hält sich ohne weiteres 3 bis 4 Jahre. Danach muß Fruchtwechsel erfolgen.

Klee-Gras-Gemenge auch für höhere Lagen

15 % Deutsches Weidelgras
10 % Welsches Weidelgras
20 % Wiesenschwingel
25 % Rotklee
30 % Schwedenklee
―――
100 %

Aussaat: Frühjahr bis Herbst
Saatmenge: 25 kg/ha

In Revieren mit warmem Klima, trockenen, kalkreichen und tiefgründigen Böden (sprich: auf besseren Böden) ist auch die **Luzerne** (s. Seite 26) empfehlenswert. Sie hält sich bei bescheidenen Ansprüchen gut und gerne 5 Jahre. Luzerneheu wird über alle Maßen gerne genommen. Egal wer es verwendet, zum Wegwerfen ist es zu schade.

Ebenfalls 4 bis 5 Jahre hält sich die wenig kälteempfindliche **Esparsette** (s. Seite 27), deren Boden- und Klimaansprüche geringer sind als jene der Luzerne. Man darf sie getrost unter die Pionierpflanzen einreihen, genau richtig zum Anbau auf eher trockenen Schneisen, in Kiesgruben, auf Erdwegen, Böschungen usw., eben dort, wo andere Wildackerpflanzen versagen.
Aussaat: Februar bis Juni
Saatmenge: 160 bis 200 kg/ha

Kleinflächen mit geringem Pflegeaufwand

In Wäldern, die reich an Naturverjüngung und sonstiger Bodenflora sind, werden Rehe zu Ge-

Eine Wegkrümmung, in der ein Holzlagerplatz ganz nützlich wäre:
Kostenlos wird grober Bauaushub (Steine, Lehm, Ton) angefahren, der Unternehmer spart sich die Deponiekosten. Die grobe Planie erfolgt mit einem Traktor, die Feinarbeit manuell. In der letzten Juniwoche wird – ohne jede Humusauflage und ohne Bodenbearbeitung! – eine Mischung aus Hafer (100 kg/ha), OO-Raps (10 kg/ha) und Weißklee (10 kg/ha) eingesät.

Die Fläche Ende August: Der Hafer hat den Raps schnell überwachsen und steht kniehoch, obwohl in der Milchreife, nehmen ihn die Rehe – noch – nicht an. Im September holt der Raps etwas auf, der Weißklee kümmert. Im Oktober, nach den ersten leichten Frösten, werden alle derartigen Flächen innerhalb 2 Wochen kahlgeäst.

Ein Einarbeiten des Saatgutes ist in dem lehmig-tonigen Material nicht möglich. Ersatzweise wird die Fläche mit dem Mähgut von unserer Hauswiese abgedeckt. Nach 10 Tagen keimt zunächst der Raps, später auch Hafer und Klee. Ende Juli erhielt die Fläche eine geringe Volldüngergabe (6 dt/ha).

spenstern. Gäbe es nicht untrügliche Spuren – den Verbiß – man könnte beschwören, sie seien ausgestorben. Wenn man sie doch einmal sieht, dann stehen sie halb verdeckt oder ziehen schnell über einen Weg oder durch eine Lücke. Wie hätte ich in den letzten Jahren meinen nachhaltig hohen Abschuß erfüllen wollen, ohne eine ausreichende Zahl an Kleinflächen mit halbwegs attraktivem Aufwuchs. Nebenbei schlurft der Igel durch den Raps und sammelt Schnecken, im Staudenroggen mümmeln die beiden letzten Waldhasen und auf dem blühenden Klee summt und brummt es.

Das Thema Kleinflächen ließe sich zu einem dicken Kapitel ausweiten; hier sollen nur ein paar Bilder demonstrieren, um was es geht und welche Möglichkeiten der Jäger hat.

Verbißgehölze – teurer Schmarren?

Mein Gott, was wurde uns in den letzten Jahrzehnten nicht alles schon als Reviergestaltungsmaßnahmen empfohlen und wie blauäugig gingen wir an die Arbeit!

Verbißgehölze, hieß eines der Zauberwörter. Rezept: Man muß dem wiederkäuenden Schalenwild einfach solche Mengen an Proßhölzern gezielt pflanzen und anbieten, daß es dieses nicht mehr notwendig hat, junge Waldbäume zu verbeißen. Der Beweis, daß damit Verbißschäden meßbar reduziert worden sind, steht allerdings noch aus.

Natürlich verbeißen die Rehe derartige Gehölze und zwar meist radikal. Die verwertbare Äsungsmasse ist im Sommer auch gar nicht so gering. Allerdings stellen die Blätter den größten Anteil, weit vor den Knospen und verwertbaren Triebteilen. Doch im Sommer mangelt es in den heutigen, intensiv bewirtschafteten Waldrevieren ohnehin selten an Äsung und schon gar nicht an solcher, die dem Wert und der Struktur von Laub nachsteht. Wo dies aber doch der Fall ist, muß zunächst der Schalenwildbestand auf einen erträglichen Level gebracht werden. Im Rotwildrevier liefern – in Ergänzung zum Abschuß – Wildwiesen oder Wildäcker weit mehr verwertbare Äsungsmasse als Proßhölzer.

Was die Rehe betrifft, so sind sie Einzelgänger. Man müßte quasi jedem Rehbock einzeln »sein« Verbißgehölz schaffen, denn mit seinem erwachsenen Nachbarn teilt er es nicht. Bei uns hieße das auf 100 ha Waldfläche mindestens 20 Verbißgärten nicht unter 0,2 ha anzulegen. Ein absolutes Unding!

Aber selbst wenn man genug Platz hat und Geld störend herumliegt, wird man mit einem Verbißgehölz pro Rehbock nicht verhindern, daß dieser Rehbock den ganzen Tag über genau dort verbeißt, wo er sich gerade zufällig befindet. Er marschiert nicht zum Verbißgehölz, um eben ein Maul voll Weidenknospen aufzunehmen. Er nimmt die Triebe von Tanne und Fichte und die Knospen und Blätter von Ahorn und Buche – *dort wo er gerade steht und geht!*

Ist das Laub erst weg, im Herbst, Winter und zeitigen Frühjahr, bieten alle Proßhölzer verdammt wenig Äsung. Wer es nicht glaubt, nehme eine Baumschere, schneide von einem Busch alle verwertbaren Knospen und anhängende, äsbare Triebteile ab und wiege sie einmal. Er wird von seinen Vorstellungen geheilt sein.

Verbißgehölze sind pflegeaufwendig

Grundsätzlich müssen neu angelegte Verbißgehölze zunächst einmal eingezäunt werden, sonst überlebt kaum etwas. Haben sie Fuß gefaßt und gut ausgetrieben, das kann je nach Gehölzart 2 bis 3 Jahre dauern, befinden sich die Triebe größtenteils schon über Äserhöhe. Entweder

Holzlagerplatz in einem Waldrevier, Schattlage, im Juni: Einsaat mit Raps nach leichter Bodenlockerung.

man muß Strauch für Strauch auf den Stock setzen oder sie wachsen aus. Die Rehe erziehen dann »bestes Weidenstammholz«: unten herum ist alles kahl und ohne die geringste Verbißmasse, oben wächst Holz in den Himmel.

Werden kleinere Pflanzungen im Winter heruntergehauen, ist im Frühjahr häufig neue Zäunung notwendig. Um soviel Proßholz umzusägen, daß die Rehe einen Zentner Knospen äsen

Dieselbe Fläche wie auf Seite 220 abgebildet, im Juli des folgenden Jahres. Der Klee hat sich ohne weitere Bearbeitung oder Düngung prächtig entwickelt.

Solche Wegbankette aufzufräsen und mit Esche einzusäen ist kein Problem. Die Rehe halten die Jungbäume über Jahrzehnte in Äserhöhe, aber die alljährlich zuwachsende Verbißmaße ist denkbar gering. Ein Quadratmeter Wildacker liefert mehr Äsung als 1000 Quadratmeter »Verbißgehölz«!

Wo das Schalenwild »ökoystemgerecht« bejagt wird, bedarf es keiner künstlichen Verbißgärten. Hier wächst »Verbißmasse« in überreicher Fülle. Auf dem Bild: Eiche, Buche, Ahorn, Esche, Hasel, Tanne und Fichte.

können (was ist das schon?), darf man im tiefen Schnee zwei ganze Tage lang von Strauch zu Strauch marschieren und umsägen.

Da gibt es einfachere Methoden, geeignete Äsung zu beschaffen.

Überdies fällt in *Laubholzrevieren* beim winterlichen Holzeinschlag weit mehr Knospenäsung an, als über Verbißgehölze bereitgestellt werden kann.

In Gebirgslagen nimmt das Rehwild teilweise auch die am Licht gewachsenen Triebe frisch gefällter Fichten und noch lieber Tannen. Zumindest erstere stehen in jedem Gebirgsrevier ausreichend zur Verfügung.

Natürliche Verbißgehölze entstehen aus Patronensaat

Unser Ziel muß sein, den Rehwildbestand so zu reduzieren, daß sich die Laubhölzer (forstlich gewollte wie auch alle anderen) optimal entwickeln können. Ist dieser Zustand erreicht, erhält der Rehwildverbiß eine untergeordnete Bedeutung, gleichzeitig steht Verbißmasse in einer Dimension bereit, die wir über Verbißgehölze nie erzeugen können. Nebenbei auch ohne Anlagekosten und Pflegemaßnahmen.

Nichts ist dagegen einzuwenden, wenn der Jäger Weiden, Hasel oder Holunder gelegentlich auf den Stock setzt, um sie zu verjüngen. Auch dabei entsteht Verbißmasse – beim Umsägen wie beim Nachwachsen.

Flurbereinigung als letzte Rettung

Flurbereinigungen, in Österreich *Kommassierung* genannt, sind keine Erfindung der Neuzeit. Im Allgäu wurden die ersten durchaus vergleichbaren Verfahren schon im 17. Jahrhundert durchgezogen. Damals ging es freilich ausschließlich um Grundzusammenlegung und Aussiedlung der Bauern aus den Dörfern, einmal wegen der Brandgefahr, vor allem aber um weite beschwerliche Wege bei der Feldarbeit zu verkürzen.

Das Gros der in den 50er, 60er und teilweise noch in den 70er Jahren durchgeführten Flurbereinigungen waren großflächige und radikale Naturzerstörungen. In Niedersachsen z. B. wurden sogar in den 80er Jahren noch derartige Verfahren alter Qualität begonnen, selbst gegen den erbitterten Widerstand der betroffenen Landwirte. Im liberalen Bayern wäre das zu diesem Zeitpunkt längst nicht mehr möglich gewesen.

Allerdings muß der Wahrheit zuliebe gestanden werden, daß auch in Niedersachsen inzwischen durchaus mustergültige Verfahren abgeschlossen wurden. In der Diepholzer Moorniederung etwa arbeiteten das Amt für Agrarstruktur Sulingen und die Landesjägerschaft Niedersachsen zusammen mit Fachkräften anderer Naturschutzverbände Hand in Hand. Mit einem Aufwand von einer Million Mark wurde ein Biotopverbundsystem in die neu zu ordnende Landschaft gelegt. 200 000 DM brachte die Landesjägerschaft als Träger des Vorhabens auf; 25 000 DM spendeten die Jagdgenossenschaften, deren Reviere durch die Flurbereinigung aufgewertet wurden.

Heute haben Erhalt von landschaftsprägenden Elementen und die Wiederherstellung verlorener Landschaftselemente einen hohen Stellenwert bei der Flurbereinigung. Das ändert nichts daran, daß es nach wie vor *gesetzlich verankertes Ziel* jeder Flurbereinigung ist, zunächst einmal wirtschaftliche Strukturen für die Landwirtschaft herzustellen: Zusammenlegung von Flächen, Schaffung maschinengerechter Formen, bedarfsgerechter Ausbau von Wirtschaftswegen. In Deutschland schreibt das Flurbereinigungsgesetz (FlurbG) darüber hinaus vor, daß

»das Flurbereinigungsgebiet unter Beachtung der allgemeinen Landschaftsstruktur neu zu gestalten« ist. Genannt werden die Belange des Umwelt- und Naturschutzes, der Landschaftspflege und der Jagd. Eine ähnliche Zielsetzung liegt auch der Kommassierung in Österreich zugrunde.

Zu den in Sachen Naturschutz rührigsten Ausführungsbehörden gehört sicher die bayerische Flurbereinigungsdirektion in Ansbach (Mittelfranken). HORST BISCHOFF, ihr derzeitiger Präsident, versuchte durch zahlreiche Vorträge, Naturschutzgruppen und Jäger über Ziele und Möglichkeiten der Flurbereinigung aufzuklären, und forderte sie zur *frühzeitigen* Mitarbeit auf.

Es gibt mehrere Flurbereinigungsverfahren

Gemeinhin herrscht die Meinung, Flurbereinigungsverfahren unterlägen immer gleicher oder ähnlicher Zielsetzung und seien gekennzeichnet durch *einen* vorgeschriebenen Verfahrensweg. Tatsächlich bietet das Flurbereinigungsgesetz nicht weniger als 5 Optionen.

- Die **Regelflurbereinigung** (§§ 1 und 37 FlurbG) ist für umfassende Lösungen eines größeren ländlichen Raumes gedacht. Planung und Durchführung nehmen entsprechend lange Zeit in Anspruch.
- Die **Vereinfachte Flurbereinigung** (§ 86 Abs. 3 FlurbG) beinhaltet Verfahrenserleichterungen und soll eine schnellere Durchführung bei *einzelnen kleineren* Gemeinden ermöglichen. Sie dient der Beseitigung landeskultureller Nachteile im Zusammenhang mit Bau, Änderung oder Beseitigung von Verkehrswegen oder Gewässern. Voraussetzung ist, daß der Träger des Vorhabens alle benötigten Flächen unmittelbar erworben hat. Dieses Verfahren ist gerade für die Belange der Landschaftsgestaltung und des Naturschutzes innerhalb einer kleineren Gemarkung vorteilhaft.
- Die **Beschleunigte Zusammenlegung** (§§ 91 bis 103 FlurbG) dient eigentlich nur der *raschen Verbesserung der Agrarstruktur*, ohne umfassende Berücksichtigung des Biotop- und Landschaftsschutzes. Dabei wird die Wertermittlung der Flächen vereinfacht vorgenommen und möglichst ganze Flächen getauscht.
- Der **Freiwillige Landtausch** (§§ 103a bis 103i FlurbG) verfolgt dasselbe Ziel auf *freiwilliger Basis*, wobei auf eine Wertermittlung der Flächen ganz verzichtet wird. Diesem Verfahren kommt vor allem bei Flächenstillegungen, Extensivierungen, Aufforstungen und Sicherung von Gewässerrandstreifen große Bedeutung zu, z. B. dort, wo es um die Erhaltung von Mäander oder Überschwemmungsflächen geht.
- Die **Unternehmensflurbereinigung** (§§ 87 bis 90 FlurbG) wird *auf Antrag der Enteignungsbehörde* eingeleitet, und ist für technische Großprojekte wie Autobahnbau, Talsperren usw. gedacht. Dabei können auch *großflächig* Belange des Natur- und Landschaftsschutzes verwirklicht und der damit verbundene Landverlust auf eine größere Zahl von Grundeigentümern verteilt werden.

Flurbereinigung im Kaiserstuhlgebiet (Südbaden): Eine ganze Landschaft wurde brutalst umgekrempelt. Allerdings, wenn man wollte, wäre aus den überdimensionierten, reblosen Böschungen einiges zu machen. Zunächst müßten die Kanten der Terrassen mit Hecken bepflanzt werden, um das permanente Einwehen von Pestiziden und Düngern in die Böschungen zu bremsen. Was die Überlebensmöglichkeit für Wildpflanzen und -tiere betrifft, so bietet manches »human sanierte« Weinbaugebiet deutlich weniger.

Insbesondere durch eine **Vereinfachte Flurbereinigung**, durch **Beschleunigte Zusammenlegung** und durch **Freiwilligen Landtausch** können Naturschutzvorhaben im Bereich einer Gemeinde relativ unkompliziert durchgeführt werden.

Als Beispiel kann die Gemeinde Tinningstedt in Nordfriesland (Schleswig-Holstein) dienen.

Im Herbst 1983 wurden die Teilnehmer unterrichtet, die Mitwirkungsbereitschaft erkundet und die Bestandsaufnahme durchgeführt. Bereits im November konnte das Verfahren angeordnet werden, im Sommer 1987 wurde es abgeschlossen. Auf lediglich 890 ha Gemarkungsflächen entstanden so 41 (!) neue Teichanlagen, 9 bisher eutrophierte Viehtränken wurden zu gesunden Teichen umgestaltet. Mit dem Bodenaushub wurden die Teiche »eingewallt« um den Eintrag von Düngemitteln und Herbiziden aus landwirtschaftlichen Flächen zu verhindern. In Vernetzung entstanden zudem 7 neue Feldgehölze und nicht weniger als 7,5 km Feldwege wurden beidseitig alleenhaft bepflanzt.

Unter solchen Umständen muß die Flurbereinigung für zahlreiche Gemarkungen als wirklich letzte Chance angesehen werden!

Der Verfahrensablauf

Eine **Regelflurbereinigung** dauert, vom Beschluß bis zum Abschluß der grundbuchmäßigen Bereinigung, 10 und mehr Jahre.

In solch langen Zeiträumen ändert sich manches. Folglich wird – wenn auch nur noch halbherzig – manches »durchgezogen«, was vielleicht nicht mehr absolut dem neuesten Erkenntnisstand entspricht, jedoch in einer vergangenen Ära beschlossen wurde. Je nach Verfahrensfortschritt ist es schwierig, eine beschlossene Planung *grundlegend* zu ändern. Frühzeitige und überlegte Planung seitens aller Interessierter ist daher dringend notwendig. Unkonventionelle Forderungen lassen sich in der ersten Beratungsphase viel eher deponieren als im laufenden Verfahren.

Wenn in den letzten Jahren hier und dort immer noch Flurbereinigungen durchgeführt wurden, die eher in die Vor-Umweltbewußtseins-Ära passen, dann liegt das eben an der Langwierigkeit des Verfahrens. Letztendlich sind es auch noch *Menschen*, die ihre häufig grundverschiedenen, ja konträren Vorstellungen mit einbringen. Noch vor der förmlichen Eröffnung des Verfahrens finden zahlreiche **Vorgespräche** mit den Betroffenen statt. Dabei will sich die ausführende Behörde ein grobes Bild über die Wünsche und Forderungen *aller* Betroffenen machen. Nach **§ 5 FlurbG** sind über die beabsichtigte Einleitung einer Flurbereinigung eine ganze Reihe von Organisationen und Behörden zu informieren, darunter die **nach § 29 als Naturschutzverbände anerkannten Vereinigungen**. Naturschutz, Vogelschutz, Jäger und Fischer wissen also Bescheid, lange ehe es wirklich los geht. Manche bringen ernsthafte Vorschläge ein und kämpfen um deren Verwirklichung, andere polemisieren am Stammtisch und fluchen auf die Flurbereinigung...

Informiert werden aber nicht unbedingt die Interessensvertreter vor Ort, etwa der Jagdpächter oder die Vogelschutzgruppe, sondern die *anerkannten* Verbände, also in der Regel die

Solche alten Treibwege gibt es nicht mehr sehr viele, aber ist es nicht großartig, daß die Flurbereinigung sie heute schont? Hier vereinigen sich Doppelhecke mit höheren Bäumen, Lehmlachen für die Schwalben und feuchtschattige Bänder für eine Vielzahl seltener Pflanzen.

Landesverbände. Sie erhalten gleichlaufend auch eine Übersichtskarte im Maßstab 1:25 000. Aus ihr wird der Umfang der geplanten Maßnahme ersichtlich. Gleichzeitig ergeht die Aufforderung, etwaige Bedenken vorzutragen. Die angesprochenen Verbände können ihre Stellungnahme und Mitarbeit an *örtliche* Vertreter delegieren.

Bei den Flurbereinigungsdirektionen wird immer wieder über mangelndes Interesse von Verbandsvertretern geklagt! Besonders die *örtlichen* Jäger verhalten sich zuweilen – offiziell – absolut passiv, weil sie fürchten, mit berechtigten Forderungen das Wohlwollen der Bauern bei der Jagdverpachtung zu verlieren.

Obwohl zumindest Naturschutz und Jäger die gleichen Ziele haben müßten, ist ein gemeinsames Auftreten eher selten. Dabei macht Gemeinsamkeit nicht nur stark, sondern erleichtert es auch der Behörde, auf die Wünsche von Beteiligten einzugehen. **Ein großer gemeinsamer Wunsch ist leichter zu erfüllen als drei kleine konträre Wünsche.**

Die ideale Lösung – für die Natur – sähe so aus: Die angeschriebenen Verbände delegieren nach unten (Kreisgruppe DBV und BUND sowie Jagdpächter). Diese nehmen noch ein, zwei »gelernte« Fachleute mit und schauen sich – unter Führung der Flurbereinigung – ein in jüngerer Zeit abgeschlossenes, landschaftlich vergleichbares Verfahren an. Dabei werden vermeidbare Fehler wie Möglichkeiten deutlich, manches läßt sich so schon vorab klären.

Der nächste Schritt wäre ein Konsens zwischen den an der Besichtigung beteiligten Interessensgruppen. Erst das *gemeinsame und fachlich fundierte* Konzept (es darf ruhig etwas mehr sein als erwartet) wird vorgelegt. Wer die Gemeinde auch noch für seine Pläne gewinnen kann, tut sich leichter.

Nach § 38 FlurbG findet anschließend zwingend ein **Grundsatztermin** statt, zu dem alle Beteiligten und Interessensvertreter eingeladen werden. Hierbei wird versucht, die grobe Marschrichtung festzulegen.

Nächster Schritt ist die **Planaufstellung** nach § 41 **FlurbG**. Zwei Pläne werden aufgestellt: der über die Neuverteilung der Grundstücke und jener über die gemeinschaftlichen und öffentlichen Anlagen.

In letzterem werden gerade jene Maßnahmen aufgenommen, die Jäger und Naturschützer interessieren: Wege- und Gewässerbau, Bodenschutzmaßnahmen, alle Maßnahmen des *direkten* Naturschutzes und der Landschaftspflege inklusive jagdlicher Interessen. Jäger und Naturschützer haben folglich auch ein Mitspracherecht, wenn es um den »Posten Erholungsfunktion« geht, etwa einen Grillplatz am Waldrand oder die Funktionsteilung eines Gewässers. Häufig lassen sich »Krisenherde« bereits durch entsprechende Wegeführung entschärfen (s. Seite 180).

Da eine Vielzahl an voneinander abweichenden und teilweise widersprechenden Wünschen die Regel sind, findet als nächster Schritt die sogenannte **Grünbegehung** statt, bei welcher der aufgestellte Plan im Detail diskutiert werden kann. Bei diesem Termin sind auch alle irgendwie tangierten Behörden anwesend. Das ist besonders wichtig, weil man so manches vor Ort noch klären und wenden kann. Die Nichtteilnahme an der Grünbegehung (trotz Einladung) gilt als Zustimmung für die besprochenen Maßnahmen. Nach der Planfeststellung können Änderungsvorschläge, wenn überhaupt, nur noch mit großen Schwierigkeiten berücksichtigt werden.

Der nächste Schritt ist bereits die **Neuverteilung** der Grundstücke. In diesem Stadium ist der Erwerb von Flächen auch den Naturschutzverbänden noch möglich. Hierbei muß es sich nicht um »ökologisch wertvolle« Flächen handeln, auch der Kauf von bewirtschaftetem Ackerland ist sinnvoll, weil im weiteren Verfahrensablauf damit getauscht werden kann.

Alle landschaftsgestaltenden Vorhaben und Naturschutzmaßnahmen berühren weitgehend Privateigentum. Auch die Flurbereinigungsbehörden selbst kaufen landwirtschaftliche Grundstücke an, um diese später gegen schutzwürdige Flächen tauschen zu können.

Bleibt zu erwähnen, daß im Zuge solcher Verfahren auch Gemeindegrenzen korrigiert werden können und mit diesen selbstverständlich auch die Grenzen der Jagdreviere.

Worauf kommt es an?

Heute will man die Landschaft wieder mit Hecken vernetzen, es wird Wert auf Streuobst gelegt usw. Daher ist in zahlreichen neu flurbereinigten Gemarkungen die Heckenlänge nach abgeschlossenem Verfahren höher als vorher, und es gibt wieder mehr Streuobstfläche. Bei Bewertung solcher Maßnahmen ist zu beachten, daß

neugeschaffene Landschaftselemente in der Regel zunächst einen weit geringeren ökologischen Wert haben als gewachsene.
- Die Erhaltung vorhandener Landschaftselemente hat daher grundsätzlich Vorrang vor Ersatzanlagen! Gewachsene Elemente zumindest teilweise in Neuanlagen mit einbringen. Selbst Totholz kann als »Initialzündung« bei der Besiedlung durch Insekten dienen (s. Seite 68).
- Angestrebt wird heute eine Vernetzung derartiger Landschaftselemente auf 300 m, zufrieden sein muß man häufig mit 400 m und weniger, was aber in vielen Fällen die Ausgangssituation übertrifft.
- Hecken möglichst nicht entlang der Wege, sondern zwischen die Parzellen legen, das erhöht ihren Wert ungemein.
- Notfalls auf »gute Optik« (sprich *viele schmale* Hecken) verzichten und dafür ein paar weniger aber *breitere* anlegen, wichtig sind periodisch gemähte Säume.
- Neuanlagen möglichst kombinieren, das erhöht ihren Wert. Also Hecke neben Graben oder Hecke auf/über der Böschung, Hecke im Anschluß an Streuobst, Hecke neben Gewässer usw.
- Immer Verbindungen (Leitlinien) zum Wald hin bilden.
- Naturnahe Waldränder schaffen, die nicht *bewirtschaftet*, sondern nur *gepflegt* werden.

Einer der häufigsten Kritikpunkte ist der Wegebau. Aber gerade auf ihn drängen die Landwirte, während die Flurbereinigungsbehörden selbst inzwischen – der Kosten wegen – Zurückhaltung üben. Gute Wege schonen landwirtschaftliche Maschinen und sparen Treibstoff und Fahrzeiten. *Ortsverbindungswege* werden daher auch in Zukunft asphaltiert (Nachteile s. Seiten 64, 203). Der Trend geht aber zum *Spurweg*, schon weil er dem Unterhaltspflichtigen später weniger Kosten verursacht.

Auch der *Rasengitterweg* wird heute gerne gebaut, besonders als Nebenweg im Hügelgelände. Er bremst nicht nur das abfließende Wasser, sondern ermöglicht, mehr noch als der Spurweg, ein Minimum an autochthoner Wildkräuterflora. Einige Flurbereinigungsdirektionen sind daher dazu übergegangen, derartige Wege auch nicht mehr mit der üblichen Wiesenmischung zu begrünen, sie überlassen die Begrünung der Natur.

Wege sollen nicht am Waldrand entlangführen.

Ganz ohne befestigte Wege geht es nicht; der Spurweg mit Mittelstreifen und Banketten, die sich selbst begrünen dürfen, ist ein erträglicher Kompromiß.

Wo dies unvermeidlich ist, möglichst nur Erdwege. Dafür aber parallel zum Waldrand *Waldinnenwege*, um Holzrückung und Lagerung am Waldrand zu verhindern.
- In Feuchtwiesengebieten (Wiesenbrüterbereichen) Wege auf ein Minimum reduzieren und keine Vollbefestigung.
- Wo immer möglich Stichwege – keine Rundwege – bauen, das beruhigt die Feldflur ungemein!
- Wirtschaftswege grundsätzlich nicht breiter als 3 m, dafür immer an ausreichende Bankettbreite denken.

Feuchtflächen werden immer wichtiger, da der Grundwasserspiegel bundesweit sinkt. Sie gehören überdies zu den artenreichsten Landschaftselementen. Die Flurbereinigung bietet die Möglichkeit, ausgebaute Fließgewässer wieder zu renaturieren, sowie die noch naturnahen Fließgewässer zu sichern und neue Feuchtgebiete, einschließlich Stillgewässer, zu schaffen.
- Grundsätzlich standorttypische Bepflanzung von Fließgewässern (s. Seite 126) und gewässerbegleitende Schutzstreifen in einer Breite von 5 bis 6 m ausweisen und gegen widerrechtliche Bewirtschaftung sichern.
- Vorhandene Mäander möglichst in einen aus der Bewirtschaftung genommenen Korridor legen.
- Bei neuzuschaffenden Stillgewässern fische-

Von der Flurbereinigung geschaffener, 6 m breiter Erdweg mit Altgrasbestand, wie ihn Hasen, Rebhühner und Lerchen mögen; rechts eine Windschutzhecke. Beides wäre ohne Flurbereinigung nicht entstanden.

reiche Nutzung ausschließen, ausgenommen *größere* Stillgewässer, mit der Möglichkeit einer Interessenstrennung.
- Bei *größeren* Stillgewässern (egal ob bestehende oder neu anzulegende) unbedingt auf *Unterschutzstellung* drängen, wo dies nicht möglich ist auf Funktionsteilung (Erholungsbetrieb, Fischerei, Jagd, Ruhezone) bestehen.
- Abbauflächen (Kies- und Sandgruben) dringend in den Ökoverbund mit einbeziehen.

Wer bezahlt den Kram?

Naturschutz durch die Flurbereinigung verschlingt alljährlich Millionen. Allein die Flurbereinigungsdirektion Ansbach, zuständig für Mittelfranken, pflanzte 1987 – in einem einzigen Jahr! – 120 km Hecken und Alleen, und zauberte 50 umfassende Feuchtgebiete. Daraus entstanden Kosten in Höhe von rund 10 Millionen Mark, was 20 % des Gesamthaushaltes entsprach. Allein 1990 wurden in Bayern 830 ha Land im Rahmen laufender Flurbereinigungsverfahren für ökologische Zwecke bereitgestellt, 50 Millionen Mark standen staatlicherseits bereit.

Da nun viele »Naturschutzflächen« nicht von den Bauern übernommen werden, muß die Flurbereinigung nach Käufern Ausschau halten. Sie, die Käufer, sind schwer zu finden – nicht die geeigneten Flächen!

Bei den Gemeinden besteht zwar häufig die grundsätzliche Bereitschaft, Hecken, Hutungen oder Feuchtgebiete zu übernehmen, viele Projekte scheitern aber an leeren Gemeindekassen. Bei Maßnahmen, die sich als Gewässerschutz deklarieren lassen, springen gelegentlich die Wasserwirtschaftsämter ein. Daneben kaufen auch die Landkreise schutzwürdige Grundstücke an.

Flächen, die direkt und überwiegend der Jagd oder Hege jagdbaren Wildes dienen, etwa reine Wildackerflächen, sollten *grundsätzlich* von den Jagdgenossenschaften übernommen werden. Sie können die Kosten finanzieren lassen und die Tilgung zum Bestandteil der Jagdpachtverträge machen.

Was bei einem Flurbereinigungsverfahren an bestehenden, wertvollen Landschaftselementen zu retten ist – wenn sich ein Käufer findet –, geht aus einem Schreiben des LJV Baden-Württemberg hervor:

»In letzter Zeit sind wir dazu übergegangen, uns an Flurbereinigungsverfahren zu beteiligen und modellhaft wertvolle Biotopflächen oder Landschaftselemente gegen Geldeinwurf zu erwerben, um diese auf Dauer zu sichern. So haben wir beispielsweise im Landkreis Heilbronn mehrere Hektar Magerrasenfläche mit einem Teil eines Schonwaldes erworben, im Hohenlohekreis eine über 100jährige Birnbaumreihe (die die Stadt nicht übernehmen wollte!), im Landkreis Sigmaringen Wegrandstreifen, Raine, Magerflächen oder im Landkreis Waldshut 16 ha Moorinseln im Wald, denen die Aufforstung bzw. Verbuschung droht. Das Landesamt für Flurbereinigung hat die Flurbereinigungsämter auf unsere Gesellschaft als Partner in Flurbereinigungsverfahren hingewiesen.«

Die Bundesländer bezuschussen den Ankauf von Biotopflächen durch Naturschutzverbände und erhebliche Mittel werden von den Verbänden selbst aufgebracht. Die Landesjagdverbände (LJV) der alten Bundesländer haben Gesellschaften gegründet, die sich gezielt mit Ankauf und Pflege von Biotopen befassen oder sind Mitglied in Gesellschaften oder Vereinen mit entsprechender Zielsetzung.

Die **Naturland GmbH** des LJV Baden-Württemberg erwarb bisher 106 ha; die **Wildland GmbH** des LJV Bayern 190,5 ha. Der LJV Niedersachsen hat die **Aktion Biotopschutz** gegründet, welche bereits 260 ha ökologisch wertvolle Restflächen aus Flurbereinigungsverfahren, die nicht amtlichen Maßnahmen unterliegen. Nach Möglichkeit wird mit dem örtlichen Jagdausübungsberechtigten oder der örtlichen Jägerschaft bzw. dem Hegering schriftlich die Pflege der Flächen vereinbart.

Pro Natur, ein Ableger des LJV Schleswig-Holstein brachte es im ersten Jahr ihres Bestehens immerhin auf 50 ha.

In Hessen gibt es die **Naturlandstiftung Hessen e.V.**, in der neben dem Landesjagdverband auch Kommunen und andere Naturschutzverbände Mitglied sind. Sie entwickelt großräumige Schutz- und Pflegekonzepte und erwirbt ebenfalls bedrohte Flächen.

Schutzwürdige Flächen werden jedoch nicht nur durch Verkauf an geeignete Träger gesichert, sondern auch durch *Eintragung von Grunddienstbarkeiten*. Ein Weg, der z.B. bei der Ausweisung von Feuchtwiesen, Gräben oder Tümpel gerne beschritten wird (s. Seite 134).

Waldflurbereinigung, was ist das?

Daß es auch eine *Waldflurbereinigung* geben kann, ist weitgehend unbekannt. Bis heute wurden – verglichen mit der *Feld-Flurbereinigung* – auch nur relativ wenige derartige Verfahren abgewickelt. In Wald-Streulagen können dazwischenliegende Teile der Feldmark mit einbezogen werden, wenn es z.B. darum geht, den einzelnen Bauern ihre Wald- und Feldanteile möglichst nahe zusammenzulegen. Die Parzellengrößen im bäuerlichen Kleinprivatwald liegen in vielen Gegenden unter 0,5 ha. Beispiel Waldflurbereinigung Hemmersheim in Franken: Besitzgröße je Teilnehmer durchschnittlich 0,7 ha, Parzellengröße durchschnittlich 0,17 ha. In dieser Größenordnung ist eine »geordnete« Waldbewirtschaftung nicht mehr möglich.

Die Zusammenlegung zersplitterter Flächen begünstigt gleichermaßen eine naturnahe *und* rationalere Waldbewirtschaftung, wenngleich dies, vordergründig betrachtet, ein Widerspruch zu sein scheint. Wohin die Reise geht, hängt vom Willen der betroffenen Waldbesitzer ab.

Im Prinzip ist auch bei der *Waldflurbereinigung* das gleiche Maß und Qualität an Naturschutz möglich wie draußen im Feld:

Ausweisung von Ödflächen, Tümpeln (Feuerschutzteichen), Brandschneisen (Äsungsflächen), breitere Wegaufhiebe (Schalenwildäsung), Ausscheidung von Naturwaldrelikten (Hohltaube u.a.), Ausscheidung von Äsungs- und Bejagungsflächen, Aufbau naturnaher Waldränder, Sperrung der Waldwege für den nichtbefugten Kfz-Verkehr und für Reiter usw.

Auch die Überführung solcher Naturwaldrelikte in öffentlichen Besitz und damit ihre Erhaltung wird durch die Waldflurbereinigung möglich. Sich sachkundig machen und beratend mitarbeiten, statt zu polemisieren, müßte Ziel aller am Naturschutz Interessierten sein.

Die Standortfaktoren

Jedes Landschaftsbild ist zunächst ein Ergebnis der Standortfaktoren; die Möglichkeiten einer Revier- oder Landschaftsgestaltung werden durch sie begrenzt. Wir müssen aber weder Geologen noch Biologen noch Standortkundler sein, um halbwegs treffsicher entscheiden zu können, welche Pflanzengesellschaft wo *standortüblich* ist. Es genügt, die Augen aufzumachen und in der Natur ablesen. Zudem gibt es eine ganze Reihe sogenannter *Leit-* oder *Weiserpflanzen*, deren natürliches Auftreten Schlüsse auf Standortfaktoren zuläßt. Allerdings sind einige Arten durchaus anpassungsfähig, daher ist es immer angebracht, mehrere auf einem Standort wachsende Arten zur Beurteilung heranzuziehen, um keine falschen Schlüsse zu ziehen.

Tabelle 31 Weiser für Bodenfeuchtigkeit und Nährstoffhaushalt im Wald *

Standort	Unter Schirm	Am Bestandsrand und im Freistand	Standort	Unter Schirm	Am Bestandsrand und im Freistand
Naß Versäuert, staunaß, anmoorig	Rauschbeere Siebenstern Kahnblättriges Torfmoos Spitzblättriges Torfmoos	Moosbeere Sumpfporst Einköpfiges Wollgras Sparrige Binse Rasenbinse	**Frischfeucht** Stark sauer bis sauer, Rohhumus	Rippenfarn Gemeines Bürstenmoos Peitschenmoos	Herzzweiblatt (auch saure anmoorige Böden)
Basenhaltig, staunaß, Bruchwaldhumus	Öhrchenweide Wilder Hopfen Bittersüßer Nachtschatten Sumpfdotterblume Sumpflabkraut	Aschweide Schwarze Johannisbeere Sumpfläusekraut Walzensegge Sumpfsegge	Sauer bis schwach sauer, basenhaltig	Schwarzer Holunder Schwarze Heckenkirsche Seidelbast	Wildes Geißblatt Gemeiner Schneeball (auch auf mäßig frisch kalkreichen Standorten)
				Fuchskreuzkraut Gundelrebe	Tollkirsche Steife Wolfsmilch
Basenhaltig, grundnaß	Blutweiderich Winkelsegge Wasserschachtelhalm	Gelbe Iris Waldspirre Rohrglanzgras Schilf		Riesenschwingel Große Waldhainsimse Punktiertes Sternmoos Wellenblättriges Sternmoos	Wasserdost Rasenschmiele Frauenfarn
Feucht Versäuert, wasserzügig	Sparriges Torfmoos Sprossender Bärlapp		An quelligen, basenreichen Standorten	Gelbstern Großblütiges Springkraut Waldstorchenschnabel Wechselblättr. Milzkraut	Feigwurz Hainsternsimse Lerchensporn
Basenhaltig, wasserzügig oder schwankend feucht	Pulverholz Große Brennessel Geißfuß Waldziest Waldnelkenwurz Waldschachtelhalm	Traubenkirsche Purpurweide Bruchweide Bachnelkenwurz Baldrian Engelwurz Mädesüß Schwarzwurz (auch staunaß)	Basenreich, bewegtes Grundwasser	Waldrebe (auch frisch) Aronstab Bärlauch	Hohe Schlüsselblume

Standort	Unter Schirm	Am Bestandsrand und im Freistand
	Hexenkraut Gelbes Windröschen	Hohe Schlüsselblume Lungenkraut
Wechselfeucht Basenärmer	Adlerfarn (auch frisch)	Pfeifengras Flatterbinse Knäulbinse
Basenreicher, dicht abgelagert	Pulverholz (auch feucht) Seegras	Geflecktes Knabenkraut Prachtnelke Blau-grüne Segge
Frisch Sauer, basenärmer	Stechpalme (liebt Luftfeuchtigkeit auch auf reicheren Standorten) Efeu (auch auf bodentrockenen und luftfeuchten Standorten) Sauerklee Schattenblume Glanzmoos Waldbürstenmoos Wurmfarn	Roter Holunder Besenginster (auch mäßig frisch) Roter Fingerhut (auch mäßig frisch) Waldwachtelweizen Weiches Honiggras (auch mäßig frisch)
Mäßig sauer bis neutral, basenreich	Hartriegel Hasel Buschwindröschen Waldlabkraut Waldmeister Waldveilchen Einblütiges Perlgras Waldsegge (auch frisch-feucht) Rauhe Trespe (auch frisch-feucht) Katharinenmoos	Pfaffenhütchen Brombeere Himbeere Hasenlattich (auch sauer) Waldkreuzkraut Waldweidenröschen (auch sauer) Waldschwingel Flattergras Knäulgras
Mäßig frisch Stark sauer, Rohhumus	Heidelbeere (auch frisch) Rotstengelmoos (auch mäßig frisch) Besenförm. Gabelzahnmoos	Preiselbeere
	Wellenblättr. Gabelzahnmoos Keulenbärlapp	Heidekraut
Sauer bis mäßig sauer, basenhaltig	Wald-Blatterbse Kleines Wintergrün Salbei-Gamander Schönes Johanniskraut Hainsimse	Besenginster (auch frisch) Roter Fingerhut (auch frisch) Wiesenwachtelweizen Drahtschmiele Weiches Honiggras (auch frisch) Landreitgras
Basenreich, auch kalkreich	Liguster Kreuzdorn Weißdorn Akelei Bingelkraut (auch frisch) Einbeere (auch frisch) Frühlingsblatterbse Haselwurz Immergrün Rotes Waldvögelein Grüne Stendelwurz Stinkende Nißwurz Waldgerste Nickendes Perlgras	Pfaffenhütchen Wolliger Schneeball Schwarzdorn Mehlbeere Nesselblättrige Glocke Gelber Fingerhut Leberblümchen (auch frisch)
Trocken Stark sauer, verhagert	Weißmoos Rentierflechte	Islandflechte
Basenarm	Wacholderblättr. Bürstenmoos	Schafschwingel
Basenhaltig	Steinmispel Nickendes Leimkraut Thujamoos	Zypressenwolfsmilch Blauroter Steinsamen (auch kalkreich)
Kalkreich	Pfirsichblättr. Glockenblume Schwalbenwurz	Goldregen Felsenbirne Duftende Schlüsselblume Fiederzwenke

* Tabelle aus »Der Forsbetriebsdienst«. BLV-Verlag München.

Zusätzliche Weiser

Auf Wildackerflächen finden sich insbesondere *Säurezeiger*, deren Vorkommen an eine notwendige Kalkung erinnert:
Auf armen Böden: Ackerknäul, Lämmersalat, Ackerspörgel und Ackerstiefmütterchen.
Auf feuchten Böden: Krötenbinse, Honiggras und Hundskamille.
Auf nährstoffreichen Böden: Hederich und Saatwucherblume.
Auf Grünland: Riedgras, Wollgras und Torfmoos.

Die Luft

Was ist Luft? Luft ist nichts oder überall dort, wo nichts ist, möchte man spontan antworten. Dabei gibt es außer diesem »Nichts« und etlichem Wasser ohnehin kaum etwas auf unserem gemieteten Planeten. Der spärliche, meist unwesentliche Rest (auch unser Hirn) ist aus diesen Stoffen aufgebaut.
78% der Erdatmosphäre besteht aus Stickstoff (N_2). 21% ist Sauerstoff (O_2), ohne den funktioniert nicht einmal die Atombombe. Ganze 0,03% sind Kohlensäuregas (CO_2), der Rest sonstige »Gifte« wie Argon, Helium, Neon, Krypton und Xenon. Alle Einzelstoffe der Luft sind – entsprechend dosiert – geeignet, uns sofort umzubringen; gemeinsam sind sie eine geniale Erfindung der Schöpfung an deren ständigen Veränderung wir *alle* (auch wenn sie für uns tödlich sein sollte) gegenwärtig arbeiten! Diese bewußt flapsigen Formulierungen sollen nicht zur Polemik überleiten, sondern im Gegenteil zeigen, wie schnell wir einerseits Begriffen wie »Chemie« einen negativen Klang geben und andererseits, auf wie wenige Stoffe dieses phantastische Gebilde Erde problemlos wieder schrumpfen könnte!
Bei der *Assimilation* nehmen die Pflanzen *Kohlendioxyd* aus der Luft auf, unter Lichteinfluß (*Photosynthese*) wird Kohlenstoff verbraucht und Sauerstoff ausgeschieden.
Genau entgegengesetzt verläuft die *Atmung* der Pflanze, welche, anders als die *Photosynthese*, vom Licht unabhängig ist. Während der Vegetationszeit wird folglich tagsüber mehr Kohlensäure entzogen als abgegeben, nachts hingegen überwiegt die Kohlensäureabgabe.

Emissionen und Immissionen

Das sind zwei Begriffe, die häufig vertauscht und miteinander verwechselt werden. Mit Emission wird der Vorgang des Ausscheidens bezeichnet, also z. B. der aus dem Schornstein kommende Rauch. Unter Immission versteht man den Eintrag, also z. B. das Niedergehen der im Rauch enthaltenen Schadstoffe auf den Wald.
Die Luft ist heute weltweit in unterschiedlichem Maße verunreinigt. Darunter leiden viele Pflanzenarten, und einige werden für besonders immissionsbelastete Standorte auch untauglich, andere sind besonders hart (s. Seite 67).
Schwefeldioxide (SO_2) werden bei Verbrennungsprozessen freigesetzt. In Verbindung mit Feuchtigkeit (Regen, Nebel, Schnee) entstehen Schwefelsäuren. Schwefeldioxid ist ein besonders gefährlicher Luftschadstoff, weil es sowohl direkt über die *Spaltöffnungen* der Blätter aufgenommen wird, als auch über die *Wurzeln*. In den Blättern (Nadeln) stört es, besonders auf feuchten bis nassen Standorten, die Assimilation. Im Boden erhöht die eingespülte Schwefelsäure den pH-Wert teilweise dramatisch. Kleinlebewesen werden abgetötet, zumindest geschädigt, mit allen negativen Folgen für den Boden. Daneben wird direkt das Feinwurzelsystem angegriffen.
Stickoxide (NO_x) entstehen, wenn fossile Stoffe unter hohen Temperaturen verbrannt werden. Mehr als die Hälfte von ihnen entströmt den Auspuffen unserer Kraftfahrzeuge.
Kohlenwasserstoffe (CH_x) sind in Verbrennungsrückständen wie Ruß oder Teer enthalten und stark krebserregend.
Photooxidantien bilden sich unter Einwirkung von ultraviolettem Licht aus Stickoxiden und Kohlenwasserstoff. Sie sind besonders in den sogenannten *Reinluftgebieten* gefährlich, weil sie sich dort in der Nacht nur unzureichend abbauen, im Gegensatz zu Gebieten mit höherer Luftverschmutzung, wo andere Schadstoffe zum Abbau der Photooxidantien beitragen. In Blättern und Nadeln zerstören sie das *Chlorophyll* und blockieren die Funktion der Zellmembranen.
Ruß- und Staubteilchen verstopfen, wo sie vom Wind regelmäßig in größeren Mengen angetragen werden, die Spaltöffnungen der Pflanzen. Organischer Staub ist Trägerstoff und Transportmittel für eine große Zahl von Schadstoffen.

Nicht wenige von ihnen, etwa Blei und Cadmium, verwehen aber auch ohne Trägerstoffe weithin als Stäube.

Das Licht

Pflanzen orientieren sich an der Intensität des Lichtes. So etwa eine ganze Reihe Wiesenkräuter, die nur im »Erdgeschoß« der Wiese wachsen, nicht weil sie von den in der Mittel- und Oberschicht wachsenden Gräsern und Kräutern unterdrückt würden, sondern weil sie deren Beschattung (und das durch sie bedingte Mikroklima) brauchen. Die Obergräser hingegen wachsen oben, weil optimale Belichtung ihrem Wachstum entgegen kommt; im Dauerschatten der Bäume gedeihen sie nicht. Weiden und Birken sind reine Lichtbaumarten, die auf der Kulturfläche der Sonne »entgegenrennen«, aber jämmerlich eingehen, wenn ihnen von anderen Holzarten das Licht genommen wird. Manche Arten kümmern bei voller Belichtung oder gehen gar ein. Wieder andere ändern ihre Ansprüche mit dem Lebensalter, so etwa der Ahorn, der ganz gerne im Schatten heranwächst, später aber Licht beansprucht.

Licht *formt* die Pflanze, es *bewegt* sie. Bäume wachsen »bewußt« in Lücken hinein oder lehnen sich weit über den Waldrand hinaus, um ans Licht zu kommen; andere ziehen sich in den Schatten zurück. Die Pflanze am Wohnzimmerfenster wächst immer gegen die Scheibe; drehen wir sie der Zimmermitte zu, »geht« sie sofort zurück zur Scheibe.

Licht wird benötigt zur Chlorophyllbildung und zur Verholzung von Trieben, es steuert die Blüten- und Fruchtbildung und den Blätterabwurf. Gärtner machen sich das zunutze, indem sie *Kurztagspflanzen* (etwa Chrysanthemen) *verdunkeln* und damit den Blühzeitpunkt bestimmen oder sie *belichten* mit demselben Ziel z. B. den Flieder, eine *Langtagspflanze*.

Die Wärme

Das Maß der Wärme war es (und wird es auch künftig sein), welches durch die Jahrmillionen hindurch das Aussehen der Erde bestimmte. Die meisten höheren Pflanzen beginnen erst bei Temperaturen über $+5\,°C$ wirklich zu »leben«. Bei tieferen Temperaturen werden *Atmung, Photosynthese, Nährstoffaufnahme* und *Transpiration* stark gedrosselt oder ganz eingestellt. Triebteile, die überwintern sollen, werden vorher verholzt und kühlen damit weniger aus. Manche Arten entledigen sich bei ungünstigen Temperaturen eines Teils ihrer Masse – sie werfen z. B. bei Hitze Blätter ab, um weniger zu verdunsten. Andere Arten legen sich eine Wachsschicht auf den Blättern zu oder eine dichte Behaarung und erreichen damit denselben Effekt. Das Optimum des Pflanzenwachstums liegt zwischen $15°$ und $30\,°C$. Steigt die Temperatur über $55\,°C$, gerinnt das *Protoplasma*, das Wachstum kommt zum Erliegen.

Auf ungewohnte Temperaturen reagieren Pflanzen ähnlich wie Menschen. Wird der sonnseitige Waldrand aufgehauen (etwa beim Straßenbau), leiden die freigestellten Bäume an *Sonnenbrand*; andere erfrieren, wenn plötzlich der Frost ungehindert in ihre bisher geschützte »Wohnung« zieht – und alle leiden sie unter *Streß*. Jawohl Streß! Der macht sie dann anfällig gegüber einer Vielzahl kleiner »Wehwehchen« – vom Borkenkäfer bis zum Halimasch – und er kann sie letztlich zum Infarkt führen – genau wie bei uns Menschen.

Der Temperaturablauf im Jahreszyklus bestimmt zudem die Dauer der *Vegetationszeit*. Sie wird nach Norden und bei gleichen Breitengraden auch nach oben hin kürzer. Ebenso ist sie im kontinentalen Klimabereich – ungeachtet des Breitengrades – kürzer als im atlantischen Klimabereich.

Begriffe, die den Praktiker draußen interessieren, sind:

- **Frühfrost** kann im Herbst willkürlich auftreten und schadet vorwiegend Pflanzen, die durch Düngung »aufgeschwemmt« wurden und dadurch unzureichend verholzt sind.
- **Winterfrost** schadet den Pflanzen nur auf suboptimalen Standorten oder wenn er überdurchschnittlich lange anhält oder extrem tiefe Temperaturen herrschen.
- **Spätfröste** werden einer Reihe früh austreibender Strauch- und Baumarten gefährlich. Auch einige landwirtschaftliche Kulturen z. B. Mais sind spätfrostempfindlich. Zumindest in Gebirgslagen ist regelmäßig bis Mitte Mai *(Eisheilige)* mit Spätfrösten zu rechnen, sporadisch selbst im Juni *(Schafskälte)* noch. Spätfröste fallen fast ausschließlich in Schönwetterperioden. Dem Nachtfrost folgt also ein sonniger Morgen. Den bereits im Saft stehenden Trieben platzen dann die Zellen.

Es kommt zum Absterben ganzer Pflanzen (Weißtannen!)

Die Wirkung von Spätfrösten ist unterschiedlich, je nachdem, in welcher Form sie auftreten:

- **Strömungsfröste** entstehen durch Zufluß großer Kaltluftmengen und kriechen hauptsächlich von Norden und Osten her in die Bestände ein und erfassen meist alle Höhenschichten des Waldes.
- **Strahlungsfröste** entstehen durch Wärmeausstrahlung in windstillen, klaren Frühlingsnächten. Sie sind bei richtiger Pflanzenwahl relativ ungefährlich, da sie *Schirme* nur abgeschwächt durchdringen.
- **Staufröste** entstehen ebenfalls durch Wärmeausstrahlung, wobei die entstandenen Kaltluftmassen von ihrem eigenen Gewicht bewegt werden und abgleiten. In Mulden kann dann die Kaltluft nicht weiter abfließen, es kommt zum Stau. Spätfrostempfindliche Arten gehören daher nur auf Standorte, an denen der Frost abfließen kann.

Faktor Wasser

Landschaften ohne Niederschläge gibt es nicht. Zumindest in der Nacht kondensiert die Luftfeuchtigkeit und setzt sich als *Tau* ab. Andere, sich niederschlagende Formen der Feuchtigkeit sind *Nebel, Regen, Hagel, Eisregen, Schnee und Rauhreif*. Wasser beeinflußt wesentlich das Klima.

So unterschiedlich die Wasseransprüche der Pflanzen auch sein mögen, ohne Wasser kommt keine aus – schließlich bestehen *alle* Pflanzen überwiegend aus diesem Stoff. Wasser löst die im Boden lagernden Nährstoffe nicht nur, es transportiert sie zur Pflanze und ist (mit etwa 0,2 % der aufgesogenen Menge) selbst Baustoff. Mechanische Funktion kommt dem Wasser beim »Freischwemmen« verstaubter Poren und Spaltöffnungen zu; das ist wichtig, damit die Pflanzen atmen und verdunsten können. Der überwiegende Teil des aufgenommenen Wassers wird ohnehin für die Verdunstung benötigt. Einigen Koniferenarten gelingt dieser lebenswichtige Vorgang selbst bei $-20\,°C$ noch. Ein Teil der Pflanzen nimmt geringe Wassermengen auch über die Blätter auf.

Der Boden

Wenn ich als Bub gefragt worden wäre, aus was der Boden bestehe, hätte ich wahrscheinlich geantwortet: aus Dreck! Vermutlich würden die Antworten vieler Erwachsener ähnlich geistreich ausfallen: Erde, Dreck, Sand, Humus..., wer nichts damit zu tun hat, interessiert sich halt nicht dafür.

Was also ist »Boden«?

Die oberste Verwitterungsschicht der Erdrinde, zusammengesetzt aus mineralischen und organischen Teilen. Die Art des Bodens wird bestimmt durch Gestein, Klima, Vegetation und menschliche Einwirkung.

Was sind nun Gesteine?

Aus chemischen Grundstoffen *(Elemente)* entstehen *Mineralien*. Beispiele: Feldspat, Glimmer, Quarz. Die einzelnen Mineralien verschmelzen oder verbacken zu *Gesteinen*.

Erstarrungsgesteine *(Magmatite)* bilden sich aus der zähflüssigen Masse des Erdinneren. Sind sie langsam – unter der Erdoberfläche – erstarrt, sprechen wir von *Tiefengesteinen*. Bedingt durch die langsame Abkühlung und Erstarrung bilden sich im Gestein sichtbare Mineralfraktionen. Beispiel: Granit.

Was an die Erdoberfläche geschleudert wurde, und dort erstarrte, nennen wir *Ergußgesteine*. Da die Erkaltung an der Erdoberfläche viel schneller abläuft als unter Tage, bleibt dem Gestein keine Zeit zu einer ausgeprägten Fraktionierung. Es erscheint dicht und feinkörnig.

Absatz- oder Schichtgesteine *(Sedimente)* entstehen durch Wasserentzug, mechanische Verdichtung (Lagerdruck) sowie Verkittung mit Kalk (aus Muschelschalen) und Tonmineralien und abschließender Verhärtung. Aus losen (bereits verwitterten) Sedimenten werden neue Gesteine. Beispiele: Sand-, Kalk-, Mergelstein, Schieferton.

Umwandlungsgesteine *(Metamorphite)* bilden sich aus den beiden vorgenannten unter hohem Druck und Temperaturen. Beispiel: Gneis.

Mineralböden

Mineralböden entstanden und entstehen aus Gesteinen unterschiedlicher Herkunft. Häufig haben zwei oder mehr Ausgangsgesteine zur Bildung eines *Bodens* beigetragen.

Hitze, Frost, Wasser und Reibung zerlegen seit Jahrhunderttausenden die Felsoberflächen in

immer kleiner werdende Bestandteile. Ein ewig fortdauernder Prozeß, den wir im Gebirge in allen Stufen und Einzelheiten beobachten können. Aus der Felswand brechen Brocken und zersplittern *(physikalische Verwitterung)*; Säureeinwirkung und Oxydation *(chemische Verwitterung)* führen den Prozeß der Zerkleinerung fort. Wenig unterhalb der Felswand finden wir im Bach schon Feinschluff. Aus dem knallharten Fels wurde ein scheinbar butterweicher Stoff. In Wirklichkeit wurden aus einem großen Stein nur Millionen oder Milliarden winzig kleine Steine, die einzeln genommen noch genau so hart sind wie das Ausgangsmaterial.
Granit als Ausgangsgestein liefert meist sandig-lehmige, kalkarme Böden.
Basalt führt eher zu bindigen, gleichzeitig steindurchsetzen und basischen Böden.

Tabelle 32: Und so wird Mineralboden nach Merkmalen eingeteilt:

Durchmesser in mm	Bezeichnung	Merkmale
unter 0,0002	Feinton	durch Wasser abschlämmbar
0,0002–0,002	Grobton	
0,002–0,006	Feinschluff	
0,006–0,02	Mittelschluff	
0,02–0,06	Grobschluff	Feinerden, die den Hauptbestandteil der Ackerböden bilden
0,06–0,2	Feinsand	
0,2–0,6	Mittelsand	
0,6–2,0	Grobsand	
2,0–20,0	Feinkies	Steinböden oder Skelettböden
20,0–200,0	Grobkies	
über 200,0	Grobe Steine, Blöcke	

Organische Böden

Aus abgestorbenen Pflanzen entstehen *Humus-* oder *Rohhumusböden*. In der Regel ist der Humusanteil der Böden eher gering. Lediglich *Roh*humus kommt teilweise in großer Mächtigkeit vor. Beispiel: *Torf*. Organische Böden unterliegen der ständigen Mineralisierung. Dabei wird die organische Substanz auf chemischem und biologischem (Mikrofauna) Wege wieder zerlegt in die Grundbestandteile *Kohlendioxyd* (CO_2), *Wasser* (H_2O), *Stickstoff* (N), *Phosphor* (P) u. a. Die Humusauflage muß folglich ständig ergänzt werden.
Eine gute Humuszersetzung, unter Bildung von Nitraten wird durch eine ganze Reihe von Weiserpflanzen angezeigt. Bei den Sträuchern sind das *Hasel, Himbeere, Holunderarten* und *Johannisbeere*. Bei den Krautartigen sind es *Waldziest, Geißfuß, Gundelrebe, Schwarzwurz, Stinkender Storchschnabel, Große Brennessel, Große Springkraut, Bingelkraut, Waldkreuzkraut* und *Waldweidenröschen*.

Die Bodenarten

Beträgt der Skelettanteil eines Bodens 75 % und mehr, handelt es sich um Stein- oder Kiesböden. Solche sind vor allem im Gebirge häufig anzutreffen. Sie neigen zu rascher Austrocknung und Erosion. Sich über Jahrhunderte aufbauende Feinerden und Humusbestandteile können schon durch Viehtritt, durch Schmelzwasser, Lawinen oder bei Trockenheit durch Wind abgetragen werden.
Bleibt der Skelettanteil eines Bodens unter 75 %, so wird sowohl der Skelettanteil, als auch die Art der Feinerde genannt. Es gelten Böden als: *sehr stark steinig* bei mehr als 50 % Skelettanteil
stark steinig bei mehr als 25 % Skelettanteil
steinig bei mehr als 10 % Skelettanteil
schwach steinig bei weniger als 10 % Skelettanteil.
Sandböden bestehen im wesentlichen aus Grob- und Feinsanden, ohne nennenswerte Schluff- und Tonteile. Sie haben daher auch eine geringe Wasserhaltekraft, sind nährstoffarm und werden leicht flüchtig (Wind). Sie durchmischen sich schlecht mit Humus und sind sauer.
Anlehmige Sandböden beinhalten neben den Sanden auch bis zu 15 % Schluff und Ton.
Lehmige Sandböden bestehen aus Misch- und Feinsanden und können bis zu 25 % Schluff und Ton aufweisen. Sie haben fast immer eine bereits ausreichende Wasserspeicherfähigkeit und können, wenn gröbere Sande fehlen und der Schluffanteil entsprechend hoch ist, bereits zur Verdichtung und Staunässe führen. Beim Zerreiben hinterlassen sie Lehmspuren an den Fingern.
Sandige Lehmböden beinhalten bereits Schluff- und Tonanteile bis zu 45 %. Sie sind meist gut durchlüftet und haben einen ausgeglichenen Wasserhaushalt. Mit der Hand sind sie formbar.
Lehmböden bestehen zu annähernd gleichen Teilen aus Sand, Schluff und Ton. Sie sind formbar und haben den ihnen typischen Lehmgeruch. Man unterteilt die Lehmböden in *Fein-*

lehme, wenn sie keine Grobsande mehr enthalten und *Staublehme*, wenn auch Feinsande fehlen. Durch das Fehlen gröberer Teile neigen sie zur Verdichtung.

Schluffböden haben neben Ton einen vorherrschenden Schluffanteil. Ihre Bewertung hängt vom Kalk- und Humusreichtum ab. Fehlen diese, so entsteht durch Verdichtung Staunässe.

Tonböden weisen zwischen 30% und 50% Tonanteile auf. Dadurch sind sie sehr gut formbar und glänzen. Sie sind relativ schwer zu bearbeiten, lassen Wasser nur sehr schwer durchsickern. Bei Trockenheit werden sie hart und rissig. Viel Pflanzen dringen mit ihren Wurzeln in diese Böden nicht mehr ein.

Letten sind besonders verdichtete und dadurch vernäßte Böden aus Feinlehm, bis hin zum schweren Ton.

Kalkböden treten als flachgründige Hangschuttböden (Schuttkegel der Kalkalpen) oder als Humuskalkböden auf (z. B. Schwäbische Alb), die über zerklüftetem Kalkgestein lagern.

Humusböden treten sowohl dominierend als Anmoor und Hochmoor auf oder als obere Anteile in vorhandenen Bodenarten mit stark schwankenden Anteilen.

Was ist ein Bodenprofil?

Schneidet man den Boden vertikal glatt auf, wird eine Zonierung sichtbar.

Der **A-Horizont** (*Oberboden*) ist weitgehend anthropogen beeinflußt. Durch mechanische Bearbeitung und Pflanzenwurzeln wird er mürbe. Bodenbearbeitende Lebewesen (z. B. Würmer) sorgen für Humuseintrag und Durchlüftung. Bezeichnet wird diese Schicht auch als *Krume* oder *Mutterboden*. Je stärker sie ist, umso wertvoller. Bis 15 cm wird die Krume als *flach* bezeichnet, 15 bis 20 cm gelten als *mitteltief*, 21 bis 30 cm als *tief* und was darüber hinaus geht als *sehr tief*.

Der **B-Horizont** (*Unterboden*) kann bereits mit löslichen Nährstoffen angereichert sein, die im Oberboden ausgewaschen wurden. Vor allem durch Toneinschwemmung neigt dieser Horizont zur Verdichtung; wir sprechen dann von *Ortstein*. Besonders starke Verdichtungen, in denen sich das Wasser staut, werden zur *Gleye*. Bei sehr flachgründigen Böden, etwa im Gebirge, kann der B-Horizont ganz fehlen. Der Oberboden liegt dann direkt auf dem Untergrund.

Der **C-Horizont** (*Untergrund*) wird durch das Ausgangsgestein gebildet. Dabei muß es sich nicht unbedingt um Fels handeln, auch Sand, Mergel, Löß oder Ton können den Untergrund bilden. Es besteht kein Mangel an *zersetzbaren* Nährstoffen, wohl aber an *löslichen*.

Der pH-Wert

Böden weisen unterschiedliche physikalische Reaktionen auf, wobei wir vom pH-Wert sprechen. Dieser wird vorbestimmt vom Ausgangsgestein des Bodens und korrigiert durch Säureeintrag über Niederschläge. »Gesundes« Regenwasser hat den pH-Wert 5,6. Inzwischen wurden als Extremwerte bereits pH 2,7 gemessen. Ein Absinken um einen Wert, etwa von 5,6 auf 4,6, bedeutet aber eine Verzehnfachung.

Fast alle uns interessierenden Pflanzenarten sind auf einen mehr oder weniger eng begrenzten pH-Bereich fixiert und reagieren mit Kümmerwachstum oder Tod wenn der Toleranzbereich wesentlich überschritten wird. Vor allem in Waldböden, und dort wiederum im Nadelwald, finden wir meist eine leicht, gelegentlich sogar stark saure Reaktion. Sauer sind vor allem die aus Urgesteinen entstandene Böden z. B. Sandböden.

Allgemein werden die Böden je nach pH-Wert wie folgt bezeichnet:

< pH 7,0	= alkalisch
7,0	= neutral
6,9 bis 6,0	= schwach sauer
5,9 bis 5,0	= sauer
4,9 bis 4,0	= stark sauer
> pH 4,0	= sehr stark sauer

Der pH-Wert läßt sich durch einfache Bodenanalysen feststellen, was aber leicht zu Trugschlüssen führt, wenn nur wenige Proben genommen werden, weil er auch auf relativ kleinen Flächen stark schwanken kann. Es gibt aber auch eine ganze Reihe von Wildpflanzen, deren Vorkommen Hinweise auf den Säuregehalt des Bodens geben (s. Seite 230).

Die Gründigkeit der Böden

Darunter versteht man die relativ dünne, von den Pflanzen »bewohnbare« Schicht über dem Grundgestein oder festen Bänken. Die meisten Pflanzen stellen bestimmte Forderungen an die Gründigkeit eines Bodens und haben unterschiedliche Fähigkeiten bei der Erschließung des Bodens entwickelt. Es werden folgende Stufen unterschieden:

bis 15 cm	= sehr flachgründig
15 bis 30 cm	= flachgründig
30 bis 60 cm	= mittelgründig
60 bis 120 cm	= tiefgründig
über 120 cm	= sehr tiefgründig

Grundnährstoffe der Pflanze

Stickstoff *(N$_2$)* ist in der Luft überreich vorhanden (s. Seite 232), jedoch können nur die *Leguminosen* den *Luft*stickstoff mit Hilfe von *Knöllchenbakterien* selbst binden und nutzbar machen. Alle anderen Pflanzen müssen ihren Stickstoffbedarf aus dem Boden decken. Mit der Ernte wird der in den Pflanzen gebundene Stickstoff der Fläche entzogen. Eine stärkere Rückführung findet dort statt, wo viel Losung bzw. Urin auf den Boden fällt. Gewisse Mengen *Luft*stickstoff werden auch durch frei im Boden lebende Bakterien *(Bacterium azotobacter)* gebunden und den Pflanzen zur Verfügung gestellt (20 bis 40 kg/ha). Nicht übersehen werden darf, daß heute im Bundesdurchschnitt zusätzlich rund 40 kg/ha Stickstoff als Immissionen in die Böden eingetragen werden. Das ist bereits die Menge, mit der Landwirte vor einigen Jahrzehnten noch arbeiteten.

Allgemein steigert Stickstoff das Pflanzenwachstum und dokumentiert sich bei optimaler Versorgung optisch durch eine sattgrüne, bei Überversorgung durch eine blaugrüne Farbe des Blattwerkes. Starke Stickstoffversorgung fördert einseitig die Bildung von Grünmasse, unter Vernachlässigung von Knospen, Blüten, Samen und der Verholzung. Bei einem Überangebot von Stickstoff werden Pflanzen labil, sind wenig standfest und gehen schlecht verholzt in den Winter. Stickstoffdüngung fördert bei Gehölzen den Verbiß durch Schalenwild.

Phosphor *(P$_2$O$_5$)* ist als Hauptnährstoff in vielen Böden unzureichend vorhanden. Phosphor-Dünger sind meist schwer löslich, weshalb sie sehr früh im Jahr zugeführt werden müssen. Phosphor ist als *Metaloid* am Aufbau von Eiweißstoffen maßgeblich beteiligt. Bedeutende Mengen werden beim Reifen der Samen in der Pflanze festgelegt.

Phosphor kann relativ unproblematisch auf Vorrat zugeführt werden. FUNK berichtet von Versuchen, bei denen 40 dz/ha Thomasmehl gegeben wurde, das ist das Zwanzigfache der Normalmenge, ohne daß Schäden sichtbar wurden. Als Folge waren nach 20 Jahren noch Phosphorsäure-Reserven feststellbar.

Kali *(K$_2$O)* ist ein Metall, welches als Mineralsalz von den Pflanzen in gelöster Form aufgenommen wird. Es fördert einen gedrungenen, kernigen Aufbau der Pflanze, ist für die Verholzung unerläßlich und stärkt die Widerstandsfähigkeit gegen Krankheiten und äußere Einwirkungen.

Kalimangel zeigt sich an den Wurzeln noch mehr als an den oberirdischen Teilen. Der Wurzelanteil schrumpft, was sich wieder auf den Gesamtzustand der Pflanze auswirkt. An den Wurzelenden zeigen sich bei Kalimangel häufig krankhafte Verdickungen. Bei den Getreidearten bewirkt er eine Verschiebung des Korn-/Strohverhältnisses zu Gunsten des Strohs. Nach GASSNER steigert Kalimangel die Verdunstung der Pflanze und den Chlorophyllgehalt, was letztlich zur Erschöpfung führt. Nach Kali-Überdüngung zeigen sich an der Pflanze jedoch Verbrennungssymptome. Zu beachten ist, daß Kali in einer gewissen Abhängigkeit zu Kalk steht. *Hohe* Kalkgaben verhindern, *geringe* Kalkgaben erhöhen die Aufnahme von Kali.

In der Pflanzenasche bildet Kali mengenmäßig die größte Fraktion.

Kali wird besonders in *leichten* Böden schnell ausgewaschen, während es in *schweren* Böden besser gehalten wird. Eine über mehrere Jahre wirkende Bevorratung, wie dies mit Phosphor möglich ist, funktioniert beim Kali nicht. Im Handel ist es sowohl in *Chlorid*- als auch in *Sulfatform* erhältlich.

Kalk *(CaO)* ist sowohl ein Pflanzen- als auch ein Bodennährstoff. Er verkittet die Feinteile des Oberbodens und verhindert damit die Ausschlämmung. Dadurch wird die Krümelstruktur gefördert. Gleichzeitig dringt Luft und Wärme in den Oberboden, wodurch humuszersetzende Kleinlebewesen gefördert werden. Kalk bindet in hohem Maße der Pflanze unverträgliche Säuren und ist maßgeblich am Skelettbau der Pflanze beteiligt.

Durch den Anbau von ertragreichen Massenpflanzen, durch die Atmung der Pflanzenwurzeln, durch Zersetzung organischer Substanzen, direkte Säureausscheidung einzelner Pflanzenarten und Auswaschung, aber auch durch permanenten Säureeintrag in den Boden werden diesem bedeutende Mengen an Kalk entzogen, weshalb heute überwiegend Kalkmangel zu verzeichnen ist.

Der Landwirt unterscheidet zwischen *Grundkalkung, Erhaltungskalkung* und *Meliorationskalkung*.

Grundkalkungen sollen in stark versauerten Böden rasch den pH-Wert ändern. Dazu werden, je nach Ergebnis der Bodenuntersuchung, zwischen 25 und 50 dt/ha Branntkalk in 1 bis 2 Durchgängen ausgebracht.

Erhaltungskalkung soll die natürlichen Kalkverluste wieder ausgleichen und erfolgt, je nach pH-Wert und beabsichtigter Kultur, alle 3 bis 4 Jahre. Für leichte Böden rechnet man ca. 10 bis 25 dt/ha kohlensauren Kalk *($CaCO_3$)*; schwere Böden erfordern 10 bis 20 dt/ha Brannt- oder Löschkalk *($Ca(OH)_2$)*.

Meliorationskalkungen werden durchgeführt, wenn der pH-Wert radikal geändert werden soll. Dabei muß der Kalk möglichst tief in den Boden eingebracht werden (60 bis 100 cm). Notwendig sind je nach Ausgangssituation und beabsichtigter Kultur bis 200 dt/ha Branntkalk.

Magnesium *(MgO)* wird vor allem zum Aufbau von *Chlorophyll* benötigt, zum Um- und Abbau von Stoffen und zur Steuerung des Wasserhaushaltes.

Magnesiummangel senkt die Erträge und wird u. a. durch sogenannte Chlorosen (Vergilbungen) sichtbar. Leichte Böden weisen meist einen Magnesiummangel auf. Ausreichend versorgt sind hingegen schwere Schwarz- und Braunerdböden.

Magnesium wird dem Boden in Verbindung mit anderen Nährstoffen zugeführt. Etwa als *Magnesiumkalk* oder als *Kalimagnesia* oder als *Stickstoffmagnesia*. In den beiden letzteren ist es in *Sulfatform* enthalten und daher auch schnell wirksam. Im Magnesiumkalk und in Mehrnährstoffdüngern ist es hingegen in der nur langsam löslichen *Carbonatform* enthalten.

Begleitnährstoffe und Spurenelemente sind für das Pflanzenwachstum ebenfalls unverzichtbar, jedoch in den meisten Böden ausreichend vorhanden. Als Begleitnährstoffe werden *Schwefel, Eisen, Natrium, Chlor* und *Silizium* bezeichnet, als Spurenelemente *Bor, Mangan, Kupfer, Zink, Molybdän, Kobalt* und *Jod*.

Tabelle 33: Übersicht über die wichtigsten Pflanzennährstoffe

1. Hauptnährstoffe werden von der Pflanze in größeren Mengen benötigt. Müssen durch Düngung zugeführt werden, da im Boden meist nicht ausreichend vorhanden.	Stickstoff Phosphor Kali Kalk Magnesium	(N) (P) (K) (Ca) (Mg)
2. Begleitnährstoffe, ebenfalls in größerer Menge von der Pflanze benötigt, aber genügend im Boden bzw. als Beistoff in Düngemitteln enthalten.	Schwefel Eisen Natrium Chlor Silicium	(S) (Fe) (Na) (Cl) (Si)
3. Spurenelemente werden von der Pflanze nur in geringen Mengen benötigt und nur in speziellen Fällen durch Düngung zugeführt.	Bor Mangan Kupfer Zink Molybdän Kobalt Jod	(B) (Mg) (Cu) (Zn) (Mo) (Co) (J)

Umgang mit Pflanzen

Schon ein flüchtiger Blick auf die systematische Ordnung zeigt die kolossale Vielfalt im Pflanzenreich. Die allermeisten Pflanzen, denen wir draußen begegnen, fallen uns gar nicht auf, wir sehen oder beachten sie nicht, weil sie völlig unscheinbar sind. Das heißt aber nicht, daß sie ohne Bedeutung wären. *Alle* Lebewesen haben sich vom Niederen zum Höheren hin entwickelt und es sind grundsätzlich die Niederen, die über den Fortbestand der Höheren entscheiden. Rund 370 000 Pflanzenarten wurden bis heute beschrieben und systematisch erfaßt und eingeordnet. Entwicklungsgeschichtlich beschritten die Pflanzen folgenden Weg: Bakterien → Algen → Pilze → Flechten → Moose → Farne → Samenpflanzen.

Hier soll es nur um die Samenpflanzen gehen. Sie bilden innerhalb der Systematik eine *Abteilung*, gliedern sich aber wieder in zwei *Unterabteilungen*: in die *Nacktsamer*, zu denen die Nadelgehölze gehören und in die *Decksamer*. Letztere ordnen sich wieder in zwei *Klassen*: in *Einkeimblättrige*, zu denen die Gräser gehören und *Zweikeimblättrige*.

Etwas über die Vermehrung von Pflanzen

Pflanzen können *generativ* oder *vegetativ* vermehrt werden. Unter generativer Vermehrung versteht man das Entstehen einer neuen Pflanzengeneration aus dem Samen der alten Generation. Diese Methode wenden wir beispielsweise auf dem Wildacker an: Wir säen.

Unter vegetativer Vermehrung ist immer eine Pflanzenteilung zu verstehen. Diese kann in ganz unterschiedlicher Form erfolgen. Das Weidensteckholz ist ein Beispiel dafür: Eine gesunde, wüchsige Rute wird abgeschnitten und in den Boden gesteckt. An der Schnittstelle und an den im Boden steckenden *Augen* bilden sich Wurzeln; aus dem Steckholz entsteht eine selbständige Pflanze.

Vegetative Vermehrung ist keine Erfindung des Menschen. Im Gegenteil, die Natur hat sie uns erst gelehrt: Ein Zweig biegt sich mit zunehmendem Längenwachstum und Gewicht nach unten und berührt schließlich den Boden. Er stützt sich zunächst ab und wächst dann vom Boden aus wieder dem Licht zu. Dort, wo er den Boden berührt, bilden sich Wurzeln; es entsteht eine neue, selbständige Pflanze – ein *Absenker*.

Auch wenn wir unterirdische Ausläufer oder Wurzelbrut abstechen, handelt es sich um vegetative Vermehrung.

Warum betreiben die Jäger keine Pflanzgärten?

Früher hatte jedes Forstrevier seinen Pflanzgarten, in dem fast der gesamte Pflanzenbedarf des Reviers herangezogen wurde. Die meisten Forstsamen stammten zudem von ausgesuchten Samenbäumen des jeweiligen Reviers. In den letzten Jahren wurden die meisten dieser Pflanzgärten aufgegeben. Der Kleinbetrieb war nicht mehr rentabel und dem Förster fehlte meistens auch das umfassende know how der Großbaumschulen. Ob damit immer das bessere – das dem

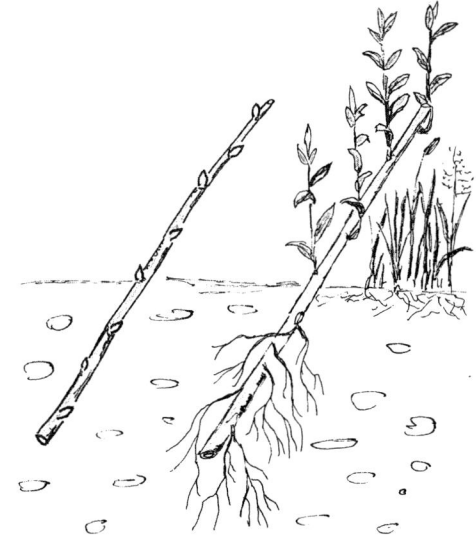

Steckhölzer fürs Freiland mindestens 80 cm lang schneiden. So tief als möglich und schräg stecken, dabei werden die Augen gleichmäßig belichtet. Im ersten Jahr können Probleme durch Vergrasung entstehen.

Standort angepaßtere – Pflanzenmaterial erzeugt wird, sei dahingestellt. Den Bayerischen Forstämtern wurde die betriebseigene Nachzucht von Forstpflanzen in Pflanzgärten auf Druck der Baumschullobby sogar ministeriell untersagt!

Obwohl die meisten ehemaligen Pflanzgärten inzwischen aufgeforstet wurden, gibt es immer noch genug, die sich von Jägern und Naturschützern für Zwecke der Revier- und Landschaftsgestaltung umfunktionieren ließen.

Warum soll nicht jede Kreisgruppe ihren eigenen Pflanzgarten betreiben, in dem permanent Gehölze für die Reviergestaltung herangezogen werden? Ein Großteil der Jäger kennt nicht einmal die wichtigsten Sträucher ihres Reviers, und die Jungjäger beziehen ihre Artenkenntnis aus mehr oder weniger gut bebilderten Prüfungsbehelfen und ein paar zur Bestimmung vorgelegten Zweigen. So ein Pflanzgarten wäre weit mehr als pure Produktionsstätte. Er würde zumindest die neue Jägergeneration der Natur wieder etwas näher bringen als dies der eingeschränkte Blick durchs Zielfernrohr tut. In einigen Bundesländern müssen die Jungjäger, um zur Prüfung zugelassen zu werden, eine bestimmte Zahl von Praxisstunden nachweisen; warum diese nicht auch im Pflanzgarten ableisten? Gewinnung von Saatgut (Früchte und Beeren heimischer Sträucher und Bäume), von Stecklingen (Weide, Liguster, Wildrosen), deren sachgerechte Behandlung; Aussaat, Pflege, Verschulen, ja selbst das spätere Pflanzen draußen im Revier, das wären Dinge die in Erinnerung bleiben, die Kontakt mit der Natur vermitteln und den grünen Horizont um ein ganzes Stück erweitern.

Die Unterhaltungskosten wären minimal und würden kaum übersteigen, was z. B. für »Brauchtumspflege« ausgegeben wird! Auch Zuschüsse seitens der Landkreise wären wahrscheinlich, zumindest dann, wenn Pflanzmaterial auch an andere Gruppen abgegeben würde.

Warum keinen Pflanzgarten zusammen mit dem Vogelschutz? Könnte doch nur der Annäherung und dem gegenseitigen Verständnis dienen.

Noch einen Vorteil hätte ein solcher Pflanzgarten: Er produziert unaufhaltsam, und er zwingt geradezu, ständig neuen Platz für Gehölze zu suchen. Es ist halt schon ein Unterschied, ob einem der Hegeringleiter ständig mit seinen im Gemeinschaftspflanzgarten nachgezogenen »Boschen« in den Ohren liegt oder ob man erst – ohne daß es einen anderen interessiert – einen Baumschulkatalog suchen und bestellen muß!

Gehölzsamen haben Keimhemmungen

Bei den Samen der Einkeimblättrigen und bei einem Großteil der Zweikeimblättrigen und bei den Nacktsamern gibt es da keine Probleme. Wird der Samen etwas vom Boden bedeckt oder findet zumindest einen guten *Bodenschluß* plus ausreichend Feuchtigkeit und Wärme, dann keimt er. Aber bei einem Teil der Zweikeimblättrigen, besonders bei Gehölzsämereien, hat die Natur den Samen Keimhemmungen eingebaut. Diese müssen erst entweder durch Säureeinwirkung und Verdauungsvorgänge im Vogelmagen oder durch Frosteinwirkung beseitigt werden: Die Drossel frißt Ebereschenfrüchte, das Fruchtfleisch wird im Drosselmagen gelöst und verdaut, die Kerne (die Samen) gehen keimfähig über die Kloake ab. Oder: Eicheln fallen ins Laub und frieren zunächst aus; irgendwann werden sie von Humus oder Mineralboden überdeckt und keimen.

Die Verluste in der Natur sind entsprechend hoch. Aber dafür kalkuliert sie von vornherein hohe Verlustquoten ein. Nur sind das im Grunde gar keine Verluste, weil in der Natur nichts verloren geht. Schließlich geht es bei der Eiche nicht nur um den Arterhalt. Dazu würden ja einige wenige Früchte im Laufe eines 300jährigen Eichenlebens genügen. Es geht so nebenbei um Bilch und Eichelhäher, Ringeltaube und Reh und zahllose andere *Konsumenten*.

Wenn wir nun zehn junge Eichen für ein Feldgehölz wollen, säen wir keine 100 000 Eicheln, sondern allenfalls 10 oder 20. Wir müssen »rationalisieren«.

Mazeration, Ausfrieren und heißes Wasser:

Bei – fast – allen Früchten muß zunächst irgendwie das Fruchtfleisch – die Schutzhülle der Samen – entfernt werden. Lediglich die *nicht überliegenden* Samen von *Liguster, Feldahorn, Holunder* und *Schneeball* können sofort gesät werden. Früher war es üblich, Samen von Gehölzarten, die man generativ vermehren wollte, im Herbst zu sammeln und über den Winter in einen großen, mit Wasser gefüllten Bottich zu geben. Das Fruchtfleisch *mazerierte* dabei.

Heute werden Gehölzsämereien größtenteils *stratifiziert*; das heißt, die Früchte werden über den Winter bei niedrigen Temperaturen in feuchtem Sand geschichtet. Die Aussat erfolgt dann zeitig im Frühjahr in Saatbeete. Hartschalige Früchte wie *Wal-* und *Schwarznuß* oder *Wildkirsche* (die man vorher vom Fruchtfleisch befreien muß) werden mehrere Wochen in feuchtem Torf gelagert, bis sie Keimwurzeln zeigen. *Bucheckern* läßt man 1 Tag im Wasser vorquellen, *Eicheln* 2 Tage. Die Samen des *Besenginsters* oder der *Robinie* müssen 5 bis 10 Sekunden lang in heißes Wasser getaucht werden, damit sie ihre Keimhemmungen überwinden.

Vorziehen im Saatbeet ist nicht immer erforderlich

Nüsse, Eicheln, Kirschen, Kastanien, Robinien- und *Ginstersamen* und unter bestimmten Voraussetzungen auch *Apfelkerne* (s. Seite 91) lassen sich erfolgreich direkt ins Freiland säen, müssen also nicht den Umweg übers Saatbeet machen. Die übrigen, für Hecken interessante Sämereien kann man – etwa als »Zugabe« in Benjeshecken – ebenfalls direkt auf den späteren Standort säen, wenn man vorher den Boden aufreißt und entsprechend große Verluste einkalkuliert.

Worauf kommt es bei jeder Saat an?

Es gibt eine Faustregel, wonach ein Saatgut etwa in doppelter Samenstärke überdeckt werden soll. Natürlich läßt sich diese Regel nur ganz grob befolgen. Grundsätzlich fördert ein feines Saatbeet (gute Bodenlockerung und feine Krümelstruktur) die Keimung. Hinzu kommt als wichtiger Faktor der Bodenschluß. Das heißt, der Samen muß engen Kontakt mit dem Boden haben, er darf weder obenauf noch »hohl« liegen. Besonders wichtig ist dies bei leichten Sämereien ohne Einarbeitung. Auf dem Acker oder bei Wiesenneueinsaat wird der Bodenschluß durch Walzen der Saat hergestellt.
Ungünstig ist die Saat auf nicht oder nur mangelhaft bearbeitete Böden während Trockenperioden, aber auch nach stärkerem Regen. Die Oberfläche ist dann entweder verkrustet oder zugeschlemmt. Sämereien müssen quellen können. Keimwurzeln sind hochempfindlich und werden schnell von der Sonne verbrannt.
Das Saatbeet muß über genügend Feuchtigkeit verfügen. Dabei ist ein trockenes Saatbeet und *nach* verzögerter Keimung eintreffende Feuchtigkeit besser als ein feuchtes Saatbeet und anhaltende Trockenheit *nach* der Keimung.
Leguminosensaatgut muß bei erstmaligem Anbau auf einer Fläche mit Knöllchenbakterien *geimpft* werden. Mais und einige andere Samen werden gegen tierische Schädlinge *gebeizt*.

Was versteht man unter . . .?

Wenn das Saatgut von Hand oder mit der Maschine breitwürfig ausgesät wird, sprechen wir von **Breitsaat**. Im Gegensatz zu ihr steht die **Drillsaat**, bei der die Samenkörner exakt in Reihen und in einer bestimmten Tiefe gelegt werden.
Eine Weiterung stellt die **Einzelkornsaat** dar, bei der ebenfalls in der Reihe, aber zusätzlich mit exaktem Kornabstand gedrillt wird.
Feine Sämereien, die sich nicht in exakten Abständen legen lassen oder bei denen man früher die viel zu dicht auflaufenden Jungpflanzen wieder mechanisch/manuell verdünnen mußte (z. B. Rüben), liegen heute meist als **Pillensaat** vor. Die einzelnen, sehr feinen Samenkörner werden dabei gewissermaßen in eine dicke Trägermasse verpackt, so daß die Drillmaschine besser mit ihnen umgehen kann.
Bei der **Frässaat** sind Bodenbearbeitung (Fräse) und Saat (Sämaschine) kombiniert. Es wird in *einem* Arbeitsgang gefräst, gesät und meist auch noch gewalzt und/oder eingeeggt.

Steckhölzer und Stecklinge

Es überwiegt die Meinung, nur wenige Weichhölzer wie Pappeln und Weiden könnten erfolgreich durch *Stecklinge* oder *Steckhölzer* vermehrt werden. Das ist ein gewaltiger Irrtum. Selbst Fichte und Tanne werden heute vegetativ vermehrt, wenn es gilt, die individuellen Eigenschaften eines ganz bestimmten Baumes zu erhalten und zu vermehren. Allerdings fordern diese Verfahren spezielle Kenntnisse und kommen für unsere Zwecke nicht zum Tragen.
In der Regel werden Stecklinge in sorgsam vorbereitete, obenauf meist mit einer Fäulnis hemmenden Sandschicht abgedeckten, Saatbeete gesteckt. Ehe sie bewurzelt und verschulfähig sind, ist viel Arbeit und Aufmerksamkeit erforderlich.
Lediglich bei *Pappel, Weide* und *Hasel* lohnt es sich, in größerem Umfang Steckhölzer zu schneiden, die auch an Ort und Stelle gesteckt werden können. Erfolgreich wird die Vermehrung auch bei ihnen nur verlaufen, wenn ausreichend Feuchtigkeit vorhanden ist. Von erfolgreich kann gesprochen werden, wenn mindestens 80 % der Hölzer bewurzeln und anwachsen.

Steckhölzer wann und wie?

Die beste Zeit zum Schneiden von Steckhölzern sind die Monate Januar und Februar. Steckhölzer fürs Freiland müssen *mindestens* 80 cm lang sein, besser länger und möglichst kleinfingerstark.

Gelegentlich wird in der Literatur empfohlen, die Steckhölzer 25 bis 30 cm lang zu schneiden, doch sind diese fürs Freiland völlig ungeeignet, da sie vom Gras überwachsen werden.

Der Schnitt soll kurz und glatt sein, ansonsten kann sich Fäulnis ansetzen; am besten geht das mit einer Baumschere. Manche Weidensorten (z. B. *Öhrchenweide*) neigen stark zur Verzweigung und bilden kaum glatte Ruten. In dem Fall werden die Seitentriebe abgeschnitten, so daß nur der Haupttrieb als Steckholz bleibt.

In der Regel ist der Boden um diese Zeit gefroren, so daß man die Steckhölzer noch einige Zeit lagern muß. Hierzu werden sie gebündelt, wobei auf einheitliche Richtung zu achten ist, und in feuchtem Sand eingeschlagen. Stellt man die Hölzer ins Wasser, schwellen die Knospen an oder schlagen gar aus, was die Wurzelbildung erschwert.

Sobald der Boden offen ist, werden sie gesteckt. Je tiefer sie in den Boden kommen, umso besser wachsen sie an. Zwar gibt es eine Faustregel, wonach zwei Drittel des Holzes in die Erde soll, Böden, die das ermöglichen, sind jedoch kaum zu finden. Ein Drittel genügt auch.

Vor allem bei Weiden ist es vorteilhaft, sie schräg zu stecken, damit alle Augen gleichmäßig belichtet werden.

Das größte Problem bei Weidensteckhölzer ist die Vergrasung. Die lichthungrigen Weiden ersticken ruckzuck im Gras. Dem kann man abhelfen, indem man sie durch *Folie* steckt. Diese wird an den Rändern und zwischendurch mit Erdklumpen fixiert, entwickelt ein vorteilhaftes Bodenklima und erstickt das Gras. Eine *schöne* Lösung ist das nicht, weil in vielen Fällen nachher die Folie vom Wind durch die Lande getragen wird. Besser (und teurer) sind sogenannte *Mulchkartons*, wie sie neuerdings bei Erstaufforstungen Verwendung finden. Auch Stroh, Grasschnitt oder altes Heu eignen sich ganz gut als Mulchmaterial.

Bei guten Startbedingungen bilden die Weiden (oder auch Pappeln) nicht nur Wurzeln, sondern gleichzeitig Triebmasse. Bei nachfolgender Trockenheit sterben die jungen Triebe dann wieder ab.

Die meisten Hölzer erholen sich aber nach einiger Zeit und treiben neuerlich aus.

Daß man entlang von Gräben, an Gewässerrändern, kurz, überall wo es feucht ist, ohne weiteres 2,5 m lange Stangen und Pfähle von Pappeln und Weiden eingraben oder einschlagen kann, und diese austreiben, wurde schon weiter vorne gesagt.

Pflanzung von Gehölzen

In allen Baumschulkatalogen werden Gehölzpflanzen unter einheitlichen Bezeichnungen angeboten, von denen der Laie meist nicht weiß, was sie bedeuten. Dies sollte er aber, denn hier werden Qualitätsmerkmale ausgedrückt, die den Preis – und die Eignung! – bestimmen.

Nach der Größe werden folgende **Anzuchtpflanzen** unterschieden:
- *Kleinpflanzen*, bei einer Sproßlänge bis 50 cm
- *Lohden*, mit 50 bis 150 cm Sproßlänge
- *Heister*, mit 150 bis 250 cm Sproßlänge
- *Starkheister*, mit über 250 cm Sproßlänge

Bei Kleinpflanzen wird unterschieden in *Sämlinge* (= **S**), die nicht verschult wurden und 1- bis 2jährig, höchstens 3jährig sind, und *verschulten* (= **v**) Pflanzen.

Vor einem Bruchstrich wird angegeben, wieviel Jahre die Pflanze im *Saatbeet* stand, *hinter* dem Bruchstrich die im *Verschulbeet* zugebrachten Jahre. Beide Ziffern zusammen ergeben das Alter. Beispiele:

2/0 = 2jähriger Sämling (nicht verschult),
1/1 = 2jährige, im 1. Jahr verschulte Pflanze,
2/2 = 4jährige, im 2. Jahr verschulte Pflanze.

Wildlinge wachsen nicht im Saat- und Verschulbeet heran. Sie werden aus Naturverjüngungen draußen in der Landschaft gewonnen. Besonders bei *Vogelbeere, Holunder, Schlehe, Liguster, Brombeeren* und *Wildrosen*, aber auch bei einer ganzen Reihe anderer Arten ist das kein Problem.

Bei **Lohden** handelt es sich meist um *Pflanzen mit entblößter Wurzel*, d. h. es hängen nur noch geringe Reste des Bodens am Wurzelwerk. Im Gegensatz zu diesen ist bei **Ballenpflanzen** die Wurzel im Erdreich des Verschulbeetes verpackt. Sie haben die besten Startchancen.

Besonders für schwierige Standorte (Trockenhänge u. ä.) werden immer mehr **Containerpflanzen** angeboten. Zunehmend werden diese in verrottungsfähigen Containern geliefert. Die Kleinpflanzen oder Lohden werden in diese verrottungsfähigen Container gepflanzt; sie wurzeln einfach durch.

Grundsätzlich lohnt es sich, gleich stärkere Pflanzen zu kaufen. Selbst wenn diese noch zurückgeschnitten werden, haben sie ein wesentlich potenteres Wurzelwerk und sind schneller aus dem Gras und über dem Wildäser als schwächere und entsprechend billigere. Dadurch wird vielfach der Drahtzaun entbehrlich. Gegen das Fegen durch den Rehbock lassen sich die besonders gefährdeten Gehölzsorten entweder durch mechanischen Einzelschutz oder durch einen 2 Jahre vorhaltenden Anstrich mit »Fegol« (Forst-Chemie Ettenheim) schützen.

Auf gesundes Pflanzmaterial achten:
In der Regel werden Gehölze als Kleinpflanzen, Lohden, Heister oder Stämme in einer Baumschule angekauft. Wer nun Wert legt auf wirklich gute Ware, die ohne allzu großen Pflanzschock weiterwächst, der bestellt die Pflanzen grundsätzlich »auf Abruf« und lasse nie an einem Montag liefern. Was am Montag ausgeliefert wird, hing günstigsten Falles übers Wochenende in der Kühlhalle herum oder feierte sein Weekend auf der Lkw-Pritsche. Wenn unbedingt montags gepflanzt werden muß, dann ruft man die Pflanzen schon am Freitag ab und läßt sie fachgerecht einschlagen.

Das Einschlagen ist ohnehin immer dann unumgänglich, wenn das angelieferte Material nicht innerhalb eines halben Tages gepflanzt werden kann.

Wurzeln nie dem Wind oder der Sonne preisgeben!
Nichts schadet einem jungen Baum oder Strauch mehr als wenn seine Wurzeln einige Zeit der Sonne ausgesetzt werden oder der Wind über sie hinwegstreicht. Die empfindlichen, bisher nie dem Licht ausgesetzten Zellen platzen, gespeicherte Feuchtigkeit wird frei und die feinen, anhaftenden Bodenteile (Starthilfe für die Pflanze)! trocknen ebenfalls aus.

Daher muß auch immer jemand anwesend sein, wenn die Ware geliefert wird und diese unverzüglich – im Schatten – fachgerecht einschlagen (s. Abb. oben). Bei kleineren Posten, die innerhalb weniger Stunden nach der Anlieferung verpflanzt werden, genügt es, einen nassen Sack über die Wurzeln zu decken, zur Not auch eine Folie.

Wurzeln der Gehölzpflanzen nie dem Wind aussetzen: Im Schatten graben, ausheben, Einzelpflanzen oder Pflanzbunde schräg einlegen, mit dem Spaten Erdreich auf die Wurzeln packen und dann die nächste Reihe beginnen.

Lange Wurzeln müssen beschnitten werden!
Bei Kleinpflanzen werden die Wurzeln im Bund gekürzt. Man legt sie auf einen Wurzelstock und kürzt mit einer *Heppe* oder zur Not mit der Pflanzhacke. Bei Lohden und Heister werden nur die überlangen Wurzeln einzeln mit der Baumschere gekürzt. Das gilt auch für selbstgewonnene Wildlinge. Unbeschnittene Wurzeln behindern die Pflanzung und legen sich unbemerkt um; schauen aus dem Boden und verzögern das Anwachsen.

Zweige und Wurzeln sollten immer in einem gesunden Verhältnis zueinander stehen. Daher müssen bei Lohden und Heistern manchmal auch die Sproßteile gekürzt werden.

Bei stärkeren Lohden und Heistern müssen meist die Wurzeln beschnitten werden, damit sie im Pflanzloch Platz finden.

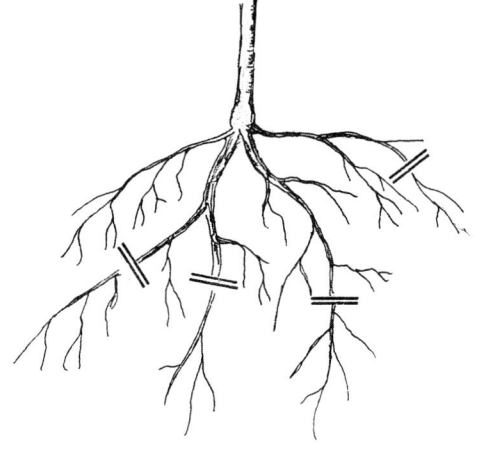

Mit der Beilseite der Wiedehopfhaue wird der Boden aufgeschnitten, mit der Blattseite wird er angehoben und die Wurzeln in das so entstehende Pflanzloch eingeschwungen, die Haue abgezogen und die Pflanze mit dem Fuß gut angetreten, damit sie Bodenschluß erhält.

Wie wird gepflanzt?

Bei nicht zu steinigem Boden werden Lohden meist mit einer *Winkel-* oder *Wiedehopfhaue* gepflanzt (s. Abb. oben). Ungeeignet ist diese Methode bei allen Pfahlwurzlern.

Pflanzloch mindestens so breit wie die Wurzeln; Pflanze einhalten und zunächst feines Material einschütten, dann das etwas gröbere; ringsum gut antreten; Rasensoden um die »Baumscheibe« herum plazieren. Möglichst vor Regen pflanzen; bei anhaltender Trockenheit unbedingt wässern.

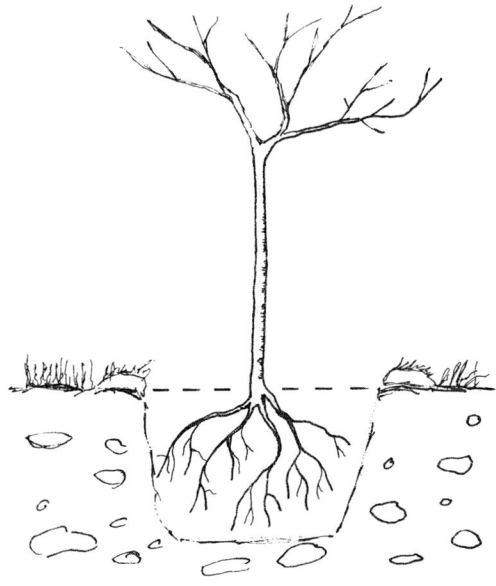

Für *Heister* – und alle *Ballenpflanzen* – sollte immer ein richtiges Pflanzloch gegraben werden, je größer um so besser für die Pflanze, mindestens jedoch doppelter Wurzeldurchmesser. Zunächst wird die Grasnarbe abgelöst, dann das Loch ausgehoben (s. Abb. links unten). Grobe Steine dürfen nicht zur Auffüllung des Pflanzloches dienen; eventuell muß Boden beigeschafft werden.

In der Regel soll die Pflanze nicht höher und nicht tiefer im Boden sitzen als vorher. Weiden hingegen dürfen auch tiefer in den Boden kommen und *Schwarzpappeln* müssen sogar deutlich tiefer gepflanzt werden als sie in der Baumschule standen, *Balsampappeln* werden nur in lockeren Böden tiefer gesetzt, auf schweren erdgleich und in wechselfeuchten gar obenauf. Aber das sind, wie gesagt, die Ausnahmen.

Immer muß der Boden um die Pflanze gut angetreten werden, damit sie den nötigen Bodenschluß erhält. Ansonsten sind die durch das Verpflanzen ohnehin geschockten Wurzeln nicht in der Lage, Wasser und Nährstoffe aus dem Boden zu ziehen.

Bei *Großpflanzen* (z. B. *Obstbäumen*) oder überhaupt in stark windgefährdeten Lagen gilt es, an Pfähle zu denken.

Nach welchem Schema wird gepflanzt?

Forstkulturen werden meist im sogenannten Dreiecksverband gepflanzt; das sieht »ordentlich« aus, erleichtert eventuell spätere Pflegemaßnahmen und vor allem läßt sich der Pflanzenbedarf leicht kalkulieren. Hecken, Feldgehölze und Waldränder sollen nicht an Kasernenhöfe erinnern. »Hier zu dicht und dort zu locker und drüben aus der Reihe«, das schafft Kleinstrukturen. Außerdem wollen wir ja auch kein astfreies Wertholz erziehen, das sich selbst in die Höhe drängt. Im Gegenteil.

Die nachstehende Tabelle kann uns dennoch helfen, den Bedarf an Gehölzpflanzen grob zu kalkulieren (Pflanzabstände s. Seite 71).

Tabelle 34: Bedarf an Pflanzen für 1 ha

Abstand in der Reihe m	Abstand der Reihen zueinander in m				
	1,0	1,3	1,5	2,0	3,0
	Anzahl der Pflanzen				
1,0	10 000	7692	6667	5000	3333
1,2	8 333	6410	5556	4166	2778
1,5	6 667	5128	4444	3333	2222
1,7	5 882	4525	3922	2941	1961
2,0	5 000	3846	3333	2500	1667

Wasser ist wichtig

Vor allem wenn *Starklohden* oder *Heister* gepflanzt werden und es sich um eher trockene Standorte handelt oder der Pflanzung Trockenheit folgt, kann Wässerung notwendig werden. Auf alle Fälle reduzieren wir damit Ausfälle. Um gezielt bewässern zu können, sollte schon ein kleiner Erdwall um die Pflanzscheibe gezogen werden. Das Wasser sickert dann konzentriert im Wurzelbereich ein.

Wo »öffentliches Grün« entsteht, etwa im Rahmen der Flurbereinigung oder wo sich eine Jagdgenossenschaft an der Pflanzaktion beteiligt, wird sich für einen Umtrunk auch die Feuerwehr einspannen lassen. Vielfach ist aber das Gelände so schwierig, daß nur der Traktor mit dem Güllefaß eingesetzt werden kann.

Wo in größerem Umfang mit Eimern oder Kannen bewässert werden muß, denke man an Schulklassen. Wenn der Lehrer will, findet sich eine Möglichkeit: »Tag des Baumes«, Wandertag usw.

Mit zwei oder maximal drei Aktionen müssen die Gehölze den Start schaffen. Je früher bewässert wird, umso besser. Erst abwarten, bis die Pflanzen mit dem Pflanzschock kämpfen und dann wässern, bringt wenig.

Mulchen stoppt die Vergrasung

Die meisten Pflanzungen leiden in den ersten 2 bis 3 Jahren unter der Vergrasung. Kleine Pflan-

Mit solchen einfachen Kunststoffspiralen lassen sich junge Gehölze wirksam gegen das Fegen des Rehbockes schützen.

zen ersticken, wenn die Gras- und Staudenflora nicht zurückgedrängt wird. Wer viel Geld oder Zeit hat, kann Jungpflanzungen zweimal je Sommer durchhacken (oder durchhacken lassen). Die Mulchkartons wurden weiter vorne schon erwähnt (s. Seite 71). Gut bewährt hat sich das Mulchen mit Grünschnitt, Stroh oder mit Rindenhächsel. Ersteres erhält man (gegen Bier) kostenlos von den Straßenmeistereien oder von Landschaftsgärtnern. Letzteres fällt bei der maschinellen Entrindung von Waldbäumen an, und kann i. d. R. kostenlos im Wald geholt werden. Beide Materialien unterdrücken Gräser und Stauden, sie halten die Feuchtigkeit im Oberboden zurück, ernähren zahlreiche Kleinlebewesen, die ihrerseits wieder am Boden arbeiten und verbessern als Humus schließlich auch die Bodenstruktur.

Mulchung mit Grünschnitt von Waldrändern oder aus Saumbereichen von Althecken bringt gleichzeitig ein Startkapital an wünschenswerten Sämereien mit.

Anhang

Auszüge aus dem Nachbarrecht*

Wer Bäume oder Sträucher pflanzt, muß einen Mindestabstand zum Nachbargrundstück einhalten. Wie groß dieser ist, sagen die einzelnen Bundesländer. Hier alle aufzulisten wäre zu umfangreich, deshalb seien nur die wichtigsten Mindestabstände aufgeführt, die im Bundesland Baden-Württemberg gelten; sie entsprechen mit kleinen Abweichungen denen der übrigen Länder.

Zusammenstellung der Grenzabstände für Hecken und andere Pflanzungen

Art und Lage der Pflanzung	Grenzabstand gegenüber		
	Grundstücken innerhalb oder außerhalb des geschlossenen Wohnbezirks, soweit nicht in Spalte b oder c aufgeführt,	Weinbergen in erklärter Reblage u. erwerbsgartenbaulich genutzten Grundstücken in erklärter Gartenbaulage, wenn sich die Pflanzung an deren südl., östl. od. westl. Seite befindet	Wald, Hutung, Heide, Ödung, sonstigen landw., gartenbaul. od. baulich nicht genutzten Grundstücken außerhalb des geschlossenen Wohnbezirks, öffentl. Wegen sowie Gewässern
	a	b	c
Hecken Hecken bis 1,50 m	0,50 m	1 m	0 gegenüber Schienenweg einer Eisenbahn: 0
Hecken über 1,50 m	Höhe – 1 m	doppelte Höhe – 2 m	0 gegenüber Schienenweg einer Eisenbahn: 0
Hecken auf dem Grundstück eines öffentlichen Weges oder eines Gewässers	0	0	0
Hecken auf dem Grundstück des Schienenwegs einer Eisenbahn	0	0	0
Hecken, die zum Schutze von Ufern, Böschungen oder steilen Abhängen dienen,	0	0	0

* Entnommen dem Buch »Das Nachbarrecht in Baden-Württemberg« von Dr. Franz Pelka, Verlag Eugen Ulmer, Stuttgart

	a	b	c
Kernobstbäume stark wachsender Sorten auf Sämlingsunterlagen od. auf anderen ähnlich stark wachsenden Unterlagen, Süßkirschbäume auf derartigen Unterlagen, Walnußbäume, ausgenommen unveredelte Walnußsämlingsbäume u. a. Obstgehölze artgemäß ähnl. Ausdehnung			
innerhalb des geschlossenen Wohnbezirks	4 m	4 m	0
außerhalb des geschlossenen Wohnbezirks	4 m	8 m	0
Artgemäß mittelgroße od. schmale Bäume wie Vogelbeere, Birken, Weißdorne u. deren Veredelungen, Weißbuchen, Erlen, Salweiden, Zierkirschen, Zieräpfel, Zierpflaumen, Blaufichten, Serbische Fichten, Thujen, Trompetenbäume, Trauerweiden u. ä.			
innerhalb des geschlossenen Wohnbezirks	2 m	4 m	0
geschlossene Bestände mit mehr als drei Gehölzen	4 m	8 m	0
außerhalb des geschlossenen Wohnbezirks	4 m	8 m	0
Großwüchsige Nadelbäume, großwüchsige Arten von echten u. Roßkastanien, Pappeln, Linden, Ahornen, Ulmen, Platanen, Eichen, Buchen, Eschen, Robinien (»Akazien«), Douglasien, Lärchen, Schwarzkiefern, Atlaszedern, Pyramidenpappeln, Eiben u. Baumweiden u. a. Bäume artgemäß ähnlicher Ausdehnung	8 m	16 m	0
Niedrige Weidenpflanzungen			
Niedrige Weidenpflanzungen, die jährlich genutzt werden, bis 2 m Höhe**	1 m	1 m	0
Niedrige Weidenpflanzungen, die nicht jährlich genutzt werden, bis 4 m Höhe**	2 m	4 m	0
Weihnachtsbäume			
Weihnachtsbäume und Schmuckreisigkulturen bis 2 m Höhe	1 m	1 m	0
über 2 m Höhe	2 m	4 m	0

	a	b	c
Wald Waldungen, die am 1. 1. 1960 bereits bestanden haben und verjüngt wurden,	4 m	8 m	0 gegenüber Wald: 1 m
Waldungen in erklärter Waldlage	4 m	8 m	0 gegenüber Wald: 1 m
Sonstige Waldungen	8 m	16 m	0 gegenüber Wald: 1 m
Der 8 m Abstand kann durch Gemeindesatzung gegenüber Wohngebieten bis auf 12 m erhöht werden, soweit der Wald auf deren südlichen, östlichen oder westlichen Seite liegt			
Gehölze auf dem vom Baumwuchs freizuhaltenden Streifen bis 2 m Höhe	1 m	2 m	0
bis 4 m Höhe	2 m	4 m	0
Pflanzungen an öffentlichen Wegen und an Gewässern Pflanzungen auf dem Grundstück eines öffentl. Weges oder eines Gewässers	0	0	0
Bäume, die nach polizeilicher Vorschrift in regelmäßiger Anordnung längs der Straße auf den angrenzenden Grundstücken gepflanzt werden, ausgenommen Bäume der in § 16 Abs. 1 Nr. 6 aufgezählten Sorten	0	0	0
Pflanzungen zum Ufer- und Böschungsschutz Pflanzungen nach § 16, die zum Schutze von Ufern, Böschungen oder steilen Abhängen dienen	0	0	0

Literatur

Asch, T. u. Müller, G.; 1989: Haselwild in Baden Württemberg, Eigenverlag Schutzgemeinschaft Deutscher Wald, Stuttgart.

Bajohr, A.; 1991: Lebensräume aus Menschenhand..., Deutsche Jagd-Zeitung 5/1991.

Barth, W.-E.; 1987: Praktischer Umwelt- und Naturschutz, Parey Verlag, Hamburg.

Bischoff, H.; 1988: Flurbereinigung, Jagd und Reviergestaltung, Vortragsmanuskript.

Blab, J.; 1986: Grundlagen des Biotopschutzes, Kilda-Verlag, Greven.

Bohn, U. u. Krause, A.; 1990: Gehölze in der Landschaft, AID, Bonn.

Claussen, G.; 1988: Grünbrache – ein Weg zurück zur Natur, Wild und Hund 11/1988.

Ders.; 1990: Trester säen, Wild und Hund 14/1990.

Eggeling, F.; 1978: Der Jäger als Land- und Forstwirt, Parey Verlag, Hamburg.

Erz, W.; 1978: Feuchtgebiete erhalten und gestalten, AID, Bonn.

Farasin, K., Liebel, G., Mayrhofer, P. u. Schawerda, P.; 1986: Flurbereinigung und Landschaftspflege, Bundesministerium für Gesundheit und Umwelt, Wien.

Fleck, I.; 1983: Flurbereinigung und Jagd, Wild und Hund 12/1983.

Graulich, R.; 1980: Feldholzinseln, Landesjagdverband Hessen, Wiesbaden.

Gutschik, V. et al; 1975: Der Forstbetriebsdienst, BLV Verlagsgesellschaft mbH, München.

Hänel, G.; 1988: Die Hecke, Eigenverlag.

Hespeler, B.; 1988: Letzte Hoffnung: Flurbereinigung!, Wild und Hund 13/1988.

Ders.; 1990: Maisuntersaaten – Chance für Wild und Umwelt, Deutsche Jagd-Zeitung 2/1990.

Ders.; 1990: Naturnahe Bäche vor dem Kanalisieren retten, Deutsche Jagd-Zeitung 3/1990.

Ders.; 1990: Raschwüchsige Schutzzonen im Feldrevier schaffen, Deutsche Jagd-Zeitung 3/1990.

Ders.; 1990: Wildkräutersäume und Büsche..., Deutsche Jagd-Zeitung 6/1990.

Ders.; 1990: Niederwild satt, Deutsche Jagd-Zeitung 9/1990.

Ders.; 1991: Unsere Natur braucht die Extensivierung, Deutsche Jagd-Zeitung 3/1991.

Ders.; 1989: Dem Rebhuhn auf die Schwingen helfen, Der Anblick 3/1989.

Ders.; 1989: Huchen und Äsche im Lech, Fisch und Fang 8/1989.

Ders.; 1988: Klima und Landwirtschaft – Hasenheger..., Wild und Hund 24/1988.

Ders.; 1979: Wildwuchs als Lebensgrundlage, Die Pirsch 10/1979.

Ders.; 1980: Improvisierte Äsungsflächen im Wald, Die Pirsch 13/1980.

Hermann, H. u. Meyer-Ötting, U.; 1981: Agrarwirtschaft, BLV Verlagsgesellschaft mbH, München.

Industrieverband Sand, Kies, Mörtel, Transportbeton e. V.; 1988: Ökologische Herrichtung von Sand- und Kiesgruben, Sonderdruck aus Steinbruch und Sandgrube 5/1988.

Kofler, H.; 1986: Kiesabbau, Lebensraum aus zweiter Hand, Bundeskammer der gewerblichen Wirtschaft, Wien.

Krause, A.; 1990: Bewuchs an Wasserläufen, AID, Bonn.

Lindenmann, K.-O.; 1989: Ursachen der Veränderungen von Heidegesellschaften, Norddeutsche Naturschutzakademie, Schneverdingen.

Ministerium für Ernährung, Landwirtschaft, Umwelt und Forsten; 1986: Landschaftsprägender Streuobstbau, Eigenverlag MELUF, Stuttgart.

Nachtigall, W.; 1986: Lebensräume, BLV Verlagsgesellschaft mbH, München.

Naturlandstiftung Hessen e. V.; 1990: Feldgehölze als Lebensraum, Tagungsberichte, Eigenverlag Naturlandstiftung Hessen e. V., Lich.

Olschowy, G.; 1977: Holzarten für die Landschaft, AID, Bonn.

Pott, R.; 1990: Veränderungen von Waldlandschaften unter dem Einfluß des Menschen, Norddeutsche Naturschutzakademie, Schneverdingen.

Pretschner, P.; 1987: Kleingewässer schützen und schaffen, Aid, Bonn.

Reinecke, H.; 1990: Aufforstung von Windwurfflächen unter Nutzpflanzen möglich, Allgemeine Forst Zeitschrift 37–38/1990.

Röser, B.; 1990: Grundlagen des Biotop- und Artenschutzes, Ecomed Verlagsgesellschaft mbH, Landsberg.

Schmatzler, E.; 1989: Zur Renaturierung von Kleinmooren, Norddeutsche Naturschutzakademie, Schneverdingen.

Scholl, G.; 1990: Brachland als Lebensraum, AID, Bonn.

SEIFERT, K. U. KÖLBING, A.; 1989: So macht Angeln Spaß, BLV Verlagsgesellschaft mbH, München.
SIEBERN, W.; 1991: Lebensraumgestaltung statt Aufzucht-Aktionismus, Deutsche Jagd-Zeitung 4/1991.
DERS.; 1991: Äsung und Deckung müssen beieinander liegen, Deutsche Jagd-Zeitung 6/1991.
DERS.; 1991: Flächenstillegung mit Verstand genutzt, Deutsche Jagd-Zeitung 7/1991.
SPERBER, H.; 1990: Gestaltung von Waldrändern, Allgemeine Forst Zeitschrift *37–38/1990*.
STEINBACH, G.; 1990: Werkbuch Biotopschutz, Franck-Kosmos Verlag, Stuttgart.
STURM, K.; 1989: Was bringt die naturgemäße Waldwirtschaft für den Naturschutz?, Norddeutsche Naturschutzakademie, Schneverdingen; Ueckermann, E. u. Scholz, H.; 1988: Wildäsungsflächen, Parey Verlag, Hamburg.
UHLING, J.; 1991: Flurbereinigung, Landwirtschaft und Naturschutz, AID, Bonn.
WEINZIERL, H.; 1968: Reviergestaltung, BLV Verlagsgesellschaft mbH, München.
WOIKE, M., ZIMMERMANN, P.; 1988: Biotope pflegen mit Schafen, AID, Bonn.
ZDRAZIL, H.; 1991: Geflochtene Haselhecken, Garten und Landschaft 9/1991.
ZUNDEL, R.; 1990: Bäume im ländlichen Siedlungsbereich, AID, Bonn.
ZUNDEL, R.; 1992: Waldränder gestalten und pflegen, AID, Bonn.

Bildnachweis

s/w Fotos
Aktion Fischotterschutz (Reuther) S. 127
Appel GmbH S. 42 u., 219, 211
Asch S. 172
Bajohr S. 78, 133 o.
Flurbereinigungsamt Ansbach S. 180
Grimm S. 159
Haberland S. 57 o., 57 u.
Hafen S. 148 o.
Hopf S. 142 o., 197
Dr. Linn S. 29 u.
Merkle S. 155
Müller S. 56
Reinecke S. 201 r.
Schwegler S. 142 o.
Sehnert S. 128, 129, 132
Sonnenberger S. 161 o.
Wandel S. 215
Wernicke S. 154
Zdrazil S. 69
alle übrigen Fotos von Bruno Hespeler

Farbfotos
Arndt S. 83 o.
Bajohr S. 66 o. r., 83 u. r., 84 M., 165 u.
alle übrigen Fotos von Bruno Hespeler

Grafiken
Bruno Hespeler S. 14, 16, 62, 63, 64, 70, 72, 74, 109, 111, 113, 116, 122, 138, 147, 161, 177, 206, 208, 239, 243, 244
Kartographie Huber S. 60, 77
Wasserwirtschaftsamt Ansbach S. 130

Bernd Pöppelmann zeichnete die Illustrationen auf den Seiten 31, 58, 89, 101, 149, 152, 163, 173, 176, 196, 223

Register

Ackerrandstreifen 30, 64
Ackerwildkräuter 20, 22
Agrarindustrie 19
Ahorn, Berg- 126, 193
– Feld- 85, 194
– Spitz- 194
Altarme 125
Altgrasstreifen 30, 37, 55, 63, 64, 73
Altöttinger Modell 71
Amphibientümpel 144
Ansitzwarten (für Vögel) 77
Anzuchtpflanzen 242
Apfelrosen 61
Arteninventar 68
Äschenregion 115
Aspe (Zitterpappel) 187
Äsungsflächen (im Wald) 206, 207, 209
Äsungsmasse (auf Wildäckern und im Wald) 197, 208, 209
Äsungswert (von Wildackerpflanzen) 211
Aue, Hartholz 126
– Weichholz- 126, 140
Auflagerung von Sanden 53

Bachpatenschaft 128
Bachverbauung 122
Badebetrieb 112
Baggersee 118
Bahndämme 51
Ballenpflanzen 242, 244
Balsampappel 187
Bandspritzung 34
Bankette 55
Barbenregion 115, 116
Basalt 235
Baumhecken 61
Begleitnährstoffe 238
Benjes-Hecken 52, 68
Berberitze 61, 81
Bergheiden 106
Beweidung 207
Biosprit 12
Birke, Moor- 126, 189
– Weiß- 189
Blei/Brachsen-See 117
Bodenbearbeitung (im Wald) 213
Bodengare 37
Bodengründigkeit 236
Bodenprofil 236
Bodenskelett 235
Böden, Humus 236
– Kalk- 236

– Lehm- 235
– Letten- 236
– Mineral- 234
– organische 235
– Roh- 68
– Sand- 235
– Schluff- 236
– Ton- 236
Bohnen, Acker- 48
– Soja- 48
Böschungsmahd 131
Brache, Dauer- 20, 37
– Rotations- 40
Brachflächen 107
Brachsenregion 116
Brandschneisen 229
Brombeeren 52, 81
Brutgewässer (für Wasservögel) 120
Brutwände (für Eisvögel) 141
Brutwände (für Uferschwalben) 114
Buche, Hain- 188
– Rot- 189
Buchweizen 42 169

Containerpflanzen 242

Dämme 139
Dauergrünland 209
Dickungspflege 197, 201
Dinkel 23, 41, 217
Douglasien 186
Dreiecksverband 244
Dreifelderwirtschaft 11, 27
Düngung 212, 213
Durchforstung 241

Eberesche (Vogelbeere) 191
– Mährische- 192
Edelkastanie 189
Efeu 88
Eibe 185
Eiche, 190
Einachsmäher 158
Eisvogelnistblock 142
Elsbeere 192
Emissionen 232
Entwässerungsgräben 210
Erddeponien 73
Erle, Grau- (Weiß) 126, 189
– Rot- (Schwarz) 126, 188
Ernteschock 35
Erstarrungsgesteine 234
Ertragsminderung 61

Ertragssteigerung 59
Esche 126, 195, 222
Esparsette 27, 219

FAO-Zahl 25
Faulbaum (Pulverholz) 85
Fegeschutzspiralen 71, 245
Felchensee 117
Felderbsen 26, 48
Feldgehölze 58, 72, 73, 77
Feuchtgebietsflora 145
Feuchtwangener Modell 20, 36
Feuchtwiesen 115, 149, 151, 152, 154, 156, 210, 227
Feuerschutzschneisen 205
Fichte, Rot- 185
– Sitka- 185
– Douglas- 186
Fischereinutzung 112
Fischotterschutz, Aktion- 127
Fischteiche 143, 148
Flächenstillegung 36, 122
Flachwassermulden 131
Fließgeschwindigkeit 122, 124
Fließgewässer 121, 227
Flurbereinigung 54, 70, 124, 131, 154, 223, 224, 225, 226, 227, 228
– Wald 229
Flußrenaturierung 121
Forellen-Region 115
Forellen-/Saibling-See 117
Frosthärte (von Pflanzen) 67
Frostmulden 67
Frost 223 f.
Fruchtarmut 17
Fruchtfolge 218
– (auf Wildäckern) 218

Gänsefußgesellschaften 51
Gehölzstandorte 67, 75, 76, 126
Gemenge 218
Gerste, Sommer- 24
– Winter- 23
Gestaltungspläne 112
Gestein, Erguß 234
– Erstarrungs- 234
– Schicht- 234
– Tiefen- 234
– Umwandlungs- 234
Gewässereigenschaften 116, 120
Ginster 88, 98, 169
Goldrute (Solidago) 98
Gräben 131
Grenzabstände (bei Gehölzpflanzungen) 246, 247, 248
Grenzlinienlänge 16, 16, 205

Habitatansprüche (von Feuchtwiesenbewohnern) 152
– (von Röhrichtbewohnern) 140, 141
Habitatqualität 13
Hackfrüchte 11
Hafer 24, 200
Handelsdüngerverbrauch 16
Hardegg'sche Gutsverwaltung 30
Hartriegel, Gelber- 86
– Roter- 86
Haselhuhn 170, 171, 173, 175
Haselnuß 80
Haubergsgenossenschaft 169
Hecht-/Schleien-See 117
Hecken 58, 61
Heckenform 62
Hecken, geflochtene 70
Heckentyp 59, 64, 72
Hecken, Wall- 59
– Windschutz- 60
Heide, Besen- 206
– Sand- 106
– Wacholder- 106
Heideansaat 207
Heideflächen 74
Heister 243, 244, 245
Himmelsteiche 137
Hochwasserschuß 139
Hohlwege 99, 100
Holunder, Roter- (Trauben-) 87
– Schwarzer- 86
Holzapfel 191
Holzbirne 191
Holzlagerplätze 42
Humusabtrag 53, 59

Ilex (Stechpalme) 85
Immisionen 232
Ise 127

Kahlschlag 168, 169, 198, 199, 206
Kali 237
Kalk 237
Kammbach 124
Kartoffeln 25
Kastanie, Edel- 189
– Roß- 194
Kaulbarsch-/Flunderregion 116
Keimhemmungen 69, 240
Kernzonen 72
Kiefer, Berg- 186
– Schwarz- 186
– Weymouth- 186
Kiesgruben 105, 107, 110, 111
Kirrflächen 207
Kirsche, Hecken- 88

- Kornel- 86
- Trauben- 61, 82, 126, 193
- Spätblühende Trauben- 85
- Vogel- 192
Klee, Alexandriner- 26
- Inkarnat- 26
- Perser- 26
- Rot- 11, 26
- Schweden- 26
- Weiß- 26
Kleegras-Mischungen 27, 219
Klee-Untersaaten 30
Kleinflächen 219
Kleingärten, aufgelassene 97
Kleinklimate 59, 180
Kleinpflanzen 243
Kleinstandorte 78
Kleinstgewässer 110, 136
Kleinstrukturen 180
Knaulgras 34
Knicks 58
Knick-, Einzel- 62
- Doppel- 62
- Verzweigungen 64
Kohlenwasserstoff 232
Kohl, Markstamm- 47
- Westfälischer Furchen- 47
Kolbenhirse 49
Krautschicht 78
Krautzonen 180
Kreuzdorn 85
Kulturflächen (forstliche) 198

Laichgewässer 204
Laichplätze (der Fische) 119
Laichtümpel (für Amphibien) 204
Laichzeiten (der Fische) 119
Landbau, ökologischer 18
Lärche, Europäische 186
Leguminosen 11
Leitlinien (für Vögel und Kleintiere) 72
Lesesteinhaufen 52, 73, 98, 180
Licht 233
Lichtbedürfnisse (der Pflanzen) 67
Lichtregelung (an Walsrändern) 182
Liguster 86
Linde 194
Lohden 242, 243, 245
Luft 232
Lupinie 43
Luzerne 26, 219

Mäander 227
Magensteinchen 173
Magerrasen 68, 76
Magnesium 238

Mais 24, 47, 216
Malve, Kultur- 44
Mantelzone 77
Maränensee 117
Mauser-/Rastgewässer 120
Mazeration 240
Mehlbeere 192
- Schwedische- 192
Meka-Programm 40
Mikroklima 78
Mittelwasser-Höhe 123
Mönche (Ablasse) 139
Moore 158
- Flach- 158
- Hoch- 115, 158, 159, 160
- Nieder- 115
Motorsense 52
Mulchen 245
Mulchkarton 71
Müllkippen 51, 73

Nachbarrecht 246
Nahrungsketten 78
Nährstoffeintrag 53
Naßabbau 110
Naßwiesen 115, 149
Naturlandstiftung Hessen 49
Niederwildremise 76
Nitratauswaschung 61
Nutzpflanzeneinsaaten (-decken) 198, 200

Obst, alte Hochstammsorten 92, 93
Ödflächen 51, 229
Ölrettich 43
Oppportunisten 76

Pappel, Grau- 187
- Schwarz- 126, 187
- Silber- 187
- Zitter- (Aspe) 187
Parzellengröße 16, 17, 61
Pfaffenhütchen 61, 85
Pflanzgärten 239, 240
Pflanzung 242
Pflanzverbände 174, 197, 198
Pflegeeingriffe 77
ph-Wert 236
Phosphor 237
Photooxidantien 232
Pionierflora 180
Pionierholzarten 174
Planfeststellungsverfahren 137
Purgierstrauch 85

Raine 51
Randstreifen 29, 30

Raps 220
Rauchfestigkeit (von Gehölzen) 67
Reisighaufen 180
Reisigräumung 198
Rekultivierungspläne (für Abbauflächen) 112
Relaisstationen (für Vögel, Insekten usw.) 77
Rindenmulch 71
Robinie 96, 193
Roggen, Waldstauden- 24, 42, 217
– Winter- 23
Röhricht 152, 140, 146
Rotdorn 61
Rötelmaus 71
Rotschwingel 34
Rotwild 208
Rüben, Futter- 26
– Stoppel- 26
– Zucker 43
Rübsen 43
Ruderalfluren 51, 111

Saatbeet 241
Saat, Breit- 241
– Drill- 241
– Einzelkorn- 241
– Fräs- 35, 241
– Mulch- 35
– Mischungen (für Wildäcker) 51
– Pillen- 241
– Stoppel- 27, 28
Salzwiesen 107, 154
Sanddorn 88, 126
Sandflächen 181
Sandgruben 105, 114, 228
Saumzonen 72, 179
Säurezeiger 232
Schafe (zur Landschaftspflege) 98, 106, 107
Schattenverträglichkeit 67
Schilf 146, 148
– Kanäle im 147
Schlagabraum 198
Schlehe (Schwarzdorn) 82, 98
Schlickbänke 113, 141
Schneeball 87
Schotterbett (für Wege) 54
Schotterfluren 126
Schuttablagerungen, wilde 180
Schuttplätze 51
Schwarzdorn (Schlehe) 82
Schwefeldioxide 232
Schwimmblattzonen 140
Sedamix Maisgrün 34
– Winteräsung 218

Seichtwasserbereiche 113
Sekundärbiotope 97
Selbstbegrünung 39
Senf, Gelb- 29
– Serepka- 29
Silbergrasfluren 107
Sohlschwellen 131
Sojabohnen 48
Sonderbiotope 180
Sonnenblumen 25, 44
Speierling 192
Spezialmaschinen (zur Mahd) 155
Spritzung, Band- (mit Herbiziden) 34
– Flächen- (mit Herbiziden) 34
Spurenelemente 238
Standortfaktoren 230
Staudensäume 61
Stausee 118
Stechapfelhorste 51
Stechpalme (Ilex) 85
Steckhölzer 239, 241, 242
Stecklinge 241
Steilufer 141, 142
Stickstoff 237
Stickstoffzeiger 53
Stillgewässer 117, 136, 227
– Zuschüsse für 144
Stillwasserzonen 124
Stockrodung 212
Stoppelfelder 36
Storchengräben 133
Streuobst 89, 90, 94
Strobe (Weymouthkiefer) 186
Sumpfpflanzen 125

Teiche 136
Topinambur 25, 44
Totholz 59, 68, 73, 77, 202, 227
– künstliche Schaffung von 114
Trittsteine (Besiedlungshilfen) 72
Trockenabbau (Kies und Sand) 110
Trockenmauern 97
Trockenrasen 74, 101, 102, 103, 105, 111, 205, 209
– Förderprogramme für 104
Tümpel 73, 118, 136, 210, 229
Tümpelsprengung 145

Überflutungsräume 121
Überwinterungshöhlen (für Fledermäuse) 98, 100
Uferbewuchs 122, 125
Uferschwalbenkolonien 114
Uferstreifen (Sicherung von) 129
Uferzonen 113
Ulme 190 f.
Untersaaten 28
Untersaaten im Mais 32

Verarmung (von Böden) 53
Verbißbelastung 197, 205
Verbißgehölze 220, 222
Vernetzung 135, 227
Verunkrautung 18
Vogelbeere (Eberesche) 191
– Schwedische- 192
Vogelschutzgehölz 76

Wacholder 187
Wald, Bergmisch- 169
– Besitzverhältnisse 164
– Galerie- 126
– Hoch- 174
– Mittel- 167
– Natur- (Relikte) 229
– Nieder- 167, 169, 172
– Plenter- 168
– Schlaghoch- 167
Waldfeldbau 42
Waldränder 176, 178, 180, 182, 227, 229
Waldrebe 80
Waldstaudenroggen 24, 42, 217
Walnuß 188
Wannenbach 134
Wärme 233
Wasser 234, 245
Wasserhaushaltsgesetz 137
Wasserschneeball (Gemeiner-) 87
Wege, Asphalt- 64
– Beton- 64
– Erd- 42, 54, 209
– Hohl- 99
– Ortsverbindungs- 227
– Plattenspur- 54
– Rasengitter- 54
– Sommer- 55
– Stich- 227
– Trenneffekt von 203
Wegeaufhiebe 204, 205, 229
Wegebau 203
Wegränder 54
Weidefelder (aufgelasene) 174
Weidelgras 34

Weide, Kätzchen- 80
– Knack- 79
– Kopf- 94
– Korb- 79, 126
– Öhrchen- 79
– Purpur- 79, 126
– Reif- 79, 126
– Sal- 79
– Silber- 126, 133, 188
– Wasser- 80
Weiher 118, 136
Weinberge 96
Weinbergsbegrünung 32
Weiserpflanzen 230
Weißdorn 61, 82, 98
Weißtanne 185
Weizen 23 f.
Wertebewußtsein 55
Wiedehopfhaue 244
Wiedervernässung (von Mooren) 160, 162
Wiesenbrüterprogramm 37
Wildäcker (im Feld) 41, 45, 49, 51
– (im Wald) 216, 217, 219
Wildackerpflanzen 41, 46, 211
Wildbienen 61
Wildgetreide 217
Wildkräuter 52
Wildkrautsteifen 49, 178
Wildlinge 242
Wildobst 91
Wildrosen 61, 81
Wildwiesen 213
Windgeschwindigkeit 61
Windhärte (bei Gehölzen) 67
Windschutzwirkung (von Gewässern) 60
Winterwirte 61
Wipfelsänger 77
Wurzelbrut 68

Zandersee 118
Zonierung (von Gewässern) 138, 140
Zottelwicken 27, 43
Zwischenfruchtanbau 27, 28
Zwischensaaten (in Weinbergen) 31

Vom selben Autor bereits erschienen:

Bruno Hespeler
Jäger wohin?
Pro und Contra der Jagd heute: Analyse der gegenwärtigen Jagdsituation, Entwicklung konstruktiver Zukunftsmodelle.
328 Seiten, 38 Farbfotos, 127 s/w-Fotos,
31 Zeichnungen, 23 Textauszüge

Bruno Hespeler
Rehwild heute
Zeitgemäße Denkmodelle zu Lebensraum, Rehwildjagd und -hege; Alternativen zu den herkömmlichen Methoden der Bejagung.
214 Seiten, 18 Farbfotos, 71 s/w-Fotos,
18 Zeichnungen

Für die Jagdpraxis:

Gerold Wandel
Reviereinrichtungen selbst gebaut
Bauanleitungen für Fütterungs- und Hegeinrichtungen sowie Einrichtungen für die Jagdausübung.
264 Seiten, 240 Fotos und Skizzen, 90 Konstruktionszeichnungen

Jagd-Lexikon
Das zuverlässige, aktuelle Standardwerk mit dem Wissen von 16 kompetenten Jagdexperten zu den Themen Wildbiologie, Jagdbetrieb, Wildhege, Wildkrankheiten, Jagdhunde, Jagdwaffen, Falknerei, Jagdkultur, Jagdgeschichte, Jagdrecht, Naturschutz, Land- und Waldbau.
815 Seiten, 497 Farbfotos, 198 s/w-Fotos,
285 Zeichnungen, 110 Verbreitungskarten

In unserem Verlagsprogramm finden Sie Bücher zu folgenden Sachgebieten:

Garten und Zimmerpflanzen • Natur • Heimtiere • Angeln • Jagd • Reise • Sport und Fitness • Wandern, Bergsteigen, Alpinismus • Pferde und Reiten • Auto und Motorrad • Gesundheit, Wohlbefinden, Medizin • Essen und Trinken

Wünschen Sie Informationen, so schreiben Sie an:

BLV Verlagsgesellschaft mbH • Postfach 40 03 20 • 8000 München 40
Telefon 089/12705-0 • Telefax 089/12705-547